◆··· 2022 개정 교육과정 기반 개념적 지식 탐구활동 ···◆

AI와 함께 하는 심화탐구보고서

김선환 · 피상훈 · 정재훈 · 고상민 · 권혜경 · 김근범 · 박진양 · 소 민 · 안진경
오현주 · 옥현주 · 이강욱 · 이현아 · 이원주 · 전현희 · 최선아 · 정아윤 · 박범호

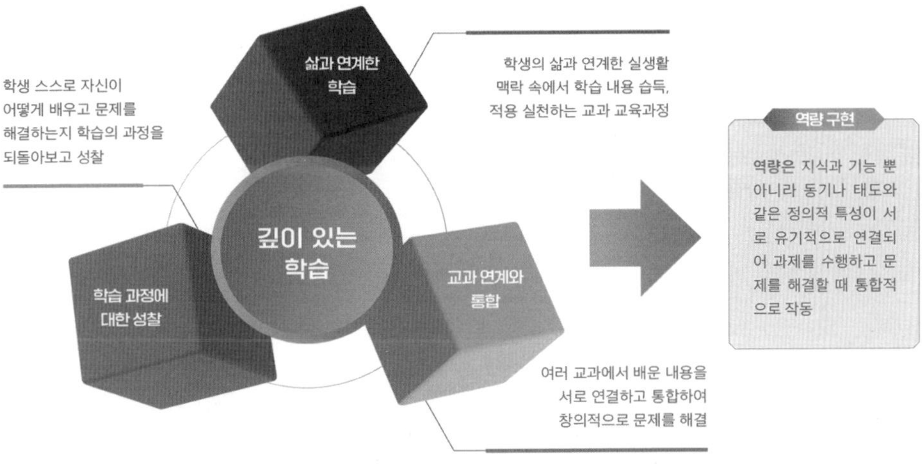

"깊이 있는 학습, 탐구로 완성하다."

역량 기반 탐구 활동의 필수 바이블 !!

입학사정관 및 현직교사들의 추천서 !!

1급 진로진학 상담사들의 콜라보 작품!!

교육과학사

들어가며...

2015 개정 교육과정에서 2022 개정 교육과정으로: 변화와 미래를 향한 발걸음

디지털 대전환 시대를 맞이하여 우리 교육은 새로운 도약점에 서 있습니다. 2015 개정 교육과정이 학생 중심 교육을 강조하며 변화를 이끌었다면, 2022 개정 교육과정은 여기에 더하여 미래 사회가 요구하는 핵심 역량 함양에 초점을 맞추고 있습니다. 특히 생성형 AI로 대표되는 첨단 기술의 발전은 교육 현장에 새로운 도전과 기회를 제시하고 있습니다.

2022 개정 교육과정의 주요 개정 내용은 무엇일까요?

첫째, 단순한 지식 전달을 넘어 핵심 아이디어를 중심으로 깊이 있는 학습, 교과 간 연계와 통합, 삶과 연계한 학습, 학습 과정에 대한 성찰을 중심으로 역량 함양 교과 교육과정을 강조하고 있습니다.

둘째, 다양한 문제해결 상황에 대해 스스로 문제를 인식하고 해결 방법을 탐구하여 자신만의 방식으로 과정을 실천하는 학습자 주도성을 강조하고 있습니다. 비판적 질문, 토의·토론수업, 협업 수업 등 자기 능력과 속도에 맞춘 학습 역량을 기를 수 있도록 다양한 학생 주도형 수업으로 개선하고, 학습 내용뿐 아니라 준비와 태도, 학생 간의 상호작용, 사고 및 행동의 변화 등을 지속해서 평가하는 등 학습 과정을 중시하는 평가와 개별 맞춤형 피드백 등을 강화했습니다.

이러한 시대적 변화 속에서 학생들에게 필요한 역량은 무엇일까요?

2022 개정 교육과정의 역량은 지식과 이해, 기능과 과정, 태도와 가치관이 조화롭게 어우러진 통합적 교육을 지향하는 데 있습니다. 2022 개정 교육과정에서 학생들에게 강조하고 있는 핵심 역량은 다음과 같습니다.

- 자기주도 학습 능력: 스스로 학습 목표를 설정하고 학습 과정을 관리하는 능력
- 창의성: 새로운 아이디어를 생성하고 기존의 틀을 깨는 능력
- 비판적 사고력: 정보를 객관적으로 분석하고 판단하는 능력
- 문제 해결 능력: 복잡한 문제를 분석하고 창의적인 해결 방안을 제시하는 능력
- 소통 능력: 다양한 사람들과 효과적으로 소통하고 협력하는 능력

2022 개정 교육과정 기반 탐구활동의 중요성

2022 개정 교육과정은 학생들의 핵심 역량 함양을 위해 탐구 학습을 강조합니다. 탐구 활동은 단순히 지식을 습득하는 것을 넘어, 학생들이 스스로 문제를 발견하고 해결하는 과정을 경험하게 합니다. 생성형 AI는 단순한 정보 제공을 넘어, 창의적인 아이디어를 생성하고 문제를 해결하는 데 있어 새로운 가능성을 열어줍니다. 2022 개정 교육과정 기반 탐구활동을 통해 AI가 제공하는 정보를 바탕으로 사회 문제를 발견하고 분석하는 문제 인식 능력을 향상시키고, 다양한 아이디어를 생성하고 문제 해결 방안을 모색할 수 있는 창의적인 해결 방안도 모색하고, 다양한 프로젝트를 수행하며 다른 학생들과 협력하고 소통하는 협업 능력도 강화하면서 끊임없이 변화하는 미래 사회에 유연하게 적응하고 새로운 기술을 활용하는 능력을 함양할 수 있습니다.

이 책이 제시하는 탐구 활동

이 책은 2022 개정 교육과정의 취지에 맞춰, 학생들이 스스로 문제를 해결하고 창의적인 아이디어를 발현할 수 있도록 2022 개정 교육과정 기반 다양한 탐구 활동을 제시합니다. 2022 개정 교육과정 핵심 아이디어 및 내용체계를 기반으로 한 탐구활동, 2022 개정 교육과정 10가지 범교과 주제를 기반으로 한 탐구활동, SDGs

를 기반으로 한 탐구활동, 계열별 키워드 기반 탐구활동, 계열(학과)별 추천 도서 기반 탐구활동 등 이론 및 탐구 예시를 통해 학생들이 쉽게 탐구활동에 접근할 수 있도록 하였습니다.

2022 개정 교육과정 연구회는 1년간의 연구 성과를 이 한 권의 책에 담았습니다.

이제 이 책이 전국의 교사, 학부모, 그리고 학생들에게 닿기를 바랍니다. 교사들에게는 지도와 지원의 방향성을 제시하는 나침반이 되고, 학부모들에게는 자녀의 꿈을 응원할 수 있는 든든한 동반자가 되기를 바랍니다. 무엇보다 학생들에게는 자신의 가능성을 발견하고, 세상에 자신만의 이야기를 펼쳐나가는 데 용기를 주는 친구가 되기를 소망합니다.

작은 씨앗이 땅속에서 싹을 틔우듯, 이 책 속의 한 문장이라도 누군가에게 새로운 시작과 영감이 되기를 진심으로 기원합니다.

교육 현장에서 빛나는 도구로 자리 잡길 바라며, 이 책을 손에 든 모든 분들의 여정에 따뜻한 응원의 마음을 전합니다.

2025년 1월

2022 개정 교육과정 연구회

대표저자 김선환, 최상훈, 정재훈

추천사

2022 개정 교육과정 연구회에서 이번에 발간하는 책은 학생들과 학생들을 지도하는 선생님들에게 참으로 유용한 책이다. 이 한권을 통해 '탐구활동보고서'를 학생 스스로 만들어 내는 데 부족함이 없을 것 같다. 인상적인 부분은 이론과 활용편의 차별성이다. 이론은 탐구활동의 의미와 왜 내가 이런 탐구활동을 해야 하는지?를 알게 하는 데 좋은 길라잡이 역할을 하고 있다. 활용편의 경우 데이터 리터러시와 생성형 AI인 ChatGPT 활용을 통해 실제 스스로 해보는 데 있어서 유용한 키오스크 역할을 하고 있다. 단순히 탐구활동을 위한 맹목적인 접근 보다는 의미를 찾아가며 접근을 하는 데 있어서 이 책의 차별성이 있다. 오랜 기간 동안 교육과정을 연구하면서 접근하며 한국의 교육과정과 입시 환경뿐만 아니라 UN의 지속성장가능모델을 기반으로 학생들의 진로설계에 대한 보다 더 의미 있는 접근을 도와주는 데 차별성이 있어 보인다.

- 서정대학교 부총장, 한국진로진학정보원 사무국장 조훈 -

2025년부터 적용될 2022 개정 교육과정은 2015 개정 교육과정과 상당 부분 비슷하면서도 다양한 키워드를 제시하고 있다. 이 책은 고교 현장을 찾아 2022 개정 교육과정에 대한 이해도를 높이고 있는 전문가가 개정된 교육과정의 핵심을 요약하고 있다. 학생 개개인의 진학 설계를 도와주는 종합지침서이자, 스스로 꿈을 이룰 수 있도록 방향을 제시해주는 나침반 역할을 할 것이다. 또한, 새롭게 적용되는 정책이 교육 현장에서 실제로 어떻게 적용될 수 있는지를 미리 살펴보면서 교과목별 핵심역량 키워드와 계열별 탐구 주제, 개정 교육과정의 성취기준 개발 방향 제시 등 교사가 마주하게 될 현실적 문제에 대한 해답을 제시하고 있다. 학생, 교사, 학부모가 2022 개정 교육과정에 대해 느끼는 막연한 사항을 콕콕 짚어주는 참고서로 활용되기를 기대하는 마음으로 이 책을 추천한다.

- 문학박사, 전)한국대학입학사정관협의회 부회장 김진환 -

글로벌 교육환경인 OECD Education 2030 프로젝트의 영향을 받은 2022 개정 교육과정은 고교학점제를 통해 교사와 학생들에게 전개되어 나간다. 이 책의 이론 편에서는 각 교과별 핵심역량 키워드를 하위요소로 나누어서 정의와 함께 잘 설명하고 있다. 각 교과별 핵심아이디어 및 내용체계를 과목별로 설명한 뒤, 범교과 학습주제, 지속가능한 발전 목표(Sustainable Development Goals)를 다루고 있어 탐구활동으로 연결할 수 있도록 하고 있다. 활용 편에서 데이터리터러시의 중요성과 탐구활동 프로세스를 만나는 즐거움도 있다. 교육과정을 공부하는 것은 가장 기본인데 이번 기회에 2022 개정 교육과정 연구회에서 수고한 지식과 지혜와 경험을 공유할 수 있어서 기쁜 마음으로 추천합니다.

- 교육학박사, 한국진로진학연구원장 정남환 -

현 학생들에게 필요한 2022 개정 교육과정은 핵심 역량과 창의적인 문제 해결 능력을 함양하기 위해 설계되었습니다. 이러한 교육과정의 취지를 구체화하여, 교사는 학생들이 자신의 잠재력을 발견할 수 있도록 돕고, 학생들은 적극적으로 문제를 탐구할 수 있도록 돕는 강력한 도구입니다. 특히, 이 책은 교과 통합적 사고와 실질적인 탐구 활동을 통해 학생 스스로 학습 목표를 설정하고 주도적으로 성취해 나가는 과정을 강조하고 있습니다. 또한 교사들에게는 교수법의 혁신적 아이디어를, 학부모에게는 자녀를 더 깊이 이해하고 응원할 수 있는 방향을 제시합니다. 이 책을 통해 학생들이 더 큰 목표를 꿈꾸고 이를 성취해 나가는 길에서 강력한 동반자가 되어줄 것이라 확신합니다. 미래 교육의 중심에 설 모든 이들에게 강력히 추천합니다.

- 대전 신일여자고등학교 연구부장. 스마트교육학회 부회장 문학박사 이수철 -

이 책은 2022 개정 교육과정의 핵심역량 및 빅아이디어 기반 교과 내용을 체계적으로 정리한 책입니다. 디지털 시대에 AI활용의 중요성은 아무리 강조해도 지나치지 않습니다. 하지만 탐구역량은 결국 개념적 지식을 기반으로 한 발문에서 시작됩니다. 이 책은 2022 개정 교육과정의 핵심을 기반으로 탐구활동을 진행하도록 도와주는 아주 유용한 책입니다. 경쟁력 있는 학생부 관리를 위해서는 학생들은 교육과정과 연계된 AI와 함께 하는 탐구활동, SDGs Living lab Project 탐구활동, 범교과 학습주제 탐구활동, 독서 기반 탐구활동 등 이 책에서 언급한 다양한 활동을 하도록 추천드립니다.

- 상지대관령고등학교 진로부장 윤미라 -

고등학교 기간은 삶의 여정에 있어 마치 번데기에서 나비가 되는 것처럼 삶의 중요한 이정표를 정하는 시기입니다. 이 시기를 지나는 동안 학생들은 자신의 적성과 진로를 찾게 됩니다. 이에 본 "(2022 개정 교육과정 기반)AI와 함께 하는 탐구활동"은 적성과 진로를 찾는데 적합한 책입니다. 교육 현장에서 오랜 시간 동안 학생들과 함께한 저자의 고민과 그에 대한 해결 방법이 담겨 있으므로 학생들에게 과제 탐구의 가이드 역할뿐만 아니라 생각과 고민의 실마리를 제공하기 때문입니다. 다시 한번, 책 출판을 축하드리며 학생들의 실질적인 과제 탐구 역량을 키울 수 있는 도서로 추천합니다.

- 서대전고등학교 학년부장 강민호 -

진로진학상담에서 가장 힘들지만, 꼭 필요한 것은 구체적이면서 아이들의 상황에 적합한 탐구 활동의 제시입니다. 진로진학상담은 아이들의 진로 탐색 이후, 교과 수업 시간에 배운 지식을 어떤 방식으로 심화 확장할 것인지 구체적인 방법을 제시하는 상담이기 때문이며, 그것이 진로진학상담의 의의이기 때문이기도 합니다. 이번에 만난 이 책은 교과 지식으로부터 아이들 자신만의 진로에 맞춰 지식의 깊이를 심화 확장할 수 있는 탐구활동을 제시하는 책입니다. 2022 개정 교육과정의 개정 취지에 맞춘 핵심 역량 함양을 위한 새로운 탐구 활동을 제시함으로써 학생들과 학생들의 진로 진학을 상담하는 교사나 학생에게 지침서가 되어 큰 도움을 줄 것임을 확신합니다.

- 창원대암고등학교 진로진학상담교사(1기), 경남진학지도협의회 고문 김태길 -

이 책은 2022 개정 교육과정의 핵심을 담아 학생들이 스스로 문제를 발견하고 해결하며, 창의적이고 비판적인 사고를 기를 수 있는 다양한 탐구활동을 제시합니다. 10가지 범교과 주제, SDGs, 계열별 키워드 등 풍부한 사례와 체계적인 접근 방식은 교사와 학생 모두에게 실질적인 지침이 될 것입니다. 또한, AI와 협업하는 미래 사회를 대비한 탐구 기반 학습은 자기주도 학습 능력과 창의적 문제 해결력을 키우는 데 효과적입니다. 이 책이 교실에서 생생히 활용되어, 변화하는 시대 속 학생들이 미래를 주도하는 인재로 성장하는 데 든든한 길잡이가 되기를 기대합니다.

- 김해고등학교 진로교사, 오늘과내일의학교 회장 정동완 -

이 도서가 2022 개정 교육과정 시작으로 교과목 선택의 다양성 추구와 교과목별 핵심역량을 바탕으로 지식활용을 통한 융합창의인재 양성에 걸맞은 가이드북 역할을 할 것으로 기대되는 도서입니다. 특히 기존의 교과목 성취기준을 교과목간 연계 학습주제와 지속가능한 개발목표(SDGs)로 확대한 탐구주제 제시로 최근 대학이 선발하고 싶어하는 교과 간 연계 통합과 종합적인 사고역량을 측정하는 역량 중심 평가에 준비할 수 있는 도서로 추천드리고자 합니다.

- 대치두각학원 입시전략연구소장 전용준 -

2025년은 고등학교 교육에서 굵직굵직한 여러 변화가 시작되는 해입니다. 고등학교 1학년부터 2022 개정 교육과정이 적용되는 첫해이고, 고교학점제가 전면 시행되는 원년이기도 합니다. 더구나 내년 고1이 대학에 진학할 때 적용될 2028 대입에도 적지 않은 변화가 생겼습니다. 이 모든 변화의 배경에는 인공지능(AI)으로 대변되는 첨단 기술 발전과 자기주도적인 문제 해결 능력을 요구하는 21세기형 인재상 및 역량 중심의 교육 패러다임 변화가 있습니다. 이에 따라 평가 관점에서도 정해진 답을 선택하는 방식만이 아닌 서·논술형 평가가 강화될 예정입니다. 이러한 급변의 시기에 2022 개정 교육과정의 핵심 부분을 요약, 제시하면서 역량 중심의 교육 변화 방향을 제대로 반영된 실제적이고 실용적인 책이 출간된 것은 참으로 반가운 소식입니다. 원론적이고 딱딱한 이론서가 아닌 옆에 두고 언제든지 활용할 수 있는 가이드북이라는 점에서 더욱 신뢰가 갑니다. 기쁜 마음으로 여러분에게도 추천하는 바입니다.

- 인천 인항고등학교 교육과정부 부장 허진석 -

본 도서는 여러 연구진의 전문성과 열정이 집약된 결실로서, 2022 개정 교육과정이 지향하는 '깊이 있는 학습'의 본질을 충실히 구현하고 있습니다. 특히 탐구활동의 근간이 되는 개념적 지식의 체계적 구성과 이를 바탕으로 한 실제적 탐구역량 함양의 균형을 효과적으로 달성하고 있다고 판단됩니다. 이 도서가 현장의 교육자들에게는 수업 설계의 나침반이 되고, 학습자들에게는 진정한 탐구의 즐거움을 발견하는 길잡이가 되며, 학부모님들께는 자녀교육의 든든한 동반자가 되기를 기대합니다. 교육 현장에 의미 있는 변화를 가져올 본 교재의 발간을 진심으로 축하드립니다.

- 이학박사, 카이스트 연구원 조경일 -

목차

Ⅰ. 이론편

Ⅱ. 활용편

Ⅰ. 이론편

CHAPTER 01

2022 개정 교육과정과 고교학점제

1. OECD Education 2030

OECD Education 2030 프로젝트는 2015년부터 학교교육의 혁신을 위한 방향 설정을 염두에 두고 출범시킨 교육사업입니다. 21세기 미래핵심역량을 규정한 2003년 DeSeCo 프로젝트의 후속적 의미를 지니고 있습니다. DeSeCo 프로젝트가 역량의 개념에 집중하였다면 Education 2030 프로젝트는 학교교육에서의 실행에 초점을 맞추고 있습니다.

OECD Education 2030의 학습나침반(OECD Education 2030 Learning compass)이 지향하는 최종 목적은 개인과 사회가 함께 잘 사는 것(웰빙)이며, 이는 학생들이 자기 주변의 일에 관심을 갖고 책임감 있게 생각하고 참여함으로써 이루어집니다. 이렇게 자신의 삶에 책임감을 갖고 개인과 사회의 성장에 기여하는 학생의 모습을 학생주도성(Student Agency)이라는 개념으로 제시하였습니다.

범주	세부 역량		
	학문적 지식	범학문적 지식	실용적 지식
지식 (knowing)	읽기, 쓰기, 문학; 수학; 과학; 사회적 연구; 현대 외국어; 예술; 체육; 비핵심 과목	주제별 조직 • 시민 의식 • 글로벌 연구 • 환경 연구 • 미디어 연구 • 기업가 정신 • 정보통신기술	노하우(know-how), 조작 지식(manual skills knowledge), 직업 관련 일반 지식, 특정 부문별 지식 등

<table>
<tr><th>범주</th><th colspan="3">세부 역량</th></tr>
<tr><td rowspan="3">스킬
(doing)</td><td>인지 및 메타인지 기술</td><td>사회 · 정서적 기술</td><td>신체 · 실용적 기술</td></tr>
<tr><td>인지역량: 기억, 이해, 분석, 응용, 평가, 창조</td><td rowspan="2">• 대인 관계 참여
• 관계 개발/강화
• 과제 완수
• 지적 참여
• 정서 조절</td><td>신체적 역량: 운동감각 능력, 운동 기능, 손재주(dexterity)</td></tr>
<tr><td>메타인지역량: 자기성찰, 자기반성, 학습전략</td><td>실용적 역량: 조작기술(ICT, 새로운 기계), 응급처치능력</td></tr>
<tr><td rowspan="2">가치 및 태도
(being)</td><td colspan="2">6태도</td><td>가치</td></tr>
<tr><td colspan="2">• (대인관계 형성을 위한) 사회적 접근법, 열정, 확신
• (과제 심화를 위한) 자기훈련, 조직, 책임감, 목표 지향, 과제 착수
• (지적 참여를 위한) 호기심, 창의적 상상, 심미적 관심, 자아성찰, 자율성
• (정서 조절을 위한) 스트레스 내성, 자신감, 정서 조절, 자부심</td><td>평등, 자유, 정의, 존엄, 결속, 관용, 평화와 안전, 지속적인 발전</td></tr>
</table>

학생들이 개인과 사회의 발전을 위해 영향력을 미치며 성장하기 위해서 역량의 개념을 새롭게 정의하였습니다. 역량이란 복잡한 요구를 충족시키기 위해 지식, 기능, 태도와 가치를 동원하는 능력을 말합니다. 즉 무언가를 알고 있다는 사실이 아니라 아는 것을 활용하고, 타인과 협력하여 무언가 결과물을 만들어 낼 수 있는 힘과 가능성을 의미합니다. 프로젝트에서는 역량(Competencies)을 지식(Knowledges), 실행능력(Skills), 태도와 가치(Attitudes and Values)로 구분하고, 각각의 영역에 하위 영역으로 특성을 나누어 설명하고 있습니다.

놀랍게도 OECD Education 2030이 제시한 이러한 방향성은 우리 정부가 2021년 11월 24일 발표한 2022 개정 교육과정 총론의 핵심 부분에 고스란히 반영되었습니다.

- 당면한 사회적 변화에 능동적으로 대응할 수 있도록 모든 학생의 소질과 적성을 바탕으로 미래 핵심역량을 키우는 교육 혁신 필요

OECD Education 2030

- 학생 행위주체성(student agency) 및 변혁적 역량(transformative competencies) 강조
  ① 성장마인드, 정체성, 목적의식, 자기주도성, 책임감 등
  ② 목표를 정하고 성찰하고 책임감 있는 행동으로 변화를 만드는 능력
  → 학생들은 자신과 타인 및 지구촌 구성원 전체의 웰빙을 향해 나아가는 법을 배울 필요가 있음

- 빠르게 변화하는 디지털 전환에 대응할 수 있도록 교육과정 혁신, 온・오프라인 연계 등 새로운 교수・학습의 확산 기반 마련 필요

출처: 2022 개정 교육과정 총론 주요사항(시안), 교육부, 2021년 11월 24일(수)

이 부분을 좀 더 자세하게 이해할 수 있도록 2019년 3월 '한국교육과정학회' 소속 이상은(안동대학교), 소경희(서울대학교)가 작성한 논문 "미래지향적 교육과정 설계를 위한 OECD 역량교육의 틀 변화 동향 분석: 'Education 2030'을 중심으로"를 아래 요약하였습니다.

요약은 생성형 AI인 라이너 프로(getliner.com)의 도움을 받았습니다.

가. 요약

OECD의 Education 2030 프로젝트는 미래 교육의 핵심 개념으로 학생 주도성, 교사 주도성, 협력적 주도성을 제시하고 있습니다. 이는 급변하는 미래 사회에 대응하기 위해 학생들이 자신의 학습과 삶에 주체적으로 참여하고, 교사들이 창의적으로 교육과정을 재구성하며, 학교와 지역사회가 협력하여 교육에 참여하는 것을 강조합니다. 이러한 개념들은 심리학, 사회학, 포스트모더니즘 등 다양한 이론적 배경을 바탕으로 하며, 한국의 교육 현실에 맞게 재해석되어 적용되고 있습니다.

나. 주요 내용

1) 학생 주도성(Student Agency)의 개념과 중요성

학생 주도성은 학생들이 자신의 학습과 삶에 대해 목적성, 책임감, 성찰, 투자의 태도를 가지고 주도적으로 참여하는 능력을 의미합니다. 포스트 코로나 사회에서는 창의적이고 비판적인 시야를 가지고 새로운 변화에 대응할 수 있는 인재가 요구되며, 이를 위해 학생 주도성이 중요합니다. 학생 주도성은 성장 마인드, 자기 주도적 학습, 자기 효능감 등과 밀접하게 관련되어 있습니다.

2) 협력적 주도성의 의미와 필요성

협력적 주도성은 학생, 교사, 학부모, 지역사회가 협력하여 공동의 교육 목표를 실현하는 개념입니다.

미래 사회에서는 개인의 역량뿐만 아니라 협업 능력, 의사소통 능력이 중요하며, 이를 위해 협력적 주도성이 필요합니다.

협력적 주도성은 학생의 성장과 웰빙을 위해 학교와 지역사회의 자원을 활용하고 상호 협력하는 태도와 의지를 포함합니다.

3) 교사 주도성과 교사의 역할 변화

교사 주도성은 교사가 자신의 경험, 신념, 지식을 바탕으로 교육과정을 이해, 해석, 재구성하여 창의적으로 수업과 직무를 수행하는 역량과 성향을 의미합니다.

교사는 학생의 성장을 위해 자신의 전문성을 함양하고, 교실을 넘어 학교와 지역사회로 역할을 확장하며, 지속적인 성찰을 통해 더 나은 학습 환경을 조성하는 주체적 존재입니다.

교사 주도성은 교사 학습공동체, 교육생태계 등의 개념과 밀접하게 연관되어 있습니다.

4) 한국 교육 현실에서의 주도성 개념 적용

학생 주도성을 촉진하기 위해서는 실패를 용인하고 학생의 선택과 참여를 존중하는 문화가 필요하며, 성취 중심적이고 권위적인 문화는 이를 저해합니다.

교사 주도성을 위해서는 교사 존중 문화, 교육과정 운영의 자율성, 다양한 평가 방식이 필요하며, 수직적이고 획일적인 학교 문화는 이를 저해합니다.

한국의 교육 현실에 맞게 학생 주도성, 교사 주도성, 협력적 주도성 개념을 재해석하고 적용하는 노력이 필요합니다.

> **OECD 교육 2030: 미래 교육과 역량**
>
> 김은영 한국교육개발원 국제협력실 실장은 'OECD 교육 2030: 미래 교육과 역량'이라는 기고문을 통해 OECD Education 2030에서 제시하는 우리가 원하는 미래의 모습과 지향하는 키워드에 대해 다음과 같이 정리하였습니다.

출처: '해외교육 2018 여름호(231호)'에서 부분 발췌

OECD가 2018년 발간한 포지션 페이퍼에는 우리가 원하는 미래(Future we want)의 성격을 아래와 같이 제시하였습니다.

여기에서 우리가 파악할 수 있는 키워드들은 #미래 #웰빙 #변혁적 역량 #학생 행동 주체 등으로 2022 개정 교육과정이 추구하는 방향과 일치함을 다시 한번 확인할 수 있습니다.

2. OECD Education 2030: 21st Century Skills(21세기 기술)

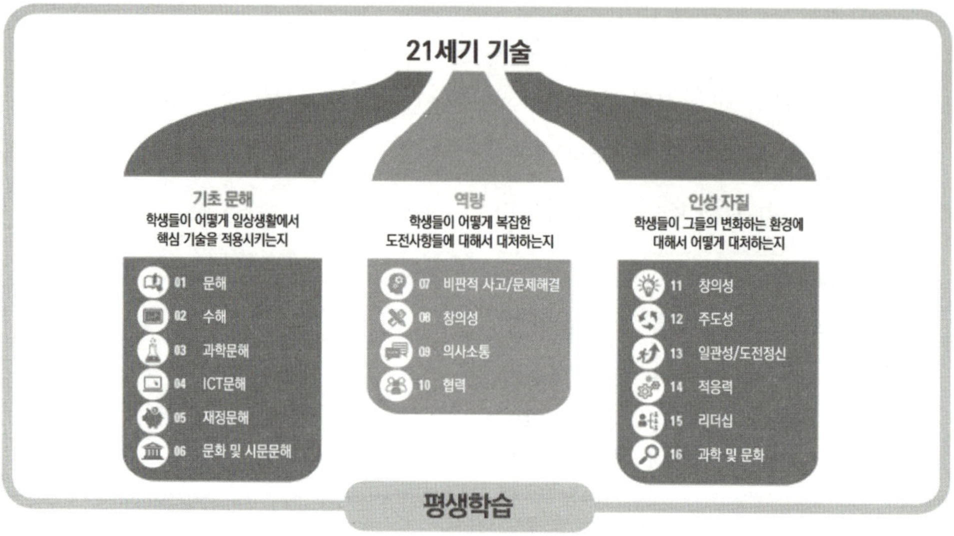

1) 기초 문해(Foundational Literacy)
– 학생들이 어떻게 일상생활에서 핵심 기술을 적용시키는지

OECD의 Education 2030 보고서에서는 21세기를 살아가는 데 필요한 기술을 크게 '기초 문해(Foundational Literacy)', '역량(Competencies)', 그리고 '인성 자질(Character Qualities)'의 3개 영역으로 나누었습니다. 이 중 "'기초 문해'는 우리말로는 '소양'이라고 번역하는 것이 더 적절하지 않나"라고 생각하는데, '학생들이 어떻게 일상생활에서 핵심기술을 적용시키는지'라고 번역이 되어 있습니다. 즉 단순히 지식이 있는 단계를 넘어, 가진 지식을 일상생활에서 만나는 과제(Everyday tasks)에 적용하는 핵심 기술이 '기초 문해'라고 이해할 수 있습니다.

간단히 표현하면 '지식+적용' 능력이 '기초 문해' 기술이 있는 단계라고 할 수 있겠습니다. 이는 2015 개정 교육과정과 2022 개정 교육과정이 추구하는 핵심 역량 중 '지식정보처리 역량'과 직접적으로 맥락이 닿아 있습니다. 과제탐구도 따지고 보면 교과 수업 시간에 배운 지식을 바탕으로 더 넓고, 더 깊게 배우는(처리하는) 과정이라고 볼 수 있기 때문입니다. 한 걸음 더 나아가면 이 '기초 문해'를 기반으로 교육과정의 핵심 요소인 과목이 결정되고, 과목별 내용 체계와 성취기준, 그리고 교수·학습 및 평가 등도 영향을 받게 됩니다. 당연히 교육 활동의 최종 단계인 학교생활기록부 기록까지 이어지는 교-수-평-기의 모든 과정에 적용된다고 할 수 있습니다.

2) 역량(Competencies)
– 학생들이 어떻게 복잡한 도전 상황들에 대해서 대처하는지

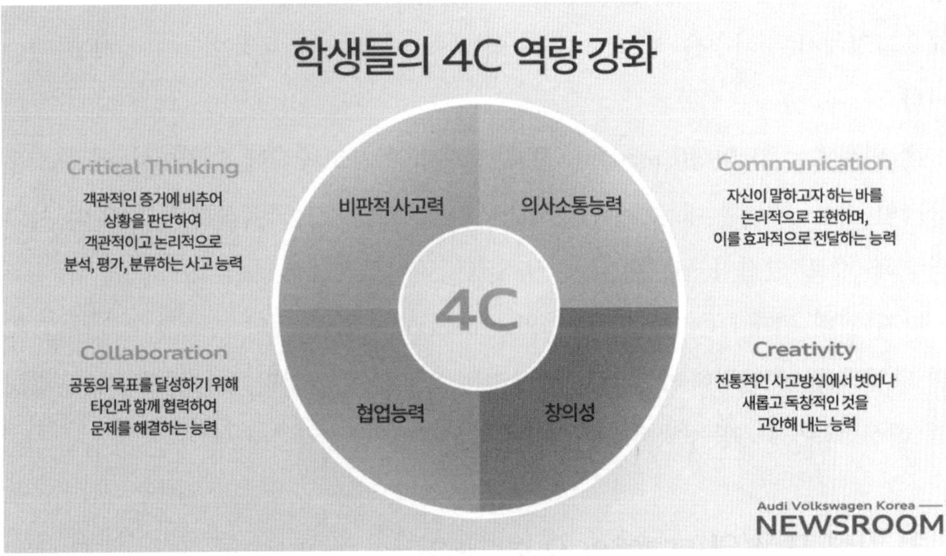

출처: 아우디 폭스바겐 코리아(Audi Volkswagen Korea) Newsroom

OECD Education 2030 보고서가 제시한 21세기에 필요한 기술의 두 번째 영역은 '역량(Competencies)'입니다. 보고서에서는 역량을 '학생들이 어떻게 복잡한 도전 사항들에 대해서 대처하는지'의 기술이라고 정의하였습니다. 즉 '기초 문해'를 바탕으로 일상의 문제 해결을 시도할 때 맞닥뜨리게 될 불확실성에 대한 대처 기술이라고 규정할 수 있습니다. 예컨대 기초 문해를 바탕으로 현실 문제에 대한 해결을 과제탐구라는 수단을 통해 해결하려고 시도할 때 모든 상황과 절차가 순조롭게 딱딱 진행될 리가 없습니다. 이를 OECD Education 2030 보고서에서는 영어 알파벳 'C'로 시작하는 4개의 역량으로 해결할 것을 주문합니다. 재미있는 사실은 이 4개의 역량은 2022 개정 교육과정의 핵심 역량과도 연결되고, 대학의 학생부종합전형에서 평가하는 역량과도 맥이 닿아 있습니다. 아무튼, 21세기가 요구하는 기술의 역량 분야의 4가지 요소는 다음과 같습니다.

첫 번째 C는 '비판적 사고력(Critical Thinking)'으로 '객관적인 증거에 비추어 상황을 판단하여 객관적이고 논리적으로 분석, 평가, 분류하는 사고능력'을 의미합니다.

두 번째 C는 '의사소통능력(Communication)'으로 자신이 말하고자 하는 바를 논리적으로 표현하며, 이를 효과적으로 전달하는 능력을 말합니다. 2022 개정 교육과정에서는 이것을 '협력적 소통 역량'으로 좀 더 구체적으로 규정하고 있습니다.

세 번째 C는 '창의성(Creativity)'으로 전통적인 사고방식에서 벗어나 새롭고 독창적인 것을 고안해 내는 능력을 말합니다. 2022 개정 교육과정의 '창의적 사고 역량'과 바로 연결이 됩니다.

마지막 네 번째 C는 '협업능력(Collaboration)'으로 공동의 목표를 달성하기 위해 타인과 함께 협력하여 문제를 해결하는 능력을 말합니다. 2022 개정 교육과정의 핵심 역량 중 '공동체역량'이 바로 떠오르는 역량입니다.

3) 인성 자질(Character Qualities)
- 학생들이 변화하는 환경에 대해서 어떻게 대처하는지

또한 OECD Education 2030 보고서는 21세기를 살아가는 데 필요한 기술로 인성 자질(Character Qualities)을 강조하고 있습니다.

(1) 창의성

OECD Education 2030은 창의성을 미래 교육의 핵심 요소로 강조하고 있습니다.

보고서에서 이야기하는 창의성은 새롭고 독창적인 아이디어를 생성하고 문제를 혁신적으로 해결하는 능력을 말합니다. 핵심 내용으로는 다양한 맥락에서 창의적 사고 적용, 기존 지식을 새로운 방식으로 결합, 실패를 학습의 기회로 활용하는 것을 포함합니다.

(2) 주도성(Agency)

OECD는 주도성을 '목표를 설정하고, 성찰하며, 책임감 있게 행동하여 변화를 일으키는 능력'으로 정의합니다. 핵심 내용으로는 자기 주도적 학습 능력, 목적의식과 책임감 있는 행동, 타인과의 협력을 통한 공동 목표 달성 등이 있습니다.

(3) 일관성/도전정신

OECD Education 2030은 일관성과 도전정신을 미래 사회에 필요한 중요한 자질로 강조합니다. 핵심 내용에는 장기적 목표 설정 및 추구, 어려움에 직면했을 때 끈기와 인내심 발휘, 실패를 두려워하지 않는 도전적 태도 등을 강조하고 있습니다.

(4) 적응력

OECD는 적응력을 21세기 핵심 역량으로 정의하며, 새로운 통찰과 발견에 기반하여 접근 방식을 조정하는 능력으로 설명합니다. 핵심 내용에는 변화하는 환경에 유연하게 대응하고 다양한 상황에서 효과적으로 기능하는 능력과 불확실성을 수용하고 새로운 기회로 활용하는 태도를 포함하고 있습니다.

(5) 리더십

OECD Education 2030은 리더십을 21세기 교육 목표 달성을 위한 중요한 요소로 인식합니다. 핵심 내용에는 비전 제시 및 목표 설정 능력, 타인을 동기부여하고 협력을 이끌어내는 능력, 윤리적 의사결정과 책임감 있는 행동 등이 포함됩니다.

(6) 과학 및 문화

OECD Education 2030은 과학 및 문화적 소양을 기술적 능력을 넘어서는 광범위한 교육 프레임워크의 일부로 강조합니다. 핵심 내용에는 과학적 사고와 탐구 능력, 문화적 다양성에 대한 이해와 존중, 디지털 리터러시와 데이터 리터러시 등이 해당됩니다.

OECD Education 2030에서 제시한 21세기에 필요한 기술은 우리 2022 개정 교육과정 총론에 반영되었습니다. 특히 학생들이 자신의 학습에 주도적으로 참여하고 책임감을 장려하는 학생 주도성(Student Agency), 지식과 정보를 상호작용적으로 활용하고, 이질적 집단에서 상호작용하며, 자율적으로 행동하는 능력 개발에 중점을 두는 핵심 역량 배양, 새로운 가치를 창출하고 긴장과 딜레마를 조정하며, 책임감을 강조하는 변혁적 역량 개발과 맥락을 같이 하고 있습니다. 또한 전인적 발달을 추구하면서 지식, 기술, 태도와 가치를 포괄하는 총체적 접근도 2022 개정 교육과정과 OECD Education 2030의 21세기 기술의 추구하는 바가 일치합니다.

3. OECD Education 2030: 학습나침반

OECD 학습나침반 2030에서 지향하는 교육의 최종 목적은 개인과 사회의 웰빙입니다.

이는 학생들이 자기 주변의 일에 관심을 갖고 책임감 있게 생각하고 참여함으로써 이루어집니다. 이렇게 자신의 삶에 책임감을 갖고 나와 사회의 성장에 기여하는 학생의 모습을 "학생 행위 주체성(Student Agency)"이라는 개념으로 제시하고 있습니다.

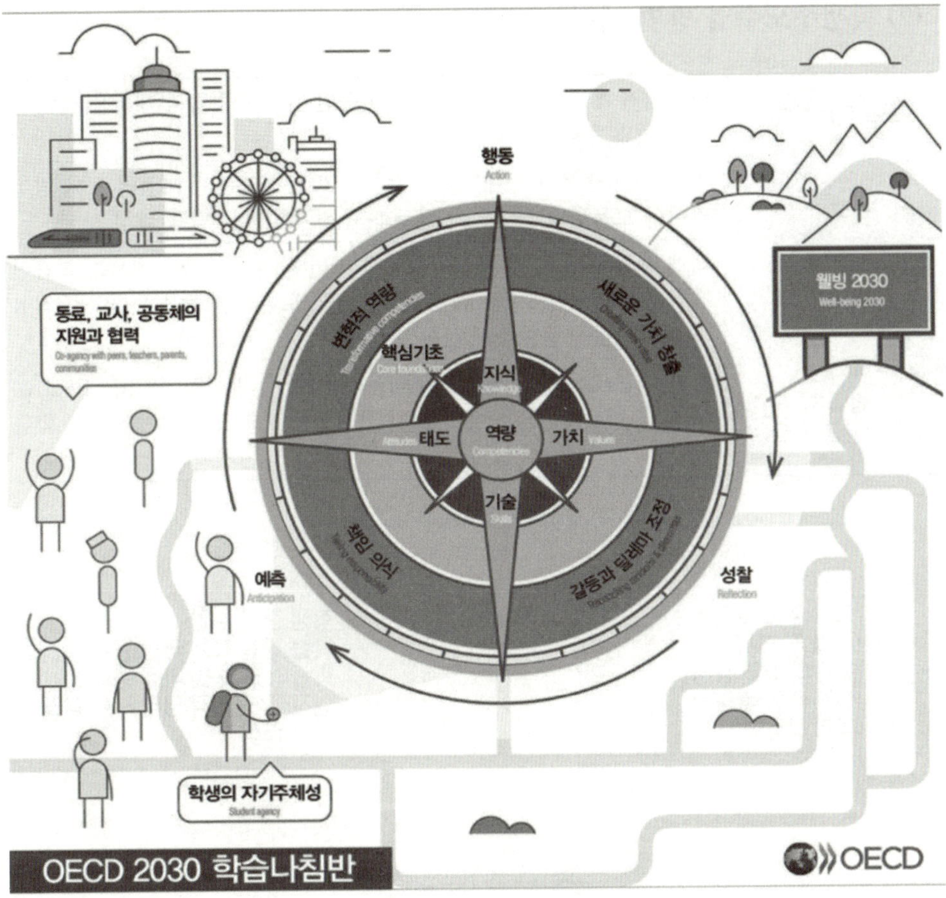

출처: OECD 2030 학습나침반

이 학생 행위 주체성(Student Agency)에 기초한 수업과 평가 방식으로 "학생주도수업"과 "과정중심평가"가 있습니다.

1) 학생주도수업이란?

(1) 학생주도수업

학생이 학습의 주체자로서 성취 기준 도달을 위해 자신이 원하는 학습 목적, 내용, 방법, 평가 등을 교사 및 동료 학습자와 협의하여 결정하고 자신의 학습능력, 속도 등에 맞추어 주도적으로 학습하고 성찰하며, 상호 협력으로 함께 성장해 나가는 수업을 말합니다.

(2) 학생주도수업 방법 예시

프로젝트학습	하나의 주제를 가지고 정해진 시간 동안 다양한 방법과 계획을 세워 문제를 해결해 나가는 학습 방법
하부르타	짝을 지어 질문하고 대화하고 토론하고 논쟁하는 유대인의 교육 방법 짝이나 모둠원과 끊임없이 질문과 답을 주고받는 탐색 과정
거꾸로 수업 (Flipped Learning)	웹에 제공된 강의 내용을 가정에서 미리 학습하고 교실에서는 학습한 개념을 문제해결에 적용하는 방법. 실험, 토론학습 등을 통한 상호작용과 협력학습을 용이하게 하는 학습법
협력적 문제해결 학습	팀원과 협력하여 문제를 해결하는 과정에서 반성적 사고(Reflective thinking)의 작용으로 새로운 지식이나 능력, 태도를 습득시키는 학습 방법

- 교사 주도 수업
- 수업 후 평가
- 학습의 결과 중시
- 인지적 영역 중심
- 암기 중심

➤

- 학생 중심 수업
- 학습 활동 모든 과정 평가
- 학습의 결과 및 과정 중시
- 인지적, 정의적 영역 모두 강조
- 탐구 중심

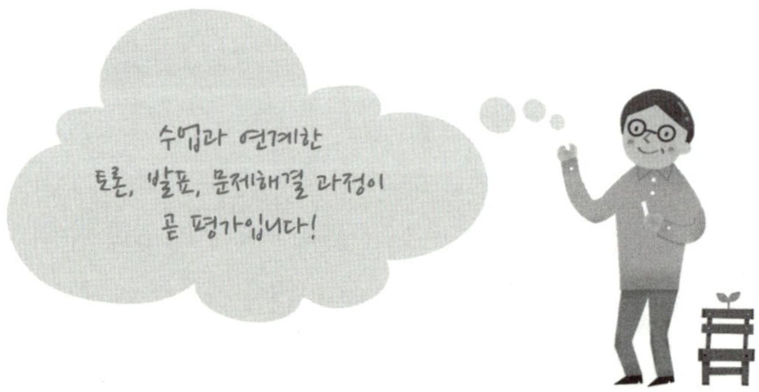

2) 과정중심평가란?

(1) 과정중심평가

학습목표의 성취를 학습 결과를 중심으로 일회성으로 평가하는 것이 아닌 학습과정 중에 학생 간의 상호작용, 사고 및 행동의 변화 등을 지속적으로 평가하여 학생의 성장과 발달을 돕는 과정 지향적 평가를 의미합니다.

(2) 목적

창의 융합인재를 기르기 위해 과정중심평가를 실시(학생의 유연하고 창의적인 사고력, 서로 다른 지식을 융합할 수 있는 능력을 중시).

(3) 평가 방법

평가 방식 내용	
수행평가	학생의 지식 및 기능에 대한 습득 여부를 알기 위해 교사가 제시한 평가 문항을 학생이 직접 수행하는 과정 또는 결과를 보는 평가
수시평가	평가의 시기와 횟수를 다양하게 실시하는 평가
교과학습 발달상황	미도달일 경우 보충 후 재평가
창의적 체험활동	지속적인 수행평가 실시

→ 학습내용뿐 아니라 학습준비, 태도, 협력정도, 성장 등을 평가합니다.

- 학생: 자신의 학습 준비도, 학습 동기, 다른 학생과의 관계 등을 스스로 생각하고 반성할 수 있는지 평가(자기평가 및 학생 상호평가)
- 교사: 다양한 수업과 상황 속에서 아이들이 하는 행동을 지속적으로 관찰 및 기록하여 평가(행동평가)

여기쯤 오면 왜 우리나라의 2022 개정 교육과정과 고교학점제, 2028 대입 개편 등의 큰 변화의 흐름을 이야기하기 앞서 OECD Education 2030의 철학과 21세기 기술(21st Century Skills), 4C 역량, 학습 나침반 등을 이렇게 길게 거론하는지 감을 잡았으리라 짐작합니다.

뭉뚱그려 표현하자면 세계적인 교육 패러다임의 변화와는 동떨어진 우리의 교육 현실을 자각하고 선진 교육 시스템과의 동기화를 시도하는 과정이라고 말할 수 있습니다.

OECD Education 2030의 많은 부분이 우리나라의 2015 개정 교육과정부터 2022 개정 교육과정, 그리고 교육과정을 떠받고 있는 제도로서 고교학점제 등에 막대한 영향을 미쳤음을 알 수 있습니다. 특히 학습 프레임 워크(Framework)로서 학습나침반에 대한 이해, 그중에서도 변혁적 역량의 개념은 제대로 이해해야 합니다.

학생의 행위 주체성을 기반으로, 동료, 교사, 공동체의 지원과 협력을 힘입어, 지식/태도/기술/가치 기반의 기초 역량과 새로운 가치 창출, 갈등과 딜레마 조정, 책임의식을 아우르는 변혁적 역량을 발휘하여 개인과 사회, 인류의 웰빙을 실현하는 것, 이게 바로 미래교육이 지향하는 바이고 우리 교육이 지향하는 바도 이와 다르지 않습니다.

〈표 1〉 OECD 교육 2030의 변혁적 역량의 의미

변혁적 역량	새로운 가치 창출하기	긴장과 딜레마 조정하기	책임감 갖기
세부 내용	보다 나은 삶(포용적 성장과 지속가능한 발전)을 위해서 혁신적일 수 있는 능력. 예를 들어, 새로운 직업 또는 서비스 창출, 새로운 지식 · 통찰 · 기술 · 해결책 개발, 그리고 새로운 시각이나 전략을 오래된 또는 새로운 문제에 적용할 수 있는 능력을 말함. 새로운 가치를 창출하는 학습자는 현재의 상태에 의문을 제기하고, 다른 사람과 협력하며, 새롭게 생각하려고 노력함.	모순되거나 상충되는 요구들 속에서 조화를 이끌어 낼 수 있는 능력. 얼핏 모순되거나 상충되는 아이디어, 논리, 입장 간의 상호관련성을 고려하고, 단기적 · 장기적 시각에서 행동의 영향력을 살필 수 있는 능력이 요구됨. 이런 과정을 통해 학습자들은 반대되는 입장에 대해 보다 심층적으로 이해하고, 자신의 입장에 대한 논리를 발달시키며, 딜레마나 갈등에 대한 실질적인 해결책을 찾을 수 있음.	본인 행동의 윤리성에 대해 고려하는 능력. 자신 행동에 대해 자신의 경험, 교육, 그리고 개인적 · 윤리적 · 사회적 목표에 비추어 성찰하고 평가할 수 있는 능력.

4. OECD Education 2030: 고교학점제와 2022 개정 교육과정과의 연관성

1) 고교학점제

고교학점제는 '학생이 기초 소양과 기본 학력을 바탕으로 진로 · 적성에 따라 과목을 선택하고 이수 기준에 도달한 과목에 대해 학점을 취득 · 누적하여 졸업하는 제도'라고 정의되어 있습니다(출처: 교육부 '고교학점제 종합 추진 계획'/2021

년 2월 16일).

역시 학생의 자기주도성과 개인 및 공동체의 웰빙과 행복을 추구하는 새로운 교육 패러다임의 변화라는 관점에서 OECD Education 2030의 핵심 개념 및 방향과 일치한다는 사실을 발견할 수 있습니다.

〈표 1〉 현행 2015 개정 교육과정 고교 교과목

교과(군)	공통과목	선택과목	
		일반선택	진로선택
국어	국어	화법과 작문, 독서, 언어와 매체, 문학	실용국어 등
수학	수학	수학I, 수학II, 미적분, 확률과 통계	기하, 경제 수학 등
영어	영어	영어회화, 영어I, 영어 독해와 작문, 영어II	영어권 문화, 진로영어 등
한국사	한국사		
사회(역사/도덕 포함)	통합사회	한국지리, 세계지리, 세계사, 동아시아사 등	여행지리 등
과학	통합과학 과학탐구실험	물리학I, 화학I, 생명과학I, 지구과학I	물리학II, 화학II, 생명과학II, 지구과학II 등
체육		체육 등	
예술		음악 등	
기술·가정		기술·가정, 정보	농업 생명과학, 공학 일반 등
제2외국어		독일어I 등	독일어II
한문		한문I	한문II
교양			

〈표 2〉 2022 개정 교육과정 고교 교과목 구성(안)

교과(군)	공통과목	선택과목		
		일반선택	진로선택	융합선택
국어	공통국어 1,2	화법과 언어, 독서와 작문, 문학	문학과 영상 등	매체와 의사소통 등
수학	공통수학 1,2 (기본수학 1,2)	대수, 미적분I, 확률과 통계	기하 등	실용 통계 등

교과(군)	공통과목	선택과목		
		일반선택	진로선택	융합선택
영어	공통영어 1,2 (기본영어 1,2)	영어I, 영어II, 영어 독해와 작문	영미문학 읽기 등	미디어 영어 등
사회 (역사/ 도덕 포함)	한국사 1,2 통합사회 1,2	세계시민과 지리, 세계사, 사회와 문화, 현대사회와 윤리	경제 등	금융과 생활 경제 등
과학	통합과학 1,2	물리학, 화학, 지구과학, 생명과학	역학과 에너지 등	과학의 역사와 문화 등
체육	-	체육I, 운동과 건강I	체육 탐구 등	스포츠 생활 등
예술	-	음악, 미술, 연극	미술 감상과 비평 등	음악과 미디어 등
기술· 가정/정보	-	기술·가정	로봇과 공학세계 등	아동발달과 부모 등
		정보	인공지능 기초 등	소프트웨어와 생활
제2외국어 /한문	-	독일어 등	독일어 회화 등	독일어권 문화 등
교양	-	진로와 직업	인간과 철학 등	논술 등

(2) 2022 개정 교육과정 총론 주요 내용(교육과정 시안 내용)

2022 개정 교육과정은 당면한 사회적 변화에 능동적으로 대응할 수 있도록 모든 학생의 소질과 적성을 바탕으로 미래 핵심역량을 키우는 교육 혁신이 필요하다는 인식이 출발점입니다.

2022 개정 교육과정에는 OECD Education 2030의 철학과 비전이 여러 곳에 반영이 되었습니다.

> **OECD Education 2030**
>
> • 학생 행위주체성(student agency) 및 변혁적 역량(transformative competencies) 강조
>
> ① 성장마인드, 정체성, 목적의식, 자기주도성, 책임감 등
>
> ② 목표를 정하고 성찰하고 책임감 있는 행동으로 변화를 만드는 능력
>
> → 학생들은 자신과 타인 및 지구촌 구성원 전체의 웰빙을 향해 나아가는 법을 배울 필요가 있음

빠르게 변화하는 디지털 전환에 대응할 수 있도록 교육과정 혁신, 온·오프라인 연계 등 새로운 교수·학습의 확산 기반 마련의 필요성이 강하게 대두되었습니다.

그리고 이미 2022 개정 교육과정과 총론과 연계한 역량 함양 교과 교육과정이 확정 고시되었고, 드디어 2025년 고등학교 1학년부터 2022 개정 교육과정과 고교학점제의 전면 시행이 적용됩니다. 참고로 2022 개정 교육과정의 적용은 2024년 초등학교 1, 2학년부터 시작하여 2025년에는 초등학교 3, 4학년, 중학교 1학년과 고등학교 1학년까지 확대, 2026년에는 초등학교 5, 6학년 및 중학교 2학년, 그리고 고등학교 2학년까지 적용된 후 2027년에 가서 중학교 3학년과 고등학교 3학년까지 전체 초/중/고 12개 학년 모두 적용이 됩니다.

- 미래 변화에 대응하는 역량 및 기초소양 함양 강화
  - 지속가능한 사회를 위한 생태전환교육 및 민주시민교육을 전 교과에 반영
  - 미래 세대 핵심 역량으로 디지털 기초 소양 강화 및 정보교육 확대
- 학습자의 성장을 지원하는 고교학점제 등 학생 맞춤형 교육 강화
  - 학생들의 탐구 역량 강화를 위한 교과 재구조화 및 과목 선택권 확대
  - 학교급 전환시기의 진로 연계 및 학교생활 적응을 위한 진로연계학기 도입
- 현장의 자율적인 혁신을 지원·촉진하는 학교 교육과정 자율성 강화
  - 학교 자율시간 도입, 시도별 지역 교육과정 근거 마련 등 교육과정 자율성 확대
  - 초등학교 놀이 및 신체활동 강화, 중학교 자유학기 운영 방안 개선
- 학생의 삶과 연계한 깊이 있는 학습을 위한 교과 교육과정 개발 방향 제시
  - 학습량 적정화, 비판적 사고 함양 및 탐구 중심으로 교수 학습과 평가 개선
  - 2022년 하반기까지 총론과 연계한 역량 함양 교과 교육과정 확정 고시

이러한 교육과정의 방향성은 수업과 평가 방식, 그리고 기록에까지 유기적으로 영향을 끼쳐 전체의 완결된 구조가 형성됩니다.

아래는 2022 개정 교육과정의 목표(역량), 교육 방향 그리고 학습 환경 등 핵심적인 내용과 다양한 소통의 과정을 정리한 표들입니다.

목표 [역량]	주도성 공동체 의식 함양 필요 ⇒ 삶과 연계한 역량 교육 강화

- "'개인과 사회 공동 행복 추구(20.9%)', '자기 정체성을 바탕으로 한 자기 주도적 학습(15.9%)', '책임 있는 시민으로 성장(15.6%)' 등을 교육 지향점으로 봄('21.5.~6. 국가교육회의 설문 조사)"
- "기본적인 학습과 삶의 힘을 키울 수 있도록 기초 소양 강조, 공감 · 상호 협력적 교육을 통해 시민성, 포용 및 이해력 증진 필요('21.8.18.~9.25. 공감&소통 콘서트, 학부모)"
- "기초학력 부진, 다문화가정, 특수교육대상, 탈북 학생 등 다양한 범주의 소외 학생의 '보편적 학습복지'를 위한 가치와 원리를 국가교육과정에 명시하고 지원이 필요함('21.7.2.~ 9.4. 현장소통포럼)"

삶과 연계한 역량 교육을 강화함으로써 개인과 사회의 공동 행복을 추구하고 기초 소양을 강조하며, 불리한 환경과 조건으로 인해 뒤처지는 학생이 없도록 배려하고 지원합니다.

교육 방향	공급자 중심 → 개별화된 학습 경험 ⇒ 학생 맞춤형 교육과정, 교육과정 자율성 확대

- "자기주도교육, 공동체 역량 강화, 생태전환, 기후변화 등, 지식융합과 창의력신장, 디지털 리터러시 및 정보교육, 진로교육 등은 미래에 중요한 교육('21.08.28.~09.25. 공감&소통 콘서트, 학부모)"
- "학생이 진로를 준비하는 과정 또는 개인의 흥미와 관심을 반영한 과목을 개발하여 학생이 선택할 수 있도록 지원('21.7.2.~9.4. 현장소통포럼)"
- "초등학생들의 바깥 활동 필요, 안전한 생활과 교과 중복해소, 자유학기 및 학교 스포츠클럽 활동의 교육과정 편성 · 운영의 어려움 해소('21.7.~8. 핵심교원 연수)"
- "국가 교육과정, 지역 교육과정, 학교 교육과정의 상호조화를 이루기 위하여 분권화와 자율화 강화해야 함('21.10.14. 교육과정 현장 네트워크)"

공급자 중심의 교육을 탈피하여 개별화된 학습 경험과 학생 맞춤형 교육과정을 추구합니다.

OECD Education 2030의 정신과 학습 프레임 워크를 실현하는 교육방향을 지향합니다.

학습 환경	오프라인 → 디지털 전환, 원격수업 등 ⇒ 디지털 · AI 교육 학습 환경 조성

- "토의 · 토론 · 발표 수업, 협력 수업, 실생활 및 체험과 연계된 수업, 디지털 기기 활용 수업 등 학생 참여 중심의 다양한 교수 학습 방법이 적용된 수업이 필요함('21.7.~8. 핵심교원 연수)"
- "정확한 정보를 인지하고 이를 효율적으로 활용하는 디지털 문해력을 키우는 교육과 학교 밖에서의 경험도 인정 필요('21.8.28. 공감&소통 콘서트, 고등학생)"
- "미래사회에는 인공지능이 발달되어 있을 것이므로 학교에서 인공지능에 대한 것들을 배웠으면 좋겠음('21.9.11. 학생 · 학부모 공감&소통 콘서트, 초등학생)"

학생 참여 중심의 능동적 수업과 인공지능 중심의 디지털 문해력과 학습 환경을 조성합니다.

3) 2022 개정 교육과정 총론 및 각론 주요 내용(교육과정 확정 내용)

① 2022 개정 교육과정은 미래 사회가 요구하는 핵심역량을 갖춘 '포용성과 창의성을 갖춘 주도적인 사람으로 성장 지원'을 비전으로 제시하였습니다. 이를 구체적으로 구현하고자 추구하는 인간상에서는 학생의 주도성, 책임감, 적극적 태도 등을 강조하기 위해 현행 교육과정의 '자주적인 사람'을 '자기주도적인 사람'으로 개선하고, 우리 교육이 지향해야 할 가치와 교과교육 방향 및 성격을 기초로 미래 사회변화에 대응할 수 있는 역량으로 '협력적 소통 역량'을 강조하여 제시하였습니다.

② 총론의 주요 개정 방향은 다음과 같습니다.

첫째, 미래 사회에 대응할 수 있는 능력과 기초 소양 및 자신의 학습과 삶에 대한 주도성을 강화하였습니다. 이를 위해 여러 교과를 학습하는 데 기반이 되는 언어, 수리, 디지털 소양 등을 기초소양으로 하여 교육 전반에서 강조하고, 디지털 문해력(리터러시) 및 논리력, 절차적 문제해결력 등의 함양을 위해 다양한 교과 특성에 맞게 디지털 기초소양 반영 및 선택 과목을 신설했습니다.

둘째, 학생들의 개개인의 인격적 성장을 지원하고 구성원 모두의 행복을 위해 공동체 의식을 강화했습니다. 기후·생태환경 변화 등에 대한 대응 능력 및 지속가능성 등 공동체적 가치를 함양하는 교육을 강조하고, 다양한 특성을 가진 학생이 차별받지 않도록 지원하고, 지역·학교 간 교육 격차를 완화할 수 있는 지원 체제를 마련하였습니다.

셋째, 학생들이 자신의 진로와 학습을 주도적으로 설계하고, 적절한 시기에 학습할 수 있도록 학습자 맞춤형 교육과정을 마련했습니다. 지역 연계 및 학생의 필요를 고려한 선택 과목을 개발·운영할 수 있도록 학교자율시간을 도입하고, 학교급 간 교과 교육과정 연계, 진로 설계 및 탐색 기회 제공, 학교생활 적응을 지원하는 진로 연계 교육의 운영 근거를 마련하였습니다.

넷째, 학생이 주도성을 기초로 역량을 기를 수 있도록 교과 교육과정을 마련했습니다. 교과별로 꼭 배워야 할 핵심 아이디어 중심으로 학습량을 적정화하고, 학생들이 경험해야 할 사고, 탐구, 문제해결 등의 과정을 학습 내용으로 명료화하여 교수·학습 및 평가 방법을 개선하였습니다.

③ 교과 교육과정 주요 개정 내용은 다음과 같습니다.

첫째, 깊이 있는 학습, 교과 간 연계와 통합, 삶과 연계한 학습, 학습 과정에 대한 성찰을 중심으로 역량 함양 교과 교육과정을 개발하였습니다. 핵심 아이디어를 중심으로 학습 내용을 적정화하고 교과 내 영역 간 내용 연계성을 강화하며, 학생의 삶과 연계한 실생활 맥락 속에서 깊이 있는 학습을 지원했습니다.

둘째, 다양한 문제해결 상황에 대해 스스로 문제를 인식하고 해결 방법을 탐구하여 자신만의 방식으로 과정을 실천하는 학습자 주도성을 강조하였다. 비판적 질문, 토의·토론수업, 협업 수업 등 자기 능력과 속도에 맞춘 학습 역량을 기를 수 있도록 다양한 학생 주도형 수업으로 개선하고, 학습 내용뿐 아니라 준비와 태도, 학생 간의 상호작용, 사고 및 행동의 변화 등을 지속해서 평가하는 등 학습 과정을 중시하는 평가와 개별 맞춤형 피드백 등을 강화했습니다.

CHAPTER 02

2022 개정 교육과정 총론 & 교과목별 핵심역량의 키워드

2022 개정 교육과정의 '추구하는 인간상'은 초·중등 교육을 통해 학생이 갖출 것으로 기대하는 특성을 제시한 것으로, 교육과정이 추구하는 바를 구체화해 주고 있습니다.

2022 개정 교육과정이 추구하는 인간상은 다음과 같습니다.

① 전인적 성장을 바탕으로 자아정체성을 확립하고 자신의 진로와 삶을 스스로 개척하는 자기주도적인 사람

② 폭넓은 기초 능력을 바탕으로 진취적 발상과 도전을 통해 새로운 가치를 창출하는 창의적인 사람

③ 문화적 소양과 다원적 가치에 대한 이해를 바탕으로 인류 문화를 향유하고 발전시키는 교양 있는 사람

④ 공동체 의식을 바탕으로 다양성을 이해하고 서로 존중하며 세계와 소통하는 민주시민으로서 배려와 나눔, 협력을 실천하며 더불어 사는 사람

2022 개정 교육과정의 '핵심역량'이란 교육과정이 추구하는 인간상을 구현하기 위해 교과 교육과 창의적 체험활동을 포함한 학교 교육 전 과정을 통해 중점적으로 기르고자 하는 역량입니다. 2022 개정 교육과정에 도입된 6대 핵심역량은 미래 사회에 필요한 능력의 내용과 조건을 구체화한 것입니다, 총론에 제시된 핵심역량은 각 교과 역량을 결정하는 기반이 되고, 핵심역량은 교과를 통해 구현되어야 합니다.

2022 개정 교육과정의 (총론)핵심역량은 다음과 같습니다.

① 자아정체성과 자신감을 가지고 자신의 삶과 진로를 스스로 설계하며 이에 필요한 기초 능력과 자질을 갖추어 자기주도적으로 살아갈 수 있는 자기관리 역량

② 문제를 합리적으로 해결하기 위하여 다양한 영역의 지식과 정보를 깊이 있게 이해하고 비판적으로 탐구하며 활용할 수 있는 지식정보처리 역량

③ 폭넓은 기초 지식을 바탕으로 다양한 전문 분야의 지식, 기술, 경험을 융합적으로 활용하여 새로운 것을 창출하는 창의적 사고 역량

④ 인간에 대한 공감적 이해와 문화적 감수성을 바탕으로 삶의 의미와 가치를 성찰하고 향유하는 심미적 감성 역량

⑤ 다른 사람의 관점을 존중하고 경청하는 가운데 자신의 생각과 감정을 효과적으로 표현하며 상호협력적인 관계에서 공동의 목적을 구현하는 협력적 소통 역량

⑥ 지역·국가·세계 공동체의 구성원에게 요구되는 개방적·포용적 가치와 태도로 지속 가능한 인류 공동체 발전에 적극적이고 책임감 있게 참여하는 공동체 역량

교과역량은 '교과 지식, 기능, 가치 및 태도'가 실제상황에서 통합적으로 발현되어 나타나는 능력입니다. 이는 교과를 통해 할 수 있어야 할 능력이며, 교과 학습의 결과로서 기대되는 능력입니다. 교과역량은 수업활동 결과로서 기대되는 수행 능력인 '기능'과 수업활동으로서의 '수행'으로 구현됩니다.

1. 총론 핵심역량 키워드 정리

총론 핵심역량	정의	하위 요소(키워드)
자기관리 역량	자아정체성과 자신감을 가지고 자신의 삶과 진로를 스스로 설계하며 이에 필요한 기초 능력과 자질을 갖추어 자기주도적으로 살아갈 수 있는 자기관리 역량	자기비판, 자기관리, 목표설정, 적응력, 자기평가, 자아정체성 확립, 자신감 획득, 자기통제 및 절제, 기본 생활 습관 형성, 감정조절, 건강관리, 기초 학습능력, 자기주도 학습능력, 진로설계 능력, 합리적 경제생활, 여가선용, 시간관리, 스트레스 관리, 자기반성, 책임감
지식정보 처리 역량	문제를 합리적으로 해결하기 위하여 다양한 영역의 지식과 정보를 깊이 있게 이해하고 비판적으로 탐구하며 활용할 수 있는 지식정보처리 역량	문제해결 능력, 논리적 사고, 비판적 사고, 정보탐색, 정보수집, 정보분석, 정보평가, 정보활용, 해결 방안 실행 및 평가, 매체 활용 능력, 디지털 리터러시, 윤리적 사고, 디지털 도구 활용
창의적 사고 역량	폭넓은 기초 지식을 바탕으로 다양한 전문 분야의 지식, 기술, 경험을 융합적으로 활용하여 새로운 것을 창출하는 창의적 사고 역량	문제정의, 유창성, 융통성, 독창성, 정교성, 유추성, 민감성, 개방성, 독립성, 과제 집착력, 자발성, 융합적 사고, 아이디어 생성, 실험과 탐구, 비판적 평가, 개방성, 협력적 창의성
심미적 감성 역량	인간에 대한 공감적 이해와 문화적 감수성을 바탕으로 삶의 의미와 가치를 성찰하고 향유하는 심미적 감성 역량	미적 감각, 창의적 표현, 비판적 감상, 문화이해, 공감능력, 문화적 소양, 감수성, 문화적 상상력, 공감 능력, 다양한 가치 존중, 정서적 안정감, 행복한 삶의 추구, 자기성찰
협력적 소통 역량	다른 사람의 관점을 존중하고 경청하는 가운데 자신의 생각과 감정을 효과적으로 표현하며 상호협력적인 관계에서 공동의 목적을 구현하는 협력적 소통 역량	언어적 표현능력, 타인이해, 존중능력, 갈등 조절 능력, 경청, 의견조율, 비언어적 소통, 협력적 작업, 갈등 해결, 다양성 존중
공동체 역량	지역·국가·세계 공동체의 구성원에게 요구되는 개방적·포용적 가치와 태도로 지속 가능한 인류 공동체 발전에 적극적이고 책임감 있게 참여하는 공동체 역량	시민의식, 준법정신, 질서의식, 공정성, 정의감, 참여, 책임의식, 협동, 협업, 나눔, 배려, 사회적 책임감, 자원봉사, 공동체 문제의식, 민주적 참여, 공감과 이해

2. 국어과 핵심역량 키워드

국어과 역량	정의	하위 요소(키워드)
비판적 · 창의적 사고 역량	학습자가 언어와 다양한 매체를 사용하여 정보를 비판적으로 분석하고, 그 과정을 창의적으로 표현하는 능력	비판적 사고, 창의적 사고, 문제 해결, 분석력, 논리적 사고, 추론 능력, 혁신적 사고, 아이디어 생성, 통찰력, 시각화 능력, 도전 정신, 상상력, 독창성, 패턴 인식, 맥락 이해, 비유적 사고, 통합적 사고, 논증력, 유연한 사고, 독립적 사고
디지털 · 미디어 역량	디지털 다매체 환경에서 매체 자료를 비판적으로 분석하고 수용하며, 이를 창의적으로 생산하는 능력	디지털 역량, 미디어 역량, 디지털 자료 활용, 미디어 자료 해석, 미디어 자료 제작, 미디어 소통, 미디어 자료 평가, 디지털 소통, 미디어 리터러시, 미디어 책임, 디지털 책임, 미디어 윤리, 디지털 윤리
의사소통 역량	다양한 상황과 맥락에서 효과적으로 의사소통하는 능력	말하기, 듣기, 읽기, 쓰기를 통한 의사소통, 협력적 소통, 의사소통 전략, 상호작용, 공감적 소통, 비언어적 의사소통, 의사소통 윤리, 언어적 표현, 비언어적 표현, 듣기와 말하기, 협력적 의사소통
공동체 · 대인 관계 역량	타인과 협력하고 존중하며, 공동체의 발전과 원활한 대인 관계를 형성하고 유지하는 능력	협력, 책임감, 존중, 배려, 소통, 공감, 타인 이해, 협력적 관계, 사회적 관계, 민주시민, 공동체 의식, 대인관계
문화 향유 역량	다양한 문화적 자산을 감상하고 즐기며, 그 과정에서 자신과 타인의 삶을 성찰하고 공동체의 문화를 공유하는 능력	문화 이해, 예술 감상, 문화적 표현, 문화 소통, 문화 창작, 문화 경험, 미적 감성, 예술적 경험, 문화적 감수성, 문화 비판, 문화 향유
자기 성찰 · 계발 역량	자신의 언어생활과 국어 학습 과정을 주도적으로 성찰하고, 이를 통해 자기 발전을 도모하는 능력	자기 성찰, 자기 계발, 자아 정체성, 자기 성찰 능력, 자기 이해, 자아 탐색, 자기 평가, 자기 개선, 자기 목표 설정, 자기 동기 부여, 성장 목표

3. 수학과 핵심역량 키워드

수학과 역량	정의	하위 요소(키워드)
문제해결 역량	수학적 지식을 이해하고 활용하여 주어진 문제를 분석하고 적절한 방법과 전략을 활용하여 해결책을 찾아내는 역량	문제인식, 수학개념/원리/법칙, 조건분석, 정보분석, 해결전략 탐색, 다양한 해결방법, 결과도출, 검증, 반성, 적극적, 자신감, 끈기, 도전, 재해석, 문제변형
추론 역량	수학적 개념과 원리를 바탕으로 논리적으로 사고하고 결론을 도출하는 것으로 수학적 증명이나 일반화를 통해 자신의 생각을 명확히 표현할 수 있는 역량	가정설정, 논리적 절차 수행, 체계적 수행, 수학적 지식 탐구, 관찰, 귀납, 유추, 개연적 추측, 연역적 추론, 일반화, 증명, 패턴인식, 논리적 근거 제시, 타당한 정당화, 흥미, 관심, 체계적 사고, 비판적 사고
의사소통 역량	수학적 아이디어와 정보를 명확하고 효과적으로 전달하고, 다른 사람과 협력하여 문제를 해결하는 역량	기호, 표, 그래프, 수학적 표현, 수학적 언어, 정확한 사용, 수학적 표현 간 변환, 설명, 수학적 아이디어, 상호작용, 정보공유, 타인배려, 의견존중, 피드백
연결 역량	수학적 개념과 원리를 다른 교과나 실제 상황과 연계하여 이해하고 적용하는 역량	맥락이해, 유기적, 관련, 연계, 개념연관, 새로운 지식생성, 실생활 문제 해결, 교과 간 연계, 응용능력, 수학적 해석, 창의적, 수학의 유용성 인식, 통합적 사고, 다양한 인식
정보처리 역량	목적에 맞게 교구나 공학 도구를 활용하여 다양한 형태의 자료를 수집, 분석, 해석하고, 이를 바탕으로 합리적인 결론을 도출하는 역량	자료수집, 정보수집, 정보선택, 정보활용, 분석, 변환, 정리, 결론도출, 공학도구 활용, 시각화, 직관적 이해, 수학적 근거, 합리적 의사결정, 통계적 사고, 정량적 사고

4. 영어과 핵심역량 키워드

영어과 역량	정의	하위 요소(키워드)
영어 의사소통 역량	• 영어로 제시된 다양한 정보를 습득하고, 문화적 산문을 향유하며, 영어로 자신의 생각을 창의적으로 표현하고, 영어 사용 공동체 참여자들과 협력적으로 상호작용할 수	• 정보 습득, 문화 향유, 창의적 표현, 협력적 상호작용, 시청각 이해, 발표 능력 • 디지털 리터러시, 문화 간 이해, 비판적 사고, 문제 해결, 적응력, 공감, 팀워크

영어과 역량	정의	하위 요소(키워드)
	있는 역량 • 2022 개정 교육과정의 총론에서 제시하고 있는 여섯 가지 핵심역량(자기관리역량, 지식정보처리역량, 창의적사고역량, 심미적감성역량, 협력적소통역량, 공동체역량)을 모두 포함하고 있음	• 협상 기술, 설득력, 대중 연설, 비언어적 의사소통, 피드백 수용, 언어 유창성 • 어휘 개발, 문법 정확성, 발음 명확성 • 담화 분석, 청중 인식, 맥락 이해, 언어 전략 사용, 반성적 학습, 자기 평가, 동료 협업, 글로벌 시민의식, 시민 참여 • 윤리적 의사소통, 미디어 리터러시, 문화 간 대화, 언어 중재 능력, 갈등 해결 • 커뮤니케이션 리더십, 표현 혁신, 감성 지능, 사회적 인식, 네트워킹, 의사소통 회복력, 포용성, 다양성 존중, 평생 학습 • 공동체 참여

5. 사회과 핵심역량 키워드

사회과 역량	정의	하위 요소(키워드)
비판적 사고력 역량	사태를 분석적으로 평가하는 능력으로 비교·분석을 통해 해석하고 평가하는 능력	명료화, 사실과 의견 구분, 비교, 해석, 의도 파악 추론, 평가, 정확성 평가, 신뢰성 평가, 논리적 일관성, 타당성 판단
창의적 사고력 역량	폭넓은 기초 지식을 바탕으로 다양한 전문 분야의 지식, 기술, 경험을 융합적으로 활용하여 새로운 것을 창출하는 능력	새로운 시각, 다양한 관점, 창의적 사고 기능, 창의적 사고 성향, 아이디어의 창의성, 사고의 혁신도
문제해결력 및 의사 결정력	합리적인 선택을 통해 생활에서 직면하게 되는 문제를 해결할 수 있는 능력을 일컫는 것으로, 당면한 문제의 원인을 분석하여 이를 해결하기 위한 대안을 탐색, 평가하고 최적의 대안을 선택할 수 있는 능력	사회현상과 문제 탐구, 적절한 해결책 선택, 최적의 방안 도출 과정 평가, 문제 인식, 해결방안 탐색, 해결방안 실행과 평가, 지식활용, 인과적 추론, 대안모색 및 의사결정, 계획 수립 및 반성, 탐구문제 이해, 탐구문제 해결 실행, 문제해결의 난이도, 설계, 실행, 도출, 반성(성찰), 대안모색, 대안선택

사회과 역량	정의	하위 요소(키워드)
의사소통 및 협업능력	다양한 상황에서 자신의 생각과 감정을 효과적으로 표현하고 다른 사람의 의견을 경청하며 존중하는 능력, 지역, 국가, 세계 공동체의 구성원에게 요구되는 가치와 태도를 가지고 공동체 발전에 적극적으로 참여하는 능력	설명하기, 발표하기, 토의·토론하기, 공감 경청, 자신의 관점 효과적 표현, 상대방 의견 수용, 상호작용, 타인존중, 협력, 문해력, 언어적 표현력, 지리적 도해력, 타인이해 및 존중, 협동, 리더십, 의사소통, 발표력, 갈등관리, 역할의 범위 및 수행
정보활용 능력	다양한 자료와 테크놀로지를 활용하여 정보를 수집, 해석, 활용, 창조할 수 있는 능력으로 수집한 정보를 명료화하거나, 사실과 의견을 구분하거나 비교하는 능력	정부수집, 정보활용, 정보윤리, 정보획득, 정보해석 및 평가, 미디어 비판적 이해 및 활용, 매체 활용능력

6. 과학과 핵심역량 키워드

과학과 핵심역량	정의	하위 요소(키워드)
과학적 탐구	자연 현상에 대한 호기심과 의문을 과학적이고 합리적으로 해결해 나가는 일련의 과정	문제 인식, 가설 설정, 탐구 설계 및 수행, 변인 통제, 실험 설계, 자료 분석 및 해석, 결론 도출 및 평가, 일반화 및 새로운 질문 생성, 과학적 사고력, 과학적 의사소통 능력, 창의·융합적 사고력
문제해결 능력	과학적 탐구 과정을 통해 길러지는 핵심 역량 중 하나로, 과학적 지식과 탐구 기능을 활용하여 문제를 효과적이고 창의적으로 해결하는 능력	문제 정의, 정보 수집 및 분석, 해결 방안 모색, 브레인스토밍, 최적 해결책 선택 및 평가, 반성 및 개선, 해결책 실행 및 평가, 과학적 지식활용
과학적 의사결정 능력	과학적 지식과 과학적 사고 과정을 바탕으로 사회 속에서 일어나는 다양한 문제 상황을 분석하고, 이를 해결하기 위한 합리적이고 윤리적인 의사 결정을 내리는 능력	문제 인식, 쟁점 파악, 영향 범위 분석, 정보 탐색, 출처 비교, 신뢰도 평가, 타당성 검증, 데이터 분석, 관점 파악, 이해관계자 분석, 주장 비교, 근거 분석, 공정성, 객관성, 브레인스토밍, 발상의 전환, 수렴적 사고, 확산적 사고, 귀납적 추론, 연역적 추론, 가설 설정, 변인 통제, 예측 및 검증, 논리적 사고

7. 체육과 핵심역량 키워드

체육과 핵심역량	정의	하위 요소(키워드)
자기 주도성 역량	신체활동의 계획, 실천, 평가 과정을 주도적으로 수행하고, 건강 및 체력 관리, 스포츠 활동 참여, 신체활동 문화 향유를 통해 삶의 질을 향상시키는 능력	목표 설정, 계획 수립, 실천, 평가 및 개선, 문제 해결, 자기 조절, 자기 성찰, 자기 효능감 증진
창의적 사고 역량	다양한 신체 활동 경험을 바탕으로 움직임을 창의적으로 표현하고, 새로운 신체 활동을 창조하며, 문제 상황에 대한 창의적인 해결 방안을 모색하는 능력	창의적 표현, 문제 발견, 융통성, 독창성, 비판적 사고, 다양한 관점, 움직임 탐구, 새로운 신체 활동 창조, 문제 해결, 전략적 사고
포용성 역량	다양한 신체적, 문화적 배경을 가진 사람들과 함께 신체 활동에 참여하고, 서로 이해하고 존중하며, 협력하는 능력	다양성 존중, 문화적 감수성, 공감, 배려, 협력, 소통, 갈등 해결, 공동체 의식
시민성 역량	신체 활동에 참여하면서 사회 구성원으로서의 역할과 책임을 다하고, 공정하고 정의로운 사회를 만드는 데 기여하는 능력	사회참여, 책임 의식, 규칙 준수, 공정성, 리더십, 봉사, 환경 보호, 지속 가능한 발전
움직임 수행 역량	신체 활동 형식에 적합한 움직임의 기능과 방법을 효율적, 심미적으로 발휘할 수 있는 능력	움직임 기술, 기본 기술, 응용 기술, 전략, 전술, 분석, 개선, 표현, 심미성, 창의성, 문제 해결, 협동, 도전
건강 관리 역량	체력 및 신체적, 정신적, 사회적 건강을 유지하고 증진하는 능력	건강, 체력, 지식, 이해, 활용, 관리, 계획, 실천, 문제 해결, 대처, 생활 습관, 형성, 유지, 질병 예방, 스트레스 관리, 정신 건강

8. 음악과 핵심역량 키워드

음악과 핵심역량	정의	하위 요소(키워드)
감성 역량	음악의 아름다움과 가치를 느끼고, 음악 활동을 향유하며, 음악적 감수성을 기르는 능력	심미적 체험, 음악적 감성, 정서 표현, 음악 향유, 아름다움 인식, 가치 존중, 정서적 안정, 행복, 공감, 소통

음악과 핵심역량	정의	하위 요소(키워드)
창의성 역량	음악 활동을 통하여 창의적으로 표현하고, 음악적 문제를 탐구하며, 새로운 음악적 가치를 창출하는 능력	창의적 표현, 문제 발견, 융통성, 독창성, 비판적 사고, 다양한 관점, 음악적 문제 해결, 창의적 표현, 미적 사고, 예술적 탐구
자기 주도성 역량	음악 활동을 계획하고 실천하며, 자신의 음악적 능력을 향상시키기 위해 노력하는 능력	계획, 실천, 자기 평가, 시간 관리, 목표 설정, 끈기, 인내, 자기 조절, 자기 성찰, 자기 계발
공동체 역량	음악 활동을 통하여 공동체에 참여하고 기여하며, 사회 구성원으로서의 역할을 수행하는 능력	공동체 음악 참여, 음악 문화 계승 및 발전, 사회적 책임감, 음악을 통한 사회 참여, 음악적 가치 공유
소통 역량	음악 활동을 통하여 다른 사람과 협력하고 소통하며, 공동의 목표를 달성하는 능력	음악적 소통, 협력, 공동 창작, 음악적 공감, 소통, 협력적 음악 활동, 음악적 경험 공유

9. 미술과 핵심역량 키워드

미술과 핵심역량	정의	하위 요소(키워드)
심미적 감성 역량	미술 활동을 통하여 미적 경험을 하고, 미술의 가치를 이해하며, 미적 감수성을 기르는 역량	미적 체험, 미적 감수성, 미적 표현, 심미적 안목, 미적 가치 판단, 아름다움 인식, 정서적 표현, 미적 공감, 예술적 소통, 문화 이해, 비판적 사고
공동체 역량	미술 활동에 참여하여 공동체에 기여하고, 사회 구성원으로서 책임감을 가지고, 미술 문화의 발전에 참여하는 역량	공동체 미술 참여, 미술 문화 이해, 사회적 책임감, 미술을 통한 사회 참여, 미술 교육, 미술 문화 발전
정체성 역량	미술 활동을 통해 자신을 이해하고 표현하며, 미술 문화 속에서 자신의 정체성을 확립하고 발전시키는 역량	자기 이해, 자기표현, 미적 경험, 예술적 탐구, 비판적 사고, 문화적 정체성, 예술적 정체성, 자기 성찰, 자기 계발, 다양성 존중

10. 정보과 핵심역량 키워드

정보과 역량	정의	하위 요소(키워드)
컴퓨팅 사고력	컴퓨팅을 활용한 문제 해결을 전제로 문제를 발견, 분석하여 실생활과 다양한 학문 분야의 문제를 해결하는 데 새로운 방법론을 제시할 수 있는 능력	문제 분해, 패턴 인식, 알고리즘적 사고, 데이터 분석, 최적화 문제, 백트래킹, 동적 프로그래밍, 탐색 알고리즘, 엣지컴퓨팅, 양자컴퓨팅, 자연어 처리, 시스템 사고, 디자인 사고, 비판적 사고, 시나리오 분석, 반복 설계 과정, 행동 데이터 분석, 지속가능성 분석
디지털 문화 소양	디지털 사회의 구성원으로서의 윤리 의식과 시민성을 갖추고 디지털 기술을 기반으로 의사소통하고 협업하는 능력	디지털 리터러시, 디지털 시민성, 디지털 에티켓, 개인정보 보호, 온라인 정체성 관리, 디지털 권리와 책임, 디지털 법률 준수, 온라인 평판 관리, 디지털 의사소통, 팀워크와 협력, 온라인 토론 참여, 크로스 컬처 커뮤니케이션, 디지털 공감 능력, 사회적 책임감, 포용성과 다양성 존중, 디지털 공존 윤리, 열린 소통과 존중 문화 형성, 디지털 웰빙과 균형 유지, 글로벌 디지털 시민의식 함양
인공지능 소양	인간과 인공지능의 공존을 모색하는 사람 중심의 인공지능 윤리의식과 데이터에 대한 이해를 기반으로 인공지능을 통해 문제를 해결할 수 있는 능력	인공지능 윤리, 알고리즘 편향, 데이터 프라이버시, 투명성, 공정성, 사회적 영향 평가, 인간 중심 설계, 책임성, 데이터 윤리, 데이터 편향 제거, 개인정보 보호 기술, 최적화 기법, 강화 학습 활용, AI 기반 의사결정 지원 시스템

CHAPTER 03

2022 개정 교육과정 핵심 아이디어 및 내용 체계

2022 개정 교육과정은 '핵심 아이디어' 또는 '빅 아이디어'라는 개념을 중심 요소로 도입하여 교육의 일관성과 깊이를 높이고자 합니다. 이 접근 방식은 사회의 변화하는 요구를 반영하고 학생들이 미래의 도전에 대비할 수 있도록 주요 역량을 강화하고 교과 간 학습을 통합하는 것을 목표로 합니다.

취지와 중요성

2022 교육과정에서 핵심 아이디어를 도입한 목적은 다양한 교과목을 포괄적인 주제나 개념을 통해 연결하는 틀을 제공하기 위함입니다. 이러한 접근 방식은 다음과 같은 목표를 가지고 있습니다.

깊이 있는 학습 강화: 핵심 아이디어에 중점을 둠으로써 학생들이 피상적인 주제 학습이 아닌 깊이 있는 학습에 참여하도록 장려합니다. 이는 미래 사회의 요구에 맞는 역량 개발을 강조하는 교육과정과 일치합니다.

교과 간 학습 촉진: 핵심 아이디어는 다양한 교과목 간의 연결을 촉진하여 학생들이 여러 맥락에서 지식과 기술을 적용할 수 있도록 합니다. 이러한 융합적 접근은 복잡한 현실 문제를 이해하는 데 도움을 줍니다.

학생 중심 학습 지원: 교육과정은 학생들이 적극적으로 지식을 탐구하고 구성하도록 권장하여 학생들에게 힘을 실어주고자 합니다. 핵심 아이디어는 교사들이 학생들의 삶에 관련되고 의미 있는 학습 경험을 설계할 수 있도록 안내합니다.

교육과정 구조와의 연계성

핵심 아이디어는 지식+이해, 과정+기능, 가치+태도와 같은 차원을 포함하는 교육과정의 내용 구조와 밀접하게 연결되어 있습니다. 이러한 요소들은 교수, 학습 및 평가 실천을 안내하는 성취 기준에 통합됩니다. 핵심 아이디어는 이러한 요소들을 일관된 학습 경험으로 조직하는 데 도움이 되는 주제적 초점을 제공합니다.

도전 과제와 고려 사항

핵심 아이디어의 잠재적 이점에도 불구하고, 구현 과정에서 몇 가지 도전 과제가 있었습니다.

명확성과 일관성: 다양한 교과목에서 핵심 아이디어의 명확성과 일관성에 대한 우려가 있었습니다. 일부 교육자들은 설계 원칙과 제시 형식이 달라 이러한 아이디어를 효과적으로 해석하고 적용하는 데 어려움을 겪고 있습니다.

교사 준비도: 핵심 아이디어 기반 교육과정을 성공적으로 구현하려면 교사들이 융합적 교수 전략에 대한 강한 이해와 여러 내용 영역을 통합하는 수업을 설계할 수 있는 능력이 필요합니다.

전반적으로, 2022 개정 교육과정의 핵심 아이디어 초점은 보다 통합적이고 역량 기반의 교육 접근 방식으로의 중요한 전환을 나타냅니다. 이는 학생들이 점점 더 복잡해지는 세상을 탐색할 수 있는 기술과 지식을 갖추도록 하는 동시에 창의성, 비판적 사고 및 협력을 촉진하는 것을 목표로 합니다.

1. 국어과 핵심 아이디어 및 내용 체계

[공통 과목] 공통국어 1 (듣기 · 말하기)	
핵심 아이디어	• 듣기 · 말하기는 언어, 준 언어, 비언어, 매체 등을 활용하여 서로의 생각과 감정을 주고받는 행위이다. • 화자와 청자는 상황 맥락 및 사회 · 문화적 맥락 속에서 의사소통 목적을 달성하기 위하여 다양한 유형의 담화를 듣고 말한다. • 화자와 청자는 의사소통 과정에 협력적으로 참여하고 듣기 · 말하기 과정에서의 문제를 해결하기 위해 적절한 전략을 사용하여 듣고 말한다. • 화자와 청자는 듣기 · 말하기에 흥미를 가지고 적극적으로 참여하면서 담화 공동체 구성원으로 성장하고, 상호 존중하고 공감하는 소통 문화를 만들어 간다.
범주	내용 요소
지식 · 이해	• 상황 맥락과 사회 · 문화적 맥락 • 대화 • 토론
과정 · 기능	• 대화의 원리를 고려하여 상호작용하기 • 쟁점 파악하기 • 필수 쟁점별 논증 구성하기 • 논증이 타당한지 평가하기 • 듣기 · 말하기 과정과 전략에 대해 점검 · 조정하기
가치 · 태도	• 담화 관습에 대한 성찰

[공통 과목] 공통국어 1 (읽기)	
핵심 아이디어	• 읽기는 독자가 자신의 배경지식이나 경험을 활용하여 언어를 비롯한 다양한 기호나 매체로 표현된 글의 의미를 능동적으로 구성하는 행위이다. • 독자는 다양한 상황 맥락과 사회 · 문화적 맥락 속에서 자신의 읽기 목적을 달성하기 위하여 다양한 유형의 글을 읽는다. • 독자는 읽기 과정을 점검 · 조정하며 읽기 과정에서 부딪히는 문제를 해결하기 위해 적절한 읽기 전략을 사용하며 글을 읽는다. • 독자는 읽기 경험을 통해 읽기에 대한 긍정적 정서를 형성하고 삶과 공동체의 문제 해결을 위해 공동체 구성원과 함께 독서를 통해 소통함으로써 사회적 독서 문화를 만들어 간다.
범주	내용 요소
지식 · 이해	· 사회 · 문화적 맥락 · 인문, 예술, 사회, 문화, 과학, 기술 등 다양한 분야의 글 · 다양한 설명 방법을 활용하여 주제를 제시한 글 · 다양한 논증 방법을 활용하여 주장을 제시한 글 · 생각과 감정이 함축적이고 복합적으로 제시된 글

과정・기능	・논증 타당성 평가 및 논증 재구성하기 ・진로나 관심 분야에 대한 주제 통합적 읽기 ・읽기 과정과 전략에 대해 점검・조정하기
가치・태도	・독서 공동체와 사회적 독서에 참여 ・지식 교류와 지식 구성 과정에서 독서의 영향력에 대한 성찰

[공통 과목] 공통국어 1 (쓰기)	
핵심 아이디어	• 쓰기는 언어를 비롯한 다양한 기호나 매체를 활용하여 인간의 생각과 감정을 글로 표현함으로써 의미를 구성하는 행위이다. • 필자는 상황 맥락 및 사회・문화적 맥락 속에서 자신의 의사소통 목적을 달성하기 위하여 다양한 유형의 글을 쓴다. • 필자는 쓰기 과정에서 부딪히는 문제를 해결하기 위하여 적절한 쓰기 전략을 사용하여 글을 쓴다. • 필자는 쓰기 경험을 통해 언어 공동체의 구성원으로 성장하고, 쓰기 윤리를 갖추어 독자와 소통함으로써 바람직한 의사소통 문화를 만들어 간다.
범주	내용 요소
지식・이해	• 사회・문화적 맥락 • 사회적 쟁점에 대한 자신의 견해를 나타내는 글 • 개성이 드러나는 글
과정・기능	• 언어 공동체의 특성 고려하기 • 복수의 자료를 요약・활용하여 내용 생성하기 • 내용 전개의 일반적 원리를 고려하여 내용 조직하기 • 정교하게 표현하기 • 쓰기 맥락 고려하여 고쳐쓰기 • 쓴 글을 함께 읽고 반응하기 • 쓰기 과정과 전략에 대해 점검・조정하기
가치・태도	• 다양한 언어 공동체에 참여 • 공동체 규범에 대한 인식과 글의 영향력에 대한 성찰

[공통 과목] 공통국어 1 (문법)	
핵심 아이디어	• 문법은 국어의 형식과 내용을 이루는 틀로서 규칙과 원리로 구성・운영되며, 문법 탐구는 문법에 대해 사고하는 활동으로 국어에 대한 총체적 앎을 이끈다. • 국어는 체계와 구조를 갖춘 의미 생성 자원이자, 사회적으로 구성된 관습적 규약이며, 공동체의 사고와 가치를 표상하는 문화적 산물이다. • 국어 자료는 다양한 맥락에서 만들어지는 의사소통의 결과물로서, 국어 현상을 파악하고 국어 문제를 발견할 수 있는 문법 탐구의 대상이다. • 국어 사용자는 일상생활에서 국어 현상과 국어 문제를 탐구하고 성찰하면서 언어 주체로서의 정체성과 국어 의식을 형성한다.

범주	내용 요소
지식 · 이해	• 언어 공동체의 다변화에 따른 언어 • 음운 변동 • 글과 담화에 나타난 문법 요소 및 어휘의 특성과 사용
과정 · 기능	• 국어 및 국어 실천 양상 분석하기 • 언어 규칙을 발견하여 분석하고 적용하기 • 의미와 효과를 평가하여 적절한 표현 생성하기
가치 · 태도	• 언어 실천에 대한 책임감

[공통 과목] 공통국어 1 (문학)	
핵심 아이디어	• 문학은 인간의 삶을 언어로 형상화한 작품을 통해 즐거움과 깨달음을 얻고 타자와 소통하는 행위이다. • 문학 작품을 통한 소통은 작품의 갈래, 작가와 독자, 사회와 문화, 문학사의 영향 등을 고려하며 이루어진다. • 문학 수용 · 생산 능력은 문학의 해석, 감상, 비평, 창작 활동을 통해 향상된다. • 인간은 문학을 향유하면서 자아를 성찰하고 타자를 이해하며 공동체의 일원으로 성장한다.
범주	내용 요소
지식 · 이해	• 서정, 서사, 극, 교술 • 작가 맥락, 독자 맥락, 사회 · 문화적 맥락, 문학사적 맥락
과정 · 기능	• 문학 소통의 특성을 고려하며 읽기 • 구성 요소들의 유기적 관계 파악하기 • 갈래에 따른 형상화 방법을 고려하며 수용하기 • 맥락에 유의하여 창작하기
가치 · 태도	• 문학 소통에의 참여

[공통 과목] 공통국어 1 (매체)	
핵심 아이디어	• 매체는 소통을 매개하는 도구, 기술, 환경으로 당대 사회의 소통 방식과 소통 문화에 영향을 미친다. • 매체 이용자는 매체 자료의 주체적인 수용과 생산을 통해 정체성을 형성하고 사회적 의미 구성 과정에 관여한다. • 매체 이용자는 매체 및 매체 소통의 영향력에 대한 이해와 자신과 타인의 권리를 지키기 위한 적극적인 노력을 통해 건강한 소통 공동체를 형성한다.
범주	내용 요소
지식 · 이해	• 사회 · 문화적 맥락 • 다양한 유형의 매체 자료
과정 · 기능	• 매체 자료 비판적으로 분석하기 • 소통 맥락과 매체 특성을 고려하여 매체 자료 제작하기
가치 · 태도	• 참여

[공통 과목] 공통국어2 (듣기・말하기)	
핵심 아이디어	• 듣기・말하기는 언어, 준 언어, 비언어, 매체 등을 활용하여 서로의 생각과 감정을 주고받는 행위이다. • 화자와 청자는 상황 맥락 및 사회・문화적 맥락 속에서 의사소통 목적을 달성하기 위하여 다양한 유형의 담화를 듣고 말한다. • 화자와 청자는 의사소통 과정에 협력적으로 참여하고 듣기・말하기 과정에서의 문제를 해결하기 위해 적절한 전략을 사용하여 듣고 말한다. • 화자와 청자는 듣기・말하기에 흥미를 가지고 적극적으로 참여하면서 담화 공동체 구성원으로 성장하고, 상호 존중하고 공감하는 소통 문화를 만들어 간다.
범주	내용 요소
지식・이해	• 상황 맥락과 사회・문화적 맥락 • 발표 • 협상
과정・기능	• 청자의 관심과 요구 분석하기 • 질문하기와 답변하기 • 쟁점과 이해관계 파악하기 • 대안 탐색을 통해 문제해결하기 • 듣기・말하기 과정과 전략에 대해 점검・조정하기
가치・태도	• 사회적 참여와 책임

[공통 과목] 공통국어2 (읽기)	
핵심 아이디어	• 읽기는 독자가 자신의 배경지식이나 경험을 활용하여 언어를 비롯한 다양한 기호나 매체로 표현된 글의 의미를 능동적으로 구성하는 행위이다. • 독자는 다양한 상황 맥락과 사회・문화적 맥락 속에서 자신의 읽기 목적을 달성하기 위하여 다양한 유형의 글을 읽는다. • 독자는 읽기 과정을 점검・조정하며 읽기 과정에서 부딪히는 문제를 해결하기 위해 적절한 읽기 전략을 사용하며 글을 읽는다. • 독자는 읽기 경험을 통해 읽기에 대한 긍정적 정서를 형성하고 삶과 공동체의 문제 해결을 위해 공동체 구성원과 함께 독서를 통해 소통함으로써 사회적 독서 문화를 만들어 간다.
범주	내용 요소
지식・이해	• 사회・문화적 맥락 • 인문, 예술, 사회, 문화, 과학, 기술 등 다양한 분야의 글 • 다양한 설명 방법을 활용하여 주제를 제시한 글 • 다양한 논증 방법을 활용하여 주장을 제시한 글 • 생각과 감정이 함축적이고 복합적으로 제시된 글
과정・기능	• 복합양식으로 구성된 글이나 자료의 관점, 의도, 표현 평가하기 • 읽기 목적을 고려한 주제 통합적 읽기 • 읽기 과정과 전략에 대해 점검・조정하기

가치・태도	• 독서 공동체와 사회적 독서에 참여 • 타인과의 교류와 사회 통합에 미치는 독서의 영향력에 대한 성찰

[공통 과목] 공통국어2 (쓰기)	
핵심 아이디어	• 쓰기는 언어를 비롯한 기호나 매체를 활용하여 인간의 생각과 감정을 글로 표현함으로써 의미를 구성하는 행위이다. • 필자는 상황 맥락 및 사회・문화적 맥락 속에서 자신의 의사소통 목적을 달성하기 위하여 다양한 유형의 글을 쓴다. • 필자는 쓰기 과정에서 부딪히는 문제를 해결하기 위하여 적절한 쓰기 전략을 사용하여 글을 쓴다. • 필자는 쓰기 경험을 통해 언어 공동체의 구성원으로 성장하고, 쓰기 윤리를 갖추어 독자와 소통함으로써 바람직한 의사소통 문화를 만들어 간다.
범주	내용 요소
지식・이해	• 사회・문화적 맥락 • 공동 보고서 • 논증이 효과적으로 나타나는 글
과정・기능	• 작문 관습 파악하기 • 신뢰할 수 있는 자료를 종합하여 내용 생성하기 • 효과적으로 내용 조직하기 • 복합양식 자료를 활용하여 표현하기 • 작문 관습을 고려하여 고쳐쓰기 • 쓴 글을 함께 읽고 반응하기 • 쓰기 과정과 전략에 대해 점검・조정하기
가치・태도	• 사회적 책임 인식 • 언어 공동체의 작문 관습과 규범의 내면화

[공통 과목] 공통국어2 (문법)	
핵심 아이디어	• 문법은 국어의 형식과 내용을 이루는 틀로서 규칙과 원리로 구성・운영되며, 문법 탐구는 문법에 대해 사고하는 활동으로 국어에 대한 총체적 앎을 이끈다. • 국어는 체계와 구조를 갖춘 의미 생성 자원이자, 사회적으로 구성된 관습적 규약이며, 공동체의 사고와 가치를 표상하는 문화적 산물이다. • 국어 자료는 다양한 맥락에서 만들어지는 의사소통의 결과물로서, 국어 현상을 파악하고 국어 문제를 발견할 수 있는 문법 탐구의 대상이다. • 국어 사용자는 일상생활에서 국어 현상과 국어 문제를 탐구하고 성찰하면서 언어 주체로서의 정체성과 국어 의식을 형성한다.
범주	내용 요소
지식・이해	• 시간의 흐름에 따른 언어 • 한글 맞춤법과 국어 문제

과정・기능	• 국어 및 국어 실천의 변화 탐구하기 • 국어생활을 성찰하고 문제해결하기
가치・태도	• 국어문화 발전에 참여

[공통 과목] 공통국어2 (문학)	
핵심 아이디어	• 문학은 인간의 삶을 언어로 형상화한 작품을 통해 즐거움과 깨달음을 얻고 타자와 소통하는 행위이다. • 문학 작품을 통한 소통은 작품의 갈래, 작가와 독자, 사회와 문화, 문학사의 영향 등을 고려하며 이루어진다. • 문학 수용・생산 능력은 문학의 해석, 감상, 비평, 창작 활동을 통해 향상된다. • 인간은 문학을 향유하면서 자아를 성찰하고 타자를 이해하며 공동체의 일원으로 성장한다.
범주	내용 요소
지식・이해	• 서정, 서사, 극, 교술 • 작가 맥락, 독자 맥락, 사회・문화적 맥락, 문학사적 맥락
과정・기능	• 한국 문학사의 흐름 이해하기 • 주체적인 관점에서 작품 해석하기 • 작품의 가치를 설명하며 평가하기
가치・태도	• 문학 수용・생산의 생활화

[일반 선택 과목] 화법과 언어	
핵심 아이디어	• 화법은 의사소통 목적과 맥락, 담화 참여자의 관계를 고려하여 음성 언어를 중심으로 의미를 구성하는 사고 행위이자 언어적 실천과 소통 행위이다. • 언어는 고유의 형식과 의미 기능을 지닌 체계로서, 의사소통 맥락에 맞게 담화를 수행하고 비판적으로 사고하기 위한 효과적인 자원이다. • 언어 사용자는 맥락에 적절한 언어로 의사소통에 능동적으로 참여하고 언어생활을 성찰하여 의사소통 문화 형성에 기여한다.
범주	내용 요소
지식・이해	• 인간의 삶과 국어생활의 변화 • 기호를 활용한 사회적 행위로서의 의사소통 • 맥락에 따른 언어 선택과 담화 관습
과정・기능	• 표준 발음으로 국어생활하기 • 품사, 문장 구조에 대한 지식을 활용하여 언어 자료 분석하기 • 단어의 짜임과 의미 관계를 분석하여 어휘 활용하기 • 화자의 태도를 표상하기 위해 어휘와 문법 요소 활용하기 • 담화를 응집성 있게 구성하기 위해 어휘와 문법 요소 활용하기 • 다양한 유형의 담화 및 매체에 활용된 언어의 공공성을 점검하고 평가하기 • 자아 개념을 인식하고 관계 형성에 적절한 방법으로 대화하기

	• 적절한 언어적 · 준 언어적 · 비언어적 표현 전략을 활용하여 발표하기 • 화자의 공신력과 효과적 설득 전략을 활용하여 연설하기 • 공동체의 문제를 분석하여 합리적으로 문제를 해결하며 토의하기 • 논증에 대해 반대 신문하며 토론하기 • 상호 만족할 수 있는 대안을 탐색하며 협상하기
가치 · 태도	• 사회적 행위로서의 국어생활에 대한 성찰과 개선 • 다양성을 존중하는 의사소통 문화 형성

[일반 선택 과목] 독서와 작문	
핵심 아이디어	• 독서와 작문은 문자 언어를 중심으로 의미를 구성하는 사고 행위이자 사회 · 문화적 맥락 속에서 소통하는 문어 의사소통 행위이다. • 독자와 필자는 자신의 목적을 달성하기 위해 적절한 전략을 사용하여 다양한 분야 및 유형의 글과 자료를 읽고 쓴다. • 독자와 필자는 주도성과 책임감을 가지고 문어 의사소통을 실천함으로써 바람직한 언어 공동체의 문화와 담론을 형성하는 데 기여한다.
범주	내용 요소
지식 · 이해	• 문어 의사소통의 방법 • 문어 의사소통의 구성 요소
과정 · 기능	• 문어 의사소통의 목적과 맥락을 고려한 글과 자료의 탐색 및 선별하기 • 내용 확인 및 추론하기 • 평가 및 종합하기 • 내용 생성 및 조직하기 • 표현 전략을 고려한 표현과 작문 맥락을 고려한 고쳐쓰기 • 문어 의사소통 과정의 점검 및 조정하기 • 인문 · 예술, 사회 · 문화, 과학 · 기술의 분야별 독서와 작문 수행하기 • 정보 전달, 논증, 정서 표현 및 자기 성찰의 유형별 작문과 독서 수행하기 • 주제 통합적 독서와 학습을 위한 작문 수행하기 • 매체의 유형과 특성을 고려한 독서와 작문 수행하기
가치 · 태도	• 독서와 작문의 주도적 계획 및 실천 • 공동체의 소통 문화 및 담론 형성에의 참여 • 문어 의사소통 생활에 대한 성찰 및 책임감

[일반 선택 과목] 문학	
핵심 아이디어	• 문학은 상상력과 창의성을 발휘하여 인간의 삶을 언어로 형상화하는 생산 행위이자 그 결과물을 통해 타자와 소통하고 아름다움을 향유하는 수용 행위이다. • 문학은 세계에 대한 인식과 형상화 방식에 따라 여러 갈래로 나뉘며 문학 작품의 생산과 수용에는 다양한 맥락이 작용한다. • 한국 문학은 한국인의 삶과 미의식을 반영하고 사회와 상호작용하며 역사적으로 전개되어 왔다.

	• 문학 향유자는 문학을 통해 자아를 성찰하고 타자를 이해하며 공동체의 문제 해결에 참여하는 태도를 지니고 주체적으로 문학을 생활화한다.
범주	내용 요소
지식 · 이해	• 문학의 본질과 기능 • 한국 문학의 성격과 역사 • 한국 문학의 보편성과 특수성
과정 · 기능	• 문학의 특성 탐구하기 • 문학 작품 해석하기 • 문학 작품 감상하기 • 문학 작품 비평하기 • 문학 작품 재구성 · 창작하기 • 문학 소통하기
가치 · 태도	• 문학을 통한 자아 성찰과 타자 이해 • 문학과 공동체 참여 • 문학의 생활화

[진로 선택 과목] 주제 탐구 독서	
핵심 아이디어	• 주제 탐구 독서는 관심 분야의 책과 자료를 통합적으로 읽으며 주제를 주체적으로 탐구하는 행위이다. • 정보를 비판적 · 창의적으로 읽으면서 주제에 관한 자신의 관점과 견해를 형성한다. • 관심 분야와 주제를 정해 주도적으로 독서하고 탐구하면서 삶을 성찰하고 계발한다.
범주	내용 요소
지식 · 이해	• 주제 탐구 독서의 의미 • 분야에 따른 책과 자료의 특성
과정 · 기능	• 주제 탐구를 위한 독서 목적 설정하기 • 탐구할 주제를 선정하고 상세화하기 • 주제와 관련된 책과 자료를 다양하게 탐색하며 읽을 내용 선정하기 • 주제와 관련된 책과 자료의 이해 · 분석 · 평가 · 종합하기 • 주제에 대한 관점과 견해 형성하기 • 매체를 포함한 다양한 방법으로 주제 탐구의 과정이나 결과를 공유하고 소통하기 • 관심 분야의 특성을 고려하여 주제 탐구 독서 수행하기
가치 · 태도	• 주제 탐구를 위한 주도적 독서 계획의 수립과 실천 • 주제 탐구 독서를 통한 삶에 대한 성찰과 계발

[진로 선택 과목] 문학과 영상	
핵심 아이디어	• 문학은 다양한 형상화 방법을 가진 언어 예술인 동시에 다른 예술 분야에 영감을 주는 상상력의 원천이다. • 영상은 시각적 요소와 청각적 요소의 결합을 통해 현실 세계와 상상의 세계를 효과적으로 구현한다. • 문학과 영상은 긴밀한 연관 관계 속에서 발전해 왔으며 상호작용을 통해 서로 변용과 창조의 계기가 된다.
범주	내용 요소
지식 · 이해	• 문학의 형상화 방법 • 영상의 형상화 방법 • 문학과 영상 관련 문화적 소양
과정 · 기능	• 단일양식과 복합양식의 특성과 효과 고려하여 수용하기 • 인쇄물과 디지털 매체를 통한 공유의 특성과 효과 고려하여 수용하기 • 문학과 영상의 영향 관계와 상호작용의 효과 파악하기 • 문학 창작의 요소와 기법에 유의하여 수용 · 생산하기 • 영상 창작의 요소와 기법에 유의하여 수용 · 생산하기 • 유사한 소재를 중심으로 통합적으로 수용하기 • 적절하고 효과적인 경로로 창작물 공유하기
가치 · 태도	• 비판적 수용과 성찰 • 창의적 사고와 적극적 소통 • 윤리적 책임 인식과 능동적 참여

[진로 선택 과목] 직무 의사소통	
핵심 아이디어	• 직무 의사소통은 다양한 직무 환경에서 직무 수행에 필요한 의사소통 행위이다. • 효과적인 직무 의사소통을 위해서는 목적과 맥락, 참여자 특성을 고려하여 의사소통 과정에 참여하여야 한다. • 능동적이고 협력적인 직무 의사소통은 자신과 직무 공동체의 성장과 발전의 토대가 된다.
범주	내용 요소
지식 · 이해	• 직무 의사소통의 맥락 • 목적, 맥락, 참여자 특성에 적합한 소통 • 직무 의사소통과 매체
과정 · 기능	• 직무에 적합하게 자기를 소개하고 면접에 참여하기 • 진로와 직무 탐색을 위해 정보를 이해하고 평가하기 • 직무 정보를 체계적으로 관리하고 활용하기 • 직무 정보를 효과적으로 조직하고 표현하기 • 대화와 협의를 통해 직무 의사소통 문제와 갈등 조정하기 • 직무 공동체의 문제에 대한 대안을 탐색하고 해결하기 • 다양한 매체를 활용해 직무 공동체 구성원과 협력 기반의 소통하기

가치・태도	• 직무 의사소통에서의 개인 권리 및 보안에 대한 책무 • 직무 환경의 변화에 대응하는 지속적인 자기 성찰 및 계발 • 직무 의사소통에의 능동적이고 협력적인 참여

[융합 선택 과목] 독서 토론과 글쓰기	
핵심 아이디어	• 독서 토론과 글쓰기는 주체적이고 협력적으로 의미를 발견하고 구성하는 행위이자 사회적인 소통 행위이다. • 다양한 분야의 책을 읽고 독서 토론하며 글을 쓰는 활동은 개인과 공동체의 삶의 문제를 심층적으로 탐색하고 해결하는 과정이다. • 독서 토론과 글쓰기를 효과적으로 수행하기 위해서는 능동적이고 협력적인 참여, 서로 다른 생각과 관점을 존중하는 유연한 자세가 필요하다.
범주	내용 요소
지식・이해	• 독서 토론과 글쓰기의 특성 • 독서 토론과 글쓰기의 맥락
과정・기능	• 개인이나 공동체의 관심사를 고려하여 읽을 책을 탐색하고 선정하기 • 질문을 생성하며 주체적으로 해석하기 • 대화, 토의, 토론 등을 활용하여 독서 토론하기 • 쓰기 목적, 독자, 매체를 고려하여 글을 쓰고 공유하기 • 자아를 탐색하고 타자와 세계를 이해하기 • 지식을 확장하고 교양을 함양하기 • 공동체의 문제를 해결하고 사회적 담론에 참여하기
가치・태도	• 능동적이고 협력적인 참여 • 서로 다른 생각과 관점에 대한 존중

[융합 선택 과목] 매체 의사소통	
핵심 아이디어	• 매체 자료는 현실에 대한 재현물로 사회・문화적 맥락 속에 존재하며, 매체 생산자의 의도와 관점에 영향을 받는다. • 디지털 기술의 발전은 매체 자료의 표현 방식과 의미 구성, 의사소통의 맥락과 소통 방식에 변화를 가져온다. • 매체에 대한 비판적인 이해와 매체 의사소통 과정에 대한 적극적인 참여와 공유는 디지털 시대의 시민으로 성장하는 발판이 되며 더 나은 매체 환경 조성에 기여한다.
범주	내용 요소
지식・이해	• 매체의 유형과 특성 • 디지털 기술과 매체 환경 변화 • 매체 자료의 사회・문화적 구성과 재현
과정・기능	• 매체 의사소통 현상 관찰하기 • 매체 자료 수집・분석하기

	• 매체 자료 해석·평가하기 • 매체 자료 기획·구성하기 • 매체 자료 제작·공유하기
가치·태도	• 협력적 문제 해결과 소통 태도 • 매체 의사소통에 대한 윤리적·성찰적 태도

[융합 선택 과목] 언어생활 탐구	
핵심 아이디어	• 언어는 정체성을 드러내는 표지이자 학습의 도구이며, 사회적 소통과 담론 형성의 자원이다. • 언어생활 속에서 접하는 다양한 글과 담화는 의도와 목적에 따른 선택의 결과로서 고유한 구조와 기능을 가진다. • 언어의 힘과 가치는 사회적으로 의미가 소통되는 맥락과 과정을 탐색함으로써 드러난다.
범주	내용 요소
지식·이해	• 우리 삶에 작용하는 언어의 역할 • 글과 담화의 맥락과 언어적 특성
과정·기능	• 언어생활에서 탐구 주제 발견하기 • 언어 자료 수집하고 분석하기 • 언어 자료 해석하고 결과 공유하기 • 언어를 통한 정체성 실현과 관계 형성 양상 탐구하기 • 글과 담화의 표현 특성과 효과 탐구하기 • 사회적 담론 형성의 맥락과 과정 탐구하기 • 공공 언어 사용의 실제 탐구하기
가치·태도	• 언어생활에 대한 민감성과 책임감 • 주체적·능동적인 언어문화 실천

2. 수학과 핵심 아이디어 및 내용 체계

[공통 과목] 공통수학 1	
핵심 아이디어	• 식에 대한 사칙연산과 인수분해는 복잡한 다항식으로 확장되어 적용되며, 방정식과 부등식은 적절한 절차를 통해 해결된다. • 순열과 조합은 다양한 상황에서 사건이 일어날 수 있는 모든 경우의 수를 체계적으로 세는 데 활용된다. • 여러 값이 포함된 자료는 행렬 표현과 연산을 통해 효율적으로 처리된다.

범주		내용 요소
지식·이해	다항식	• 다항식의 연산 • 나머지 정리 • 인수분해
	방정식과 부등식	• 복소수와 이차방정식 • 이차방정식과 이차함수 • 여러 가지 방정식과 부등식
	경우의 수	• 합의 법칙과 곱의 법칙 • 순열과 조합
	행렬	• 행렬과 그 연산
과정·기능		• 다항식, 방정식과 부등식, 경우의 수, 행렬의 개념, 원리, 법칙이나 자신의 수학적 사고와 전략을 설명하기 • 수학적 절차를 수행하고 계산하기 • 적절한 전략을 사용하여 문제해결하기 • 이차방정식과 이차부등식을 이차함수와 연결하기 • 이차함수의 그래프와 직선의 위치 관계를 판단하기 • 다항식, 방정식과 부등식, 경우의 수, 행렬의 개념, 원리, 법칙, 성질을 탐구하기 • 방정식과 부등식 풀기 • 방정식과 부등식, 경우의 수, 행렬을 실생활과 연결하기 • 식과 그래프, 수학 기호, 행렬 등을 표현하기
가치·태도		• 실생활과의 연결을 통한 방정식과 부등식, 경우의 수, 행렬의 유용성 인식 • 적절한 방법을 찾기 위해 끈기 있게 도전하는 태도 • 체계적으로 사고하여 합리적으로 의사 결정하는 태도

[공통 과목] 공통수학 2		
핵심 아이디어		• 평면도형을 식으로 표현하는 것은 도형 사이의 위치 관계와 도형의 이동에 대한 탐구의 유용한 도구가 된다. • 집합은 대상을 논리적으로 표현하고 이해하는 도구이며, 명제는 추론을 통해 증명된다. • 두 집합 사이의 대응으로 일반화된 함수는 대상 간의 관계를 논리적으로 해석하는 데 활용된다.
범주		내용 요소
지식·이해	도형의 방정식	• 평면좌표 • 직선의 방정식 • 원의 방정식 • 도형의 이동
	집합과 명제	• 집합 • 명제
	함수와 그래프	• 함수 • 유리함수와 무리함수

<table>
<tr><td>과정・기능</td><td>• 수학적 절차를 수행하고 계산하기
• 도형의 방정식, 집합과 명제, 함수와 그래프의 개념, 원리, 법칙 탐구하기
• 적절한 전략을 사용하여 문제해결하기
• 도형을 방정식과 연결하기
• 식과 그래프, 수학 기호, 집합 등을 표현하기
• 원과 직선의 위치 관계, 두 집합 사이의 포함 관계, 명제의 조건을 판단하기
• 도형의 방정식, 집합과 명제, 함수와 그래프를 실생활과 연결하기
• 도형의 방정식, 집합과 명제, 함수와 그래프의 개념, 원리, 법칙이나 자신의 수학적 사고와 전략을 설명하기
• 다양한 방법으로 증명하기
• 합성함수와 역함수 구하기</td></tr>
<tr><td>가치・태도</td><td>• 실생활과의 연결을 통한 도형의 방정식, 집합과 명제, 함수와 그래프의 유용성 인식
• 대수와 기하를 연결하는 사고의 전환으로 수학에 대한 흥미와 관심
• 집합과 명제를 이용한 수학적 근거를 바탕으로 비판적으로 사고하는 태도</td></tr>
</table>

<table>
<tr><th colspan="4">[공통 과목] 기본수학 1</th></tr>
<tr><td colspan="2">핵심 아이디어</td><td colspan="2">• 식에 대한 사칙연산과 인수분해는 복잡한 다항식으로 확장되어 적용되며, 방정식과 부등식은 적절한 절차를 통해 해결된다.
• 순열과 조합은 다양한 상황에서 사건이 일어날 수 있는 모든 경우의 수를 체계적으로 세는 데 활용된다.
• 여러 값이 포함된 자료는 행렬 표현과 연산을 통해 효율적으로 처리된다.</td></tr>
<tr><th colspan="2">범주</th><th colspan="2">내용 요소</th></tr>
<tr><td rowspan="4">지식・이해</td><td>다항식</td><td>• 다항식의 연산</td><td>• 인수분해</td></tr>
<tr><td>방정식과 부등식</td><td colspan="2">• 이차방정식과 이차함수
• 부등식</td></tr>
<tr><td>경우의 수</td><td>• 합의 법칙과 곱의 법칙</td><td>• 순열과 조합</td></tr>
<tr><td>행렬</td><td colspan="2">• 행렬과 그 연산</td></tr>
<tr><td colspan="2">과정・기능</td><td colspan="2">• 다항식, 방정식과 부등식, 경우의 수, 행렬의 개념, 원리, 법칙이나 자신의 수학적 사고와 전략을 설명하기
• 수학적 절차를 수행하고 계산하기
• 적절한 전략을 사용하여 문제해결하기
• 이차방정식과 이차부등식을 이차함수와 연결하기
• 이차방정식의 근의 존재성을 판단하기
• 다항식, 방정식과 부등식, 경우의 수, 행렬의 개념, 원리, 법칙, 성질</td></tr>
</table>

	을 탐구하기 • 방정식과 부등식 풀기 • 경우의 수 구하기 • 방정식과 부등식, 경우의 수, 행렬을 실생활과 연결하기 • 식과 그래프, 수학 기호, 행렬 등을 표현하기
가치 · 태도	• 실생활과의 연결을 통한 방정식과 부등식, 경우의 수, 행렬의 유용성 인식 • 적절한 방법을 찾기 위해 끈기 있게 도전하는 태도 • 체계적으로 사고하여 합리적으로 의사 결정하는 태도

[공통 과목] 기본수학 2			
핵심 아이디어		• 평면도형을 식으로 표현하는 것은 도형 사이의 위치 관계와 도형의 이동에 대한 탐구의 유용한 도구가 된다. • 집합은 대상을 논리적으로 표현하고 이해하는 도구이며, 명제는 추론을 통해 증명된다. • 두 집합 사이의 대응으로 일반화된 함수는 대상 간의 관계를 논리적으로 해석하는 데 활용된다.	
범주		내용 요소	
지식 · 이해	도형의 방정식	• 평면좌표 • 직선의 방정식	• 원의 방정식 • 도형의 이동
	집합과 명제	• 집합	• 명제
	함수와 그래프	• 함수 • 유리함수와 무리함수	
과정 · 기능		• 수학적 절차를 수행하고 계산하기 • 도형의 방정식, 집합과 명제, 함수와 그래프의 개념, 원리, 법칙 탐구하기 • 적절한 전략을 사용하여 문제해결하기 • 도형을 방정식과 연결하기 • 식과 그래프, 수학 기호, 집합 등을 표현하기 • 원과 직선의 위치 관계, 두 집합 사이의 포함 관계를 판단하기 • 도형의 방정식, 집합과 명제, 함수와 그래프를 실생활과 연결하기 • 도형의 방정식, 집합과 명제, 함수와 그래프의 개념, 원리, 법칙이나 자신의 수학적 사고와 전략을 설명하기 • 합성함수와 역함수 구하기	
가치 · 태도		• 실생활과의 연결을 통한 도형의 방정식, 집합과 명제, 함수와 그래프의 유용성 인식 • 대수와 기하를 연결하는 사고의 전환으로 수학에 대한 흥미와 관심 • 집합과 명제를 이용한 수학적 근거를 바탕으로 비판적으로 사고하는 태도	

[일반 선택 과목] 대수			
핵심 아이디어		• 지수함수, 로그함수는 급격히 증감하는 대상이나 현상을, 삼각함수는 주기적으로 변하는 대상이나 현상을 표현하고 이해하는 데 활용된다. • 수열은 나열된 대상의 규칙을 수학적으로 표현하고 이해하는 데 활용되며, 수학적 귀납법은 자연수에 대해 성립하는 명제를 증명할 때 사용된다.	
범주		내용 요소	
지식·이해	지수함수와 로그함수	• 지수와 로그	• 지수함수와 로그함수
	삼각함수	• 삼각함수	• 사인법칙과 코사인법칙
	수열	• 등차수열과 등비수열 • 수열의 합	• 수학적 귀납법
과정·기능		• 대수의 개념, 원리, 법칙 탐구하기 • 식과 그래프, 수학 기호 등을 비교하고, 표현하기 • 대수의 개념, 원리, 법칙이나 자신의 수학적 사고와 전략 설명하기 • 적절한 전략을 사용하여 문제해결하기 • 대수의 개념, 법칙 활용하기 • 적절한 공학 도구를 선택하여 함수의 그래프 그리고 탐구하기 • 상용로그, 삼각함수를 실생활과 연결하기 • 등차수열과 등비수열의 일반항과 그 합 구하기 • 수학적 귀납법으로 증명하기	
가치·태도		• 지수와 로그 표현의 편리함 인식 • 실생활과의 연결을 통한 지수함수, 로그함수, 삼각함수의 유용성 인식 • 수학적 귀납법으로 명제를 증명하여 논리적으로 사고하는 태도	

[일반 선택 과목] 미적분 Ⅰ			
핵심 아이디어		• 함수의 극한은 함수의 국소적 성질을 이해하는 도구이며, 함수의 연속은 함수의 극한을 통해 설명된다. • 미분은 함수의 순간적인 변화를 나타내는 도구이며 함수의 그래프와 이동하는 물체의 움직임에 대한 탐구에 활용된다. • 부정적분은 미분과 역관계에 있고 정적분을 계산하는 데 이용되며, 정적분은 도형의 넓이, 물체의 이동 거리 등을 구하는 데 활용된다.	
범주		내용 요소	
지식·이해	함수의 극한과 연속	• 함수의 극한	• 함수의 연속
	미분	• 미분계수 • 도함수의 활용	• 도함수

<table>
<tr><td></td><td>적분</td><td>• 부정적분
• 정적분의 활용</td><td>• 정적분</td></tr>
<tr><td colspan="2">과정 · 기능</td><td colspan="2">• 미적분의 개념, 원리, 법칙 탐구하기
• 극한값, 미분계수, 도함수, 접선의 방정식, 부정적분, 정적분, 도형의 넓이 구하기
• 공학 도구를 이용하여 극한, 연속, 미분과 적분을 탐구하기
• 연속의 뜻을 극한으로 탐구하기
• 연속함수의 성질을 다른 영역 내용에 응용하기
• 적절한 전략을 사용하여 문제해결하기
• 수학의 여러 영역의 내용을 극한, 미분, 적분과 연결하기
• 극한, 미분, 적분의 개념, 원리, 법칙 등을 실생활이나 타 교과와 연결하기
• 미적분의 개념, 원리, 법칙에 근거하여 함수의 연속성과 함수의 미분가능성 등을 판정하기
• 미적분의 개념, 원리, 법칙이나 자신의 수학적 사고와 전략을 설명하기
• 미적분의 개념 간의 관계 설명하기
• 미분과 적분의 관계를 탐구하기
• 식, 그래프, 기호 등을 표현하기</td></tr>
<tr><td colspan="2">가치 · 태도</td><td colspan="2">• 무한을 수학적으로 다루는 방법에 대한 흥미와 관심
• 변화하는 현상을 이해하는 도구로서 미적분의 유용성 인식
• 극한을 이용해 체계적으로 사고하여 의사 결정하는 태도</td></tr>
</table>

<table>
<tr><th colspan="4">[일반 선택 과목] 확률과 통계</th></tr>
<tr><td colspan="2">핵심 아이디어</td><td colspan="2">• 사건이 일어날 수 있는 모든 경우를 분류하고 경우의 수를 체계적으로 세는 여러 가지 방법은 다양한 문제 상황에 활용된다.
• 확률의 성질과 정리를 활용하고 조건이 주어졌을 때 사건이 일어날 확률을 이용하는 것은 합리적인 의사 결정의 중요한 도구이다.
• 예측하고자 하는 집단의 속성을 표본으로부터 추정하는 방법은 사회의 불확실성을 이해하고 미래를 예측하는 중요한 도구이다.</td></tr>
<tr><th colspan="2">범주</th><th colspan="2">내용 요소</th></tr>
<tr><td rowspan="3">지식 · 이해</td><td>경우의 수</td><td>• 순열과 조합</td><td>• 이항 정리</td></tr>
<tr><td>확률</td><td>• 확률의 개념과 활용</td><td>• 조건부 확률</td></tr>
<tr><td>통계</td><td>• 확률분포</td><td>• 통계적 추정</td></tr>
<tr><td colspan="2">과정 · 기능</td><td colspan="2">• 경우의 수, 확률, 평균, 표준편차 구하기
• 확률과 통계의 개념, 원리, 법칙을 설명하기
• 적절한 전략을 사용하여 문제해결하기
• 확률과 통계의 개념 사이의 관계를 설명하기
• 확률과 통계의 개념을 실생활에 연결(적용)하기</td></tr>
</table>

	• 확률과 통계의 개념, 원리, 법칙에 근거하여 판단(추정)하기 • 확률과 통계의 개념, 원리, 법칙을 탐구하기 • 적절한 공학 도구를 선택하여 이용하기 • 자료를 수집하고 정리하고 해석하기 • 추정한 결과를 해석하기
가치 · 태도	• 실생활과의 연결을 통한 경우의 수, 확률, 통계의 유용성 인식 • 통계적 사고 및 추론을 통한 불확실성에 대한 해석의 중요성 인식 • 확률 및 통계적 근거를 바탕으로 합리적으로 의사 결정을 하는 태도

[진로 선택 과목] 미적분 II			
핵심 아이디어		• 수열의 극한은 무한을 수학적으로 다루기 위한 도구이며 수열과 급수의 수렴과 발산을 판정하는 데 활용된다. • 다양한 미분법을 활용하면 여러 가지 함수의 도함수를 효율적으로 구하고 변화 현상에 대해 심층적으로 탐구할 수 있다. • 다양한 적분법을 활용하면 도형의 넓이 또는 부피, 움직이는 물체의 속도 또는 거리를 효율적으로 계산할 수 있다.	
범주		내용 요소	
지식 · 이해	수열의 극한	• 수열의 극한	• 급수
	미분법	• 여러 가지 함수의 미분 • 도함수의 활용	• 여러 가지 미분법
	적분법	• 여러 가지 함수의 적분법	• 정적분의 활용
과정 · 기능		• 미적분의 개념, 원리, 법칙, 관계를 탐구하기 • 곡선의 위로 볼록과 아래로 볼록 등을 판정하기 • 극한값, 등비급수의 합, 이계도함수, 접선의 방정식, 부정적분, 정적분, 도형의 넓이, 입체도형의 부피 구하기 • 공학 도구를 이용하여 수열의 극한, 급수, 미분과 적분에 대해 탐구하기 • 극한, 미분, 적분의 개념, 원리, 법칙 등을 실생활이나 타 교과와 연결하기 • 다양한 함수를 미분하기 • 적절한 전략을 사용하여 문제해결하기 • 미분, 적분을 수학의 여러 영역의 내용과 연결하기 • 식, 그래프, 기호 등으로 표현하기	
가치 · 태도		• 무한을 수학적으로 다루는 방법에 대한 흥미와 관심 • 변화하는 현상을 이해하는 도구로서 미적분의 유용성 인식 • 극한을 이용해 체계적으로 사고하여 의사 결정하는 태도	

<table>
<tr><th colspan="3">[진로 선택 과목] 기하</th></tr>
<tr><td colspan="2">핵심 아이디어</td><td>• 원뿔을 절단하여 만든 곡선을 방정식으로 표현하는 것은 그 기하적 성질을 탐구하는 데 유용한 방법이다.
• 공간좌표와 식을 활용하는 것은 공간도형의 기하적 성질을 탐구하는 데 유용한 방법이다.
• 벡터는 크기와 방향을 갖는 양을 나타내는 도구로, 위치벡터는 좌표평면과 좌표공간에서 도형의 성질을 탐구하는 데 활용된다.</td></tr>
<tr><th colspan="2">범주</th><th>내용 요소</th></tr>
<tr><td rowspan="3">지식 · 이해</td><td>이차곡선</td><td>• 이차곡선</td></tr>
<tr><td>공간도형과 공간좌표</td><td>• 공간도형 • 공간좌표</td></tr>
<tr><td>벡터</td><td>• 벡터의 연산 • 벡터의 성분과 내적
• 도형의 방정식</td></tr>
<tr><td colspan="2">과정 · 기능</td><td>• 도형을 방정식과 벡터로 표현하기
• 대수적 절차를 수행하여 값 또는 식 구하기
• 연역적 추론을 통해 도형의 성질 증명하기
• 도형 사이의 관계를 탐구하기
• 수학적 개념을 좌표로 표현하기
• 연산 절차 수행하기
• 수학적 개념을 연결하기
• 적절한 전략을 사용하여 문제해결하기
• 적절한 공학 도구를 이용하여 기하적 대상 탐구하기</td></tr>
<tr><td colspan="2">가치 · 태도</td><td>• 문제해결 도구로서 이차곡선과 벡터의 유용성 인식
• 연역적으로 증명하여 논리성을 추구하는 태도
• 평면을 공간으로 차원을 확장하는 것에 대한 흥미
• 도형을 벡터로 나타내는 수학적 표현의 간결함 인식</td></tr>
</table>

<table>
<tr><th colspan="3">[진로 선택 과목] 경제 수학</th></tr>
<tr><td colspan="2">핵심 아이디어</td><td>• 자료의 해석, 식의 계산, 수열과 급수는 실생활 금융 문제를 해결하는 데 활용된다.
• 함수는 경제 현상에서 변화를 나타내는 도구로서, 실생활 속 경제 문제를 해결하는 데 활용된다.
• 경제 현상을 행렬로 표현하고 연산하는 것은 실생활 속 경제 문제를 해결하는 데 유용한 방법이다.
• 미분은 여러 가지 경제 현상에서 최적의 의사 결정을 하는 데 활용된다.</td></tr>
<tr><th colspan="2">범주</th><th>내용 요소</th></tr>
<tr><td rowspan="2">지식 · 이해</td><td>수와 경제</td><td>• 수와 생활경제 • 수열과 금융</td></tr>
<tr><td>함수와 경제</td><td>• 함수와 경제 현상 • 함수의 활용</td></tr>
</table>

	행렬과 경제	• 행렬과 경제 현상	• 행렬의 활용
	미분과 경제	• 미분과 경제 현상	• 미분의 활용
과정 · 기능		• 경제 현상과 관련된 통계 자료 활용하기 • 이자, 원리 합계, 현재 가치, 연금, 역행렬 구하기 • 행렬의 연산 수행하기 • 함수, 그래프, 행렬을 사용하여 경제 현상 나타내기 • 경제 현상을 나타내는 함수 미분하기 • 미분을 이용하여 그래프의 개형 탐구하고 해석하기 • 경제 수학의 개념, 원리, 법칙을 탐구하기 • 수학의 개념, 원리, 법칙 등을 활용하여 경제 현상 설명하기 • 수학의 개념, 원리, 법칙을 활용하여 경제 현상의 문제를 해결하기	
가치 · 태도		• 수학을 자신의 삶과 연계하여 합리적인 경제 및 금융 생활 영위 • 경제지표를 설명하는 방법으로서 수학적 표현의 편리함 인식 • 경제 현상을 나타내는 방법으로서 함수와 행렬의 유용성 인식 • 미분을 활용하여 경제 주체로서 합리적으로 의사 결정하는 태도	

[진로 선택 과목] 인공지능 수학		
핵심 아이디어		• 수학은 인공지능의 기반이 되며 인공지능 기술 전반에 활용된다. • 집합, 벡터, 행렬 등은 인공지능의 데이터 처리에 이용된다. • 확률, 함수, 미분 등에 기반한 인공지능 기술은 데이터의 경향성을 파악하고 최적화하며 합리적인 의사 결정을 하는 데 활용된다. • 인공지능으로 실생활 문제를 해결하는 과정에는 수학적 원리가 활용된다.
범주		내용 요소
지식 · 이해	인공지능과 빅데이터	• 인공지능의 개념과 역사 • 빅데이터와 인공지능
	텍스트 데이터 처리	• 텍스트 데이터 표현 • 텍스트 데이터 분석
	이미지 데이터 처리	• 이미지 데이터 표현 • 이미지 데이터 분석
	예측과 최적화	• 경향성과 예측 • 최적화
	인공지능과 수학 탐구	• 합리적 의사 결정 • 인공지능과 수학 탐구
과정 · 기능		• 인공지능을 사용하여 합리적으로 문제해결하기 • 인공지능의 학습방식을 수학적으로 해석하기 • 인공지능과 관련된 수학의 개념, 원리, 법칙 탐구하기 • 최적화된 예측을 위한 추세선 찾기

<table>
<tr><td></td><td>• 데이터를 목적에 맞게 표현하기
• 인공지능과 관련된 수학의 원리와 방법 설명하기
• 인공지능을 위한 빅데이터의 활용 방법 찾기
• 수학적 표현을 사용하며 데이터 변환하기
• 데이터를 요약하고 유용한 정보 추출하기
• 수학적 원리 및 공학 도구를 예측에 이용하기</td></tr>
<tr><td>가치 · 태도</td><td>• 데이터 편향성을 고려하여 공정성을 추구하는 태도
• 데이터를 표현하는 수단으로서 수학적 표현의 유용성 인식
• 수학적 원리를 이용한 최적화 과정을 통해 합리적으로 의사 결정하는 태도
• 인공지능에 활용되는 수학적 원리에 대한 흥미</td></tr>
</table>

<table>
<tr><th colspan="4">[진로 선택 과목] 직무 수학</th></tr>
<tr><td colspan="2">핵심 아이디어</td><td colspan="2">• 수의 계산과 단위의 변환 등은 직무 상황에서 효율적인 업무 수행의 기반이 된다.
• 비와 비율, 표와 그래프, 방정식과 부등식은 직무 상황에서 발생하는 여러 가지 문제를 해결하는 데 활용된다.
• 도형의 이해와 측정은 직무 상황에서 다루는 공간 관련 문제를 해결하는 데 도움을 준다.
• 직무 상황에서 다루는 자료를 수집, 정리, 해석하는 활동은 합리적인 의사 결정을 가능하게 한다.</td></tr>
<tr><th colspan="2">범주</th><th colspan="2">내용 요소</th></tr>
<tr><td rowspan="4">지식 · 이해</td><td>수와 연산</td><td>• 수와 사칙연산</td><td>• 단위 환산</td></tr>
<tr><td>변화와 관계</td><td>• 비율과 백분율
• 식과 문제해결</td><td>• 규칙성과 변화</td></tr>
<tr><td>도형과 측정</td><td>• 도형의 관찰과 표현</td><td>• 도형의 측정</td></tr>
<tr><td>자료와 가능성</td><td>• 경우의 수와 가능성</td><td>• 자료의 정리와 해석</td></tr>
<tr><td colspan="2">과정 · 기능</td><td colspan="2">• 수학적 개념을 활용하여 직무 상황의 문제해결하기
• 수학적 개념에 근거하여 수의 크기를 비교하기
• 변환된 단위 계산하기
• 수학의 개념, 원리, 법칙을 직무 상황에 연결하여 적용하기
• 수학적 표현을 사용하여 설명하기
• 식, 표, 그래프를 이해하고 설명하기
• 입체도형의 모양 표현하기
• 입체도형의 모양 판별하기
• 수학의 성질, 공식, 규칙에 근거하여 값 구하기
• 직무 상황의 다양한 자료와 정보를 수집, 변환하여 목적에 맞게 정리하기
• 여러 가지 방법으로 변환한 자료 해석하기</td></tr>
</table>

	• 자료에 기반하여 합리적으로 의사 결정하기 • 직무 상황에서 요구되는 문제에 대한 다양한 해결 방법 탐색하기 • 적절한 공학 도구를 선택하여 직무 상황의 문제해결에 이용하기
가치・태도	• 직무를 효과적으로 수행하는 방법으로서 수학의 유용성 인식 • 직무 상황의 문제를 해결하기 위해 끈기 있게 도전하는 태도 • 직무 상황의 자료를 표나 그래프로 표현하는 것에 대한 흥미 • 표나 그래프를 근거로 미래 상황을 예측하여 합리적으로 의사 결정하는 태도

[융합 선택 과목] 수학과 문화			
핵심 아이디어		• 수학은 다양한 예술 분야에 융합되어 서로의 창조와 발전의 계기가 되었다. • 생활과 수학은 다양한 상황에서 밀접하게 상호작용하며 서로의 발전을 촉진해 왔다. • 수학은 사회 속 문제를 해결하는 과정에서 합리적 문제해결과 민주적 의사 결정에 도움을 준다. • 수학은 지속가능한 미래 사회를 위한 생태환경 문제를 분석하고 사고하는 데 필요하다.	
범주		내용 요소	
지식・이해	예술과 수학	• 음악과 수학 • 문학과 수학	• 미술과 수학 • 영화와 수학
	생활과 수학	• 스포츠와 수학 • 디지털 기술과 수학	• 게임과 수학 • 투표와 수학
	사회와 수학	• 민속 수학 • 대중매체와 수학	• 점자표와 수학 • 가치소비와 수학
	환경과 수학	• 식생활과 수학 • 사막화와 수학	• 대기 오염과 수학 • 생명권과 수학
과정・기능		• 독창적이고 다양한 문제해결 방법을 탐색하여 실천 계획을 수립하기 • 수학의 개념, 원리, 법칙 등을 활용하여 융합 사례를 탐구하기 • 수학의 개념, 원리, 법칙 등을 다양한 문화 현상과 연결하여 융합적 창작물 설계하기 • 수학적 표현을 사용하여 의사소통하기 • 수학 내적, 외적 연결을 통해 새로운 지식, 경험 등을 생성하기 • 융합 사례의 자료와 정보를 수집, 정리, 분석하여 목적에 맞게 해석하기	
가치・태도		• 인류 문화발전에서 수학의 기여에 대한 수학의 유용성 인식 • 문화 속에서 나타난 현상을 수학적으로 분석하는 것에 대한 흥미 • 수학과 문화의 융합 상황에서 수학적 근거를 바탕으로 합리적 의사 결정을 하는 태도 • 공동체 의식을 갖고 지속가능발전을 위한 참여와 실천	

<table>
<tr><th colspan="3">[융합 선택 과목] 실용 통계</th></tr>
<tr><td colspan="2">핵심 아이디어</td><td>• 통계는 현대 사회에서 나타나는 변이성을 설명하고 예측하기 위한 수단이다.
• 자료를 표와 그래프로 표현하고 수치로 요약하는 방법은 자료의 특성을 이해하는 유용한 도구이다.
• 통계적 추론은 예측하고자 하는 집단의 속성을 파악하기 위한 과학적인 도구이다.
• 통계는 자료를 수집, 정리, 분석하는 활동을 통해 합리적인 의사 결정을 가능하게 한다.</td></tr>
<tr><th colspan="2">범주</th><th>내용 요소</th></tr>
<tr><td rowspan="4">지식 · 이해</td><td>통계와 통계적 문제</td><td>• 통계와 통계적 문제해결 • 모집단과 표본</td></tr>
<tr><td>자료의 수집과 정리</td><td>• 자료의 종류와 수집 • 자료의 표현과 요약</td></tr>
<tr><td>자료의 분석</td><td>• 통계적 추정 • 통계적 검정</td></tr>
<tr><td>통계적 탐구</td><td>• 통계적 탐구 활동</td></tr>
<tr><td colspan="2">과정 · 기능</td><td>• 통계의 개념, 원리, 법칙을 설명하기
• 통계적 전략을 선택하기
• 자료를 그래프로 나타내기
• 자료를 통계값으로 요약하기
• 통계적으로 예측하기
• 가설을 설정하고 검정하기
• 적절한 공학 도구를 이용하여 통계적 탐구 수행하기
• 실생활 문제를 해결하기</td></tr>
<tr><td colspan="2">가치 · 태도</td><td>• 실생활에서 통계적 방법의 유용성과 필요성 인식
• 실생활 자료를 그래프로 표현하는 것에 대한 흥미
• 통계적 추론을 통해 합리적으로 의사 결정을 하는 태도
• 통계적 탐구 과정과 결과를 비판적으로 성찰하는 태도</td></tr>
</table>

<table>
<tr><th colspan="3">[융합 선택 과목] 수학과제 탐구</th></tr>
<tr><td colspan="2">핵심 아이디어</td><td>• 올바른 연구 윤리에 기반한 수학과제 탐구는 수학적 지식의 본질을 경험하게 한다.
• 공동체의 사고와 가치를 반영하여 수학 문제를 해결하는 다양한 탐구 방법이 있다.
• 수학과제 탐구를 준비, 실행, 정리, 발표, 평가, 성찰하는 활동은 자기주도적으로 문제를 해결하는 경험이 된다.</td></tr>
<tr><th colspan="2">범주</th><th>내용 요소</th></tr>
<tr><td>지식 ·</td><td>과제 탐구의 이해</td><td>• 수학과제 탐구의 의미와 필요성 • 연구 윤리</td></tr>
</table>

이해	과제 탐구의 방법과 절차	• 문헌 연구 • 수학 실험	• 사례 조사 • 개발 연구
	과제 탐구의 실행 및 평가	• 주제 선정 및 계획 수립 • 탐구 결과 정리 및 발표	• 탐구 수행 • 반성 및 평가
과정 · 기능		• 토의 · 토론을 통해 수학과제 탐구, 올바른 연구 윤리의 의미와 필요성 설명하기 • 수학의 여러 개념, 원리, 법칙 등을 실생활이나 타 교과와 연결하기 • 탐구 계획을 수립하고 이에 따른 탐구를 수행하기 • 자료와 정보를 수집하고 적절한 수학과제 탐구 방법을 선택하고 활용하기 • 탐구 방법을 이해하고 탐구 문제를 해결하기 • 탐구 결과를 바탕으로 합리적으로 의사 결정하기 • 탐구 과정과 결과를 정리하고 정확한 수학적 표현을 사용하여 산출물을 만들고 발표하기	
가치 · 태도		• 수학적 탐구의 필요성과 유용성 인식 • 적절한 탐구 방법을 찾고 문제를 해결하기 위해 끈기 있게 도전하는 의지 • 수학적 추론을 통해 체계적으로 사고하여 합리적으로 의사 결정하는 태도 • 탐구하는 활동에 대해 수학적 근거를 바탕으로 비판적으로 반성하고 평가하는 태도	

3. 영어과 핵심 아이디어 및 내용 체계

[공통 과목] 공통영어 1 (이해)		
핵심 아이디어	• 배경지식을 활용하여 다양한 말이나 글의 맥락적 의미를 파악하는 활동은 소통과 새로운 지식 정보를 습득하는 바탕이 된다. • 말이나 글의 성격에 따른 적절한 듣기 또는 읽기 전략의 활용은 내용에 대한 이해를 증진한다. • 다양한 문화와 관련된 말이나 글을 이해하는 활동은 다양성을 수용하는 포용적 태도를 길러 준다.	
범주	내용 요소	
지식 · 이해	언어	• 다양한 단어나 어구 • 다소 복잡하고 다양한 구조의 문장
		• [별표 2] 의사소통 기능과 예시문 • [별표 3] 기본 어휘 관련 지침에 따른 학습 어휘 수 1,800단어 이내 • [별표 4] 고등학교 권장 언어 형식

		• 이야기나 서사 및 운문 • 친교나 사회적 목적의 말이나 글 • 정보 전달 · 교환 목적의 말이나 글 • 의견 전달 · 교환이나 주장 목적의 말이나 글
	맥락	• [별표 1] 소재 • 일상생활 및 기본적 지식이나 정보 등의 친숙한 일반적 주제 • 우리 문화와 타 문화의 생활 양식이나 문화 예술
과정 · 기능	• 세부 정보 파악하기 • 주제나 요지 파악하기 • 분위기나 심정 및 의도 추론하기 • 일이나 사건의 논리적 관계 파악하기 • 표현의 함축적 의미 추론하기 • 말이나 글의 전개 방식 및 구조 파악하기 • 적절한 듣기 또는 읽기 전략 적용하기	
가치 · 태도	• 다양한 관점과 의견에 대한 포용적 태도 • 목적과 흥미를 가지고 자발적으로 관련 자료를 찾아 듣거나 읽는 태도 • 타인의 의견이나 느낌을 공감하고 자신을 돌아보는 성찰적 태도	

[공통 과목] 공통영어 1 (표현)		
핵심 아이디어	• 목적과 맥락에 맞게 자신의 생각이나 감정을 표현하거나 전달하는 활동은 자신과 타인을 이해하고 서로 소통하며 배우는 삶의 바탕이 된다. • 다양한 말하기 또는 쓰기 전략의 활용은 표현 내용을 효과적으로 전달하거나 공유할 수 있도록 한다. • 효과적으로 표현하고 의미를 전달하는 활동은 배려와 공감을 바탕으로 협력적으로 상호 소통하려는 적극적인 태도를 길러 준다.	
범주	내용 요소	
지식 · 이해	언어	• 다양한 단어나 어구 • 다소 복잡하고 다양한 구조의 문장
		• [별표 2] 의사소통 기능과 예시문 • [별표 3] 기본 어휘 관련 지침에 따른 학습 어휘 수 1,800단어 이내 • [별표 4] 고등학교 권장 언어 형식
		• 이야기나 서사 및 운문 • 친교나 사회적 목적의 말이나 글 • 정보 전달 · 교환 목적의 말이나 글 • 의견 전달 · 교환이나 주장 목적의 말이나 글
	맥락	• [별표 1] 소재 • 일상생활 및 기본적 지식이나 정보 등의 친숙한 일반적 주제 • 우리 문화와 타 문화의 생활 양식이나 문화 예술

과정 · 기능	• 실물, 그림, 사진, 도표 등을 활용하여 묘사하거나 설명하기 • 사실적 정보나 지식 전달하기 • 경험이나 계획 말하거나 기술하기 • 의견이나 감정 및 감상 표현하기 • 듣거나 읽은 내용 요약하기 • 어휘나 표현 점검하기 • 적절한 말하기 또는 쓰기 전략 적용하기
가치 · 태도	• 실수를 두려워하지 않고 자신의 생각이나 감정을 자신감 있게 표현하는 태도 • 배경이나 관점이 다른 청자 또는 독자와 열린 마음으로 소통하는 태도 • 올바른 언어 사용 자세 및 정보 윤리 실천 의식

[공통 과목] 공통영어 2 (이해)		
핵심 아이디어	• 배경지식을 활용하여 다양한 말이나 글의 맥락적 의미를 파악하는 활동은 소통과 새로운 지식 정보를 습득하는 바탕이 된다. • 말이나 글의 성격에 따른 적절한 듣기 또는 읽기 전략의 활용은 내용에 대한 이해를 증진한다. • 다양한 문화와 관련된 말이나 글을 이해하는 활동은 다양성을 수용하는 포용적 태도를 길러 준다.	
범주	내용 요소	
지식 · 이해	언어	• 다양한 단어나 어구 • 다소 복잡하고 다양한 구조의 문장
		• [별표 2] 의사소통 기능과 예시문 • [별표 3] 기본 어휘 관련 지침에 따른 학습 어휘 수 1,800단어 이내 • [별표 4] 고등학교 권장 언어 형식
		• 이야기나 서사 및 운문 • 친교나 사회적 목적의 말이나 글 • 정보 전달 · 교환 목적의 말이나 글 • 의견 전달 · 교환이나 주장 목적의 말이나 글
	맥락	• [별표 1] 소재 • 일상생활 및 기본적 지식이나 정보 등의 친숙한 일반적 주제 • 우리 문화와 타 문화의 생활 양식이나 문화 예술
과정 · 기능	• 세부 정보 파악하기 • 주제나 요지 파악하기 • 분위기나 심정 및 의도 추론하기 • 일이나 사건의 논리적 관계 파악하기 • 표현의 함축적 의미 추론하기 • 말이나 글의 전개 방식 및 구조 파악하기 • 다양한 매체의 말이나 글을 비판적으로 이해하기 • 적절한 듣기 또는 읽기 전략 적용하기	

가치・태도	• 다양한 관점과 의견에 대한 포용적 태도 • 관련 자료를 스스로 찾아 읽으며 지식을 심화・확장하려는 태도 • 내용의 객관성과 타당성을 확인하며 비판적으로 수용하려는 태도

<table>
<tr><th colspan="3">[공통 과목] 공통영어 2 (표현)</th></tr>
<tr><td>핵심
아이디어</td><td colspan="2">• 목적과 맥락에 맞게 자신의 생각 또는 감정을 표현하거나 정보나 지식을 전달하는 활동은 서로 소통하며 배우는 삶의 바탕이 된다.
• 다양한 말하기 또는 쓰기 전략의 활용은 표현 내용을 효과적으로 전달하거나 공유할 수 있도록 한다.
• 효과적으로 표현하고 의미를 전달하는 활동은 배려와 공감을 바탕으로 협력적으로 상호 소통하려는 적극적인 태도를 길러 준다.</td></tr>
<tr><th>범주</th><th colspan="2">내용 요소</th></tr>
<tr><td rowspan="4">지식・이해</td><td rowspan="3">언어</td><td>• 다양한 단어나 어구
• 다소 복잡하고 다양한 구조의 문장</td></tr>
<tr><td>• [별표 2] 의사소통 기능과 예시문
• [별표 3] 기본 어휘 관련 지침에 따른 학습 어휘 수 1,800단어 이내
• [별표 4] 고등학교 권장 언어 형식</td></tr>
<tr><td>• 이야기나 서사 및 운문
• 친교나 사회적 목적의 말이나 글
• 정보 전달・교환 목적의 말이나 글
• 의견 전달・교환이나 주장 목적의 말이나 글</td></tr>
<tr><td>맥락</td><td>• [별표 1] 소재
• 일상생활 및 기본적인 지식이나 정보 등의 친숙한 일반적 주제
• 우리 문화와 타 문화의 생활 양식이나 문화 예술</td></tr>
<tr><td>과정・기능</td><td colspan="2">• 실물, 그림, 사진, 도표 등을 활용하여 묘사하거나 설명하기
• 사실적 정보나 지식 전달하기
• 경험이나 계획 말하거나 기술하기
• 의견이나 감정 및 감상 등 표현하기
• 듣거나 읽은 내용 요약하기
• 소통의 목적에 맞게 말하거나 쓰기
• 어휘나 표현 점검하기
• 적절한 말하기 또는 쓰기 전략 적용하기</td></tr>
<tr><td>가치・태도</td><td colspan="2">• 자신의 생각이나 감정을 자신감 있게 표현하며 소통에 적극적으로 참여하는 태도
• 배경이나 관점이 다른 사람들과 의견을 조율하며 민주적으로 문제를 해결하려는 자세
• 올바른 언어 사용 자세 및 정보 윤리 실천 의식</td></tr>
</table>

<table>
<tr><th colspan="3">[공통 과목] 기본영어 1 (이해)</th></tr>
<tr><td>핵심
아이디어</td><td colspan="2">• 배경지식을 활용하여 다양한 말이나 글의 맥락적 의미를 파악하는 활동은 소통과 새로운 지식 정보 습득의 바탕이 된다.
• 말이나 글의 성격에 따른 적절한 듣기 또는 읽기 전략의 활용은 내용에 대한 이해를 돕는다.
• 말이나 글의 내용 이해 활동을 통해 편견 없이 다양한 문화와 관점을 수용하는 포용적인 태도를 기른다.</td></tr>
<tr><th>범주</th><th colspan="2">내용 요소</th></tr>
<tr><td rowspan="4">지식 · 이해</td><td rowspan="3">언어</td><td>• 실생활에서 자주 사용되는 단어나 어구
• 다양한 구조의 문장</td></tr>
<tr><td>• [별표 2] 의사소통 기능과 예시문
• [별표 3] 기본 어휘 관련 지침에 따른 학습 어휘 수 1,600단어 이내
• [별표 4] 고등학교 권장 언어 형식</td></tr>
<tr><td>• 이야기나 서사 및 운문
• 친교나 사회적 목적의 말이나 글
• 정보 전달 · 교환 목적의 말이나 글
• 의견 전달 · 교환이나 주장 목적의 말이나 글</td></tr>
<tr><td>맥락</td><td>• [별표 1] 소재
• 실생활 관련 친숙한 주제
• 우리 문화나 타 문화의 생활 양식, 사고방식, 의사소통 방식</td></tr>
<tr><td>과정 · 기능</td><td colspan="2">• 세부 정보 파악하기
• 주제나 요지 파악하기
• 의도 및 목적 파악하기
• 심정이나 태도 파악하기
• 사건의 절차나 순서 파악하기
• 말이나 글의 전개 구조 파악하기
• 적절한 듣기 또는 읽기 전략 적용하기
• 흥미와 자신감을 가지고 학습 동기 키우기</td></tr>
<tr><td>가치 · 태도</td><td colspan="2">• 다양한 관점과 의견에 대한 포용적 태도
• 목적과 흥미를 가지고 자발적으로 관련 자료를 찾아 듣거나 읽는 태도
• 타인의 의견이나 느낌을 공감하고 자신을 돌아보는 성찰적 태도</td></tr>
</table>

[공통 과목] 기본영어 1 (표현)	
핵심 아이디어	• 목적과 맥락에 맞게 자신의 생각이나 감정을 표현하거나 전달하는 활동은 자신과 타인을 이해하고 서로 소통하며 배우는 삶의 바탕이 된다. • 다양한 말하기 또는 쓰기 전략의 활용은 표현 내용을 효과적으로 전달하거나 공유하게 한다. • 성공적인 표현이나 의미 전달을 위해서는 배려와 공감을 바탕으로 협력적으로 상호 소통하려는 적극적인 태도가 필요하다.

<table>
<tr><th>범주</th><th colspan="2">내용 요소</th></tr>
<tr><td rowspan="4">지식 · 이해</td><td rowspan="3">언어</td><td>• 실생활에서 자주 사용되는 단어나 어구
• 다양한 구조의 문장</td></tr>
<tr><td>• [별표 2] 의사소통 기능과 예시문
• [별표 3] 기본 어휘 관련 지침에 따른 학습 어휘 수 1,600단어 이내
• [별표 4] 고등학교 권장 언어 형식</td></tr>
<tr><td>• 이야기나 서사 및 운문
• 친교나 사회적 목적의 말이나 글
• 정보 전달 · 교환 목적의 말이나 글
• 의견 전달 · 교환이나 주장 목적의 말이나 글</td></tr>
<tr><td>맥락</td><td>• [별표 1] 소재
• 실생활 관련 친숙한 주제
• 우리 문화나 타 문화의 생활 양식, 사고방식, 의사소통 방식</td></tr>
<tr><td>과정 · 기능</td><td colspan="2">• 실물, 그림, 사진, 도표 등 설명하기
• 경험이나 사건 묘사하기
• 의견이나 감정 표현하기
• 매체를 활용하여 정보 전달하기
• 간단한 서식을 활용하여 표현하기
• 내용이나 표현 점검하여 수정하기
• 적절한 말하기 또는 쓰기 전략 적용하기
• 흥미와 자신감을 가지고 의사소통에 참여하기</td></tr>
<tr><td>가치 · 태도</td><td colspan="2">• 실수를 두려워하지 않고 생각이나 감정을 자신감 있게 표현하는 태도
• 배경이나 관점이 다른 청자 또는 독자와 열린 마음으로 소통하는 태도
• 올바른 언어 사용 자세 및 정보 윤리 실천 의식</td></tr>
</table>

<table>
<tr><th colspan="3">[공통 과목] 기본영어 2 (이해)</th></tr>
<tr><td>핵심 아이디어</td><td colspan="2">• 배경지식을 활용하여 다양한 말이나 글의 맥락적 의미를 파악하는 활동은 소통과 새로운 지식 정보 습득의 바탕이 된다.
• 말이나 글의 성격에 따른 적절한 듣기 또는 읽기 전략의 활용은 내용에 대한 이해를 돕는다.
• 말이나 글의 내용 이해 활동을 통해 편견 없이 다양한 문화와 관점을 수용하는 포용적인 태도를 기른다.</td></tr>
<tr><th>범주</th><th colspan="2">내용 요소</th></tr>
<tr><td rowspan="2">지식 · 이해</td><td rowspan="2">언어</td><td>• 실생활에서 자주 사용되는 단어나 어구
• 다양한 구조의 문장</td></tr>
<tr><td>• [별표 2] 의사소통 기능과 예시문
• [별표 3] 기본 어휘 관련 지침에 따른 학습 어휘 수 1,600단어 이내
• [별표 4] 고등학교 권장 언어 형식</td></tr>
</table>

		• 이야기나 서사 및 운문 • 친교나 사회적 목적의 말이나 글 • 정보 전달 · 교환 목적의 말이나 글 • 의견 전달 · 교환이나 주장 목적의 말이나 글
	맥락	• [별표 1] 소재 • 실생활 관련 친숙한 주제 • 우리 문화나 타 문화의 생활 양식, 사고방식, 의사소통 방식
과정 · 기능	• 세부 정보 파악하기 • 주제나 요지 파악하기 • 의도 및 목적 파악하기 • 심정이나 태도 파악하기 • 사건의 절차나 순서 파악하기 • 전개 구조 및 논리적 관계 파악하기 • 적절한 듣기 또는 읽기 전략 적용하기 • 흥미와 자신감을 가지고 학습 동기 키우기	
가치 · 태도	• 다양한 관점과 의견에 대한 포용적 태도 • 목적과 흥미를 가지고 자발적으로 관련 자료를 찾아 듣거나 읽는 태도 • 타인의 의견이나 느낌을 공감하고 자신을 돌아보는 성찰적 태도	

[공통 과목] 기본영어 2 (표현)		
핵심 아이디어	• 목적과 맥락에 맞게 자신의 생각이나 감정을 표현하거나 전달하는 활동은 자신과 타인을 이해하고 서로 소통하며 배우는 삶의 바탕이 된다. • 다양한 말하기 또는 쓰기 전략의 활용은 표현 내용을 효과적으로 전달하거나 공유하게 한다. • 성공적인 표현이나 의미 전달을 위해서는 배려와 공감을 바탕으로 협력적으로 상호 소통하려는 적극적인 태도가 필요하다.	
범주	내용 요소	
지식 · 이해	언어	• 실생활에서 자주 사용되는 단어나 어구 • 다양한 구조의 문장
		• [별표 2] 의사소통 기능과 예시문 • [별표 3] 기본 어휘 관련 지침에 따른 학습 어휘 수 1,600단어 이내 • [별표 4] 고등학교 권장 언어 형식
		• 이야기나 서사 및 운문 • 친교나 사회적 목적의 말이나 글 • 정보 전달 · 교환 목적의 말이나 글 • 의견 전달 · 교환이나 주장 목적의 말이나 글
	맥락	• [별표 1] 소재 • 실생활 관련 친숙한 주제 • 우리 문화나 타 문화의 생활 양식, 사고방식, 의사소통 방식

<table>
<tr><td>과정 · 기능</td><td>• 실물, 그림, 사진, 도표 등 설명하기
• 경험이나 사건 묘사하기
• 의견이나 감정 표현하기
• 매체를 활용하여 정보 전달하기
• 간단한 서식을 활용하여 표현하기
• 내용이나 표현 점검하여 수정하기
• 적절한 말하기 또는 쓰기 전략 적용하기
• 흥미와 자신감을 가지고 의사소통에 참여하기</td></tr>
<tr><td>가치 · 태도</td><td>• 실수를 두려워하지 않고 생각이나 감정을 자신감 있게 표현하는 태도
• 배경이나 관점이 다른 청자 또는 독자와 열린 마음으로 소통하는 태도
• 올바른 언어 사용 자세 및 정보 윤리 실천 의식</td></tr>
</table>

<table>
<tr><th colspan="3">[일반 선택 과목] 영어 Ⅰ (이해)</th></tr>
<tr><td>핵심 아이디어</td><td colspan="2">• 목적과 맥락을 고려하여 말이나 글의 의미를 파악하는 활동은 사회생활이나 학업에 대한 다양한 정보나 지식 습득의 바탕이 된다.
• 말이나 글의 의미를 수용하기 위해서는 언어에 대한 지식 정보를 활용하기 위한 자기주도적 참여 태도가 필요하다.
• 우리 문화 및 타 문화의 다양한 관점에 대한 포용적인 태도는 공감적 이해와 문화적 감수성을 향상한다.</td></tr>
<tr><th>범주</th><th colspan="2">내용 요소</th></tr>
<tr><td rowspan="4">지식 · 이해</td><td rowspan="3">언어</td><td>• 다양한 단어나 어구
• 다양한 구조의 문장</td></tr>
<tr><td>• [별표 2] 의사소통 기능과 예시문
• [별표 3] 기본 어휘 관련 지침에 따른 학습 어휘 수 2,000단어 이내
• [별표 4] 고등학교 권장 언어 형식</td></tr>
<tr><td>• 이야기나 서사 및 운문
• 친교나 사회적 목적의 말이나 글
• 정보 전달 · 교환 목적의 말이나 글
• 의견 전달 · 교환이나 주장 목적의 말이나 글</td></tr>
<tr><td>맥락</td><td>• [별표 1] 소재
• 사회생활이나 학업 관련 등 일반적 주제
• 우리 문화 및 타 문화의 생활 양식, 사고방식, 의사소통 방식</td></tr>
<tr><td>과정 · 기능</td><td colspan="2">• 세부 정보 파악하기
• 주제나 요지 파악하기
• 글의 분위기나 심정 추론하기
• 의도나 목적 추론하기
• 일이나 사건의 절차나 순서 파악하기
• 일이나 사건의 원인과 결과 파악하기
• 어구나 문장의 함축적 의미 추론하기</td></tr>
</table>

	• 말이나 글의 전개 방식이나 구조 파악하기 • 다양한 매체로 표현된 말이나 글 이해하기 • 적절한 듣기 또는 읽기 전략 적용하기
가치 · 태도	• 문제 해결을 위한 자기주도적 참여 태도 • 화자나 필자의 의견에 대한 존중과 포용적 태도 • 우리 문화 및 타 문화의 다양한 관점에 대한 공감적 이해와 문화적 감수성

<table>
<tr><th colspan="3">[일반 선택 과목] 영어 Ⅰ (표현)</th></tr>
<tr><td>핵심 아이디어</td><td colspan="2">• 의견이나 감정 표현의 유창성은 의사소통 상황을 고려하여 목적과 맥락에 맞게 담화를 구성하는 활동에 참여함으로써 향상된다.
• 효과적인 정보 전달이나 의견 교환을 위해서는 적절한 전략과 창의적인 사고 과정이 필요하다.
• 포용적 · 상호 협력적으로 의사소통에 참여하는 태도는 문제 해결의 토대가 된다.</td></tr>
<tr><th>범주</th><th colspan="2">내용 요소</th></tr>
<tr><td rowspan="4">지식 · 이해</td><td rowspan="3">언어</td><td>• 다양한 단어나 어구
• 다양한 구조의 문장</td></tr>
<tr><td>• [별표 2] 의사소통 기능과 예시문
• [별표 3] 기본 어휘 관련 지침에 따른 학습 어휘 수 2,000단어 이내
• [별표 4] 고등학교 권장 언어 형식</td></tr>
<tr><td>• 이야기나 서사 및 운문
• 친교나 사회적 목적의 말이나 글
• 정보 전달 · 교환 목적의 말이나 글
• 의견 전달 · 교환이나 주장 목적의 말이나 글</td></tr>
<tr><td>맥락</td><td>• [별표 1] 소재
• 사회생활이나 학업 관련 등 일반적 주제
• 우리 문화 및 타 문화의 생활 양식, 사고방식, 의사소통 방식</td></tr>
<tr><td>과정 · 기능</td><td colspan="2">• 그림, 사진, 도표 등 시각 자료 설명하기
• 경험이나 계획 설명하기
• 일이나 사건 설명하기
• 의견이나 감정 표현하기
• 듣거나 읽은 내용 요약하기
• 서식에 맞게 작성하기
• 쓰기 윤리를 준수하여 고쳐 쓰기
• 다양한 매체를 활용하여 정보 전달하기
• 적절한 말하기 또는 쓰기 전략 적용하기</td></tr>
<tr><td>가치 · 태도</td><td colspan="2">• 문제 해결에 필요한 전략 및 사고 과정을 적극적으로 활용하는 태도
• 다양한 매체의 정보를 올바르게 활용하기 위한 정보 윤리 실천 의식
• 원활한 의견 교환을 위한 포용적이고 협력적인 태도</td></tr>
</table>

<table>
<tr><th colspan="3">[일반 선택 과목] 영어 II (이해)</th></tr>
<tr><td>핵심
아이디어</td><td colspan="2">• 목적과 맥락을 고려하여 말이나 글의 의미를 파악하는 활동은 다양한 지식과 정보를 습득하게 한다.
• 말이나 글의 의미를 정확하고 비판적으로 수용하기 위해서는 적절한 전략과 다양한 지식 정보의 활용이 필요하다.
• 말이나 글에 나타난 다양한 문화와 관점에 대한 포용적인 태도는 공감적 이해와 문화적 감수성을 향상한다.</td></tr>
<tr><th>범주</th><th colspan="2">내용 요소</th></tr>
<tr><td rowspan="4">지식 · 이해</td><td rowspan="3">언어</td><td>• 다양한 단어나 어구
• 다양한 구조의 문장</td></tr>
<tr><td>• [별표 2] 의사소통 기능과 예시문
• [별표 3] 기본 어휘 관련 지침에 따른 학습 어휘 수 2,500단어 이내
• [별표 4] 고등학교 권장 언어 형식</td></tr>
<tr><td>• 이야기나 서사 및 운문
• 친교나 사회적 목적의 말이나 글
• 정보 전달 · 교환 목적의 말이나 글
• 의견 전달 · 교환이나 주장 목적의 말이나 글</td></tr>
<tr><td>맥락</td><td>• [별표 1] 소재
• 사회생활이나 학업 및 지역 · 세계 공동체 관련 등 다양한 주제
• 우리 문화 및 타 문화의 생활 양식, 사고방식, 의사소통 방식</td></tr>
<tr><td>과정 · 기능</td><td colspan="2">• 세부 정보 파악하기
• 주제나 요지 파악하기
• 심정이나 어조 추론하기
• 의도나 목적 추론하기
• 논리적 관계 추론하기
• 함축적 의미 추론하기
• 다양한 유형의 말이나 글의 구조 파악하기
• 다양한 매체로 표현된 정보 이해하기
• 적절한 듣기 또는 읽기 전략 적용하기</td></tr>
<tr><td>가치 · 태도</td><td colspan="2">• 말이나 글에 관한 관심 및 비판적 수용 태도
• 다양한 의견에 대한 존중과 포용적 태도
• 다양한 문화와 관점에 대한 공감적 이해와 문화적 감수성</td></tr>
</table>

<table>
<tr><th colspan="2">[일반 선택 과목] 영어 II (표현)</th></tr>
<tr><td>핵심
아이디어</td><td>• 의사소통 능력은 다양한 목적과 맥락에 맞게 적절한 언어를 사용하여 표현하는 활동을 통해 향상된다.
• 효과적으로 정보를 전달하거나 의견을 교환하기 위해서는 다양한 전략과 종합적인 사고 과정이 필요하다.
• 지식과 경험을 융합하여 상호 협력적으로 소통하려는 적극적인 태도는 문제 해결 능력을 함양한다.</td></tr>
</table>

<table>
<tr><th>범주</th><th colspan="2">내용 요소</th></tr>
<tr><td rowspan="4">지식 · 이해</td><td rowspan="3">언어</td><td>• 다양한 단어나 어구
• 다양한 구조의 문장</td></tr>
<tr><td>• [별표 2] 의사소통 기능과 예시문
• [별표 3] 기본 어휘 관련 지침에 따른 학습 어휘 수 2,500단어 이내
• [별표 4] 고등학교 권장 언어 형식</td></tr>
<tr><td>• 이야기나 서사 및 운문
• 친교나 사회적 목적의 말이나 글
• 정보 전달 · 교환 목적의 말이나 글
• 의견 전달 · 교환이나 주장 목적의 말이나 글</td></tr>
<tr><td>맥락</td><td>• [별표 1] 소재
• 사회생활이나 학업 및 지역 · 세계 공동체 관련 등 다양한 주제
• 우리 문화 및 타 문화의 생활 양식, 사고방식, 의사소통 방식</td></tr>
<tr><td>과정 · 기능</td><td colspan="2">• 그림, 사진, 도표 등 시각 자료 설명하기
• 일이나 사건 설명하기
• 감상이나 느낌을 표현하기
• 의견이나 주장 제시하기
• 듣거나 읽은 내용 요약하기
• 대상 설득하기
• 서식에 맞게 글 작성하기
• 쓰기 윤리를 준수하여 고쳐 쓰기
• 다양한 매체 활용하여 정보 전달하기
• 적절한 말하기 또는 쓰기 전략 적용하기</td></tr>
<tr><td>가치 · 태도</td><td colspan="2">• 원활한 의견 교환을 위한 적극적인 태도
• 다양한 의견에 대한 존중을 바탕으로 협력하는 민주적인 자세
• 다양한 매체의 정보를 정보 윤리에 맞게 활용하는 정보 윤리 실천 의식</td></tr>
</table>

<table>
<tr><th colspan="3">[일반 선택 과목] 영어 독해와 작문 (독해)</th></tr>
<tr><td>핵심 아이디어</td><td colspan="2">• 배경지식, 목적, 맥락을 바탕으로 글의 의미를 파악하는 활동은 다양한 지식과 정보를 습득하게 한다.
• 글의 내용을 파악하고 추론하며 비판적으로 수용하기 위해서는 다양한 읽기 전략과 지식 정보의 활용이 필요하다.
• 글에 나타난 다양한 문화와 관점에 대한 포용적인 태도는 공감적 이해와 문화적 감수성을 향상한다.</td></tr>
<tr><th>범주</th><th colspan="2">내용 요소</th></tr>
<tr><td rowspan="2">지식 · 이해</td><td rowspan="2">언어</td><td>• 다양한 단어나 어구
• 다양한 구조의 문장</td></tr>
<tr><td>• [별표 2] 의사소통 기능과 예시문
• [별표 3] 기본 어휘 관련 지침에 따른 학습 어휘 수 2,200단어 이내</td></tr>
</table>

		• [별표 4] 고등학교 권장 언어 형식
		• 이야기나 서사 및 운문 • 친교나 사회적 목적의 글 • 정보 전달 · 교환 목적의 글 • 의견 전달 · 교환이나 주장 목적의 글
	맥락	• [별표 1] 소재 • 사회생활이나 학업 관련 등 다양한 주제 • 우리 문화 및 타 문화의 생활 양식, 사고방식, 의사소통 방식
과정 · 기능	• 세부 정보 파악하기 • 주제나 요지 파악하기 • 심정이나 어조 추론하기 • 의도나 목적 추론하기 • 논리적 관계 파악하기 • 함축적 의미 추론하기 • 글의 전개 방식이나 구조 파악하기 • 다양한 매체로 표현된 정보 파악하기 • 적절한 읽기 전략 적용하기	
가치 · 태도	• 글에 대한 관심 및 자기주도적으로 글을 읽는 태도 • 필자의 다양한 의견에 대한 존중과 포용적 태도 • 다양한 문화와 관점에 대한 공감적 이해와 문화적 감수성	

[일반 선택 과목] 영어 독해와 작문 (작문)		
핵심 아이디어	• 다양한 정보를 효과적으로 표현하는 능력은 글의 목적과 맥락에 맞게 글의 의미를 구성하는 활동에 참여함으로써 향상된다. • 효과적으로 정보를 전달하거나 의견을 교환하기 위해서는 다양한 쓰기 전략과 자기주도적인 작문 활동이 필요하다. • 다양한 문화에 대한 이해와 포용적인 태도로 자신의 의견을 글로 표현하는 활동은 협력적인 문제 해결의 토대가 된다.	
범주	내용 요소	
지식 · 이해	언어	• 다양한 단어나 어구 • 다양한 구조의 문장
		• [별표 2] 의사소통 기능과 예시문 • [별표 3] 기본 어휘 관련 지침에 따른 학습 어휘 수 2,200단어 이내 • [별표 4] 고등학교 권장 언어 형식
		• 이야기나 서사 및 운문 • 친교나 사회적 목적의 글 • 정보 전달 · 교환 목적의 글 • 의견 전달 · 교환이나 주장 목적의 글
	맥락	• [별표 1] 소재

		• 사회생활이나 학업 관련 등 다양한 주제 • 우리 문화 및 타 문화의 생활 양식, 사고방식, 의사소통 방식
과정 · 기능	• 그림, 사진, 도표 등 시각 자료 설명하기 • 경험, 계획, 사건 설명하기 • 의견이나 감정 제시하기 • 읽은 내용 요약하기 • 다양한 서식 작성하기 • 점검하여 고쳐 쓰기 • 다양한 매체를 활용하여 정보 전달하기 • 적절한 쓰기 전략 적용하기	
가치 · 태도	• 자기주도적으로 글을 쓰는 태도 • 정보 · 의견 등의 전달 · 교환을 위한 협력적 태도 • 쓰기 윤리에 맞게 표현하는 정보 윤리 실천 의식	

[진로 선택 과목] 직무 영어		
핵심 아이디어	• 직무 의사소통은 직무 목적과 맥락에 맞게 의미를 구성하고 전달하는 행위이다. • 적절한 의사소통 전략과 직무 관련 배경지식을 활용하여 의미를 교환하는 행위는 효과적인 직무 의사소통에 기여한다. • 진로 및 직무와 관련된 다양한 문화에 대한 이해와 포용적 태도는 협력적인 의사소통의 토대가 된다.	
범주	내용 요소	
지식 · 이해	언어	• 다양한 단어나 어구 • 다양한 구조의 문장 • 진로 및 직무 관련 어휘 및 표현
		• [별표 2] 의사소통 기능과 예시문 • [별표 3] 기본 어휘 관련 지침에 따른 학습 어휘 수 2,000단어 이내 • [별표 4] 고등학교 권장 언어 형식
		• 사회적 목적의 말이나 글 • 진로 탐색과 관련된 말이나 글 • 직무 수행과 관련된 말이나 글
	맥락	• [별표 1] 소재 • 다양한 진로 및 직무 관련 주제 • 우리 문화 및 타 문화의 생활 양식, 사고방식, 의사소통 방식
과정 · 기능	• 주요 내용 파악하기 • 상황 및 화자 간 관계 파악하기 • 일이나 사건의 절차나 순서 파악하기 • 직무 관련 정보에 대해 묻고 답하기 • 사실적 정보를 재구성하여 전달하기	

	• 상황이나 목적에 맞게 서식 작성하기 • 매체를 활용하여 의견 표현하기 • 적절한 의사소통 전략 적용하기
가치 · 태도	• 자기주도적으로 진로 및 직무를 탐색하는 태도 • 직무 관련 문화의 다양성에 대한 이해와 공감 • 직무 상황의 의사소통과 관련한 보안, 책무, 권리 인식

<table>
<tr><th colspan="3">[진로 선택 과목] 영어 발표와 토론 (발표)</th></tr>
<tr><td>핵심 아이디어</td><td colspan="2">• 발표의 목적에 맞게 적절한 표현을 사용하고 다양한 매체를 활용하여 자신의 생각을 명확하게 전달하는 활동은 의사소통 능력을 향상한다.
• 적절한 발표 전략 및 배경지식을 활용하여 담화를 논리적으로 구성하는 활동은 비판적 사고력 배양에 기여한다.
• 청중의 언어 · 문화적 다양성을 존중하고 상호 협력적으로 소통하는 것은 세계시민으로서 갖추어야 할 자질이다.</td></tr>
<tr><th>범주</th><th colspan="2">내용 요소</th></tr>
<tr><td rowspan="4">지식 · 이해</td><td rowspan="3">언어</td><td>• 발표를 위한 표현 및 기법
• 발표의 구조와 유형</td></tr>
<tr><td>• [별표 2] 의사소통 기능과 예시문
• [별표 3] 기본 어휘 관련 지침에 따른 학습 어휘 수 2,500단어 이내
• [별표 4] 고등학교 권장 언어 형식</td></tr>
<tr><td>• 발표와 관련된 담화</td></tr>
<tr><td>맥락</td><td>• [별표 1] 소재
• 기초 학문 분야 주제 및 사회적 이슈
• 다양한 문화권에 속한 사람들의 언어적 · 비언어적 의사소통 방식</td></tr>
<tr><td>과정 · 기능</td><td colspan="2">• 청중 분석하기
• 발표의 목적과 주제 선정하기
• 정보 수집, 발표 개요 작성, 시각 자료 작성 등 발표 준비하기
• 일화나 사건 소개하기
• 사물, 개념, 방법, 절차, 통계 자료 등 사실적 정보 설명하기
• 사실, 가치, 정책 등 자신의 주장 설득하기
• 다양한 매체를 활용하여 발표하기
• 다양한 언어적 · 비언어적 의사소통 방식 이해하고 적용하기
• 적절한 발표 기법 및 전략 적용하기
• 발표 과정 및 결과에 대해 평가하고 비판적으로 성찰하기</td></tr>
<tr><td>가치 · 태도</td><td colspan="2">• 청중 앞에서 말할 때의 자신감
• 상대방을 공감하고 배려하며 존중하는 태도
• 정보 윤리를 준수하며 말하는 태도</td></tr>
</table>

<table>
<tr><th colspan="3">[진로 선택 과목] 영어 발표와 토론 (토론)</th></tr>
<tr><td>핵심
아이디어</td><td colspan="2">• 토론의 다양한 목적과 맥락에 맞게 적절한 어휘와 표현을 사용하여 자신의 의견을 전달하는 활동은 의사소통 능력을 향상한다.
• 적절한 토론 전략 및 논리적 사고를 활용하여 토론하는 활동은 비판적 사고력 배양에 기여한다.
• 토론자의 언어・문화적 다양성을 존중하고 상호 협력적으로 소통하는 것은 세계시민으로서 갖추어야 할 자질이다.</td></tr>
<tr><th>범주</th><th colspan="2">내용 요소</th></tr>
<tr><td rowspan="4">지식・이해</td><td rowspan="3">언어</td><td>• 토론을 위한 표현 및 기법
• 토론의 구조와 방식</td></tr>
<tr><td>• [별표 2] 의사소통 기능과 예시문
• [별표 3] 기본 어휘 관련 지침에 따른 학습 어휘 수 2,500단어 이내
• [별표 4] 고등학교 권장 언어 형식</td></tr>
<tr><td>• 토론과 관련된 담화</td></tr>
<tr><td>맥락</td><td>• [별표 1] 소재
• 기초 학문 분야 주제 및 사회적 이슈
• 다양한 문화권에 속한 사람들의 언어적・비언어적 의사소통 방식</td></tr>
<tr><td>과정・기능</td><td colspan="2">• 토론자 분석하기
• 토론 논제 선정하기
• 정보 수집, 토론 개요 작성, 시각 자료 작성 등 토론 준비하기
• 학술 자료, 통계, 사례 등 주장에 대한 근거 제시하기
• 토론 논제에 대한 자신의 관점 설득하기
• 논증의 타당성 분석・평가하기
• 다양한 언어적・비언어적 의사소통 방식 이해하고 적용하기
• 적절한 토론 절차 및 전략 적용하기
• 토론 과정 및 결과에 대해 평가하고 비판적으로 성찰하기</td></tr>
<tr><td>가치・태도</td><td colspan="2">• 상대방과 토론할 때의 자신감
• 상대방을 공감하고 배려하며 존중하는 태도
• 정보 윤리를 준수하며 말하는 태도</td></tr>
</table>

<table>
<tr><th colspan="2">[진로 선택 과목] 심화 영어 (이해)</th></tr>
<tr><td>핵심
아이디어</td><td>• 기초 학문 분야 주제의 말이나 글의 의미를 다양한 목적과 맥락에 맞게 구성하는 활동은 영어 이해 능력을 심화시킨다.
• 효과적인 의사소통을 수행하기 위해서는 적절한 전략과 배경지식을 사용하는 것이 필요하다.
• 다양한 매체의 내용을 새로운 관점으로 재구성하는 행위는 비판적 능력을 배양하는 데 기여한다.
• 문화의 다양한 관점에 대한 이해와 포용적 태도는 타 문화를 이해하고 우리 문화를 통찰하게 한다.</td></tr>
</table>

범주		내용 요소
지식 · 이해	언어	• 다양한 단어나 어구 • 다양한 구조의 문장
		• [별표 2] 의사소통 기능과 예시문 • [별표 3] 기본 어휘 관련 지침에 따른 학습 어휘 수 2,800단어 내외 • [별표 4] 고등학교 권장 언어 형식
		• 이야기나 서사 및 운문 • 친교나 사회적 목적의 말이나 글 • 정보 전달 · 교환 목적의 말이나 글 • 의견 전달 · 교환이나 주장 목적의 말이나 글
	맥락	• [별표 1] 소재 • 다양한 주제 및 기초 학문 분야 주제 • 우리 문화 및 타 문화의 생활 양식, 사고방식, 의사소통 방식
과정 · 기능		• 세부 정보 파악하기 • 주제나 요지 파악하기 • 심정, 태도, 의도, 목적 추론하기 • 이어질 내용 예측하기 • 논리적 관계 추론하기 • 어구나 문장의 함축적 의미 추론하기 • 다양한 매체의 정보 비판적으로 평가하기 • 적절한 듣기 또는 읽기 전략 적용하기
가치 · 태도		• 다양한 의견과 관점에 대한 공감과 수용 • 자기주도적으로 다양한 매체를 통해 정보를 탐색하는 태도 • 다양한 문화권의 표현 방식에 대한 이해와 우리 문화에 대한 인식

[진로 선택 과목] 심화 영어 (표현)		
핵심 아이디어		• 기초 학문 분야 주제에 관한 자신의 생각과 감정을 다양한 목적과 맥락에 맞게 전달하는 활동은 영어 표현 능력을 심화시킨다. • 효과적인 의사소통을 위해서는 적절한 전략과 배경지식을 사용하는 것이 필요하다. • 다양한 매체의 내용을 새로운 관점에서 비판적으로 분석하는 행위는 창의적인 문제 해결 능력을 배양하는 데 기여한다. • 문화의 다양한 관점에 대한 이해와 포용적 태도는 타 문화를 이해하고 우리 문화를 통찰하게 한다.
범주		내용 요소
지식 · 이해	언어	• 다양한 단어나 어구 • 다양한 구조의 문장
		• [별표 2] 의사소통 기능과 예시문 • [별표 3] 기본 어휘 관련 지침에 따른 학습 어휘 수 2,800단어 내외

		• [별표 4] 고등학교 권장 언어 형식
		• 이야기나 서사 및 운문 • 친교나 사회적 목적의 말이나 글 • 정보 전달 · 교환 목적의 말이나 글 • 의견 전달 · 교환이나 주장 목적의 말이나 글
	맥락	• [별표 1] 소재 • 다양한 주제 및 기초 학문 분야 주제 • 우리 문화 및 타 문화의 생활 양식, 사고방식, 의사소통 방식
과정 · 기능	• 내용, 그림, 사진, 도표 등 설명하기 • 경험이나 사건 기술하기 • 방법이나 절차 설명하기 • 감상이나 느낌 표현하기 • 의견 조정하며 토의하기 • 듣거나 읽은 내용 요약하기 • 비교 · 대조하기 • 자료 재구성하여 발표하기 • 점검하여 고쳐 쓰기 • 매체 활용하여 정보 전달하기 • 적절한 말하기 또는 쓰기 전략 적용하기	
가치 · 태도	• 다양한 언어 · 문화적 배경을 가진 영어 사용자와 상호 공감하며 소통하는 태도 • 기초 학문 분야에 관한 말하기와 쓰기에 대한 흥미와 자신감 • 다양한 매체의 정보를 윤리 기준에 맞게 활용하는 정보 윤리 의식	

[진로 선택 과목] 영미 문학 읽기		
핵심 아이디어	• 다양한 장르와 주제의 문학 작품을 이해하고 표현하는 활동은 영어 능력을 심화한다. • 문학 작품을 이해하고 감상하며 비평하는 활동은 비판적 · 창의적 사고력을 함양하는 기초가 된다. • 문학 작품은 작품의 예술성에 대한 심미적 가치를 통해 독자와 소통한다.	
범주	내용 요소	
지식 · 이해	언어	• 시의 운율, 이미지, 비유 • 이야기 구조 • 희곡의 구성 요소
		• [별표 2] 의사소통 기능과 예시문 • [별표 3] 기본 어휘 관련 지침에 따른 학습 어휘 수 3,000단어 이내 • [별표 4] 고등학교 권장 언어 형식
		• 시(동요, 동시 등), 희곡(동극), 이야기(동화, 우화, 신화 등), 소설, 수필
	맥락	• [별표 1] 소재 • 다양한 문학 장르와 주제

		• 우리 문화 및 타 문화의 생활 양식, 사고방식, 의사소통 방식
과정 · 기능	• 주요 내용 요약하기 • 의도나 목적 파악하기 • 자신의 느낌이나 감상 공유하고 표현하기 • 문학 작품의 구조 분석 · 설명하기 • 문학적 비유 표현 활용하여 창의적으로 표현하기 • 매체를 활용하여 다양한 관점에서 분석 · 비평하기	
가치 · 태도	• 문학 작품 이해와 표현에 대한 흥미와 즐거움 • 문학 작품에 대한 심미적 태도 • 문학 작품에 나타난 다양한 사회 · 문화적 관점에 대한 이해와 공감	

[진로 선택 과목] 심화 영어 독해와 작문 (독해)		
핵심 아이디어	• 기초 학문 분야 주제와 관련된 글의 의미를 다양한 목적과 맥락에 맞게 구성하는 활동은 영어 독해 능력을 심화한다. • 적절한 전략과 배경지식을 사용하는 활동은 글의 내용을 효과적으로 이해하는 토대가 된다. • 다양한 유형의 글을 분석하고 평가하는 활동은 주체적인 비평적 관점을 함양하는 데 기여한다. • 문화의 다양한 관점에 대한 이해는 타 문화에 대한 포용적 태도를 길러 준다.	
범주	내용 요소	
지식 · 이해	언어	• 다양한 단어, 어구, 문장 • 다양하고 복잡한 구조의 문장
		• [별표 2] 의사소통 기능과 예시문 • [별표 3] 기본 어휘 관련 지침에 따른 학습 어휘 수 3,500단어 이내 • [별표 4] 고등학교 권장 언어 형식
		• 이야기나 서사 및 운문 • 정보 전달 · 교환 목적의 글 • 의견 전달 · 교환이나 주장 목적의 글
	맥락	• [별표 1] 소재 • 다양한 분야의 기초 학문 주제 • 우리 문화 및 타 문화의 생활 양식, 사고방식, 의사소통 방식
과정 · 기능	• 주요 내용 파악하기 • 심정, 어조, 분위기, 의도, 목적 추론하기 • 논리적 관계 추론하기 • 함축적 의미 추론하기 • 문학적 표현과 의미 파악하기 • 다양한 유형의 글의 구조 비교 · 분석하기 • 다양한 매체의 글 탐색하고 비판적으로 읽기 • 적절한 읽기 전략 적용하기	

<table>
<tr><td>가치 · 태도</td><td>• 자기주도적으로 다양한 글을 읽는 태도
• 글에 드러난 다양한 관점에 대한 인식과 존중
• 문화의 다양성과 차이에 대한 이해와 공감</td></tr>
</table>

<table>
<tr><th colspan="3">[진로 선택 과목] 심화 영어 독해와 작문 (작문)</th></tr>
<tr><td>핵심 아이디어</td><td colspan="2">• 기초 학문 분야 주제에 관한 자신의 생각과 감정을 다양한 목적과 맥락에 맞게 전달하는 활동은 영어 작문 능력을 심화한다.
• 효과적인 의사소통을 위해서는 적절한 전략과 배경지식을 활용하는 자기주도적인 작문 활동이 필요하다.
• 자신의 견해를 독창적으로 표현하는 행위는 창의적인 문제 해결 능력의 토대가 된다.
• 문화의 다양한 관점에 대한 이해는 타 문화에 대한 포용적 태도를 길러 준다.</td></tr>
<tr><th>범주</th><th colspan="2">내용 요소</th></tr>
<tr><td rowspan="4">지식 · 이해</td><td rowspan="3">언어</td><td>• 다양한 단어, 어구, 문장
• 다양하고 복잡한 구조의 문장</td></tr>
<tr><td>• [별표 2] 의사소통 기능과 예시문
• [별표 3] 기본 어휘 관련 지침에 따른 학습 어휘 수 3,500단어 이내
• [별표 4] 고등학교 권장 언어 형식</td></tr>
<tr><td>• 이야기나 서사 및 운문
• 정보 전달 · 교환 목적의 글
• 의견 전달 · 교환이나 주장 목적의 글</td></tr>
<tr><td>맥락</td><td>• [별표 1] 소재
• 다양한 분야의 기초 학문 주제
• 우리 문화 및 타 문화의 생활 양식, 사고방식, 의사소통 방식</td></tr>
<tr><td>과정 · 기능</td><td colspan="2">• 경험이나 사건 기술하기
• 내용, 그림, 사진, 도표 등 설명하기
• 방법이나 절차 설명하기
• 감상이나 느낌 표현하기
• 설득하기
• 듣거나 읽은 내용 요약하기
• 비교 · 대조하기
• 다양한 매체 정보를 분석 · 종합하여 재구성하기
• 다양한 관점에서 정보 비평하기
• 점검하여 고쳐 쓰기
• 적절한 쓰기 전략 적용하기</td></tr>
<tr><td>가치 · 태도</td><td colspan="2">• 자기주도적인 글쓰기 계획과 실천
• 정보 윤리를 준수하며 글을 쓰는 태도
• 문화의 다양성과 차이에 대한 이해와 공감</td></tr>
</table>

[융합 선택 과목] 실생활 영어 회화		
핵심 아이디어		• 회화란 실생활에서 의사소통을 하기 위해 언어적 지식과 전략을 사용하여 공동으로 의미를 구성하는 과정이다. • 의사소통 능력을 향상하기 위해서는 적극적인 발화와 대화 참여를 통해 자신감을 기르는 것이 필요하다.
범주		내용 요소
지식 · 이해	언어	• 다양한 단어나 어구, 억양, 리듬, 문장 강세 • 다양한 구조의 문장, 관용적 표현 • 비언어적 단서
		• [별표 2] 의사소통 기능과 예시문 • [별표 3] 기본 어휘 관련 지침에 따른 학습 어휘 수 1,500단어 이내 • [별표 4] 고등학교 권장 언어 형식
		• 실생활 관련 이야기 • 대인 관계 유지 목적의 담화 • 사실이나 정보 전달 · 교환 목적의 담화
	맥락	• [별표 1] 소재 • 실생활 관련 친숙한 주제 • 대인 관계와 사회생활에 관한 일반적 주제 • 언어 예절
과정 · 기능		• 상대방의 말을 듣고 주제, 요지, 세부 정보 등의 핵심 정보 파악하기 • 화자의 의도나 목적 추론하기 • 자신이나 주변 사람 또는 사물 소개하기 • 자신의 의견이나 감정 표현하기 • 경험이나 사건 또는 간단한 시각 자료 묘사하기 • 방법이나 절차 설명하기 • 상황이나 목적에 맞게 대화 이어 가기 • 상황이나 목적에 맞게 언어적 · 비언어적 표현을 사용하여 반응하기 • 상황, 목적, 대상을 고려하여 적절한 전략 적용하기
가치 · 태도		• 듣기 · 말하기에 대한 흥미와 자신감 • 존중과 배려의 자세로 상대방의 말을 경청하는 태도 • 실수를 학습의 과정으로 인식하는 자세

[융합 선택 과목] 미디어 영어	
핵심 아이디어	• 영어로 표현된 미디어 콘텐츠를 감상하고 활용하기 위해서는 미디어의 특성에 대한 이해와 비판적 사고력이 필요하다. • 대상과 목적을 고려하여 미디어를 융합적으로 활용하여 메시지를 창의적이고 효과적으로 전달한다. • 영어를 사용한 디지털 상호작용 경험은 영어 디지털 리터러시 향상에 기여한다.

<table>
<tr><th>범주</th><th colspan="2">내용 요소</th></tr>
<tr><td rowspan="4">지식 · 이해</td><td rowspan="3">언어</td><td>• 다양한 단어나 어구, 또는 문장
• 미디어의 정보 전달 구조
• 다양한 미디어와 관련된 용어나 표현</td></tr>
<tr><td>• [별표 2] 의사소통 기능과 예시문
• [별표 3] 기본 어휘 관련 지침에 따른 학습 어휘 수 2,000단어 이내
• [별표 4] 고등학교 권장 언어 형식</td></tr>
<tr><td>• 책, 신문, 잡지, 만화
• 방송, 드라마, 영화, 팝송
• 인터넷, 소셜 미디어, 원격 플랫폼, 동영상 플랫폼, 게임과 웹툰, 가상 · 증강 · 혼합 현실 미디어 등</td></tr>
<tr><td>맥락</td><td>• [별표 1] 소재
• 사회 전반의 다양한 주제(정치, 경제, 사회, 과학, 문화, 예술 등)
• 다양한 유형의 미디어
• 영어 미디어 활용 방식(영어 이모티콘, 글로벌 검색 엔진, 워드 클라우드, 사회 관계망 서비스(SNS), 짧은 영어 표현, 영어 오류 수정을 위한 디지털 도구 등)</td></tr>
<tr><td>과정 · 기능</td><td colspan="2">• 영어 검색 엔진을 활용하여 정보 검색하기
• 미디어를 활용하여 협업하기
• 미디어상의 영어로 표현된 정보를 요약하거나 재구성하기
• 미디어상의 영어로 표현된 정보를 검색, 선정, 비교 및 분석하기
• 목적이나 대상에 적합한 미디어를 활용하여 의견이나 정보 공유하기
• 미디어 도구를 활용하여 콘텐츠 제작하기
• 시청각 단서를 활용하여 다양하게 표현하기
• 미디어로 제시된 작품을 감상하고 평가하기
• 디지털 도구를 활용하여 오류 수정하기</td></tr>
<tr><td>가치 · 태도</td><td colspan="2">• 글로벌 디지털 시민으로서의 권리와 책임 인식
• 디지털 미디어상의 언어 · 문화에 대한 이해
• 미디어에서 다루는 정보에 대한 창의적 · 비판적 태도
• 정보의 정확성과 신뢰성 및 정보 보안</td></tr>
</table>

<table>
<tr><th colspan="2">[융합 선택 과목] 세계 문화와 영어</th></tr>
<tr><td>핵심 아이디어</td><td>• 세계 영어로 이루어지는 문화 학습은 세계 문화 정보를 처리하고 문화적 산물을 향유하기 위한 언어 · 문화적 소양을 기르는 과정이다.
• 다양한 문화 간 원활한 소통을 위해서는 세계시민의 관점에서 자신과 타인의 문화를 새롭게 바라보는 능력이 필요하다.
• 다양한 문화 학습과 소통의 경험은 언어 및 문화에 대한 관심과 이해를 증진하고 상상력과 호기심을 자극한다.</td></tr>
</table>

<table>
<tr><th>범주</th><th colspan="2">내용 요소</th></tr>
<tr><td rowspan="4">지식 · 이해</td><td rowspan="3">언어</td><td>• 문화의 정의 및 속성, 문화 관련 주요 개념
• 세계 영어(World Englishes)의 의의, 종류, 특성
• 세계 문화 관련 어휘 및 표현</td></tr>
<tr><td>• [별표 2] 의사소통 기능과 예시문
• [별표 3] 기본 어휘 관련 지침에 따른 학습 어휘 수 2,200단어 이내
• [별표 4] 고등학교 권장 언어 형식</td></tr>
<tr><td>• 인쇄물: 책, 신문, 잡지, 만화, 광고, 문서나 기록물, 전단지나 안내 책자, 대본 등
• 공연물: 라디오나 텔레비전 프로그램, 영화, 뮤지컬, 노래 등
• 인터넷 자료: 이메일, 웹 사이트, 사회 관계망 서비스(SNS), 동영상 플랫폼, 웹툰 등</td></tr>
<tr><td>맥락</td><td>• [별표 1] 소재
• 세계 문화에 관한 다양한 주제(의식주, 명절과 축제, 종교, 언어, 문학, 음악, 예술, 대중문화, 여행 및 관광지, 건축물, 전통, 지리, 역사, 인물, 스포츠, 관혼상제 등)
• 다양한 문화권의 관습, 규범, 가치, 사고방식, 행동 양식, 의사소통 방식
• 다양한 장르와 매체의 문화 정보와 문화적 산물</td></tr>
<tr><td>과정 · 기능</td><td colspan="2">• 적절한 전략을 사용하여 정보의 핵심 내용 파악하기
• 새로운 관점으로 문화 현상 설명하기
• 정보나 관점 비교 · 대조하기
• 여러 문화 현상에서 문화의 보편성과 특수성 파악하기
• 문화에 내재된 전제, 관점, 또는 가치관 추론하기
• 문화적 산물을 감상하고 표현하기
• 상황, 목적, 대상을 고려하여 의사소통에 참여하기
• 검색 · 수집한 정보를 요약하거나 목적에 맞게 재구성하기
• 다양한 목적의 문화 콘텐츠 제작하여 공유하기</td></tr>
<tr><td>가치 · 태도</td><td colspan="2">• 세계 문화, 언어, 생활 양식, 문화적 쟁점에 대한 자발적 · 지속적 관심과 흥미
• 타 문화 및 언어에 대한 포용적 태도와 존중
• 자신의 문화 인식 및 관점에 대한 비판적 성찰
• 정보의 비판적 수용 및 전달 내용에 대한 책임</td></tr>
</table>

4. 사회과 핵심 아이디어 및 내용 체계

<table>
<tr><th colspan="4">[공통 과목] 한국사 1</th></tr>
<tr><td colspan="2">핵심 아이디어</td><td colspan="2">• 한국사는 국제 질서의 변동과 맞물려 변화하였다.
• 제국주의 열강의 침략에 대응하며 근대 국가로의 전환을 모색하였다.
• 역사 자료를 분석하고 해석할 때에는 역사적 맥락을 고려해야 한다.
• 역사 학습은 인간의 삶을 이해하고 나의 삶을 성찰하는 과정이다.</td></tr>
<tr><th colspan="2">범주</th><th colspan="2">내용 요소</th></tr>
<tr><td rowspan="3">지식 · 이해</td><td>근대 이전 한국사의 이해</td><td>• 고대 국가의 성장
• 고려의 통치 체제와 정치 변동</td><td>• 조선 사회의 성립과 발전
• 조선 후기의 새로운 흐름</td></tr>
<tr><td>근대 이전 한국사의 탐구</td><td>• 국제 관계와 대외 교류
• 수취 체제와 경제생활
• 신분제와 사회 구조</td><td>• 사상과 문화
• 근대 이전 한국사 주제 탐구</td></tr>
<tr><td>근대 국가 수립의 노력</td><td>• 국제 질서의 변동과 개항
• 근대 국가 수립을 위한 노력</td><td>• 사회 · 경제 변화와 문화 변동
• 국권 침탈과 국권 수호 운동</td></tr>
<tr><td colspan="2">과정 · 기능</td><td colspan="2">• 한국사의 다양한 자료를 바탕으로 탐구 주제 설정하기
• 신뢰할 수 있는 자료를 증거로 선택하기
• 역사적 맥락에서 자료를 비판적으로 분석하고 해석하기
• 한국사 탐구 주제의 결론을 다양한 방식으로 표현하기</td></tr>
<tr><td colspan="2">가치 · 태도</td><td colspan="2">• 역사에 성찰적으로 접근하는 태도
• 타인의 역사적 해석을 존중하는 태도
• 한국 사회 발전에 참여하는 자질과 태도
• 한국 사회 당면 문제의 해결 방안을 모색하는 자질과 태도</td></tr>
</table>

<table>
<tr><th colspan="3">[공통 과목] 한국사 2</th></tr>
<tr><td colspan="2">핵심 아이디어</td><td>• 일제의 식민 통치는 경제 구조와 생활의 변화를 가져왔다.
• 8 · 15 광복은 독립을 위한 노력과 준비 과정에서 실현되었다.
• 대한민국은 산업화와 민주화를 기반으로 발전하였으며 사회 · 환경적 과제를 남겼다.
• 한국인들은 자유와 평등, 민주와 평화 등 인류의 보편적 가치를 추구해 왔다.
• 역사 자료를 분석하고 해석할 때에는 역사적 맥락을 고려해야 한다.
• 역사 학습은 인간의 삶을 이해하고 나의 삶을 성찰하는 과정이다.</td></tr>
<tr><th colspan="2">범주</th><th>내용 요소</th></tr>
<tr><td>지식 · 이해</td><td>일제 식민 통치와 민족 운동</td><td>• 제국주의 질서와 일제의 식민 통치 정책
• 경제 구조의 변화와 경제생활
• 민족 운동의 전개와 분화</td></tr>
</table>

<table>
<tr><td rowspan="3"></td><td></td><td>• 사회 · 문화의 변화와 대중운동
• 독립 국가 건설 노력</td></tr>
<tr><td>대한민국의 발전</td><td>• 냉전 체제와 대한민국 정부 수립
• 6 · 25 전쟁과 남북 분단의 고착화
• 민주화를 위한 노력
• 산업화의 성과와 사회 · 환경 문제
• 문화 변동과 일상생활</td></tr>
<tr><td>오늘날의 대한민국</td><td>• 6월 민주 항쟁 이후 민주화 과정
• 외환 위기의 극복과 사회 · 문화 변동
• 한반도 분단 극복과 동아시아의 평화를 위한 노력</td></tr>
<tr><td colspan="2">과정 · 기능</td><td>• 한국사의 다양한 자료를 바탕으로 탐구 주제 설정하기
• 신뢰할 수 있는 자료를 증거로 선택하기
• 역사적 맥락에서 자료를 비판적으로 분석하고 해석하기
• 한국사 탐구 주제의 결론을 다양한 방식으로 표현하기</td></tr>
<tr><td colspan="2">가치 · 태도</td><td>• 역사에 성찰적으로 접근하는 태도
• 타인의 역사적 해석을 존중하는 태도
• 한국 사회 발전에 참여하는 자질과 태도
• 한국 사회 당면 문제의 해결 방안을 모색하는 자질과 태도</td></tr>
</table>

<table>
<tr><th colspan="4">[공통 과목] 통합사회 1</th></tr>
<tr><td colspan="2">핵심 아이디어</td><td colspan="2">• 시간적, 공간적, 사회적, 윤리적 측면을 함께 고려하는 통합적 관점의 적용을 통해 인간, 사회, 환경의 특성 및 관련 문제를 잘 파악할 수 있다.
• 질 높은 정주 환경의 조성, 경제적 안정, 민주주의의 실현, 윤리적 실천은 행복한 삶을 위한 중요한 조건이다.
• 자연환경과 인간 생활의 유기적 관계를 고려하는 생태시민의 태도가 자연과 인간의 공존을 가능하게 한다.
• 다양성 존중의 태도는 서로 다른 문화권과 다문화 사회의 특성을 이해하는 바탕이 된다.
• 생활공간과 생활양식의 변화로 나타난 문제를 해결하려는 시민의 실천을 통해 지역사회의 변화를 이끌어낼 수 있다.</td></tr>
<tr><th colspan="2">범주</th><th colspan="2">내용 요소</th></tr>
<tr><td rowspan="3">지식
·
이해</td><td>통합적 관점</td><td>• 통합적 관점
• 시간적 관점
• 공간적 관점</td><td>• 사회적 관점
• 윤리적 관점</td></tr>
<tr><td>인간, 사회, 환경과 행복</td><td>• 행복의 의미
• 행복의 조건</td><td></td></tr>
<tr><td>자연환경과 인간</td><td>• 자연환경
• 자연관</td><td>• 환경문제
• 생태시민</td></tr>
</table>

<table>
<tr><td rowspan="2"></td><td>문화와
다양성</td><td>• 문화권
• 문화 변동</td><td>• 문화 상대주의와 보편윤리
• 다문화 사회</td></tr>
<tr><td>생활공간과
사회</td><td>• 산업화와 도시화
• 교통・통신과 과학기술의 발달</td><td>• 생활공간과 생활양식
• 지역사회</td></tr>
<tr><td colspan="2">과정・기능</td><td colspan="2">• 탐구 주제를 나-지역-국가-세계의 관계 속에서 파악하기
• 탐구 주제의 역사적 배경 조사하기
• 주제와 관련된 다양한 가치를 통합적 관점에서 이해하고 가치 간의 관계 탐구하기
• 갈등 상황에서 가치를 선택하고 그 결과를 예측 및 평가하기
• 탐구 주제를 그림이나 지도, 도식 등을 활용하여 분석하고 표현하기
• 탐구 대상에 대한 현장조사 수행하기
• 탐구 주제에 적합한 자료를 수집 및 분석하기
• 의견 및 주장을 자료 및 매체를 활용하여 효과적으로 전달하기
• 통합적 관점에서 해결 방안을 도출하고 타당성 평가하기
• 민주적 절차와 방법을 활용하여 합의 도출하기</td></tr>
<tr><td colspan="2">가치・태도</td><td colspan="2">• 시간적, 공간적, 사회적, 윤리적 차원의 다양한 쟁점에 관한 관심
• 갈등 해결을 위한 타인과의 소통과 협력
• 타인의 감정 이해 및 타인의 가치와 태도 존중
• 다양한 생활방식과 문화에 대한 이해와 존중
• 민주적 절차를 존중하는 과정에서 사회적 소수자 배려
• 공동체 문제 해결을 위한 적극적 참여와 공동선의 실천
• 생태・평화적 관점에서 공존과 지속가능한 발전을 지향하는 태도
• 지역적, 국가적, 세계적 수준의 다양한 쟁점에 관한 관심
• 지구촌 공동체의 문제 및 위기 해결 과정에 대한 적극적 참여</td></tr>
</table>

<table>
<tr><th colspan="4">[공통 과목] 통합사회 2</th></tr>
<tr><td colspan="2">핵심 아이디어</td><td colspan="2">• 근대 시민 혁명 이후 확립된 인권은 오늘날 사회제도적 장치의 마련과 시민의 노력으로 확장되고 있다.
• 정의의 의미와 기준을 이해하고, 이에 대한 실천 방안을 모색함으로써 사회 불평등 문제 해결에 기여할 수 있다.
• 경제 주체들은 효율성을 기준으로 경제활동에 참여하며, 이 과정에서 나타난 문제 해결을 위해 지속가능발전을 추구한다.
• 국제 사회의 협력과 세계시민 의식의 함양을 통해 세계화의 과정에서 나타나는 여러 문제와 국제 분쟁을 평화적으로 해결할 수 있다.
• 지속가능한 발전의 추구를 통해 인류가 당면한 지구촌 문제 해결과 바람직한 미래 변화를 꾀할 수 있다.</td></tr>
<tr><th colspan="2">범주</th><th colspan="2">내용 요소</th></tr>
<tr><td>지식
・</td><td>인권 보장과
헌법</td><td>• 시민혁명
• 인권</td><td>• 헌법
• 시민참여</td></tr>
</table>

<table>
<tr><td rowspan="4">이해</td><td>사회 정의와 불평등</td><td>• 정의의 실질적 기준
• 정의관</td><td>• 사회 불평등
• 공간 불평등</td></tr>
<tr><td>시장 경제와 지속가능발전</td><td>• 시장 경제와 합리적 선택
• 경제 주체의 역할</td><td>• 국제 분업과 무역
• 금융 생활</td></tr>
<tr><td>세계화와 평화</td><td>• 세계화
• 국제 분쟁</td><td>• 평화
• 세계시민</td></tr>
<tr><td>미래와 지속가능한 삶</td><td>• 인구 문제
• 자원 위기</td><td>• 미래 삶의 방향
• 지속가능발전</td></tr>
<tr><td colspan="2">과정 · 기능</td><td colspan="2">• 탐구 주제를 나-지역-국가-세계의 관계 속에서 파악하기
• 탐구 주제의 역사적 배경 조사하기
• 주제와 관련된 다양한 가치를 통합적 관점에서 이해하고 가치 간의 관계 탐구하기
• 갈등 상황에서 가치를 선택하고 그 결과를 예측 및 평가하기
• 탐구 주제를 그림이나 지도, 도식 등을 활용하여 분석하고 표현하기
• 탐구 대상에 대한 현장 조사 수행하기
• 탐구 주제에 적합한 자료를 수집 및 분석하기
• 의견 및 주장을 자료 및 매체를 활용하여 효과적으로 전달하기
• 통합적 관점에서 해결 방안을 도출하고 타당성 평가하기
• 민주적 절차와 방법을 활용하여 합의 도출하기</td></tr>
<tr><td colspan="2">가치 · 태도</td><td colspan="2">• 시간적, 공간적, 사회적, 윤리적 차원의 다양한 쟁점에 관한 관심
• 갈등 해결을 위한 타인과의 소통과 협력
• 타인의 감정 이해 및 타인의 가치와 태도 존중
• 다양한 생활방식과 문화에 대한 이해와 존중
• 민주적 절차를 존중하는 과정에서 사회적 소수자 배려
• 공동체 문제 해결을 위한 적극적 참여와 공동선의 실천
• 생태 · 평화적 관점에서 공존과 지속가능한 발전을 지향하는 태도
• 지역적, 국가적, 세계적 수준의 다양한 쟁점에 관한 관심
• 지구촌 공동체의 문제 및 위기 해결 과정에 대한 적극적 참여</td></tr>
</table>

<table>
<tr><th colspan="2">[일반 선택 과목] 세계시민과 지리</th></tr>
<tr><td>핵심 아이디어</td><td>• 세계시민은 세계화의 의미와 지역의 역동적인 변화를 자신의 삶과 연계하여 파악한다.
• 지리 정보와 지리정보기술은 실세계의 문제 탐색과 해결에 도움을 준다.
• 세계 여러 지역의 다양한 기후와 지형은 인간의 삶에 영향을 미친다.
• 세계 각 지역은 고유한 문화를 발전시켜 왔고, 세계화 속에서 문화 다양성에 관심을 가질 필요가 있다.
• 인구 분포와 이동의 지역적 차이는 다양한 공간 문제를 유발한다.</td></tr>
</table>

		• 글로벌 경제 체제에서 생산 요소의 공간적 불균등으로 인해 구조적 문제가 발생한다. • 세계시민은 다양한 지리적 스케일에서 발생하는 에너지, 환경, 분쟁 등과 관련된 정세를 이해한다. • 세계시민은 지속가능한 미래를 위해 기여할 수 있는 방안을 찾아 실천한다.
범주		내용 요소
지식·이해	세계시민, 세계화와 지역 이해	• 세계화와 세계시민 • 지역 변화의 역동성 • 지리 정보와 지리정보기술의 활용
	모자이크 세계, 세계의 다양한 자연환경과 문화	• 다양한 기후와 인간 생활 • 지형과 인간 생활 및 지형의 지속가능한 이용 • 세계 주요 종교 경관 • 다양한 음식과 축제의 지리적 의미
	네트워크 세계, 세계의 인구와 경제 공간	• 인구 분포 및 구조, 국제적 이주의 영향 • 식량 자원의 생산과 소비 • 글로벌 경제와 공간적 불균등
	지속가능한 세계, 세계의 환경 문제와 평화	• 세계의 에너지 문제와 대안 • 세계의 환경 문제와 생태전환적 삶 • 지정학적 분쟁과 평화를 위한 노력
과정·기능		• 지역적, 국가적, 세계적 규모에서의 쟁점을 탐색하고 탐구 주제 선정하기 • 유용한 지리 정보를 수집하고, 수집된 정보의 타당성, 신뢰성, 최신성 판단하기 • 수집된 자료에서 요점과 핵심 아이디어를 도출하고, 세계시민의 관점에서 비판적으로 점검하기 • 지리정보기술과 지역 조사를 바탕으로 지리적 문제에 대한 해결 방안 도출하기 • 제시된 방안을 분석, 비교, 평가하여 효과적인 전략 선택하기 • 글, 시각화, 디지털 미디어 등 다양한 방식을 활용하여 의사소통하기
가치·태도		• 지역적, 국가적, 세계적 규모에서의 다양한 지리적 문제와 쟁점에 대한 관심 • 세계 여러 지역의 사람들과 생활방식에 대한 공감 • 세계시민으로 함께 살아가는 가치 중시 • 지속가능한 발전을 위해 자신이 선택한 가치에 따른 행동을 지속적으로 실천 • 인류애적 동반 성장을 위한 세계시민의 태도 성찰

<table>
<tr><th colspan="3">[일반 선택 과목] 세계사</th></tr>
<tr><td colspan="2">핵심 아이디어</td><td>• 지역 세계의 형성 및 역사 전개는 각각의 특징을 지닌다.
• 이슬람 세계의 확대, 몽골 제국의 형성은 교역망의 확대를 가져왔다.
• 국민 국가와 자본주의 체제는 다양한 경로를 통해 형성되었다.
• 제1·2차 세계 대전 과정에서 인권과 과학기술 등의 문제가 대두하였다.
• 역사 지식은 역사 자료의 분석·해석을 통해 형성된다.
• 증거에 기반한 논증은 역사 지식 형성에 필요한 과정이다.
• 역사적으로 형성된 인권·평화·민주주의·생태환경 등의 가치를 포용하려는 자세가 필요하다.</td></tr>
<tr><th colspan="2">범주</th><th>내용 요소</th></tr>
<tr><td rowspan="4">지식·이해</td><td>지역 세계의 형성</td><td>• 현생 인류와 문명의 형성
• 동아시아, 인도 세계의 문화와 종교·사상
• 서아시아, 지중해, 유럽 세계의 문화와 종교</td></tr>
<tr><td>교역망의 확대</td><td>• 이슬람 세계와 몽골 제국
• 유럽의 신항로 개척과 재정·군사 국가
• 세계적 상품 교역</td></tr>
<tr><td>국민 국가의 형성</td><td>• 청, 무굴 제국, 오스만 제국
• 미국 혁명과 프랑스 혁명
• 산업 혁명과 제국주의
• 국민 국가 건설 운동</td></tr>
<tr><td>현대 세계의 과제</td><td>• 제1·2차 세계 대전
• 냉전
• 지구적 과제와 인류의 노력</td></tr>
<tr><td colspan="2">과정·기능</td><td>• 다양한 형태의 역사 자료를 분석·해석하기
• 증거에 기반하여 역사적 맥락을 파악하기
• 역사적 개념을 이해하고 활용하기
• 역사적 서사를 구성하여 표현하기</td></tr>
<tr><td colspan="2">가치·태도</td><td>• 문화 다양성 존중
• 다양한 역사 해석에 대한 비판과 존중
• 인권·민주주의·평화·생태환경 등의 가치를 성찰
• 인류의 지속가능성을 위한 가치관 형성</td></tr>
</table>

<table>
<tr><th colspan="2">[일반 선택 과목] 사회와 문화</th></tr>
<tr><td>핵심 아이디어</td><td>• 사회현상은 다양한 관점을 통해 이해할 수 있다.
• 사회현상은 다양한 방법을 통해 연구할 수 있고, 탐구를 수행할 때에는 과학적 절차와 연구 윤리를 준수해야 한다.
• 개인은 사회 구조의 영향을 받는 존재인 동시에 사회 구조에 영향을 미치는 존재이다.
• 사회 변동은 여러 요인의 영향을 받으며 다양한 양상으로 나타난다.
• 대중문화는 다양한 관점에서 분석될 수 있으며, 현대 사회에서 미디어는 문화의 생산과 공유에 영향을 미친다.</td></tr>
</table>

		• 문화는 여러 요인의 영향을 받으며 지속적으로 변동하며 문화 다양성에 대한 긍정적 태도가 필요하다. • 현대 사회에서는 다양한 불평등과 차별 현상이 나타나고 있다. • 현대 사회는 인간다운 생활을 보장하고 삶의 질 향상을 위한 복지 국가를 지향한다.
범주		내용 요소
지식·이해	사회현상의 이해와 탐구	• 사회현상의 특징, 사회학적 상상력, 사회현상을 이해하는 관점 • 양적 연구 방법과 질적 연구 방법의 특징 및 연구 절차 • 다양한 자료 수집 방법 • 사회현상의 탐구, 연구자의 가치 중립과 연구 윤리
	사회 구조와 사회 변동	• 사회 구조와 사회화에 대한 관점 • 사회 집단과 사회 조직의 유형 및 변화 • 일탈 행동과 일탈 이론, 사회 통제의 유형 • 사회 변동 요인과 현대 사회의 변동 양상, 사회 운동의 유형과 특징
	일상 문화와 문화 변동	• 대중문화를 바라보는 관점 • 미디어 효과 이론, 미디어 메시지의 분석과 생산 • 주류 문화와 하위문화, 이주민 문화에 대한 관점, 다문화 사회와 문화 다양성 • 문화 변동의 다양한 요인과 양상, 문화의 세계화
	사회 불평등과 사회 복지	• 사회 불평등 현상을 이해하는 관점, 사회 이동과 사회 계층 구조의 유형 및 특징 • 다양한 사회 불평등 양상과 해결 방안 • 복지 국가의 발전 과정, 사회 복지 제도의 유형과 특징, 현대 사회의 복지 관련 쟁점
과정·기능		• 다양한 이론과 관점의 특징 비교하기 • 다양한 방법을 활용하여 사회현상의 탐구에 필요한 자료 수집하기 • 다양한 출처에서 수집한 자료를 비판적으로 분석하기 • 다양한 견해와 입장을 비판적으로 평가하기 • 수집한 자료와 정보를 토대로 타당한 결론 도출하기
가치·태도		• 자신과 다른 입장에 대한 존중 • 인류 보편적 가치와 우리 사회의 기본 가치 존중 • 문화 다양성에 대한 긍정적 태도 • 사회적 소수자의 입장에 대한 공감과 존중 • 사회 문제 해결을 위해 적극적으로 참여하는 태도

[진로 선택 과목] 한국지리 탐구	
핵심 아이디어	• 지리탐구는 지리적 질문에 근거를 갖고 답을 하는 과정이며, 야외조사와 지리정보기술은 근거를 수집하는 주요 방법이다. • 개인은 음식, 여가, 모빌리티와 같은 일상생활을 통해 지역 및 세계

범주		내용 요소
		와 연결되며, 디지털화로 연결성이 획기적으로 변화하고 있다. • 인구감소와 고령화, 수도권 집중과 지방소멸의 위기에 대응하려면 국가균형발전에 대한 이해와 태도가 중요하다. • 개발에 따른 환경변화, 자연재해 및 탄소중립에 대응하기 위해 지역 스케일에 적합한 공간정보를 활용한 의사 결정, 생태 감수성이 중요하다. • 한반도 및 주변지역에 대한 지정학적 이해는 국가와 동아시아 지역의 발전과 평화·공존을 위해 중요하다.
범주		내용 요소
지식·이해	공간정보와 지리탐구	• 지리적 질문과 지리탐구 • 데이터, 야외조사와 지리정보기술
	생활 속 지리 탐구	• 식품과 상품사슬 • 관광과 여가, 장소 정체성과 장소마케팅 • 모빌리티와 공유서비스
	국토의 변화와 균형발전 탐구	• 저출생과 고령화, 외국인 이주자와 다문화 • 지속가능한 농업과 농촌 • 산업구조의 전환과 지역 변화 • 수도권 집중과 지방소멸, 국가균형발전
	환경과 지속 가능성 탐구	• 세계유산과 자연경관 • 환경의 개발과 변화, 보전 • 자연재해, 재난위험 경감 • 탄소중립과 에너지 정책
	동아시아 갈등과 공존 탐구	• 북한의 당면과제와 남북협력 • 경계와 영역, 동아시아 지정학과 평화·공존
과정·기능		• 조사 가능한 질문을 개발하고, 적절한 탐구계획 수립하기 • 야외조사, 공공 및 빅데이터, 지리정보기술을 활용해 데이터 수집하기 • 다양한 방식으로 데이터를 표현하여, 공간적 패턴이나 규칙을 찾고, 여러 관점에서 결과 해석하기 • 위치, 장소, 지역 간 상호관련성, 스케일 간 상호의존성 측면에서 결과 해석하기 • 결과를 토대로 변화를 예측하고, 대안을 제시하며, 실현 가능성을 평가하기
가치·태도		• 국토의 의미와 가치 인식 • 국토 환경에 대한 생태 감수성과 책임감 • 지리적 이슈에 대한 관심과 지역문제를 해결하려는 태도 • 지역에 대한 애착과 자부심 • 다문화 및 지역인지 감수성

<table>
<tr><th colspan="3">[진로 선택 과목] 도시의 미래 탐구</th></tr>
<tr><td colspan="2">핵심 아이디어</td><td>• 인류가 살아가는 대표적인 공간이자 삶의 방식인 도시는 여러 형태로 발달해 왔으며, 살기 좋은 도시에 대한 관점은 다양하다.
• 문화, 소비, 기술 발달 등에 따라 도시의 경관과 공간 구조, 시민의 삶은 끊임없이 변화한다.
• 공간 정의의 관점에서 도시 문제와 공간 불평등의 해결 방안을 모색해야 한다.
• 지속가능하며 공공성이 높은 도시의 미래를 위해서는 사회적 · 경제적 · 환경적 요소를 조화롭게 고려한 도시 계획과 시민이 적극적으로 참여하여 만들어가는 도시 혁신이 필요하다.</td></tr>
<tr><th colspan="2">범주</th><th>내용 요소</th></tr>
<tr><td rowspan="4">지식 · 이해</td><td>삶의 공간, 도시</td><td>• 도시의 의미와 도시적 생활양식
• 도시의 발달과 도시의 유형
• 살기 좋은 도시에 대한 다양한 관점</td></tr>
<tr><td>변화하는 도시</td><td>• 도시 체계와 도시 공간 구조
• 도시 브랜딩과 건축
• 도시 경제와 소비
• 첨단 산업 및 모빌리티의 발달과 스마트 도시</td></tr>
<tr><td>도시 문제와 공간 정의</td><td>• 도시의 환경 문제와 재난
• 도시의 부동산과 주거 문제
• 이주에 따른 도시 인구 구성과 도시 공간의 다양화</td></tr>
<tr><td>도시의 미래</td><td>• 지속가능성과 회복력을 높이는 도시 계획과 도시 혁신
• 도시의 공공성과 도시 민주주의</td></tr>
<tr><td colspan="2">과정 · 기능</td><td>• 도시를 둘러싼 지리적 쟁점을 탐구하기 위한 다양한 지리적 질문을 제시하고 탐구 계획 세우기
• 야외조사, 지리정보기술, 빅데이터 등의 방법을 활용하여 지리적 탐구에 필요한 유용한 지리 정보를 수집하고 분석하기
• 수집한 자료를 비판적으로 검토하고 취사선택하기
• 다양한 자료를 가공하여 지리 정보로 제작한 후, 이를 활용하여 소통하고 공간적 의사 결정하기
• 도시에 대한 지리적 이해를 바탕으로 하여 살기 좋은 도시의 미래를 설계하기</td></tr>
<tr><td colspan="2">가치 · 태도</td><td>• 도시를 둘러싼 지리적 쟁점에 대한 다양한 관점과 가치 존중
• 도시에 사는 사람들의 문화적 다양성에 대한 이해와 공감
• 자신이 사는 지역과 도시 문제에 대한 관심과 책임감
• 공간 정의와 지속가능성, 공공성의 관점에서 도시의 미래를 탐구하는 태도
• 인간과 비인간의 유기적 관계를 자각하고 이를 실천하는 생태적 감수성
• 도시 계획 수립과 도시 정책에 능동적으로 참여</td></tr>
</table>

[진로 선택 과목] 동아시아 역사 기행		
핵심 아이디어		• 동아시아 지역의 다양한 생활 방식은 생태환경의 차이와 관련된다. • 동아시아 세계는 교류와 갈등 속에 형성되었다. • 제국주의 침략과 식민 지배는 동아시아에 사회·경제적 문제를 초래했다. • 동아시아의 평화와 공존을 위해 각국의 상호 협력이 필요하다. • 역사 자료를 분석하고 해석할 때는 역사적·공간적 맥락을 고려해야 한다.
범주		내용 요소
지식·이해	동아시아로 떠나는 역사 기행	• 역사 기행을 통한 동아시아 역사 탐구의 이해 • 동아시아의 생태환경과 동아시아 사람들의 생활
	교류와 갈등의 현장에서 만난 역사	• 동아시아 지역 간 교류의 시작 • 종교와 사상을 중심으로 한 지역 간 교류 • 몽골의 팽창과 17세기 전후 동아시아 전쟁 • 동아시아 지역 내외 교류 양상의 다양화
	침략과 저항의 현장에서 만난 역사	• 동아시아 지역에서 전개된 제국주의 침략 전쟁 • 아시아·태평양 전쟁과 반제·반전을 위한 저항과 연대 • 침략과 전쟁 및 식민 지배로 인한 생태환경 변화
	평화와 공존의 현장에서 만난 역사	• 냉전 시기 동아시아의 전쟁과 정치·사회적 변화 • 지역 간 경제와 문화 교류 및 다문화 사회화 • 상호 공존의 지역 질서 형성을 위한 연대와 참여
과정·기능		• 동아시아 각국의 역사적 장소와 문화유산에 대해 탐구하기 • 자료의 선택 및 분석과 해석을 통해 동아시아 지역의 특징 추론하기 • 동아시아 관련 탐구 과제에 대해 협업을 통해 결과물 도출하기
가치·태도		• 국경을 넘어 동아시아의 시민으로 인식 • 역사적 이해를 바탕으로 타자를 이해하고 존중하는 자세 • 동아시아의 현존하는 갈등을 해소하고 공존과 평화를 추구하는 자세

[진로 선택 과목] 정치	
핵심 아이디어	• 정치는 사회 구성원 간의 이해관계의 충돌을 조정하고 공동체를 유지·발전시키는 기능을 수행한다. • 민주주의는 인류 역사에서 등장한 다양한 정치사상 중 근대 시민사회가 채택하고 발전시킨 정치 공동체의 운영 원리로 실제 삶에 적용될 수 있어야 한다. • 민주 정치의 본질은 시민이 정치 참여 주체로서 권리와 의무를 인식하고 정치과정에 참여하는 태도를 갖추는 것이다. • 시민은 현대 사회의 대의제 민주 정치를 작동시키는 가장 기본적 장치인 선거 제도를 비교·이해하여 실제 선거에 참여할 수 있는 역량을 함양해야 한다.

		• 민주 국가는 권력의 독점을 방지하고 민주주의를 구현하는 다양한 정부 형태를 채택하고 있다. • 우리나라의 정부 형태는 민주주의의 발전을 위해 도입한 다양한 제도와 특성들을 가지고 있다. • 현실주의와 자유주의는 국제 사회에서 발생하는 갈등과 협력을 서로 다른 관점으로 설명한다. • 다양한 국제 문제를 해결하기 위해서는 국제기구나 제도를 통한 노력과 더불어 세계시민으로서 갈등을 평화적으로 해결하려는 태도가 필요하다.
범주		내용 요소
지식 · 이해	시민 생활과 정치	• 정치의 필요성, 일상생활과 정치 • 다양한 민주주의의 모델 • 민주주의의 이념과 원리 • 민주 정치의 발전
	정치과정과 참여	• 민주시민의 권리와 의무 • 선거 • 정당과 민주 정치 • 미디어와 시민 참여
	민주 국가의 정부 행태	• 국가 권력의 구성 원리 • 우리나라의 정부 형태 • 입법부, 행정부, 사법부 • 지방 자치 • 대통령제와 의원 내각제
	국제 사회와 정치	• 국제 사회의 갈등과 협력, 현실주의, 자유주의 • 국제 문제와 국제기구 • 평화와 지속가능한 발전 • 전 지구적 문제와 세계시민의 역할
과정 · 기능		• 정치 문제와 관련된 사실과 가치를 구분하고, 가치 갈등 문제에 대한 의견의 근거를 수집하고 분석하기 • 일상생활의 정치적 문제와 사례를 수집 · 분석하여 해결 방안을 모색하기 • 정치 현상 탐구에 필요한 자료와 정보를 활용할 때 출처와 신뢰성을 확인하고 평가하기 • 민주적 정치과정의 핵심인 선거의 의미를 이해하고, 유권자의 권리와 책임을 인식하며 공동체의 의사 결정 과정에 참여하기 • 정치적 의사 결정을 위한 대안들을 비교 · 분석하고, 민주시민으로서 공동체의 문제 해결을 위해 적극적으로 참여하고 협업하기 • 다양한 정부 형태에서 나타나는 견제와 균형의 원리 사례를 탐색 및 분석하기 • 전 지구적 갈등의 원인을 설명하고, 이를 해결하기 위해 다양한 대안을 모색하기 • 국제 사회문제를 바라보는 다양한 관점을 구분하고, 이를 해결하기 위한 국제법과 국제기구의 역할을 분석하기
가치 · 태도		• 다양한 정치사상과 이념의 관점에서 여러 정치 주체의 선호와 결정에 대한 존중 • 다수결의 원리, 소수 의견 존중, 대화와 타협, 숙의와 토론 등 일상

<table>
<tr><td></td><td>생활에서 민주주의 원리 실천
• 개인의 자유와 공공선의 균형에 대한 존중과 실천
• 권리와 의무를 지닌 정치 주체로서 공동체 의식을 갖고 다양한 관점에서 소통하며 정치과정에 참여하는 태도
• 유권자로서 미디어를 비판적으로 활용하는 태도
• 국가 권력의 독점을 막고 견제와 균형의 원리를 지키려는 국가기관의 활동에 관심을 가지고 존중하는 태도
• 국제 사회에서 발생하는 다양한 갈등을 평화적으로 해결하는 태도</td></tr>
</table>

<table>
<tr><th colspan="4">[진로 선택 과목] 법과 사회</th></tr>
<tr><td colspan="2">핵심 아이디어</td><td colspan="2">• 개인 간 사적 자치에 의해 법(률)관계를 형성하고 분쟁을 해결한다.
• 국가를 만든 목적은 시민의 기본권을 보호하기 위한 것이고, 이러한 국가는 민주주의, 법치주의에 따라 구성・운영된다.
• 현대에는 복지국가 기능을 수행하기 위하여 국가가 개인 생활에 개입하는 경우가 많으며, 이 경우 그 한계를 지켜야 한다.
• 학교생활에서 발생하는 문제 중 법으로 규율할 문제가 있고, 법의 규율로 권리와 의무로 구성되는 법(률)관계가 형성된다.</td></tr>
<tr><th colspan="2">범주</th><th colspan="2">내용 요소</th></tr>
<tr><td rowspan="4">지식・이해</td><td>개인 생활과 법</td><td>• 혼인, 출생, 상속
• 계약, 불법행위</td><td>• 부동산, 동산
• 권리와 의무</td></tr>
<tr><td>국가 생활과 법</td><td>• 민주주의, 법치주의
• 헌법의 기본 원리
• 기본권 내용, 제한 요건, 한계
• 형법, 죄형 법정주의</td><td>• 범죄의 성립 요건, 형벌의 종류, 형사 절차
• 법원, 헌법재판소</td></tr>
<tr><td>사회생활과 법</td><td>• 근로자의 권리
• 사회보장법
• 경제법</td><td>• 현대적 법(률)관계
• 지적 재산권</td></tr>
<tr><td>학교생활과 법</td><td>• 학생과 청소년의 법적 지위
• 학교폭력</td><td>• 법, 조약, 판례, 입법자료</td></tr>
<tr><td colspan="2">과정・기능</td><td colspan="2">• 일상생활에서 개인 간의 법(률)관계 파악하기
• 법, 조약, 판례, 입법자료 등 법과 관련된 자료 수집 방법 파악하기
• 현대 사회의 문제에 대한 기존의 법 개선 방안 탐색하기
• 학교생활에서 발생하는 다양한 법적 문제를 발견하고 분석하기
• 국가기관의 조직과 운영 원리 분석하기
• 사회현상에서 법적 쟁점에 대한 정보를 수집・분석하여 활용하기
• 법적 쟁점에 대해 법적 근거를 바탕으로 다양한 관점에서 의사소통하기
• 법적 쟁점이 있는 문제를 법적 근거를 바탕으로 해결하기
• 법적 분쟁을 체계적으로 분석・평가하기</td></tr>
</table>

가치・태도	• 민주주의와 법치주의의 기본 가치 내면화 • 법이 부여한 권리를 행사하고 의무를 이행하는 민주시민의 태도 • 민주적 법체계와 절차에 대한 존중 • 민주시민으로서 공동체의 발전에 대한 능동적 참여 • 법 개선 과정에 참여를 통한 민주시민의 자질 내면화 • 다양한 법적 관점에 따라 서로 다른 가치와 대안에 대한 관용적 태도

[진로 선택 과목] 경제			
핵심 아이디어		• 경제학은 인간의 경제생활을 분석하고 경제 문제의 해결 방법을 탐색하는 데 기초가 된다. • 인간은 편익과 비용을 고려하여 합리적으로 선택한다. • 수요와 공급을 통해 시장에서 자원 배분이 효율적으로 이루어진다. • 공공 부문이 조세, 공공재 등을 통해 시장에 의한 자원 배분에 개입한다. • 경제 성장을 통해 삶의 질이 향상되며 이를 위한 정부 정책이 필요하다. • 경기 변동의 안정화를 위해 정부는 재정 정책과 통화 정책을 활용한다. • 개방된 국제 사회에서 각 국가는 무역을 통해 이득을 얻는다. • 외환 시장에서 환율이 결정되며, 환율의 변동은 국가 경제와 경제 주체의 활동에 영향을 미친다.	
범주		내용 요소	
지식・이해	경제학과 경제 문제	• 경제학과 경제의 기본 문제 • 합리적 선택	• 경제학적 사고방식
	미시 경제	• 시장의 수요와 공급 • 공공 부문의 조세와 공공재	• 자원 배분의 효율성과 형평성
	거시 경제	• 거시 경제 변수 • 경제 성장과 정책	• 경기 변동과 정책
	국제 경제	• 국제 거래와 무역 원리 • 무역 정책	• 외환 시장과 환율
과정・기능		• 탐구 또는 분석 대상이 되는 경제 현상 및 경제 문제 선정하기 • 경제 개념, 원리 등을 활용하여 경제 현상에 대한 탐구 및 분석 방법 파악하기 • 경제 현상 및 경제 문제의 탐구를 위한 분석 계획 수립하기 • 경제 현상 및 경제 문제 관련 분석 결과 해석하기 • 경제 현상 및 경제 문제 관련 분석 결과를 종합하여 추론하기 • 최적의 대안을 선택하기 • 분석 결과를 바탕으로 경제 문제의 원인 및 해결 방안 도출하기	

<table>
<tr><td>가치 · 태도</td><td>• 합리적인 의사 결정 태도
• 타인의 가치 선호를 존중하는 태도
• 경제적 쟁점과 문제에 대해 관심을 갖고 숙고하는 자세
• 공동체 문제 해결을 위한 적극적인 참여 자세
• 다양한 관점을 가진 공동체 구성원들과 소통하는 태도
• 공공의 경제 문제 해결을 위해 타인과 협력하는 자세</td></tr>
</table>

<table>
<tr><th colspan="4">[진로 선택 과목] 국제 관계의 이해</th></tr>
<tr><td colspan="2">핵심 아이디어</td><td colspan="2">• 근대 이후 형성된 국가 간의 관계는 전쟁과 평화의 역사를 거쳐 오늘날에 이르렀다.
• 국제 관계의 다양한 행위 주체들은 인류가 직면한 문제들을 해결하기 위해 노력한다.
• 국가 간 발전의 격차는 갈등의 원인이 된다.
• 국제 사회의 구성원들은 발전의 혜택을 함께 누릴 수 있도록 노력해야 한다.
• 20세기에 전쟁과 냉전을 겪은 국제 사회는 21세기에 테러와 같은 새로운 안보의 위협을 극복해야 한다.
• 국가와 개인의 안전과 건강을 위협하는 다양한 요인들을 제거하기 위해서는 세계시민의 연대와 행동이 필요하다.
• 외교와 국제법을 통해 국제 분쟁을 해결해야 한다.
• 국제 문제의 해결을 위해서는 개별 국가로부터 지역 기구, 국제 사회에 이르기까지 다각적인 접근이 필요하다.</td></tr>
<tr><th colspan="2">범주</th><th colspan="2">내용 요소</th></tr>
<tr><td rowspan="4">지식 · 이해</td><td>국제 관계의 특징</td><td>• 국제 관계의 변천
• 국제 사회를 바라보는 관점</td><td>• 국제 사회의 행위 주체</td></tr>
<tr><td>균형발전과 상생</td><td>• 국가 간 불평등
• 공정 무역</td><td>• 공적 개발 원조
• 우리나라의 위상과 역할</td></tr>
<tr><td>평화와 안전의 보장</td><td>• 전쟁과 테러
• 팬데믹과 보건</td><td>• 감시와 통제
• 한반도의 평화</td></tr>
<tr><td>국제 분쟁의 해결</td><td>• 외교와 국제법
• 국제법의 법원(法源)
• 지역 통합, 지역 기구</td><td>• 우리나라가 가입한 조약과 지역 기구</td></tr>
<tr><td colspan="2">과정 · 기능</td><td colspan="2">• 국제 관계의 다양한 모습(협력, 경쟁, 갈등, 갈등 해결)을 미디어를 통해 탐색하기
• 우리나라를 둘러싼 다양한 국제 관계에 대해 여러 가지 입장 분석하기
• 선정된 국제 사회의 이슈 관련 탐구를 위한 가설 설정하기
• 가설 검증을 위해 필요한 자료 수집 및 분석하기
• 국제 관계에 대한 다양한 관점을 비교하고, 민주적 절차와 방법을</td></tr>
</table>

	활용하여 합의 도출하기 • 자신의 의견이나 주장이 세계시민으로서 지켜야 할 책무에 벗어나지 않는지 점검하기 • 세계시민으로서 국제 문제 해결을 위해 적극적으로 참여하고 협력하기
가치 · 태도	• 국제 갈등의 원인에 따른 다양한 해결 방안에 대한 평가 • 국제 문제에 대처하는 각 나라의 입장 존중 및 공동 노력에의 참여 • 우리나라와 국제 사회의 공동 번영을 위해 다양한 의견을 능동적으로 조율하는 태도 함양 • 상생, 평화라는 이슈에서 우리나라와 국제 사회의 협력 • 세계시민으로서의 역할에 대한 공감과 국제 문제 해결을 위한 연대

<table>
<tr><th colspan="4">[융합 선택 과목] 여행지리</th></tr>
<tr><td colspan="2">핵심 아이디어</td><td colspan="2">• 여행자는 여행의 의미와 여행이 삶에 미치는 영향을 파악하고 행복하고 안전한 여행 계획을 수립한다.
• 여행자는 다양한 인문환경과 자연환경을 탐구하고 지리적 다양성에 대한 존중과 배려의 자세를 지닌다.
• 여행자는 인류의 성찰과 공존을 위한 여행을 통해 세계시민으로서 책임감 있고 지속가능한 여행을 실천한다.
• 여행자는 미래 사회와 여행의 변화를 예측하고, 일상 속에서 여행이 주는 가치를 재발견하여 삶의 변화를 이끈다.</td></tr>
<tr><th colspan="2">범주</th><th colspan="2">내용 요소</th></tr>
<tr><td rowspan="4">지식 · 이해</td><td>행복하고 안전한 여행</td><td>• 여행의 의미와 영향
• 장소의 의미와 중요성</td><td>• 모빌리티와 여행 계획</td></tr>
<tr><td>문화와 자연을 찾아가는 여행</td><td>• 여행지로 향유하는 도시
• 문화 경관</td><td>• 여행지의 기후와 장소
• 지오투어리즘</td></tr>
<tr><td>성찰과 공존을 위한 여행</td><td>• 산업유산과 기념물 여행
• 평화여행과 다크투어리즘</td><td>• 새로운 여행 지역과 여행 콘텐츠
• 지속가능한 여행</td></tr>
<tr><td>미래 사회와 여행</td><td>• 미래 여행과 미디어
• 일상 속 다양한 여행</td><td></td></tr>
<tr><td colspan="2">과정 · 기능</td><td colspan="2">• 자료와 매체를 통해 여행 정보를 수집하기
• 안전한 여행 계획을 수립하기
• 지도 및 지리정보기술을 활용하기
• 매력적인 여행지를 선정하고 사례를 탐구하기
• 여행지의 자연환경과 인문환경의 상호관계를 조사하기
• 여행지와 관련하여 충돌하는 가치 발견하기
• 나-지역-국가-세계의 관계 속에서 여행을 조망하기
• 여행 포트폴리오를 구성하고 효과적으로 전달하기</td></tr>
</table>

가치・태도	• 세상에 대한 열린 마음과 지리적 상상력 • 세계의 다양한 생활양식과 문화에 대한 존중 • 다양한 스케일의 지리적 문제와 쟁점에 대한 관심 • 인류에 대한 성찰과 공동체 의식 • 여행지와 여행지 주민에 대한 공감과 배려 • 지속가능한 여행의 책임과 실천 • 여행이 주는 가치의 내면화 • 나의 삶을 변화시키는 여행의 실천

[융합 선택 과목] 역사로 탐구하는 현대 세계		
핵심 아이디어		• 평화 체제 구축을 위한 국제 사회의 노력이 전개되었다. • 세계 경제의 성장 속에서 생태환경의 문제가 심화되었다. • 세계 각지에서 분쟁과 무력 갈등이 발생했으나 극복 노력도 계속되었다. • 경제의 세계화 이후 사회・경제적 불평등이 심화되었다. • 역사 지식은 역사 자료의 비판, 분석, 해석 등을 통해 형성된다. • 문화적 다양성을 포용하는 태도는 세계시민 의식의 기초가 된다.
범주		내용 요소
지식・이해	현대 세계와 역사 탐구	• 세계 대전 이후의 현대 세계 • 청소년이 바라본 현대 세계의 과제
	냉전과 열전	• 전후 평화를 위한 국제적 노력과 좌절 • 냉전 시기 열전의 전개 • 기념 시설로 만나는 역사
	성장의 풍요와 생태환경	• 세계 경제의 성장과 기술 발전 • 대중 소비 사회와 생태환경의 문제 • 기후변화 협약으로 만나는 역사
	분쟁과 갈등, 화해의 역사	• 탈냉전 이후의 국제 분쟁과 무력 갈등 • 권위주의 체제의 변동 • 역사 정책으로 만나는 역사
	도전받는 현대 세계	• 경제의 세계화와 불평등의 심화 • 다문화 사회로의 진전과 갈등 • 국제 규범으로 만나는 역사
과정・기능		• 다양한 역사 자료를 선택하고 분석하기 • 분석한 자료를 해석하고 비교하기 • 역사적 서사를 구성하고 표현하기
가치・태도		• 타인의 역사 해석을 존중하는 태도 • 인류의 지속가능한 삶을 위한 가치관 형성 • 자신을 역사적 존재로 인식하고 실천하는 자세

<table>
<tr><th colspan="3">[융합 선택 과목] 사회문제 탐구</th></tr>
<tr><td colspan="2">핵심 아이디어</td><td>• 사회문제는 사회과학적 접근 방법을 통해 이해하고 그 해결 방안을 탐구하는 것이 필요하다.
• 사회문제의 탐구 과정에서는 연구 윤리를 준수해야 한다.
• 청소년은 일상에서 다양한 사회문제를 경험하며, 문제의 원인과 해결 방안은 다양하다.
• 인구 구조의 변화, 과학기술 발전 등으로 인한 사회 변동으로 다양한 사회문제가 발생할 수 있으며, 여러 가지 차원에서 해결 방안이 논의된다.
• 사회문제는 과학적인 탐구 절차에 따라 자료를 수집하고 분석하여 해결 방안을 모색하는 것이 필요하다.
• 사회문제의 해결을 위해서는 구성원의 지속적인 관심과 참여가 필요하다.</td></tr>
<tr><th colspan="2">범주</th><th>내용 요소</th></tr>
<tr><td rowspan="4">지식 · 이해</td><td>사회문제의 이해와 탐구</td><td>• 사회문제의 의미와 특징
• 사회문제를 바라보는 관점
• 사회문제 탐구 방법
• 사회문제 탐구와 연구 윤리</td></tr>
<tr><td>일상생활과 사회문제</td><td>• 성 불평등 문제
• 미디어 이용 과정에서 나타나는 문제</td></tr>
<tr><td>변화하는 세계와 사회문제</td><td>• 저출산 · 고령화 관련 사회문제
• 인공지능의 발전과 사회문제</td></tr>
<tr><td>사회문제 사례 연구</td><td>• 사회문제 탐구 절차
• 사회문제 탐구 계획 수립 방법
• 다양한 자료 수집 및 분석 방법</td></tr>
<tr><td colspan="2">과정 · 기능</td><td>• 여러 이론과 관점을 비교하기
• 사회문제의 현황을 조사하기
• 다양한 출처에서 찾은 자료와 정보의 타당성과 신뢰성 평가하기
• 수집한 자료와 정보를 논리적으로 분석하여 결론 도출하기
• 사회문제의 해결을 위한 합리적이고 창의적인 대안 제시하기
• 자신 및 상대방의 의견을 비판적으로 검토하고, 다양한 관점을 고려하여 의사소통하기
• 민주적 절차와 방법을 활용하여 사회문제의 해결 방안 도출하기</td></tr>
<tr><td colspan="2">가치 · 태도</td><td>• 사회문제에 대한 서로 다른 관점 존중
• 다양성에 대한 긍정적 태도
• 연구 윤리 준수
• 자신의 입장에 대한 합리적 비판의 존중과 수용
• 사회적 소수자에 대한 공감과 배려
• 사회 구성원으로서 자신의 권리와 의무에 대한 인식과 실천</td></tr>
</table>

<table>
<tr><th colspan="3">[융합 선택 과목] 금융과 경제생활</th></tr>
<tr><td colspan="2">핵심 아이디어</td><td>• 행복하고 안전한 금융 생활을 실천하기 위해 디지털 금융 환경과 금융 서비스의 특징에 대한 이해가 필요하다.
• 안정된 금융 복지를 향유하기 위해 수입과 지출에 영향을 미치는 요인을 파악하고 균형 있는 예산 관리가 필요하다.
• 저축과 투자의 장단점에 대한 이해는 장단기 효율적인 자산 배분에 기여한다.
• 책임감 있는 신용 사용과 보험 및 연금을 활용한 위험과 노후 대비는 안정적인 경제생활에 기여한다.</td></tr>
<tr><th colspan="2">범주</th><th>내용 요소</th></tr>
<tr><td rowspan="4">지식·이해</td><td>행복하고 안전한 금융 생활</td><td>• 금융과 금융 생활
• 금융 의사 결정
• 디지털 금융 환경과 금융 서비스
• 금융 사기 예방 및 구제
• 금융 소비자 보호
• 금융 거래와 계약</td></tr>
<tr><td>수입과 지출</td><td>• 수입과 소득
• 소득 결정 요인
• 지출과 소비
• 지불 수단
• 합리적 소비
• 예산과 예산 관리</td></tr>
<tr><td>저축과 투자</td><td>• 저축의 경제적 의의
• 저축에 영향을 주는 요인(이자, 세금, 물가 등)
• 예금자 보호 제도
• 금융 투자 상품(주식, 채권, 펀드)
• 투자에 따른 위험과 자기 책임의 원칙
• 투자자 보호 제도</td></tr>
<tr><td>신용과 위험 관리</td><td>• 신용과 책임
• 신용 관리
• 신용 회복 지원 제도
• 일상생활 속 위험
• 보험의 원리
• 고령 사회와 연금</td></tr>
<tr><td colspan="2">과정·기능</td><td>• 관심 있는 금융 관련 주제(문제)에 대한 탐구 질문 개발하기
• 금융 관련 주제(문제) 탐구를 위해 필요한 자료 수집하기
• 다양한 출처에서 찾은 자료와 금융 정보의 타당도와 신뢰도 확인하기
• 수집된 자료와 금융 정보를 해석하기
• 저축과 투자 선택에 대해 비용-편익 분석하기
• 금융 투자 상품의 유형을 분류하고 금융 상품별 특징 조사하기
• 자신의 신용을 효과적으로 관리할 수 있는 방안을 탐색하기</td></tr>
<tr><td colspan="2">가치·태도</td><td>• 금융 문제 해결을 위한 자신의 입장 선택 및 타인과 소통·협력
• 장·단기의 관점을 조화롭게 고려한 금융 의사 결정 실천
• 바람직한 금융 질서 형성에 필요한 건전한 투자 태도 형성
• 자기 책임의 원칙에 따라 책임감 있는 금융 생활 실천
• 선택에 따른 결과를 예측하며 선택에 필요한 자신의 가치 선호 정립
• 금융 생활에 필요한 디지털 기술의 안전하고 윤리적인 사용
• 공동체의 일원으로서 사회에 미칠 영향력을 고려한 책임감 있는 금융 의사 결정 실천</td></tr>
</table>

<table>
<tr><th colspan="3">[융합 선택 과목] 기후변화와 지속가능한 세계</th></tr>
<tr><td colspan="2">핵심 아이디어</td><td>• 기후변화를 바라보는 관점은 다양하며, 기후변화는 자연적 요인 및 인간의 다양한 활동에 의해 나타난다.
• 기후변화의 영향은 지리적, 사회・경제적 조건 등에 따라 다르게 나타나며, 기후정의의 측면에서 이러한 문제를 해결한다.
• 지속가능한 세계는 기후변화 대응을 위한 지역, 국가, 세계 수준에서 이루어지는 정치, 경제, 사회적 차원의 생태전환에 기반하여 실현된다.
• 모든 생명체가 공존하는 세계를 만들기 위해서는 SDGs의 적극적 실천이 요구되고 생태시민으로서의 책임과 참여가 중요하다.</td></tr>
<tr><th colspan="2">범주</th><th>내용 요소</th></tr>
<tr><td rowspan="4">지식・이해</td><td>인간과 기후변화</td><td>• 기후변화의 심각성에 대한 인식
• 기후변화에 대한 다양한 관점
• 기후변화의 원인</td></tr>
<tr><td>기후정의와 지역문제</td><td>• 세계 여러 지역에서 나타나는 기후재난의 실제
• 지리적, 사회・경제적 조건에 따라 차별적으로 나타나는 기후변화의 영향
• 기후정의의 관점에서 기후변화에 따른 불평등 문제의 이해와 해결 방안</td></tr>
<tr><td>지속가능한 세계를 위한 생태전환</td><td>• 국제 및 시민사회의 기후변화 대응 및 협력
• 이해 당사자들의 기후변화 대응 노력
• 기후변화 대응을 위한 국가 및 지역차원의 생태전환 노력
• 적정기술, 순환경제의 중요성과 역할
• 에너지 전환의 중요성 인식</td></tr>
<tr><td>공존의 세계와 생태시민</td><td>• 지속가능발전목표(SDGs)의 의미와 이행에 대한 이해
• 지속가능발전목표(SDGs)의 지역 사례 탐구
• 소비영역에서의 지속가능한 생활양식
• 공존의 세계를 위한 생태시민의 덕목에 대한 이해</td></tr>
<tr><td colspan="2">과정・기능</td><td>• 지도와 그래픽을 이용하여 기후변화와 관련한 쟁점을 찾고 탐구 주제 설정하기
• 기후변화 관련 쟁점을 탐구하기 위해 공간적, 윤리적, 정치적 질문을 제시하기
• 기후변화 질문에 대한 적절성을 평가하고, 탐구 방법 계획하기
• 탐구 질문에 대한 유용한 정보와 근거 수집하기
• 자료 및 정보의 타당성, 신뢰성, 최신성 등에 대한 비판적 검토, 유용한 자료 및 정보 선택, 조직화하기
• 기후변화 쟁점 탐구에서 자료의 비교, 분석, 평가를 통해 합리적 판단과 의사 결정 행하기
• 분석된 자료에 근거하여 기후변화 쟁점에 대한 해결 방안 도출하기
• 기후변화 쟁점과 관련하여 제시된 다양한 해결 방안들을 비교하기</td></tr>
</table>

<table>
<tr><td>가치 · 태도</td><td>• 기후변화에 대한 다양한 관점의 존중과 관계적 사고로 접근하는 태도
• 기후변화로 인한 인간 및 비인간들의 피해에 대한 공감과 책임감
• 기후쟁점에 대해 기후정의의 관점 추구
• 기후변화 대응을 위한 책임감과 지속가능한 세계를 만들기 위한 생태시민으로서의 주체적 참여</td></tr>
</table>

5. 과학과 핵심 아이디어 및 내용 체계

<table>
<tr><th colspan="4">[공통 과목] 통합과학 1</th></tr>
<tr><td colspan="2">핵심 아이디어</td><td colspan="2">• 자연 세계는 시간과 공간을 배경으로 몇 가지 기본량으로 기술할 수 있으며, 양을 측정할 때 사용하는 표준과 단위는 일상생활과 산업기술에서 중요하다.
• 우주 초기 원소 형성, 태양계의 형성과 진화, 별의 진화 등 모든 천문 현상은 천체에서 방출되는 빛의 분석을 통해 이루어진다.
• 자연계에 존재하는 원소에는 규칙성이 있으며, 원소의 결합으로 지각과 생명체를 구성하는 물질들이 구성된다.
• 자연계에서 물체의 운동 변화는 역학적 상호작용으로 설명하며, 일상생활에서 안전하고 편리한 삶에 활용된다.
• 지구계는 기권, 수권, 지권, 생물권 등 여러 하위 권역들로 구성되며, 지구계 구성 권역들이 물질과 에너지를 교환하는 과정에서 다양한 자연 현상들이 발생한다.
• 생명체는 생명 시스템의 기본 단위인 세포로 구성되어 있으며, 세포에서 일어나는 다양한 반응을 통해 생명 현상이 유지된다.</td></tr>
<tr><th colspan="2">범주</th><th colspan="2">내용 요소</th></tr>
<tr><td rowspan="3">지식 · 이해</td><td>과학의 기초</td><td>• 기본량과 단위
• 측정과 어림</td><td>• 정보와 신호</td></tr>
<tr><td>물질과 규칙성</td><td>• 원소 형성
• 별의 진화
• 원소의 주기성
• 이온 결합</td><td>• 공유 결합
• 지각과 생명체 구성 물질의 규칙성
• 물질의 전기적 성질</td></tr>
<tr><td>시스템과 상호작용</td><td>• 지구시스템의 구성과 상호작용
• 판구조론과 지각 변동
• 중력장 내의 운동
• 충격량과 운동량</td><td>• 생명 시스템의 기본 단위
• 물질대사
• 유전자와 단백질</td></tr>
</table>

<table>
<tr><td>과정 · 기능</td><td>• 자연 현상에서 문제를 인식하고 가설을 설정하기
• 변인을 조작적으로 정의하여 탐구 설계하기
• 다양한 도구를 수학적 사고를 활용하여 정보를 조사 · 수집 · 해석하기
• 수학적 사고와 모형을 활용하여 통합 및 융합과학 관련 현상 설명하기
• 증거에 기반한 과학적 사고를 통해 자료를 과학적으로 분석 · 평가 · 추론하기
• 결론을 도출하고 자연 현상 및 융복합 문제 상황에 적용 · 설명하기
• 과학적 주장을 다양한 방법으로 소통하고, 의사결정을 위해 과학적 지식 활용하기</td></tr>
<tr><td>가치 · 태도</td><td>• 역사에 성찰적으로 접근하는 태도
• 타인의 역사적 해석을 존중하는 태도
• 한국 사회 발전에 참여하는 자질과 태도
• 한국 사회 당면 문제의 해결 방안을 모색하는 자질과 태도</td></tr>
</table>

<table>
<tr><th colspan="4">[공통 과목] 통합과학 2</th></tr>
<tr><td colspan="2">핵심 아이디어</td><td colspan="2">• 지구와 생명의 역사에 포함된 화학 반응에는 산화 · 환원 반응, 산 · 염기 반응이 있으며, 화학 변화에는 에너지가 출입한다.
• 지질시대를 통해 지질 구조를 포함한 환경과 생명체는 끊임없이 변천해 왔으며, 변이의 발생과 자연선택의 과정을 통해 생명체가 진화하고 생물다양성이 형성된다.
• 생태계 구성 요소 사이의 균형적인 상호 관계가 생태계 평형 유지를 위해 중요함을 인식하고, 환경 보전을 위한 노력을 실천한다.
• 지구의 기후시스템은 태양복사와 지구복사의 영향을 받으며, 인간 활동에 의한 대기 중의 이산화 탄소 농도 증가가 기후에 영향을 미친다.
• 에너지는 여러 형태로 존재하면서 끊임없이 형태를 전환하는데, 이를 활용하여 전기 에너지를 얻을 수 있으며, 에너지의 지속가능하고 효율적인 활용이 중요하다.
• 인공지능과 로봇이 미래 사회에서 인간의 삶과 문명에 막대한 영향을 준다는 것과 과학기술 발전의 양면성을 인식하고, 건전한 가치 판단에 따라 책임 있게 과학기술을 사회에 적용하고 활용한다.</td></tr>
<tr><th colspan="2">범주</th><th colspan="2">내용 요소</th></tr>
<tr><td rowspan="2">지식 · 이해</td><td>변화와 다양성</td><td>• 지질시대의 생물과 화석
• 지질시대 환경 변화와 대멸종
• 자연선택
• 생물다양성</td><td>• 산화와 환원
• 산성과 염기성
• 중화 반응
• 물질 변화에서 에너지 출입</td></tr>
<tr><td>환경과 에너지</td><td>• 생태계 구성 요소
• 생태계 평형
• 대기와 해양의 상호작용</td><td>• 온실기체와 지구온난화
• 핵융합
• 발전</td></tr>
</table>

<table>
<tr><td rowspan="2"></td><td></td><td>• 에너지 전환과 효율</td></tr>
<tr><td>과학과 미래 사회</td><td>• 감염병과 병원체
• 인공지능과 과학 탐구
• 로봇
• 과학기술과 윤리</td></tr>
<tr><td colspan="2">과정 · 기능</td><td>• 자연 현상에서 문제를 인식하고 가설을 설정하기
• 변인을 조작적으로 정의하여 탐구 설계하기
• 다양한 도구를 활용하여 정보를 조사 · 수집 · 해석하기
• 수학적 사고와 모형을 활용하여 통합 및 융합과학 관련 현상 설명하기
• 증거에 기반한 과학적 사고를 통해 자료를 과학적으로 분석 · 평가 · 추론하기
• 결론을 도출하고 자연 현상 및 융복합 문제 상황에 적용 · 설명하기
• 과학적 주장을 다양한 방법으로 소통하고, 의사결정을 위해 과학적 지식 활용하기</td></tr>
<tr><td colspan="2">가치 · 태도</td><td>• 과학의 심미적 가치
• 과학 유용성
• 자연과 과학에 대한 감수성
• 과학 창의성
• 과학 활동의 윤리성
• 과학 문제해결에 대한 개방성
• 안전 · 지속가능 사회에 기여
• 과학 문화 향유</td></tr>
</table>

<table>
<tr><th colspan="3">[공통 과목] 과학탐구실험 1</th></tr>
<tr><td colspan="2">핵심 아이디어</td><td>• 과학사와 과학자들의 탐구실험에서 과학의 다양한 본성이 발견되며, 과학 탐구 수행 과정에서 과학의 본성을 경험할 수 있다.
• 탐구할 문제와 상황 특성에 따라 탐구 활동은 문제 발견, 탐구 활동 계획 수립, 탐구 수행, 결과 표상 등의 과정으로 진행된다.
• 주제에 따라 다양한 과학 탐구 방법을 활용하고, 과학에 대한 흥미와 호기심, 즐거움 등을 함양한다.
• 과학 탐구는 흥미와 호기심, 협력, 증거에 근거한 결과 해석 등 다양한 과학적 태도가 필요하다.</td></tr>
<tr><th colspan="2">범주</th><th>내용 요소</th></tr>
<tr><td rowspan="2">지식 · 이해</td><td>과학의 본성과 역사 속의 과학 탐구</td><td>• 패러다임의 전환을 가져온 결정적 실험
• 과학의 본성
• 선조들의 과학</td></tr>
<tr><td>과학 탐구의 과정과 절차</td><td>• 귀납적 탐구
• 연역적 탐구
• 탐구 과정과 절차</td></tr>
<tr><td colspan="2">과정 · 기능</td><td>• 자연 현상에서 문제를 인식하고 가설을 설정하기
• 변인을 조작적으로 정의하여 탐구 설계하기
• 다양한 도구를 활용하여 정보를 조사 · 수집 · 해석하기
• 수학적 사고와 모형을 활용하여 통합 및 융합과학 관련 현상 설명하기
• 증거에 기반한 과학적 사고를 통해 자료를 과학적으로 분석 · 평가</td></tr>
</table>

<table>
<tr><td></td><td>・추론하기
• 결론을 도출하고 자연 현상 및 융복합 문제 상황에 적용・설명하기
• 과학적 주장을 다양한 방법으로 소통하고, 의사결정을 위해 과학적 지식 활용하기</td></tr>
<tr><td>가치・태도</td><td>• 과학의 심미적 가치
• 과학 유용성
• 자연과 과학에 대한 감수성
• 과학 창의성
• 과학 활동의 윤리성
• 과학 문제해결에 대한 개방성
• 안전・지속가능 사회에 기여
• 과학 문화 향유</td></tr>
</table>

<table>
<tr><th colspan="3">[공통 과목] 과학탐구실험 2</th></tr>
<tr><td colspan="2">핵심 아이디어</td><td>• 과학 탐구를 통해 생활 및 다양한 상황에 과학 지식을 적용한다.
• 과학 탐구의 산출물은 첨단 과학기술 등 다양한 분야로 공유 및 확산된다.
• 과학 탐구에서는 생명 존중, 연구 진실성, 지식 재산권 존중 등과 같은 연구 윤리와 함께 안전 사항을 준수해야 한다.</td></tr>
<tr><th colspan="2">범주</th><th>내용 요소</th></tr>
<tr><td rowspan="2">지식・이해</td><td>생활 속의 과학 탐구</td><td>• 제품 속 과학
• 놀이 속 과학
• 스포츠 속 과학
• 문화예술 속 과학</td></tr>
<tr><td>미래 사회와 첨단 과학 탐구</td><td>• 첨단 과학기술
• 탐구 산출물
• 안전 사항
• 연구 윤리</td></tr>
<tr><td colspan="2">과정・기능</td><td>• 자연 현상에서 문제를 인식하고 가설을 설정하기
• 변인을 조작적으로 정의하여 탐구 설계하기
• 다양한 도구를 활용하여 정보를 조사・수집・해석하기
• 수학적 사고와 모형을 활용하여 STEM 관련 현상 설명하기
• 증거에 기반한 과학적 사고를 통해 자료를 과학적으로 분석・평가・추론하기
• 결론을 도출하고 자연 현상 및 STEM 상황에 적용・설명하기
• 과학적 주장을 다양한 방법으로 소통하고, 의사결정을 위해 과학적 지식 활용하기</td></tr>
<tr><td colspan="2">가치・태도</td><td>• 과학의 심미적 가치
• 과학 유용성
• 자연과 과학에 대한 감수성
• 과학 창의성
• 과학 활동의 윤리성
• 과학 문제해결에 대한 개방성
• 안전・지속가능 사회에 기여
• 과학 문화 향유</td></tr>
</table>

<table>
<tr><th colspan="3">[일반 선택 과목] 물리학</th></tr>
<tr><td colspan="2">핵심 아이디어</td><td>• 물체에 알짜힘이 작용하면 속도 변화가 일어나며, 이러한 관계는 일상생활에서 안전하고 편리한 삶에 적용된다.
• 자연계에서 벌어지는 모든 현상에서 에너지는 보존되고 전환되며, 이때 전환되는 에너지를 효율적으로 활용하는 것은 현대 기술 문명에서 중요하다.
• 전하를 띤 입자는 전기장을 만들어 다른 전하에 전기력을 가하며, 이는 전기 회로에서 전기 에너지를 저장하고 소비하는 장치의 기본 원리이다.
• 전기와 자기가 서로 관련되는 현상은 전기 에너지의 전환, 전기 신호와 에너지 전달과 관련된 기술에 적용된다.
• 빛이 중첩, 간섭, 굴절하고 물질과 상호작용하는 성질은 광학 기기, 정밀 측정, 영상 장치 등 다양한 기술에 활용된다.
• 원자 내의 전자는 양자화된 에너지 준위를 가지며, 이러한 성질은 반도체 소자의 발명으로 응용되어 현대 문명과 산업을 혁신적으로 변화시켰다.</td></tr>
<tr><th colspan="2">범주</th><th>내용 요소</th></tr>
<tr><td rowspan="3">지식 · 이해</td><td>힘과 에너지</td><td>• 평형과 안정성
• 뉴턴 운동 법칙
• 일-에너지 정리
• 역학적 에너지 보존
• 열과 에너지 전환</td></tr>
<tr><td>전기와 자기</td><td>• 전기장과 전위차
• 축전기
• 자성체
• 전류의 자기 작용
• 전자기 유도</td></tr>
<tr><td>빛과 물질</td><td>• 중첩과 간섭
• 굴절
• 빛과 물질의 이중성
• 에너지띠와 반도체
• 광속 불변</td></tr>
<tr><td colspan="2">과정 · 기능</td><td>• 물리 현상에서 문제를 인식하고 가설을 설정하기
• 변인을 조작적으로 정의하여 탐구 설계하기
• 다양한 도구와 수학적 사고를 활용하여 정보를 수집 · 기술하기
• 증거와 과학적 사고에 근거하여 자료를 분석 · 평가 · 추론하기
• 결론을 도출하고 자연 현상 및 기술 상황에 적용하여 설명하기
• 모형을 생성하고 활용하기
• 다양한 매체를 활용하여 표현하고 의사소통하기</td></tr>
<tr><td colspan="2">가치 · 태도</td><td>• 과학의 심미적 가치
• 과학 유용성
• 자연과 과학에 대한 감수성
• 과학 창의성
• 과학 활동의 윤리성
• 과학 문제 해결에 대한 개방성
• 안전 · 지속가능 사회에 기여
• 과학 문화 향유</td></tr>
</table>

<table>
<tr><th colspan="3">[일반 선택 과목] 화학</th></tr>
<tr><td colspan="2">핵심 아이디어</td><td>• 몰은 화학 반응에 참여하는 물질의 양을 나타내는 단위로, 과학 · 공학 · 의학 등에서 표준화된 소통의 도구로 활용된다.
• 분자의 구조는 물질의 물리적, 화학적 성질을 결정하고, 이는 과학 · 기술 · 사회에서 유용하게 활용된다.
• 가역 반응이 평형에 도달하게 되는 것은 생명 현상을 이해하는 핵심 원리이며 산업에서 중요하게 쓰인다.
• 몰 농도 개념을 응용한 pH는 여러 분야에서 사용되며, 중화 반응의 양적 관계에 대한 이해는 지속가능한 삶에 활용된다.</td></tr>
<tr><th colspan="2">범주</th><th>내용 요소</th></tr>
<tr><td rowspan="4">지식 · 이해</td><td>화학의 언어</td><td>• 화학의 유용성
• 몰
• 화학 반응의 양적 관계</td></tr>
<tr><td>물질의 구조와 성질</td><td>• 전기 음성도
• 공유 결합의 극성
• 루이스 전자점식
• 전자쌍 반발 이론
• 분자의 구조</td></tr>
<tr><td>화학 평형</td><td>• 가역 반응과 동적 평형
• 평형 상수
• 평형의 이동</td></tr>
<tr><td>역동적인 화학 반응</td><td>• 몰 농도
• 물의 자동 이온화와 pH
• 중화 반응의 양적 관계</td></tr>
<tr><td colspan="2">과정 · 기능</td><td>• 물질 현상에서 문제 발견 및 가설 설정하기
• 변인을 조작적으로 정의하고, 탐구 설계하기
• 디지털 탐구 도구와 수학적 사고를 활용하여 정보를 수집 · 변환 · 해석하기
• 증거와 과학적 사고에 근거하여 자료를 분석 · 평가 · 추론하기
• 결론을 도출하고 물질 현상을 설명 · 예측하기
• 모형을 만들어 물질 현상을 해석하기
• 도출된 결론을 바탕으로 해결 방안에 대한 합리적 의사 결정하기
• 매체를 활용하여 의사소통 · 협업하기</td></tr>
<tr><td colspan="2">가치 · 태도</td><td>• 과학의 심미적 가치
• 과학 유용성
• 자연과 과학에 대한 감수성
• 과학 창의성
• 과학 활동의 윤리성
• 과학 문제해결에 대한 개방성
• 안전 · 지속가능 사회에 기여
• 과학 문화 향유</td></tr>
</table>

<table>
<tr><th colspan="2">[일반 선택 과목] 생명과학</th></tr>
<tr><td>핵심 아이디어</td><td>• 생명 시스템은 세포로부터 생태계까지의 단계로 구성되어 있으며, 물질대사 및 기관계의 통합적 작용을 통해 생명 활동을 유지한다.
• 생물과 환경, 생태계를 이루는 군집, 개체군 내 생물들의 상호작용을 이해하고, 다양한 생물이 하나의 생태계에서 더불어 살아가는 것의 가치를 인식한다.</td></tr>
</table>

		• 다양한 자극에 대해 신경계를 통해 신경 자극의 전도와 전달이 이루어져 반응하며, 신경계와 내분비계에 의한 우리 몸의 항상성 조절 원리는 건강한 몸 유지에 적용된다. • 우리 몸은 선천적 · 후천적 면역 반응으로 병원체를 방어하며, 백신 접종을 통해 감염병을 효율적으로 예방한다. • 염색체에 유전자가 존재하고, 생식 세포 형성과정을 통해 유전적 다양성이 자손에게 전달된다. • 생물은 환경에 적응하여 진화하며, 분류 체계에 따라 생물들의 유연관계는 계통수로 표현된다.	
범주		내용 요소	
지식 · 이해	생명시스템의 구성	• 생명과학의 이해 • 생명의 구성 단계 • 물질대사와 에너지 • 사람 기관계의 통합적 작용	• 대사성 질환 • 생태계의 구조와 기능 • 개체군의 특성 • 군집의 특성
	항상성과 몸의 조절	• 뉴런의 구조와 기능 • 신경 자극의 전도와 시냅스 전달 • 신경계의 구조와 기능 • 내분비계의 특성	• 항상성 유지 원리 • 선천적 · 후천적 면역 • 항원 · 항체 반응 • 백신의 작용 원리
	생명의 연속성과 다양성	• 염색체의 구조 • DNA와 유전자 • 생식 세포의 형성과 의의	• 진화의 원리 • 생물 분류 체계 • 동물과 식물의 다양성과 계통수
과정 · 기능		• 생물 특징과 생명 활동 관계 추론하기 • 생명 현상에서 문제 발견 및 가설 설정하기 • 생명과학 탐구 설계, 수행 및 조사하기 • 생명과학적 근거를 기반으로 자료 해석, 분석 및 결론 도출하기 • 모형 생성하여 생명 현상 설명하기 • 다양한 매체를 활용하여 협력적 소통하기	
가치 · 태도		• 과학의 심미적 가치 • 과학 유용성 • 자연과 과학에 대한 감수성 • 과학 창의성	• 과학 활동의 윤리성 • 과학 문제 해결에 대한 개방성 • 안전 · 지속가능 사회에 기여 • 과학 문화 향유

[일반 선택 과목] 지구과학	
핵심 아이디어	• 해수는 바람, 밀도 차 등 다양한 요인들에 의해 운동하고 순환한다. • 지구의 기후시스템은 태양복사와 지구복사, 지역의 지질학적 특징, 인간 활동 등의 영향을 받으며, 이러한 요인들이 복합적으로 상호작용하여 다양한 기상 현상과 기후변화가 나타난다. • 지구시스템은 지권, 수권, 기권, 생물권 등으로 구성되며, 이러한 지구시스템을 구성하는 권역들이 상호작용을 통해 에너지와 물질을

<table>
<tr><td colspan="2"></td><td colspan="2">교환하는 과정에서 다양한 자연 현상들이 발생한다.
• 지층과 화석, 지구 내부를 탐구함으로써 지질시대 동안의 지구 환경과 생물의 변천 과정을 밝혀낼 수 있다.
• 행성의 겉보기 운동은 태양계 모형으로 나타낼 수 있으며, 태양계의 식 현상은 태양-지구-달 시스템의 운동을 통해 추론한다.
• 별의 관측을 통해 질량에 따른 진화 과정과 물리량을 결정할 수 있으며, 별과 성간 물질 등으로 구성된 은하 관측에 근거하여 우주가 팽창하고 있음을 추론한다.</td></tr>
<tr><th colspan="2">범주</th><th colspan="2">내용 요소</th></tr>
<tr><td rowspan="3">지식
·
이해</td><td>대기와 해양의 상호작용</td><td>• 해수의 성질
• 표층 순환
• 심층 순환
• 수온과 염분
• 일기 예보
• 이동성 고기압과 저기압</td><td>• 악기상
• 용승과 침강
• 남방진동
• 지구온난화
• 기후변화 요인</td></tr>
<tr><td>지구의 역사와 한반도의 암석</td><td>• 퇴적구조와 퇴적암
• 화성암
• 변성작용과 변성암
• 변동대</td><td>• 지사 해석 방법
• 상대연령과 절대연령
• 지질시대의 환경과 생물
• 국가지질공원</td></tr>
<tr><td>태양계 천체와 별과 우주의 진화</td><td>• 태양계 모형
• 행성의 겉보기 운동
• 일식과 월식
• 별의 물리량</td><td>• 별의 진화와 H-R도
• 은하의 구성과 분류
• 우주의 팽창</td></tr>
<tr><td colspan="2">과정 · 기능</td><td colspan="2">• 지구와 우주 관련 현상에서 문제를 인식하고 가설을 설정하기
• 변인을 조작적으로 정의하여 탐구 설계하기
• 다양한 도구와 수학적 사고를 활용하여 정보를 조사 · 수집 · 해석하기
• 수학적 사고와 모형을 활용하여 지구와 우주 및 STEM 관련 현상 설명하기
• 증거에 기반한 과학적 사고를 통해 자료를 과학적으로 분석 · 평가 · 추론하기
• 결론을 도출하고 자연 현상 및 STEM 상황에 적용 · 설명하기
• 과학적 주장을 다양한 방법으로 소통하고, 의사결정을 위해 과학적 지식 활용하기</td></tr>
<tr><td colspan="2">가치 · 태도</td><td>• 과학의 심미적 가치
• 과학 유용성
• 자연과 과학에 대한 감수성
• 과학 창의성</td><td>• 과학 활동의 윤리성
• 과학 문제해결에 대한 개방성
• 안전 · 지속가능 사회에 기여
• 과학 문화 향유</td></tr>
</table>

<table>
<tr><th colspan="3">[진로 선택 과목] 역학과 에너지</th></tr>
<tr><td colspan="2">핵심 아이디어</td><td>• 물체의 운동은 뉴턴 운동 법칙 또는 일과 에너지의 관점에서 분석・설명되며, 일상생활 속에서 물체의 운동을 과학적으로 이해하는 데 도움이 된다.
• 중력은 지표면에서의 다양한 운동과 인공위성 및 행성의 운동을 만들어내며, 블랙홀, 중력 시간 지연과 같은 현상의 원인으로서 자연의 이해에 필수적이다.
• 단열과 열팽창 등은 에너지 기술 및 건축 설계에 활용되며, 기체에 가해지는 열과 일은 계의 내부 에너지를 변화시킨다.
• 화석연료를 사용하는 다양한 열기관이 개발・활용되면서 산업발전과 함께 환경오염 문제가 발생하였으며, 열과 관련된 다양한 현상은 방향성이 있어 어떤 변화는 되돌릴 수 없다.
• 탄성파가 매질을 통해 진행・투과・반사하는 성질과 간섭 현상은 소음 제어 기술에 중요하게 이용된다.
• 도플러 효과는 실생활 속에서 물체의 속도 측정에 활용되며, 소리의 중첩, 정상파, 공명 현상에 대한 이해는 악기에 중요하게 활용된다.</td></tr>
<tr><th colspan="2">범주</th><th>내용 요소</th></tr>
<tr><td rowspan="3">지식・이해</td><td>시공간과 운동</td><td>• 벡터의 합성
• 포물선 운동과 원운동
• 역학적 에너지
• 중력과 천체 운동
• 탈출 속도
• 등가 원리</td></tr>
<tr><td>열과 에너지</td><td>• 열의 이동
• 이상 기체 법칙
• 열역학 제1법칙
• 열기관
• 열역학 제2법칙</td></tr>
<tr><td>탄성파와 소리</td><td>• 탄성파
• 투과와 반사
• 도플러 효과
• 간섭과 소음 제어
• 정상파</td></tr>
<tr><td colspan="2">과정・기능</td><td>• 물리 현상에서 문제를 인식하고 가설을 설정하기
• 변인을 조작적으로 정의하여 탐구 설계하기
• 다양한 도구와 수학적 사고를 활용하여 정보를 수집・기술하기
• 증거와 과학적 사고에 근거하여 자료를 분석・평가・추론하기
• 결론을 도출하고 자연 현상 및 기술 상황에 적용・설명하기
• 모형을 생성하고 활용하기
• 다양한 매체를 활용하여 표현하고 의사소통하기</td></tr>
<tr><td colspan="2">가치・태도</td><td>• 과학의 심미적 가치
• 과학 유용성
• 자연과 과학에 대한 감수성
• 과학 창의성
• 과학 활동의 윤리성
• 과학 문제 해결에 대한 개방성
• 안전・지속가능 사회에 기여
• 과학 문화 향유</td></tr>
</table>

<table>
<tr><th colspan="4">[진로 선택 과목] 전자기와 양자</th></tr>
<tr><td colspan="2">핵심 아이디어</td><td colspan="2">• 전기장과 자기장을 통한 상호작용은 여러 가지 자연현상을 만들어 낸다.
• 저항, 축전기, 인덕터, 다이오드, 트랜지스터 등 전자기적 상호작용을 이용하는 여러 소자들을 이용하여 다양한 기능을 갖는 장치와 회로들을 개발하고 활용한다.
• 굴절, 간섭, 회절, 편광 등 빛의 진행과 관련된 성질이 정보를 처리하는 다양한 기술에 활용되어 현대 문명에 영향을 준다.
• 빛과 물질의 상호작용에 기반하는 광전효과와 레이저를 이용한 기술들이 디지털 정보 통신 등에서 널리 활용된다.
• 미시 입자는 입자-파동 이중성 및 중첩을 토대로 확률적인 방식으로 기묘하게 거동하며, 이를 활용한 양자 기술은 미래 사회를 획기적으로 바꿀 것으로 기대된다.
• 원자 같은 미시 입자는 불확정성 원리를 따르면서 터널 효과 같이 거시적으로는 불가능한 방식으로 거동하며, 이에 대한 인식은 세계관의 변화로 이어진다.</td></tr>
<tr><th colspan="2">범주</th><th colspan="2">내용 요소</th></tr>
<tr><td rowspan="3">지식 · 이해</td><td>전자기적 상호작용</td><td>• 전기력선과 등전위면
• 유전분극
• 로런츠 힘</td><td>• 유도기전력
• 반도체 소자</td></tr>
<tr><td>빛과 정보 통신</td><td>• 렌즈와 수차
• 간섭과 회절
• 편광</td><td>• 광전효과
• 레이저</td></tr>
<tr><td>양자와 미시세계</td><td>• 입자-파동 이중성
• 확률 파동
• 중첩</td><td>• 터널 효과
• 불확정성 원리
• 핵융합</td></tr>
<tr><td colspan="2">과정 · 기능</td><td colspan="2">• 물리 현상에서 문제를 인식하고 가설을 설정하기
• 변인을 조작적으로 정의하여 탐구 설계하기
• 다양한 도구와 수학적 사고를 활용하여 정보를 수집 · 기술하기
• 증거와 과학적 사고에 근거하여 자료를 분석 · 평가 · 추론하기
• 결론을 도출하고 자연 현상 및 기술 상황에 적용 · 설명하기
• 모형을 생성하고 활용하기
• 다양한 매체를 활용하여 표현하고 의사소통하기</td></tr>
<tr><td colspan="2">가치 · 태도</td><td>• 과학의 심미적 가치
• 과학 유용성
• 자연과 과학에 대한 감수성
• 과학 창의성</td><td>• 과학 활동의 윤리성
• 과학 문제 해결에 대한 개방성
• 안전 · 지속가능 사회에 기여
• 과학 문화 향유</td></tr>
</table>

<table>
<tr><th colspan="3">[진로 선택 과목] 물질과 에너지</th></tr>
<tr><td colspan="2">핵심 아이디어</td><td>• 물질의 상태는 온도와 압력에 따라 변하며, 분자 간 상호작용에 따라 기체, 액체, 고체 상태로 존재하여 일상생활에 영향을 준다.
• 고유한 성질을 가지는 물질들이 혼합된 용액에서 진하기의 정도에 따라 다양한 특성이 나타나고, 용액의 성질은 일상생활에서의 여러 현상을 설명한다.
• 물질의 화학 변화 시 출입하는 에너지는 다양한 방식으로 구현되고, 에너지는 우리의 삶의 질을 향상시키는 데 중요하게 활용된다.
• 화학 반응 속도는 농도, 온도, 촉매 등 다양한 요인에 의해 변하며, 이러한 변화는 환경적, 생물학적, 경제적으로 우리 생활에 영향을 미친다.</td></tr>
<tr><th colspan="2">범주</th><th>내용 요소</th></tr>
<tr><td rowspan="4">지식 · 이해</td><td>물질의 세 가지 상태</td><td>• 이상 기체 방정식
• 혼합 기체의 분압과 몰 분율
• 액체의 분자 간 상호작용과 성질
• 입자 배열에 따른 고체의 분류</td></tr>
<tr><td>용액의 성질</td><td>• 물의 성질과 수소 결합
• 용액의 농도에 따른 증기압, 끓는점, 어는점 변화
• 삼투현상</td></tr>
<tr><td>화학 변화의 자발성</td><td>• 엔탈피와 열화학 반응식
• 헤스 법칙
• 엔트로피</td></tr>
<tr><td>반응 속도</td><td>• 반응 속도의 표현과 의미
• 반응 속도식
• 1차 반응의 반감기
• 활성화 에너지
• 반응 속도에 영향을 미치는 요인</td></tr>
<tr><td colspan="2">과정 · 기능</td><td>• 물질 현상에서 문제 발견 및 가설 설정하기
• 변인을 조작적으로 정의하고, 탐구 설계하기
• 디지털 도구와 수학적 사고를 활용하여 정보를 수집 · 변환 · 해석하기
• 증거와 과학적 사고에 근거하여 자료를 분석 · 평가 · 추론하기
• 결론을 도출하고 물질 현상을 설명 · 예측하기
• 모형을 만들어 물질 현상을 해석하기
• 도출된 결론을 바탕으로 해결 방안에 대한 합리적 의사 결정하기
• 매체를 활용하여 의사소통 · 협업하기</td></tr>
<tr><td colspan="2">가치 · 태도</td><td>• 과학의 심미적 가치
• 과학 유용성
• 자연과 과학에 대한 감수성
• 과학 창의성
• 과학 활동의 윤리성
• 과학 문제해결에 대한 개방성
• 안전 · 지속가능 사회에 기여
• 과학 문화 향유</td></tr>
</table>

<table>
<tr><th colspan="3">[진로 선택 과목] 화학 반응의 세계</th></tr>
<tr><td colspan="2">핵심 아이디어</td><td>• 산과 염기, 중화 반응은 화학 평형의 원리로 설명할 수 있으며, 이는 생명의 항상성과 지구 생태의 지속가능성에 영향을 미친다.
• 물질의 산화·환원 반응의 경향성은 정량적으로 측정 가능하며, 이는 산화·환원 반응의 조절 및 화학 전지 개발의 기본 원리가 된다.
• 탄소 화합물의 성질은 작용기를 기준으로 분류되고 이해될 수 있으며, 탄소 화합물의 변화는 고분자 재료 및 신약 개발 등 최신 과학·기술·사회 발달에 중요한 축이 된다.</td></tr>
<tr><th colspan="2">범주</th><th>내용 요소</th></tr>
<tr><td rowspan="3">지식
·
이해</td><td>산 염기 평형</td><td>• 산과 염기의 정의와 성질
• 이온화 상수와 산 염기의 세기
• 약산과 약염기 수용액의 pH
• 중화 적정 곡선
• 염의 가수 분해
• 완충 작용</td></tr>
<tr><td>산화·환원 반응</td><td>• 산화·환원 반응과 산화수
• 산화·환원 반응식
• 표준 환원 전위
• 화학 전지
• 전기 분해
• 화학 전지의 유용성</td></tr>
<tr><td>탄소 화합물과 반응</td><td>• 작용기와 반응
• 고분자 물질
• 신물질 개발</td></tr>
<tr><td colspan="2">과정·기능</td><td>• 물질 현상에서 문제 발견 및 가설 설정하기
• 변인을 조작적으로 정의하고, 탐구 설계하기</td></tr>
<tr><td colspan="2"></td><td>• 디지털 탐구 도구와 수학적 사고를 활용하여 정보를 수집·변환·해석하기
• 증거와 과학적 사고에 근거하여 자료를 분석·평가·추론하기
• 결론을 도출하고 물질 현상을 설명·예측하기
• 모형을 만들어 물질 현상을 해석하기
• 도출된 결론을 바탕으로 해결 방안에 대한 합리적 의사 결정하기
• 매체를 활용하여 의사소통·협업하기</td></tr>
<tr><td colspan="2">가치·태도</td><td>• 과학의 심미적 가치
• 과학 유용성
• 자연과 과학에 대한 감수성
• 과학 창의성
• 과학 활동의 윤리성
• 과학 문제해결에 대한 개방성
• 안전·지속가능 사회에 기여
• 과학 문화 향유</td></tr>
</table>

<table>
<tr><th colspan="2">[진로 선택 과목] 세포와 물질대사</th></tr>
<tr><td>핵심 아이디어</td><td>• 생명체는 구조적 및 기능적 특징을 갖는 기본 구성 물질로 이루어져 있으며, 세포의 생명 활동 유지에는 여러 세포 소기관이 유기적으로 연관되어 있다.
• 세포에서는 다양한 화학 반응에 의해 세포의 생명 활동이 일어나며, 효소에 의해 조절되는 에너지의 출입을 동반한 물질대사는 건강 유지의 원리가 된다.</td></tr>
</table>

<table>
<tr><td colspan="2"></td><td colspan="2">• 세포는 세포 호흡을 통해 생명 활동에 필요한 에너지를 얻으며, 광합성을 통해 빛에너지를 화학에너지로 전환하여 합성된 유기물은 우리 생활에 다양하게 이용된다.</td></tr>
<tr><th colspan="2">범주</th><th colspan="2">내용 요소</th></tr>
<tr><td rowspan="3">지식 · 이해</td><td>세포</td><td>• 생명체의 구성 물질
• 세포의 연구방법
• 세포 소기관의 유기적 관계</td><td>• 원핵 세포와 진핵 세포
• 세포막의 물질 수송</td></tr>
<tr><td>물질대사와 에너지</td><td>• 물질대사
• ATP
• 생명 활동에 필요한 에너지</td><td>• 효소의 작용
• 효소의 종류
• 효소의 이용</td></tr>
<tr><td>세포 호흡과 광합성</td><td>• 미토콘드리아의 구조와 기능
• 세포 호흡 과정
• 발효
• 엽록체의 구조와 기능</td><td>• 명반응과 탄소 고정반응
• 전자전달계
• 광합성과 세포 호흡의 관계</td></tr>
<tr><td colspan="2">과정 · 기능</td><td colspan="2">• 생물 특징과 생명 활동 관계 추론하기
• 생명 현상에서 문제 발견 및 가설 설정하기
• 생명과학 탐구 설계, 수행 및 조사하기
• 생명과학적 근거를 기반으로 자료 해석, 분석 및 결론 도출하기
• 모형 생성하여 생명 현상 설명하기
• 다양한 매체를 활용하여 협력적 소통하기</td></tr>
<tr><td colspan="2">가치 · 태도</td><td>• 과학의 심미적 가치
• 과학 유용성
• 자연과 과학에 대한 감수성
• 과학 창의성</td><td>• 과학 활동의 윤리성
• 과학 문제 해결에 대한 개방성
• 안전 · 지속가능 사회에 기여
• 과학 문화 향유</td></tr>
</table>

<table>
<tr><th colspan="2">[진로 선택 과목] 생물의 유전</th></tr>
<tr><td>핵심 아이디어</td><td>• 생물에서는 유전자를 통해 후손에게 전달된 유전 형질에 의해 다양한 유전 현상이 나타나며, 염색체와 유전자의 이상으로 유전병이 발생한다.
• DNA가 유전물질이라는 것을 나타내는 여러 실험적 증거가 있으며, 반보존적 복제를 통해 DNA가 복제된다.
• 유전자는 전사와 번역 과정을 통해 발현되며, 유전자의 발현 조절은 생명체의 발생 및 생명 활동에 중요하다.
• 생명공학기술의 발달로 생명과학 분야가 확장되었으며, 생명공학기술은 인류 복지와 질병 치료에 기여해 왔다.
• 생명공학기술이 발달하면서 발생할 수 있는 다양한 문제들을 사회적 책임과 생명윤리에 대한 인식을 통해 대처할 수 있다.</td></tr>
</table>

<table>
<tr><th colspan="2">범주</th><th>내용 요소</th></tr>
<tr><td rowspan="3">지식 · 이해</td><td>유전자와 유전물질</td><td>• 유전자와 유전 형질
• 상염색체 유전과 성염색체 유전
• 다유전자유전
• 사람의 유전병
• DNA 구조와 DNA가 유전물질이라는 증거
• 원핵 세포와 진핵 세포의 유전체의 구성
• DNA 복제 원리</td></tr>
<tr><td>유전자의 발현</td><td>• 중심원리
• 전사와 번역
• 원핵생물의 유전자 발현 조절
• 진핵생물의 유전자 발현 조절
• 발생과 세포 분화에서의 유전자 발현 조절</td></tr>
<tr><td>생명공학 기술</td><td>• 생명공학기술의 발달
• 생명공학기술 관련 분야
• 유전자 변형 생물체의 개발과 이용
• 생명공학기술의 활용과 생명윤리</td></tr>
<tr><td colspan="2">과정 · 기능</td><td>• 생물 특징과 생명 활동 관계 추론하기
• 생명 현상에서 문제 발견 및 가설 설정하기
• 생명과학 탐구 설계, 수행 및 조사하기
• 생명과학적 근거를 기반으로 자료 해석, 분석 및 결론 도출하기
• 모형 생성하여 생명 현상 설명하기
• 다양한 매체를 활용하여 협력적 소통하기</td></tr>
<tr><td colspan="2">가치 · 태도</td><td>• 과학의 심미적 가치
• 과학 유용성
• 자연과 과학에 대한 감수성
• 과학 창의성
• 과학 활동의 윤리성
• 과학 문제 해결에 대한 개방성
• 안전 · 지속가능 사회에 기여
• 과학 문화 향유</td></tr>
</table>

<table>
<tr><th colspan="2">[진로 선택 과목] 지구시스템과학</th></tr>
<tr><td>핵심 아이디어</td><td>• 지구시스템은 지권, 수권, 기권, 생물권 등으로 구성되며, 이러한 지구시스템을 구성하는 권역들이 상호작용을 통해 에너지와 물질을 교환하는 과정에서 다양한 자연 현상들이 발생한다.
• 지구의 기후시스템은 태양복사와 지구복사, 지역의 지질학적 특징, 인간 활동 등의 영향을 받으며, 이러한 요인들이 복합적으로 상호작용하여 다양한 기상 현상과 기후변화가 나타난다.
• 암석과 화석, 지구 내부를 탐구함으로써 지질시대를 통한 지구 환경과 생물의 변천 과정을 밝혀낼 수 있다.
• 판구조론을 통해 과거와 현재의 지구 표면의 암석 이동을 설명할 수 있으며, 판의 경계에서 발생하는 다양한 지각 변동을 추론할 수 있다.
• 해수는 바람, 밀도 차 등 다양한 요인들에 의해 운동하고 순환한다.</td></tr>
</table>

범주		내용 요소	
		• 기온의 연직 분포에 따라 대기 안정도가 변화하며, 대기에 작용하는 여러 가지 힘에 의해 지균풍, 경도풍, 지상풍 등이 발생한다.	
범주		내용 요소	
지식 · 이해	지구 탄생과 생동하는 지구	• 지구의 탄생 • 지권의 형성 • 규산염 광물의 성질	• 지진파 • 지구 내부구조 • 판구조와 플룸
	해수의 운동	• 에크만 수송 • 지형류 • 천해파와 심해파 • 풍랑과 너울	• 쓰나미 • 폭풍 해일 • 조석과 기조력
	강수 과정과 대기의 운동	• 태양복사 • 지구복사 • 열수지 • 온실효과 • 대기 안정도 • 강수과정	• 지균풍 • 경도풍 • 지상풍 • 편서풍 파동 • 제트류
과정 · 기능		• 지구와 우주 관련 현상에서 문제를 인식하고 가설을 설정하기 • 변인을 조작적으로 정의하여 탐구 설계하기 • 다양한 도구를 활용하여 정보를 조사 · 수집 · 해석하기 • 수학적 사고와 모형을 활용하여 지구와 우주 및 지구계 관련 현상 설명하기 • 증거에 기반한 과학적 사고를 통해 자료를 과학적으로 분석 · 평가 · 추론하기 • 결론을 도출하고 자연 현상 및 융복합 문제 상황에 적용 · 설명하기 • 과학적 주장을 다양한 방법으로 소통하고, 의사결정을 위해 과학적 지식 활용하기	
가치 · 태도		• 과학의 심미적 가치 • 과학 유용성 • 자연과 과학에 대한 감수성 • 과학 창의성	• 과학 활동의 윤리성 • 과학 문제해결에 대한 개방성 • 안전 · 지속가능 사회에 기여 • 과학 문화 향유

[진로 선택 과목] 행성우주과학	
핵심 아이디어	• 첨단 관측 장비의 발달로 우주탐사의 범위가 확장되고 있다. • 우주 위험 감시 기술을 통해 지구에 다가올 우주 재난을 예측할 수 있다. • 태양계를 지배하는 힘은 태양의 중력이며, 태양계 천체의 운동은 케플러의 법칙으로 설명할 수 있다. • 별에서 나오는 전자기파를 관측하여 별의 특성을 파악할 수 있다. • 별의 관측 자료와 증거기반 해석 등을 활용하여 천체의 거리 및 물리량을 결정한다.

<table>
<tr><td colspan="2"></td><td>• 은하의 회전 속도를 관측하여 암흑물질이 존재함을 알 수 있고, 우주를 구성하는 기본 천체인 은하는 여러 규모의 집단을 이루고 있음을 추론할 수 있다.</td></tr>
<tr><th colspan="2">범주</th><th>내용 요소</th></tr>
<tr><td rowspan="3">지식·이해</td><td>우주탐사와 행성계</td><td>• 태양계의 구성 천체
• 우주탐사
• 우주 위험 감시
• 케플러 법칙
• 신기술 망원경
• 외계 행성계
• 생명가능지대</td></tr>
<tr><td>태양과 별의 관측</td><td>• 태양 활동
• 태양 및 천체 관측
• 거리지수
• 별자리
• 쌍성계
• 질량-광도 관계
• 변광성
• 초신성</td></tr>
<tr><td>은하와 우주</td><td>• 성간 티끌
• 성간 소광
• 세페이드 변광성
• 은하의 회전과 질량
• 암흑 물질
• 전천 탐사
• 우주 거대 구조</td></tr>
<tr><td colspan="2">과정·기능</td><td>• 지구와 우주 관련 현상에서 문제를 인식하고 가설을 설정하기
• 변인을 조작적으로 정의하여 탐구 설계하기
• 다양한 도구를 활용하여 정보를 조사·수집·해석하기
• 수학적 사고와 모형을 활용하여 지구와 우주 및 지구계 관련 현상 설명하기
• 증거에 기반한 과학적 사고를 통해 자료를 과학적으로 분석·평가·추론하기
• 결론을 도출하고 자연 현상 및 융복합 문제 상황에 적용·설명하기
• 과학적 주장을 다양한 방법으로 소통하고, 의사결정을 위해 과학적 지식 활용하기</td></tr>
<tr><td colspan="2">가치·태도</td><td>• 과학의 심미적 가치
• 과학 유용성
• 자연과 과학에 대한 감수성
• 과학 창의성
• 과학 활동의 윤리성
• 과학 문제해결에 대한 개방성
• 안전·지속가능 사회에 기여
• 과학 문화 향유</td></tr>
</table>

<table>
<tr><th colspan="2">[융합 선택 과목] 과학의 역사와 문화</th></tr>
<tr><td>핵심 아이디어</td><td>• 과학은 인류 문명의 시작부터 오늘날까지 우리의 삶과 가치에 큰 영향을 미치고 있다.
• 과학적 발견은 과학자의 신념이나 가치, 당대의 사회·문화적 배경 등의 영향을 받는다.
• 과학은 사회, 경제, 문화 등 다양한 분야와 상호작용하며 발전하였다.
• 과학기술은 미래 사회를 변화시키는 원동력이며, 미래의 변화를 예</td></tr>
</table>

<table>
<tr><td colspan="2"></td><td colspan="2">측하고 대응하는 데 중요한 역할을 한다.
• 미래 과학기술과 관련된 사회 문제 해결을 위해서는 과학자의 윤리 의식과 시민의 참여가 필요하다.</td></tr>
<tr><th colspan="2">범주</th><th colspan="2">내용 요소</th></tr>
<tr><td rowspan="3">지식 · 이해</td><td>과학과 문명의 탄생과 통합</td><td>• 과학의 문명과 태동
• 그리스 문명과 과학
• 중세 과학과 종교</td><td>• 르네상스와 과학혁명
• 과학과 예술의 통합
• 과학자의 신념과 세계관</td></tr>
<tr><td>변화하는 과학과 세계</td><td>• 현대 과학과 사회 · 문화
• 현대 과학과 예술
• 감염병과 백신</td><td>• 교통수단 속의 과학
• 산업혁명 이후 과학기술의 명암</td></tr>
<tr><td>과학과 인류의 미래</td><td>• 과학기술 기반 문화 콘텐츠
• 미디어 속 과학의 언어
• 과학기술과 음악</td><td>• 인간과 사물의 대화
• 증강 현실과 가상 현실의 세계
• 과학기술과 시민 참여</td></tr>
<tr><td colspan="2">과정 · 기능</td><td colspan="2">• 과학과 사회 · 문화 사이의 상호작용과 관련된 문제 인식하기
• 문제를 해결하기 위해 변인이 포함된 탐구 설계하기
• 다양한 도구를 활용해 자료를 수집 · 기술 · 변환하기
• 융합적 사고를 바탕으로 자료를 분석 · 평가 · 추론하기
• 결론 도출 및 결론의 사회적 가치 판단하기
• 과학기술을 이용한 사회 문제 해결 방안 마련하기
• 과학기술의 발달에 따른 미래 사회 변화 예측하기
• 타당한 근거에 기초하여 자신의 주장을 펼치고 실천적 대안 마련하기
• 다양한 매체를 활용하여 표현하고 협력적 소통하기</td></tr>
<tr><td colspan="2">가치 · 태도</td><td>• 과학의 심미적 가치
• 과학의 사회적 가치
• 과학 유용성
• 자연과 과학에 대한 감수성
• 과학 창의성
• 과학 활동의 윤리성</td><td>• 과학 문제 해결에 대한 개방성
• 과학 문제 해결의 학문 간 융합적 접근
• 안전 · 지속가능 사회에 기여
• 과학 문화 향유</td></tr>
</table>

<table>
<tr><th colspan="2">[융합 선택 과목] 기후변화와 환경생태</th></tr>
<tr><td>핵심 아이디어</td><td>• 기후변화는 환경생태의 변화를 초래하여 인간의 삶에 직접적인 영향을 미친다.
• 기후변화는 해양생태계, 육상생태계, 담수생태계에 변화를 일으켜 인간의 생활 환경에 영향을 준다.
• 기후변화 시나리오에 따라 미래의 생태계 변화가 다양하게 나타난다.
• 탄소중립 사회 구현을 위해 새로운 탄소 저감 기술의 개발 및 국제사회의 공동 대응 노력과 더불어 민주 시민의 적극적인 참여가 필요하다.</td></tr>
</table>

범주		내용 요소
지식·이해	기후와 환경생태의 특성	• 기후요소와 기후인자 • 지구시스템의 상호작용 • 기후와 환경생태의 상호작용
	기후위기와 환경생태 변화	• 기후위기 • 해수면 상승 • 극한 기상 현상 • 기후변화 시나리오 • 육상생태계의 변화 • 수생태계의 변화 • 기후변화와 감염병
	기후위기에 대응하는 우리의 노력	• 해양생태계의 변화와 복원 • 급격한 환경생태 변화와 대응 노력 • 탄소 저감 과학기술 • 환경생태 보전을 위한 국제적 노력과 시민참여
과정·기능		• 자연과 일상생활에서 문제 인식하기 • 문제를 해결하기 위해 변인이 포함된 탐구 설계하기 • 다양한 도구를 활용해 데이터를 수집·기술·변환하기 • 융합적 사고, 수학적 사고를 바탕으로 데이터를 분석·평가·추론하기 • 결론을 도출하고 자연 현상 및 일상생활에 적용·설명하기 • 과학적 모형을 생성하고 활용하기 • 과학기술을 이용한 사회 문제 해결 방안 마련하기 • 과학기술 발달에 따른 미래 사회 변화 예측하기 • 타당한 근거에 기초하여 자신의 주장을 펼치고 실천적 대안 마련하기 • 다양한 매체를 활용하여 표현하고 협력적 소통하기
가치·태도		• 과학의 심미적 가치 • 과학의 사회적 가치 • 과학 유용성 • 자연과 과학에 대한 감수성 • 과학 창의성 • 과학 활동의 윤리성 • 과학 문제 해결에 대한 개방성 • 과학 문제 해결의 학문 간 융합적 접근 • 안전·지속가능 사회에 기여 • 과학 문화 향유

[융합 선택 과목] 융합과학 탐구	
핵심 아이디어	• 과학기술을 포함한 다양한 분야의 연계 활용은 과학의 발전과 사회 문제 해결에 도움이 된다. • 디지털 탐구 도구와 기술, 데이터에 기반한 과학적 탐구 능력은 미래 사회에 요구되는 중요한 과학적 소양이다.

<table>
<tr><td colspan="2"></td><td>• 미래 사회의 변화에 대응하기 위해 융합적 사고능력 함양이 필요하며, 미래 사회의 문제해결을 위해서 시민의 참여가 요구된다.</td></tr>
<tr><th colspan="2">범주</th><th>내용 요소</th></tr>
<tr><td rowspan="3">지식 · 이해</td><td>융합과학 탐구의 이해</td><td>• 융합과학의 역할과 유용성
• 다양한 탐구 과정의 특성
• 데이터의 이해와 활용
• 디지털 탐구 도구의 이해와 활용</td></tr>
<tr><td>융합과학 탐구의 과정</td><td>• 융합과학 탐구의 요소와 절차
• 융합적 탐구 문제 발견
• 가설과 과학적 모형
• 디지털 탐구 도구와 데이터 수집
• 데이터의 시각화와 평가
• 결론 도출 및 과학적 의사소통</td></tr>
<tr><td>융합과학 탐구의 전망</td><td>• 미래 사회와 융합과학기술
• 융합과학기술과 사회적 난제 해결
• 융합과학 탐구와 윤리
• 사회 문제와 시민참여</td></tr>
<tr><td colspan="2">과정 · 기능</td><td>• 자연과 일상생활에서 문제 인식하기
• 문제를 해결하기 위해 변인이 포함된 탐구 설계하기
• 컴퓨터, 인공지능 등 다양한 도구를 활용해 데이터를 수집 · 기술 · 변환하기
• 융합적 사고, 수학적 사고를 바탕으로 데이터를 분석 · 평가 · 추론하기
• 결론을 도출하고 자연 현상 및 일상생활에 적용 · 설명하기
• 과학적 모형을 생성하고 활용하기
• 과학기술을 이용한 사회 문제 해결 방안 마련하기
• 과학기술 발달에 따른 미래 사회 변화 예측하기
• 타당한 근거에 기초하여 자신의 주장을 펼치고 실천적 대안 마련하기
• 다양한 매체를 활용하여 표현하고 협력적 소통하기</td></tr>
<tr><td colspan="2">가치 · 태도</td><td>• 과학의 심미적 가치
• 과학의 사회적 가치
• 과학 유용성
• 자연과 과학에 대한 감수성
• 과학 창의성
• 과학 활동의 윤리성
• 과학 문제 해결에 대한 개방성
• 과학 문제 해결의 학문 간 융합적 접근
• 안전 · 지속가능 사회에 기여
• 과학 문화 향유</td></tr>
</table>

CHAPTER 04

2022 개정 교육과정 범교과 학습 주제

범교과 학습 주제는 국가·사회적으로 요구되는 학습 내용이자, 여러 교과의 경계를 가로지르는 종합적이고 통합적인 학습 주제입니다(교육부, 2017).

2022 개정 교육과정에서는 이전 교육과정과 마찬가지로 10개 주제(안전·건강 교육, 인성 교육, 진로 교육, 민주시민 교육, 인권 교육, 다문화 교육, 통일교육, 독도 교육, 경제·금융 교육, 환경·지속가능발전 교육)로 범교과 학습 주제를 범주화하고 있습니다. 10개의 범교과 학습 주제는 교과와 창의적 체험활동 등 교육활동 전반에 걸쳐 통합적으로 다루도록 하고 있으며 지역사회 및 가정과 연계하여 지도하도록 권장하고 있습니다.

안전 · 건강 교육은 학생이 안전하고 건강한 삶을 영위하기 위해 익혀야 할 내용, 즉 안전·재난, 보건 및 성교육, 건강한 식생활 및 영양 교육 등을 관련 교과 또는 창의적 체험활동에서 다룰 수 있도록 하였습니다.

인성 교육은 부모님께 효도하고 웃어른을 공경하는 등 생활 속의 윤리를 몸으로 익힐 수 있게 하면서, 생명을 존중하며 타인과 함께 어울려 살아가는 공동체 의식을 함양할 수 있도록 하였습니다.

진로 교육은 자신에 맞는 진로를 탐색하고, 진로 체험 활동 등 관련한 다양한 경험을 하게 하며, 여가 시간을 활용하는 방법 등을 익혀 궁극적으로 행복한 삶을 영위하도록 하였습니다.

민주 시민 교육은 건전한 사회를 위해 청렴·반부패 문화를 형성하고, 헌법의 정신 및 법질서를 존중하도록 하며, 생산 활동에 참여하고 있는 근로자의 권리와 의무 등에 대한 교육에 중점을 두도록 하였습니다.

인권 교육은 아동 및 청소년이 존중받으며 살아갈 수 있게 하고, 장애인이 차별받지 않도록 하였으며, 양성평등, 노동인권 존중 등에 대한 학습을 통해 인간의 존엄성과 권리를 존중하고, 각종 폭력을 예방하도록 하였습니다.

다문화 교육에서는 우리나라의 다문화 가정 증가, 외국인 근로자 및 탈북 학생 유입 확대에 따라 다양성을 존중하는 교육활동을 강화하고, 세계시민 교육 및 국제 이해 등에 대한 학습을 통해 국제 사회 전반에 걸쳐 다문화 이해와 상호 존중의 정신을 함양할 수 있도록 하였습니다.

통일 교육은 우리나라에서 통일이 왜 필요한지 학습하고 통일의 방법과 내용, 통일 이후의 사회와 경제, 문화, 정치에 대해 고민해 봄으로써 통일에 대한 긍정적 자세를 갖도록 하였습니다.

독도 교육은 학생들에게 국토에 대한 개념을 인식하게 하고, 우리 땅 독도를 사랑하는 마음을 가질 수 있도록 하였습니다.

경제 · 금융 교육은 소비자의 책임과 권리, 창업(기업가)정신, 복지와 세금 · 금융 생활 · 지적 재산권, 사회적 경제 등을 학습하여 합리적 경제 활동을 할 수 있게 하였습니다.

환경 · 지속가능발전 교육은 저출산 · 고령화 사회 대비 교육, 기후 · 생태환경교육 등을 통해 더 나은 환경과 지속적으로 발전하는 사회를 만들어 가는 데 기여할 수 있도록 하였습니다.

범교과 학습 세부주제

범교과 학습 주제	세부 주제*	
안전 · 건강 교육	안전	생활안전, 교통안전, 폭력 및 신변 안전, 약물 · 사이버 등 중독, 재난 안전, 응급처치, 보건교육, 영양 · 식생활
	건강	건강 이해와 질병 예방, 생활 속 건강한 선택, 건강관리, 건강 자원과 사회 · 문화, 정신 건강, 보건교육
인성 교육	효도와 공경, 생명 존중 의식 교육, 우월적 지위 남용 예방 교육, 부모 교육, 정보 윤리 교육, 공동체 의식 및 배려 · 존중, 한자 · 정보통신 활용교육	
진로 교육	자기 이해와 사회적 역량 개발, 일과 직업 세계 이해, 진로 탐색, 진로 디자인과 준비, 자기 계발	

범교과 학습 주제		세부 주제*
민주시민 교육		민주주의의 이념과 가치, 민주국가와 시민, 민주주의와 사회적 현안(청렴 · 반부패), 비판적 사고와 민주적 의사결정, 시민의 참여와 실천
인권 교육	인권 일반	인간의 존엄성과 인권 존중, 장애인 차별 예방, 폭력 예방, 양성평등(여성과 남성의 상호 존중), 양성평등(여성 차별 예방)
	노동인권	노동의 의미, 노동의 역사, 노동과 사회, 노동자의 권리, 노동과 행복한 삶, 노동문제와 해결 방안, 노사관계의 이해
다문화 교육		다양성 존중, 세계시민 교육 및 국제 이해, 다문화 이해 및 상호 존중
통일 교육		평화와 통일, 안보, 국가와 민족문화, 북한 이해
독도 교육		국토 개념 이해, 독도 이해, 독도 사랑
경제 · 금융 교육	경제 · 금융 일반	합리적 경제활동, 소비자의 책임과 권리, 금융 생활(금융사기(보이스피싱 등) 예방), 복지와 세금
	사회적 경제	사회적 경제 이해 및 가치 내면화, 사회적 경제 기업 이해, 공정무역 및 윤리적 소비
	기업가 정신	기업가 정신 가치 찾기, 기업가적 소양 갖추기, 기업가 되어보기
환경 · 지속가능발전 교육	기후 · 생태 전환	생태계와 인간의 관계에 대한 관점과 태도, 기후변화와 생태계 문제 탐구, 생태 전환을 위한 참여와 실천(해양 교육, 산림교육, 물 보호, 농업 · 농촌 이해 교육, 동물보호 및 복지 함께 병기)
	저출산 · 고령화 사회 대비	저출산 대비 교육, 고령화 사회 대비 교육

1. 안전 · 건강 교육: 계열별 탐구 주제

인문계열	• 철학적 관점에서 본 안전과 위험 • 문학 속에서의 건강과 질병 표현 • 역사 속 전염병과 사회적 대응 • 문화적 관점에서 본 식생활 변화 • 안전과 윤리에 대한 사회적 논의 • 건강한 삶에 대한 철학적 고찰 • 예술 작품을 통한 정신 건강 표현 • 사회 변화와 건강 인식의 발전 • 다양한 문화권의 안전 인식 비교 연구 • 인간과 환경의 상호작용에 대한 인문학적 분석

자연계열	• 환경 변화가 건강에 미치는 영향 연구 • 자연재해와 인간의 안전: 생태학적 접근 • 기후변화가 식생활에 미치는 영향 분석 • 생물 다양성과 인간 건강의 관계 연구 • 자연 기반 해결책을 통한 재난 예방 전략 • 환경 오염이 인간 건강에 미치는 생물학적 영향 • 질병 예방을 위한 자연 자원의 활용 방안 연구 • 생태계 서비스와 인간 건강 증진 방안 연구 • 지속 가능한 농업과 영양 개선 전략 • 자연재해 대비를 위한 생태적 복원력 연구
공학계열	• 스마트 기술을 활용한 교통안전 시스템 개발 • 응급상황 대응을 위한 통신 기술 혁신 사례 연구 • 정보통신기술(ICT)을 활용한 보건교육 플랫폼 설계 • 재난 상황에서의 안전한 건축 구조 설계 및 구현 • 에너지 효율 개선을 통한 생활 안전 증진 방안 • 자동화된 응급처치 로봇 개발 및 적용 • 교통사고 예방을 위한 차량 안전 기술 개발 • 환경 모니터링을 위한 센서 네트워크 설계 • 스마트 헬스케어 시스템 구축 및 운영 사례 • 공공 안전을 위한 데이터 분석 시스템 개발
사회과학계열	• 사회보장제도의 사각지대 해소를 위한 정책 분석 • 정신건강 증진을 위한 지역사회 프로그램 평가 • 교통안전 캠페인의 사회적 효과 분석 • 빈곤층의 건강 증진을 위한 정책 제안 • 응급 의료 서비스 접근성 향상 방안 연구 • 재난 대비를 위한 사회적 협력 체계 구축 • 약물 중독 예방을 위한 사회적 지원 방안 • 건강 불평등 해소를 위한 국제 사례 비교 • 공공 보건 정책의 사회 경제적 효과 분석 • 정신건강 문제에 대한 사회적 인식 변화
교육계열	• 학교에서의 생활 안전 교육 프로그램 개발 • 청소년을 위한 정신건강 교육 커리큘럼 설계 • 응급처치 교육이 학생들에게 미치는 영향 분석 • 환경 보호와 건강 교육 통합 방안 • 학교 기반 영양 교육 프로그램 운영 사례 • 재난 상황에서의 교육 연속성 보장 방안 • 학생 참여형 안전 교육 활동 개발 • 다문화 가정 학생 지원 프로그램 개발 • 학교에서의 약물 오남용 예방 교육 강화 • 지속 가능한 발전 목표와 연계한 보건교육

의료계열	• 국민 의료비 부담 경감을 위한 정책 제안 • 정신건강 증진을 위한 지역사회 모델 개발 • 응급 의료 시스템 개선을 통한 생명 보호 • 고령자 건강 관리를 위한 예방 의료 전략 • 빈곤층의 건강 지원 방안 연구 • 지역사회 기반 보건 서비스 확충 사례 • 만성질환 관리 체계 개선을 통한 건강 불평등 해소 • 약물 중독 치료 및 재활 프로그램 평가 • 공공 의료 서비스 접근성 향상 방안 • 감염병 예방 및 관리 체계 강화 방안
예체능계열	• 운동이 정신 건강에 미치는 긍정적 효과 • 예술 치료를 통한 정신 건강 증진 사례 • 체육 활동이 만성질환 예방에 미치는 효과 • 음악 치료가 스트레스 완화에 미치는 영향 • 무용을 통한 신체 및 정신 건강 증진 방법 • 스포츠를 통한 청소년 비행 예방 프로그램 • 예술 활동이 고령자의 삶의 질에 미치는 영향 • 공연 예술을 활용한 사회 문제 인식 제고 • 지역 특산물을 주제로 한 문화 예술 프로젝트 • 푸드 아트를 활용한 창의력 개발
융복합계열	• ICT를 활용한 통합 보건 서비스 플랫폼 개발 • 빅데이터를 활용한 질병 예측 모델링 • AI 기반 맞춤형 건강 관리 솔루션 • 스마트 시티 내 포용적 사회서비스 통합 방안 • 디지털 헬스케어 플랫폼 구축 사례 연구 • 로봇 기술을 활용한 노인 돌봄 혁신 • 블록체인 기술로 투명한 의료 데이터 관리 시스템 구축 • VR/AR 기술을 활용한 재난 대응 훈련 프로그램 • 지속 가능한 발전 목표(SDGs) 달성을 위한 융합형 보건 전략 • 온라인 플랫폼을 통한 글로벌 협력 네트워크 구축

2. 인성 교육: 계열별 탐구 주제

인문계열	• 효와 공경의 철학적 의미와 현대적 적용 • 문학 속에서의 생명 존중과 인간 관계 • 역사 속 우월적 지위 남용 사례 분석 • 다양한 문화권의 효도와 공경 관습 비교 • 정보 윤리의 철학적 기초와 사회적 영향

	• 공동체 의식 형성의 역사적 배경 연구 • 한자 교육의 문화적 중요성과 현대적 활용 • 공경과 배려를 주제로 한 예술 작품 분석 • 고전 문헌 속 효도와 공경의 교훈 • 정보화 사회에서의 윤리적 딜레마
자연계열	• 생명 존중을 위한 생태학적 접근 연구 • 자연 환경 보존이 생명 존중에 미치는 영향 • 생물 다양성과 생명 존중의 관계 연구 • 환경 변화가 생태계에 미치는 영향 분석 • 지속 가능한 발전을 위한 생명 윤리 연구 • 생물학적 다양성을 위한 보존 전략 개발 • 자연 재해로부터 생명을 보호하는 방법 연구 • 기후변화가 생태계 균형에 미치는 영향 연구 • 자연 보호를 위한 과학적 접근과 정책 제안 • 환경 보호와 생명 존중을 위한 교육 프로그램
공학계열	• 정보통신기술(ICT)을 활용한 정보 윤리 교육 시스템 개발 • 사이버 보안을 위한 기술적 솔루션 연구 • 스마트 기술을 활용한 공동체 의식 강화 방안 • 정보통신기술을 통한 교육 접근성 향상 • 데이터 프라이버시 보호를 위한 기술 개발 • 인공지능 시대의 윤리적 문제 해결 방안 • 환경 모니터링을 위한 자동화 시스템 설계 • 재난 대비를 위한 스마트 경보 시스템 개발 • 정보 윤리 강화를 위한 소프트웨어 설계 • 가상 현실(VR)을 활용한 윤리 교육 프로그램
사회과학계열	• 사회복지 제도의 사각지대 해소를 위한 정책 분석 • 공동체 의식 함양을 위한 사회 프로그램 평가 • 우월적 지위 남용 예방을 위한 법제도 개선 방안 • 정보 윤리 확립을 위한 사회적 캠페인 효과 분석 • 가족 구조 변화가 효도 문화에 미치는 영향 연구 • 다문화 사회에서의 배려와 존중 사례 연구 • 정신 건강 증진을 위한 지역사회 프로그램 평가 • 정보화 시대의 개인정보 보호 정책 연구 • 사회적 책임과 윤리 경영 사례 분석 • 공동체 의식 형성을 위한 사회적 협력 체계 구축
교육계열	• 학교에서의 정보 윤리 교육 프로그램 개발 • 효도와 공경을 주제로 한 교육 커리큘럼 설계 • 생명 존중 의식 함양을 위한 체험 학습 프로그램 • 부모 교육 프로그램의 효과와 개선 방안 • 학생 참여형 공동체 활동 개발 • 학교 기반 정신 건강 지원 서비스 운영 사례

	• 다문화 가정 학생 지원 프로그램 개발 • 학교에서의 우월적 지위 남용 예방 교육 강화 • 지속 가능한 발전 목표와 연계한 인성교육 • 정보통신 활용능력 강화를 위한 교육 자료 개발
의료계열	• 생명 존중을 위한 의료 윤리 교육 강화 • 정신 건강 증진을 위한 지역사회 모델 개발 • 응급 의료 상황에서의 윤리적 문제 해결 방안 • 고령자 건강 관리를 위한 예방 의료 전략 • 취약계층 건강 지원 방안 연구 • 지역사회 기반 보건 서비스 확충 사례 • 만성질환 관리 체계 개선을 통한 건강 불평등 해소 • 약물 중독 치료 및 재활 프로그램 평가 • 공공 의료 서비스 접근성 향상 방안 • 감염병 예방 및 관리 체계 강화 방안
예체능계열	• 예술 활동이 정신 건강에 미치는 긍정적 효과 • 예술 치료를 통한 정신 건강 증진 사례 • 체육 활동이 만성질환 예방에 미치는 효과 • 음악 치료가 스트레스 완화에 미치는 영향 • 무용을 통한 신체 및 정신 건강 증진 방법 • 스포츠를 통한 청소년 비행 예방 프로그램 • 예술 활동이 고령자의 삶의 질에 미치는 영향 • 공연 예술을 활용한 사회 문제 인식 제고 • 지역 특산물을 주제로 한 문화 예술 프로젝트 • 푸드 아트를 활용한 창의력 개발
융복합계열	• ICT를 활용한 통합 보건 서비스 플랫폼 개발 • 빅데이터를 활용한 질병 예측 모델링 • AI 기반 맞춤형 건강 관리 솔루션 • 스마트 시티 내 포용적 사회서비스 통합 방안 • 디지털 헬스케어 플랫폼 구축 사례 연구 • 로봇 기술을 활용한 노인 돌봄 혁신 • 블록체인 기술로 투명한 의료 데이터 관리 시스템 구축 • VR/AR 기술을 활용한 재난 대응 훈련 프로그램 • 지속 가능한 발전 목표(SDGs) 달성을 위한 융합형 보건 전략 • 온라인 플랫폼을 통한 글로벌 협력 네트워크 구축

3. 진로 교육: 계열별 탐구 주제

인문계열	• 문학 작품을 통한 직업 세계 탐색 • 철학적 관점에서 본 진로 선택의 의미 • 역사 속 인물들의 진로와 사회적 영향 • 문화적 배경에 따른 직업관 비교 연구 • 예술과 창의성이 직업 선택에 미치는 영향 • 자기 이해를 위한 인문학적 접근법 • 사회적 역할과 개인의 직업적 정체성 연구 • 고전 문헌 속에서 찾는 직업 윤리 • 인문학적 소양이 진로 개발에 미치는 영향 • 다양한 문화권의 진로 교육 사례 분석
자연계열	• 과학기술 발전이 직업 세계에 미치는 영향 연구 • 생태계 보존을 위한 직업의 다양성 탐구 • 환경 변화와 관련된 새로운 직업 분야 연구 • 생물 다양성과 관련된 직업 탐색 활동 • 자연 현상을 이해하는 직업의 중요성 연구 • 지속 가능한 발전을 위한 과학적 직업 설계 • 기후변화 대응을 위한 직업 탐색 프로젝트 • 환경 보호를 위한 과학적 직업 개발 방안 • 생명과학 분야의 진로 탐색 및 준비 활동 • 자연 자원 관리와 관련된 직업 세계 이해
공학계열	• 4차 산업혁명 시대의 새로운 직업군 탐색 • 공학 기술이 미래 직업 세계에 미치는 영향 분석 • 정보통신기술(ICT) 분야의 진로 디자인 • 스마트 기술을 활용한 자기 계발 방법 • 로봇공학 분야의 직업 탐색 및 준비 • 에너지 효율 개선을 위한 직업 개발 방안 • 미래 도시 설계를 위한 공학적 접근과 진로 • 데이터 분석과 관련된 새로운 직업 기회 • 환경 공학 분야의 진로 탐색 및 설계 • 공학적 문제 해결 능력 개발을 위한 프로젝트
사회과학계열	• 사회 변화가 직업 세계에 미치는 영향 연구 • 경제적 관점에서 본 다양한 직업군 분석 • 글로벌화 시대의 국제 관계와 관련된 진로 탐색 • 사회복지 분야의 진로 디자인과 준비 • 심리학적 접근을 통한 자기 이해와 역량 개발 • 정치 경제와 관련된 새로운 직업 기회 탐색 • 사회적 책임과 윤리 경영 관련 진로 개발 • 인구 변화가 노동 시장에 미치는 영향 분석

	• 커뮤니케이션 능력 개발을 위한 사회과학적 접근 • 사회 문제 해결을 위한 창의적 직업 설계
교육계열	• 학교 기반 진로 교육 프로그램 개발 • 학생 참여형 자기 계발 활동 설계 • 교사 역할 변화와 교육 관련 진로 탐색 • 평생교육 체제 구축을 위한 전략 연구 • 교육 기술 발전이 교직 세계에 미치는 영향 • 다문화 교육과 관련된 새로운 교직 기회 • 학습자 중심 교육 방법론 개발과 적용 • 교육 리더십 개발을 위한 프로그램 설계 • 온라인 학습 플랫폼을 통한 교육 혁신 사례 • 특수교육 분야의 진로 탐색 및 준비 활동
의료계열	• 의료 기술 발전이 건강 관리 분야에 미치는 영향 • 정신 건강 증진을 위한 의료직 진로 탐색 • 응급 의료 시스템 개선을 통한 생명 보호 • 고령화 사회에서의 의료직 기회와 도전 • 지역사회 건강 증진을 위한 의료직 설계 • 만성질환 관리 체계 개선과 관련된 의료직 • 약물 중독 치료 및 재활 프로그램 평가 • 공공 의료 서비스 확충과 관련된 의료직 • 감염병 예방 및 관리 체계 강화와 의료직 • 의료 윤리와 관련된 전문직 개발 방안
예체능계열	• 예술 활동이 창의력 발달에 미치는 영향 연구 • 체육 활동이 신체 발달에 미치는 긍정적 효과 • 음악 치료가 정신 건강 증진에 미치는 영향 • 무용 예술을 통한 창의력 개발 방법 • ~~스포츠를 통한 팀워크 및 리더십 함양~~ • 예술 경영 분야의 진로 탐색 및 준비 • 공연 예술과 관련된 다양한 직업군 분석 • 시각 예술 분야의 창작 활동과 직업 기회 • 지역사회 참여를 촉진하는 커뮤니티 아트 프로젝트 • 푸드 아트를 활용한 창의력 발달 프로그램
융복합계열	• ICT를 활용한 융합형 교육 프로그램 개발 • 빅데이터를 활용한 산업별 진로 분석 • AI 기반 맞춤형 학습 경로 설계 • 스마트 시티 내 융합형 서비스 통합 방안 • 디지털 헬스케어 플랫폼 구축 사례 연구 • 로봇 기술을 활용한 융합형 산업 혁신 • 블록체인 기술로 투명한 데이터 관리 시스템 구축 • VR/AR 기술을 활용한 몰입형 학습 경험 제공 • 지속 가능한 발전 목표(SDGs) 달성을 위한 융합형 전략 • 온라인 플랫폼을 통한 글로벌 협력 네트워크 구축

4. 민주시민 교육: 계열별 탐구 주제

계열	탐구 주제
인문계열	• 민주주의의 철학적 기초와 현대적 적용 • 문학 속에서의 민주주의와 시민의 역할 • 역사 속 민주주의의 발전 과정과 그 영향 • 다양한 문화권의 민주주의 이해 비교 연구 • 예술 작품을 통한 사회적 비판과 민주주의 표현 • 고전 철학자들의 민주주의 사상 분석 • 인문학적 관점에서 본 비판적 사고의 중요성 • 민주주의와 윤리: 인문학적 고찰 • 시민 참여가 문명 발전에 미친 영향 연구 • 민주주의 원칙을 기반으로 한 사회 정의 탐구
자연계열	• 환경 보호와 민주적 의사결정의 관계 연구 • 생태계 보존을 위한 시민 참여 모델 개발 • 기후변화 대응에서의 과학과 민주주의 역할 • 지속 가능한 발전을 위한 과학적 접근과 시민 참여 • 자연재해 관리에서의 공동체 의식 강화 방안 • 생물 다양성과 관련된 정책 결정 과정 연구 • 환경 문제 해결을 위한 과학적 데이터 활용 방안 • 에너지 자원의 민주적 관리와 분배 연구 • 자연 보호를 위한 과학적 접근과 정책 제안 • 생태학적 위기에서의 시민 참여 사례 분석
공학계열	• 정보통신기술(ICT)을 활용한 시민 참여 플랫폼 개발 • 스마트 시티 구현에서의 민주적 의사결정 모델 • 환경 모니터링 시스템 설계와 시민 참여 • 데이터 기반 정책 결정 시스템 개발 • 공공 안전을 위한 기술 혁신과 시민 참여 • 에너지 효율 개선을 통한 지속 가능한 도시 설계 • 교통 시스템 개선을 위한 기술적 접근과 시민 의견 반영 • 스마트 기술을 활용한 사회 문제 해결 방안 • 정보 윤리와 프라이버시 보호를 위한 기술 개발 • AI 기반 공공 서비스 개선 방안 연구
사회과학계열	• 사회 변화가 민주주의에 미치는 영향 연구 • 경제 불평등 해소를 위한 정책 제안 • 비판적 사고 함양을 위한 교육 프로그램 개발 • 정치 참여 확대를 위한 사회적 캠페인 효과 분석 • 청렴 및 반부패 운동의 사회적 효과 연구 • 시민 의식 함양을 위한 지역사회 프로그램 평가 • 다양한 사회 문제 해결을 위한 협력 체계 구축 • 정보 공개와 투명성 강화를 통한 신뢰 회복 방안

	• 공공 정책 결정 과정에서의 시민 참여 확대 전략 • 사회 정의 실현을 위한 법제도 개선 방안
교육계열	• 학교에서의 비판적 사고 교육 프로그램 개발 • 학생 참여형 민주주의 교육 활동 설계 • 청소년을 위한 시민 교육 커리큘럼 개발 • 학교 기반 청렴 교육 프로그램 운영 사례 • 다문화 교육과 관련된 새로운 교직 기회 탐색 • 학습자 중심 교육 방법론 개발과 적용 • 교육 리더십 개발을 위한 프로그램 설계 • 온라인 학습 플랫폼을 통한 교육 혁신 사례 • 특수교육 분야의 진로 탐색 및 준비 활동 • 지속 가능한 발전 목표와 연계한 인성교육
의료계열	• 의료 윤리와 민주주의: 환자 권리 보호 연구 • 정신 건강 증진을 위한 지역사회 모델 개발 • 응급 의료 시스템 개선을 통한 생명 보호 • 고령화 사회에서의 의료직 기회와 도전 • 지역사회 건강 증진을 위한 의료직 설계 • 만성질환 관리 체계 개선과 관련된 의료직 • 약물 중독 치료 및 재활 프로그램 평가 • 공공 의료 서비스 확충과 관련된 의료직 • 감염병 예방 및 관리 체계 강화와 의료직 • 의료 윤리와 관련된 전문직 개발 방안
예체능계열	• 예술 활동이 창의력 발달에 미치는 영향 연구 • 체육 활동이 신체 발달에 미치는 긍정적 효과 • 음악 치료가 정신 건강 증진에 미치는 영향 • 무용 예술을 통한 창의력 개발 방법 • 스포츠를 통한 팀워크 및 리더십 함양 • 예술 경영 분야의 진로 탐색 및 준비 • 공연 예술과 관련된 다양한 직업군 분석 • 시각 예술 분야의 창작 활동과 직업 기회 • 지역사회 참여를 촉진하는 커뮤니티 아트 프로젝트 • 푸드 아트를 활용한 창의력 발달 프로그램
융복합계열	• ICT를 활용한 융합형 교육 프로그램 개발 • 빅데이터를 활용한 산업별 진로 분석 • AI 기반 맞춤형 학습 경로 설계 • 스마트 시티 내 융합형 서비스 통합 방안 • 디지털 헬스케어 플랫폼 구축 사례 연구 • 로봇 기술을 활용한 융합형 산업 혁신 • 블록체인 기술로 투명한 데이터 관리 시스템 구축 • VR/AR 기술을 활용한 몰입형 학습 경험 제공 • 지속 가능한 발전 목표(SDGs) 달성을 위한 융합형 전략 • 온라인 플랫폼을 통한 글로벌 협력 네트워크 구축

5. 인권 교육: 계열별 탐구 주제

인문계열	• 인권의 철학적 기초와 현대적 적용 • 문학 속에서의 인권과 사회 정의 • 역사 속 노동 운동과 사회 변화 • 다양한 문화권의 양성평등 이해 비교 연구 • 예술 작품을 통한 인권 문제 표현 • 고전 철학자들의 인권 사상 분석 • 인문학적 관점에서 본 노동의 의미 • 인간 존엄성과 관련된 윤리적 논의 • 사회 변화가 노동자의 권리에 미친 영향 연구 • 인문학적 소양이 인권 교육에 미치는 영향
자연계열	• 환경 보호와 인간 존엄성의 관계 연구 • 생태계 보존을 위한 양성평등 모델 개발 • 기후변화 대응에서의 과학과 인권 역할 • 지속 가능한 발전을 위한 과학적 접근과 노동 • 자연재해 관리에서의 공동체 의식 강화 방안 • 생물 다양성과 관련된 정책 결정 과정 연구 • 환경 문제 해결을 위한 과학적 데이터 활용 방안 • 에너지 자원의 민주적 관리와 분배 연구 • 자연 보호를 위한 과학적 접근과 정책 제안 • 생태학적 위기에서의 시민 참여 사례 분석
공학계열	• 정보통신기술(ICT)을 활용한 장애인 차별 예방 시스템 개발 • 스마트 시티 구현에서의 양성평등 모델 • 환경 모니터링 시스템 설계와 노동자의 역할 • 데이터 기반 정책 결정 시스템 개발 • 공공 안전을 위한 기술 혁신과 폭력 예방 • 에너지 효율 개선을 통한 지속 가능한 도시 설계 • 교통 시스템 개선을 위한 기술적 접근과 시민 의견 반영 • 스마트 기술을 활용한 사회 문제 해결 방안 • 정보 윤리와 프라이버시 보호를 위한 기술 개발 • AI 기반 공공 서비스 개선 방안 연구
사회과학계열	• 사회 변화가 인권에 미치는 영향 연구 • 경제 불평등 해소를 위한 정책 제안 • 비판적 사고 함양을 위한 교육 프로그램 개발 • 정치 참여 확대를 위한 사회적 캠페인 효과 분석 • 청렴 및 반부패 운동의 사회적 효과 연구 • 시민 의식 함양을 위한 지역사회 프로그램 평가 • 다양한 사회 문제 해결을 위한 협력 체계 구축 • 정보 공개와 투명성 강화를 통한 신뢰 회복 방안 • 공공 정책 결정 과정에서의 시민 참여 확대 전략 • 사회 정의 실현을 위한 법제도 개선 방안

교육계열	• 학교에서의 폭력 예방 교육 프로그램 개발 • 학생 참여형 양성평등 교육 활동 설계 • 청소년을 위한 인권 교육 커리큘럼 개발 • 학교 기반 노동 교육 프로그램 운영 사례 • 다문화 교육과 관련된 새로운 교직 기회 탐색 • 학습자 중심 교육 방법론 개발과 적용 • 교육 리더십 개발을 위한 프로그램 설계 • 온라인 학습 플랫폼을 통한 교육 혁신 사례 • 특수교육 분야의 진로 탐색 및 준비 활동 • 지속 가능한 발전 목표와 연계한 인성교육
의료계열	• 의료 현장에서 환자의 권리를 보호하기 위한 시스템 설계 • 장애인의 건강권 증진을 위한 정책 및 프로그램 개발 • 의료 종사자를 위한 인권 및 윤리 교육 커리큘럼 설계 • 지역사회를 기반으로 한 정신 건강 증진 프로그램 개발 • 의료 현장의 노동 조건과 정신 건강의 상관관계 분석 • 노인 인구 증가에 따른 맞춤형 의료 서비스 설계 및 평가 • 약물 중독 예방을 위한 효과적인 프로그램 설계 및 평가 • 취약계층을 위한 공공 의료 서비스 제공 개선 방안 연구 • 팬데믹 사례를 바탕으로 한 감염병 대응 인권 침해 사례 연구 • 원격 진료와 모바일 헬스 앱의 발전이 의료 서비스에 미치는 영향 연구
예체능계열	• 사회 문제를 주제로 한 예술 작품 제작 및 전시 • 다양한 배경을 가진 사람들을 위한 스포츠 프로그램 개발 • 음악이 감정 표현에 미치는 영향 연구 • 무용이 개인의 신체적, 정신적 자유에 미치는 영향 분석 • 연극을 활용한 인권 교육 프로그램 개발 • 예술 치료가 정신 건강 회복에 미치는 구체적인 효과 분석 • 디지털 기술을 활용한 전통 예술의 현대적 해석 • 지역사회를 위한 공공 예술 프로젝트 설계 및 실행 • 패션 디자인이 문화 정체성 형성에 미치는 영향 연구 • 환경 문제를 주제로 한 시각 예술 작품 제작
융복합계열	• IoT와 AI를 활용한 개인 맞춤형 건강 관리 솔루션 설계 • 드론을 이용한 실시간 환경 모니터링 시스템 구축 • 블록체인 기술을 활용한 공급망 투명성 강화 방안 연구 • 가상 현실과 증강 현실을 활용한 교육 프로그램 개발 및 평가 • 에너지 효율성을 높이기 위한 스마트 그리드 설계 • 다양한 기술을 결합한 재난 대응 및 복구 플랫폼 설계 • AI를 활용한 사회적 이슈 데이터 분석 및 해결 방안 제안 • 디지털 트윈을 이용한 도시 인프라 관리 및 최적화 방안 연구 • 다양한 분야의 융합을 통한 SDGs 달성 전략 설계 • 글로벌 협력 네트워크 구축을 위한 온라인 플랫폼 개발: 국제 협력을 촉진하는 디지털 플랫폼 설계 및 운영 사례 연구

6. 다문화 교육: 계열별 탐구 주제

인문계열	• 다문화 사회의 철학적 담론 연구 • 다양한 문화권의 문학 작품 비교 • 다문화 사회에서의 언어 변화 연구 • 전통과 현대 문화의 융합 사례 분석 • 다문화적 시각에서의 역사 해석 • 세계 각국의 종교와 문화적 영향력 연구 • 문화 간 의사소통의 심리적 측면 연구 • 다문화 사회에서의 예술 표현 변화 • 글로벌화와 전통 문화 보존 방안 연구 • 다문화적 배경의 인물 및 사상가 연구
자연계열	• 다문화적 시각에서의 생물다양성 보존 전략 연구 • 다양한 문화권의 전통 약용 식물 탐구 • 다문화 사회에서의 기후변화 대응 방법 비교 • 전통 농업 기술과 현대 생태학의 융합 연구 • 다양한 문화권의 자연재해 대응 사례 분석 • 다문화적 관점에서의 환경 윤리 문제 탐구 • 지역별 전통 생태 지식과 현대 과학의 통합 • 다문화 사회에서의 지속 가능한 자원 관리 방안 연구 • 전통 의학과 현대 과학의 융합 사례 연구
공학계열	• 다문화 도시 설계를 위한 스마트 인프라 개발 • 전통 건축 기술과 현대 공학의 융합 연구 • 다양한 문화권의 에너지 사용 패턴 분석 • 다문화 사회를 위한 지속 가능한 교통 시스템 설계 • 글로벌 통신 기술을 통한 문화 연결성 강화 • 다문화 사회에서의 재난 대응 기술 개발 • 전통 기술과 현대 공학의 융합 사례 연구 • 다양한 지역의 재생 에너지 활용 전략 연구 • 다문화 사회를 위한 안전 기술 혁신 • 환경 공학에서의 문화적 고려사항 연구
사회과학계열	• 다문화 사회의 경제적 구조 분석 • 국제 협력과 갈등 해결 사례 연구 • 다양한 사회 체제 비교 분석 • 이민 정책과 사회 통합 전략 • 세계 각국의 인권 문제 탐구 • 다문화 교육 정책 비교 연구 • 글로벌화와 지역사회 변화 분석 • 국제 기구와 다문화 협력 사례 연구 • 다양한 가족 구조와 사회 변화 연구 • 다문화 사회에서의 법률 체계 분석

교육계열	• 다문화 학생을 위한 교육 방법론 개발 • 세계시민 교육 커리큘럼 설계 • 교사의 다문화 역량 강화 프로그램 • 다양한 학습자 중심 교육 방법 연구 • 평생 교육에서의 다문화 접근법 • 비대면 환경에서의 다문화 교육 전략 • 다문화 배경 학생을 위한 학습 지원 방안 • 교육 기술 발전과 다문화 교육 융합 • 다양한 학습 자원의 공정한 분배 방안 • STEAM 교육에서의 문화적 요소 통합
의료계열	• 다문화 환자와의 효과적인 의사소통 전략 연구 • 다양한 문화권의 전통 의학과 현대 의료 비교 • 다문화 사회에서의 정신 건강 지원 방법 • 다문화 환자를 위한 맞춤형 건강 교육 프로그램 개발 • 의료 환경에서의 문화적 역량 강화 방안 • 다문화 배경 환자의 건강 불평등 문제 해결 방안 • 전염병 대응에서의 문화적 고려사항 연구 • 다문화 사회에서의 예방접종 인식과 접근성 연구 • 다양한 문화적 배경의 환자와 가족 중심 간호 실천 • 다문화 사회에서의 의료 윤리적 문제 탐구
예체능계열	• 다양한 문화권의 음악 탐구 • 전통 무용과 현대 예술 융합 • 세계 각국의 시각 예술 비교 • 다양한 문화권의 연극 분석 • 전통 공예와 현대 디자인 융합 • 글로벌 패션 트렌드 연구 • 국제 영화에서의 문화 표현 • 지역별 축제와 예술 활동 탐구 • 사진을 통한 세계 문화 탐색 • 예술 치료에서의 문화적 접근 연구
융복합계열	• 과학기술과 인문학을 통한 다문화 이해 증진 프로젝트 • AI를 활용한 글로벌 언어 번역 시스템 개발 프로젝트 • VR을 활용한 가상 세계 여행 및 국제 이해 증진 프로그램 개발 • 블록체인 기술을 활용한 국제 협력 및 공정 거래 시스템 구축 • 빅데이터를 활용한 글로벌 시장 분석 및 전략 수립 • 로봇 기술을 활용한 국제 구호 및 재난 대응 시스템 개발 • IoT를 활용한 스마트 시티 구축 및 국제 협력 사례 연구 • 드론 기술을 활용한 글로벌 물류 및 배송 시스템 최적화 • 3D 프린팅을 활용한 국제 디자인 및 제조 협력 프로젝트 • 클라우드 컴퓨팅을 활용한 글로벌 데이터 관리 및 보안 시스템 구축

7. 통일 교육: 계열별 탐구 주제

계열	탐구 주제
인문계열	• 북한 문학과 주체사상 연구 • 남북한 언어 차이와 통합 방안 • 북한의 역사적 사건 분석 • 통일을 위한 문화적 접근법 연구 • 북한의 전통 예술과 현대 예술 비교 • 남북한 종교 문화 비교 연구 • 북한의 사회적 가치관 변화 연구 • 통일 후 사회 통합을 위한 철학적 고찰 • 북한의 교육 체제와 남한 비교 • 남북한 전통 의례와 문화 비교
자연계열	• 한반도 생태계와 평화적 공존 연구 • 북한의 환경 문제와 국제 협력 방안 • 기후변화가 남북한에 미치는 영향 분석 • 북한의 농업 기술과 생태적 적용 연구 • 남북한 자연재해 대응 시스템 비교 • 한반도 생물다양성 보존 전략 연구 • 북한의 전통 의약 식물 탐구 • 남북한 에너지 자원 관리 비교 연구 • 북한의 산림 복원과 지속 가능성 연구 • 한반도 자연환경 보호를 위한 협력 방안
공학계열	• 남북한 인프라 통합 기술 개발 연구 • 북한의 재생 에너지 활용 가능성 분석 • 통일을 위한 스마트 도시 설계 방안 • 남북한 교통 체계 통합 기술 연구 • 북한의 정보통신기술 현황 분석 • 한반도 에너지 네트워크 구축 방안 연구 • 북한의 건축 기술과 현대화 전략 연구 • 통일 후 자원 관리 시스템 개발 연구 • 남북한 물 관리 기술 비교 연구 • 북한의 산업 기술 발전 방향 분석
사회과학계열	• 남북한 경제 체제 비교 분석 • 한반도 평화 구축을 위한 국제 협력 사례 연구 • 북한 인권 문제와 국제 사회 대응 전략 연구 • 통일 후 사회 통합을 위한 정책 제안 연구 • 남북한 정치 체제 비교 및 통합 방안 연구 • 북한의 대외 정책 변화 분석 • 남북한 사회 구조 및 변화 비교 연구 • 한반도 안보 환경 변화와 대응 전략 연구

	• 북한 주민 생활 수준 향상 방안 연구 • 통일 후 경제 발전 전략 수립 연구
교육계열	• 남북한 교육 체제 비교 및 개선 방안 연구 • 평화 교육을 통한 통일 의식 함양 프로그램 개발 • 다문화 교육과 통일 교육 융합 방안 연구 • 북한 이탈 주민을 위한 맞춤형 교육 프로그램 개발 • 남북한 역사 교과서 비교 및 개선 방안 • 평화와 통일을 위한 글로벌 시민 교육 프로그램 • 남북한 과학 교육 차이점 및 융합 방안 • 통일 후 교육 정책 수립을 위한 기초 연구 • 다문화 사회에서의 평화 교육 사례 분석 • 교사 역량 강화를 위한 평화 교육 프로그램
의료계열	• 북한 보건 의료 체제 분석 및 개선 방안 • 남북한 감염병 관리 시스템 비교 • 통일 후 보건 의료 서비스 통합 방안 • 북한 전통 의약과 현대 의료 융합 가능성 • 남북한 건강 격차 해소를 위한 정책 제안 • 한반도 보건 협력을 통한 감염병 대응 전략 • 북한 주민 건강 상태 조사 및 개선 방안 • 다문화 사회에서의 정신 건강 지원 방법 • 남북한 의료 인프라 차이점 및 개선 방향 • 평화 구축을 위한 국제 보건 협력 사례
예체능계열	• 남북한 음악 교류와 문화적 영향 분석 • 전통 무용을 통한 남북 화합 프로젝트 • 북한 영화 산업과 선전 예술 분석 • 남북한 미술 교류 및 협력 사례 연구 • 전통 공예를 통한 문화 융합 프로젝트 • 평화 메시지를 담은 공연 예술 기획 • 다문화적 시각에서 본 한반도 예술 변화 • 남북한 스포츠 교류와 화합 효과 분석 • 한반도 전통 축제와 현대적 변용 사례 • 예술 치료를 통한 심리적 치유 방법
융복합계열	• AI를 활용한 평화 구축 시뮬레이션 개발 • VR을 활용한 가상 현실 속 한반도 여행 • 빅데이터를 활용한 남북 관계 변화 예측 • IoT 기반 스마트 농업으로 식량 문제 해결 • 블록체인 기술을 활용한 국제 무역 시스템 • 로봇 기술을 통한 재난 구조 시스템 강화 • 드론을 활용한 국경 지역 감시 및 보호 • 3D 프린팅으로 전통 건축물 복원 프로젝트 • 클라우드 컴퓨팅 기반 데이터 공유 플랫폼 • 다양한 문화권의 건강 관념 반영 스마트 헬스케어 기기 개발

8. 독도 교육: 계열별 탐구 주제

계열	탐구 주제
인문계열	• 독도의 역사적 문헌 분석 • 독도 관련 지명 변천사 연구 • 독도에 대한 문학적 표현 연구 • 독도와 관련된 국제법 해석 • 독도 영유권에 대한 철학적 논의 • 독도의 문화적 상징성 탐구 • 한일 간 독도 분쟁의 역사적 배경 • 독도 관련 예술 작품 분석 • 독도와 한국 민족 정체성 연구 • 독도의 언어적 표현 변화 연구
자연계열	• 독도의 생태계 보전 전략 연구 • 독도의 지질학적 형성과정 분석 • 독도의 기후변화 영향 연구 • 독도의 해양 생물 다양성 연구 • 독도의 자연환경 보호 방안 연구 • 독도의 지리적 특성 및 가치 탐구 • 한류와 난류가 독도에 미치는 영향 • 독도의 해양 자원 관리 방안 연구 • 독도의 조류 서식지 보호 연구 • 독도의 환경적 가치 평가
공학계열	• 독도 주변 해양 자원 개발 연구 • 독도를 위한 지속 가능한 에너지 시스템 설계 • 독도 접근성을 위한 교통 인프라 개발 • 스마트 기술을 활용한 독도 보호 시스템 개발 • 독도의 해양 환경 모니터링 기술 개발 • 독도를 위한 재난 대응 기술 연구 • 친환경 건축을 통한 독도 거주 가능성 연구 • 해양 쓰레기 관리 시스템 개발 및 적용 사례 분석 • 드론을 활용한 독도 관측 및 관리 기술 개발 • AI 기반의 독도 생태계 변화 예측 시스템
사회과학계열	• 한일 관계에서의 독도 문제 분석 • 국제 사회에서의 독도 영유권 주장 사례 연구 • 국내외 언론에서의 독도 보도 경향 분석 • 시민 참여를 통한 독도 보호 운동 사례 연구 • 교육을 통한 국토 사랑 의식 고취 방안 • 다문화 사회에서의 영토 인식 변화 연구 • 국제 협력을 통한 동북아 평화 구축 방안 • 한일 역사 교과서 비교를 통한 영토 교육 방향성 제시

	• 지역사회와 연계한 국토 교육 프로그램 개발 • 글로벌 시민 의식을 위한 영토 교육 사례 분석
교육계열	• 학교에서의 체험형 국토 교육 프로그램 개발 • 다문화 가정 학생을 위한 국토 사랑 교육 방안 • 교사 역량 강화를 위한 국토 교육 연수 프로그램 • 학생 주도의 국토 사랑 캠페인 기획 및 실행 사례 • 지역사회와 연계한 국토 교육 프로젝트 운영 • 다양한 매체를 활용한 국토 교육 콘텐츠 개발 • 가상 현실(VR)을 활용한 국토 체험 교육 프로그램 개발 • 초등학생을 위한 국토 이해 동화책 제작 및 활용 방안 • 중고등학생 대상 국토 문제 토론 대회 운영 계획 • 대학생을 위한 심화 국토 교육 커리큘럼 설계
의료계열	• 자연 치유 환경으로서의 독도의 가능성 탐구 • 해양 생물을 활용한 신약 개발 가능성 연구 • 원격 의료 시스템을 통한 섬 지역 건강 관리 방안 • 전통 의약과 현대 과학의 융합 사례 연구 • 다문화 사회에서의 건강 불평등 문제 해결 방안 • 섬 지역 주민 건강 상태 조사 및 개선 방안 • 환경 변화가 건강에 미치는 영향 분석 • 자연재해 대응을 위한 의료 지원 체계 구축 • 지역사회 보건소와 연계한 건강 증진 프로그램 개발 • 국제 협력을 통한 감염병 대응 전략
예체능계열	• 전통 예술을 통한 국토 사랑 메시지 전달 프로젝트 • 다양한 문화권의 음악을 통한 화합 공연 기획 • 전통 무용과 현대 예술 융합 공연 제작 • 한일 문화 교류를 통한 평화 메시지 전달 프로젝트 • 전통 공예를 활용한 국토 사랑 기념품 제작 • 지역 축제를 통한 국토 사랑 의식 고취 방안 • 사진전을 통한 자연환경 보호 메시지 전달 프로젝트 • 다큐멘터리 제작을 통한 국토 이해 증진 프로젝트 • 미술 작품을 통한 역사적 사건 재조명 프로젝트 • 예술 치료를 통한 심리적 치유 방법 연구
융복합계열	• AI를 활용한 영토 인식 변화 예측 시스템 개발 • VR을 활용한 가상 현실 속 영토 체험 프로그램 • 빅데이터를 활용한 영토 문제 분석 및 해결 방안 제시 • IoT 기반 스마트 환경 모니터링 시스템 구축 • 블록체인 기술을 활용한 영토 관련 데이터 관리 시스템 • 로봇 기술을 통한 재난 대응 시스템 강화 • 드론을 활용한 실시간 영토 관측 및 관리 기술 개발 • 클라우드 컴퓨팅 기반 데이터 공유 플랫폼 구축 • 다양한 문화권의 건강 관념 반영 스마트 헬스케어 기기 개발 • 국제 협력을 통한 동북아 평화 구축 전략 수립

9. 경제·금융 교육: 계열별 탐구 주제

인문계열	• 경제사상가의 철학적 배경 연구 • 다문화 사회에서의 경제 윤리 탐구 • 역사 속 공정무역 사례 분석 • 문학 속 경제 문제와 해결책 탐구 • 경제 불평등에 대한 철학적 고찰 • 세계 각국의 세금 제도 비교 연구 • 경제 위기 속 문학적 표현 연구 • 윤리적 소비와 문화적 배경 탐구 • 역사적 인물의 기업가 정신 분석 • 다문화 사회에서의 경제적 갈등 연구
자연계열	• 환경과 경제의 상호작용 연구 • 지속 가능한 소비와 환경 보호 방안 • 기후변화가 경제에 미치는 영향 분석 • 에너지 자원의 효율적 사용과 경제성 연구 • 생태계 서비스의 경제적 가치 평가 • 재생 가능 에너지와 사회적 경제 연계 연구 • 농업 기술 혁신과 경제 효과 분석 • 자연재해가 금융 시장에 미치는 영향 연구 • 환경 보호를 위한 윤리적 소비 사례 연구 • 생물다양성과 경제 발전의 관계 탐구
공학계열	• 금융 기술 혁신과 보안 문제 연구 • 보이스피싱 예방을 위한 기술 개발 연구 • 스마트 시티와 지속 가능한 경제 모델 설계 • 블록체인 기술과 금융 투명성 향상 방안 • AI를 활용한 윤리적 소비 패턴 분석 시스템 개발 • IoT 기반 스마트 소비자 보호 시스템 구축 • 재생 에너지를 활용한 기업 모델 개발 연구 • 데이터 분석을 통한 금융 사기 예방 시스템 설계 • 로봇 자동화가 노동 시장에 미치는 영향 연구 • IT 기술을 활용한 사회적 기업 운영 방안
사회과학계열	• 사회적 경제 조직의 역할과 영향력 분석 • 공정무역이 지역사회에 미치는 효과 연구 • 글로벌 금융 위기와 정책 대응 사례 분석 • 다문화 사회에서의 소비자 권리 보호 방안 • 복지국가와 세금 정책 비교 연구 • 사회적 기업의 성공 요인 분석 • 금융 교육이 청소년에게 미치는 영향 연구 • 기업가 정신 함양을 위한 교육 프로그램 개발

	• 윤리적 소비 운동과 사회 변화 사례 연구 • 다문화 가정의 경제 활동 지원 방안
교육계열	• 청소년을 위한 금융 교육 프로그램 설계 • 학교 내 기업가 정신 함양 활동 기획 • 다문화 학생 대상 경제 교육 방안 마련 • 체험형 소비자 교육 프로그램 개발 • 금융 사기 예방을 위한 교육 콘텐츠 제작 • 공정무역 이해를 위한 교육 자료 개발 • 지역사회 연계 경제 교육 프로젝트 운영 • 학생 주도의 윤리적 소비 캠페인 기획 • 복지와 세금 이해를 위한 모의 국회 운영 • 창업 체험을 통한 기업가 정신 함양 활동
의료계열	• 건강보험 제도의 경제적 영향 분석 • 의료비 절감을 위한 소비자 권리 보호 방안 • 다문화 사회에서의 의료 접근성 개선 방안 • 건강한 생활을 위한 윤리적 소비 사례 연구 • 의료 산업에서의 기업가 정신 적용 사례 • 보건 분야 사회적 기업 모델 분석 • 의료 사기 예방을 위한 정보 제공 시스템 개발 • 건강한 삶을 위한 복지 정책 비교 연구 • 국제 보건 협력과 공정무역 연계 사례 • 헬스케어 분야 혁신 기술과 경제성 분석
예체능계열	• 예술 시장에서의 공정 거래 사례 연구 • 문화 콘텐츠 산업의 경제 효과 분석 • 전통 예술을 통한 사회적 기업 모델 개발 • 공연 예술 분야에서의 윤리적 소비 촉진 방안 • 스포츠 산업에서의 기업가 정신 적용 사례 • 지역 축제를 통한 지역경제 활성화 방안 • 예술 작품 경매 시장의 투명성 향상 방안 • 문화 교류를 통한 다문화 이해 증진 프로젝트 • 디자인 산업에서의 지속 가능한 소비 사례 • 창작 활동을 통한 기업가 정신 함양 프로그램
융복합계열	• AI를 활용한 글로벌 금융 시장 예측 시스템 개발 • VR 기반 가상 현실 속 경제 활동 체험 프로그램 • 빅데이터를 활용한 소비자 행동 패턴 분석 • IoT 기반 스마트 홈에서의 에너지 절약 모델 설계 • 블록체인 기술로 투명한 거래 시스템 구축 • 드론을 활용한 물류 혁신과 비용 절감 방안 • 클라우드 컴퓨팅 기반 글로벌 협력 플랫폼 구축 • 다양한 문화권에 적합한 스마트 헬스케어 기기 개발 • 국제 협력을 통한 지속 가능한 발전 목표 달성 전략 • 로봇 기술을 활용한 생산성 향상 및 일자리 창출 방안

10. 환경・지속가능발전 교육: 계열별 탐구 주제

인문계열	• 기후변화에 대한 철학적 고찰 • 생태 전환을 위한 문화적 접근법 • 문학 속 환경 문제와 해결책 탐구 • 역사 속 환경 보호 운동 사례 연구 • 다문화 사회에서의 자연관 비교 • 전통과 현대의 자연관 차이 연구 • 환경 윤리와 인간의 책임 연구 • 예술 작품 속 생태계 표현 분석 • 세계 각국의 환경 정책 비교 연구 • 환경 문제에 대한 종교적 관점 탐구
자연계열	• 기후변화가 생태계에 미치는 영향 분석 • 해양 생태계 보존 전략 연구 • 산림 보호를 위한 지속 가능한 관리 방안 • 물 보호를 위한 과학적 접근법 연구 • 농업 기술 혁신과 생태적 효과 분석 • 동물 보호와 복지 증진 방안 연구 • 생물다양성 보존을 위한 과학적 연구 • 기후변화 대응을 위한 생태 기술 개발 • 에너지 효율성을 높이는 기술 연구 • 지속 가능한 자원 관리 방안 탐구
공학계열	• 친환경 에너지 시스템 설계 연구 • 스마트 농업을 통한 지속 가능성 향상 방안 • 물 절약을 위한 기술 개발 및 적용 사례 분석 • 해양 오염 모니터링 기술 개발 • 산림 보호를 위한 드론 기술 활용 • 기후변화 대응을 위한 건축 기술 혁신 • 재생 에너지를 활용한 도시 설계 방안 • 환경 데이터를 활용한 AI 분석 시스템 개발 • IoT 기반 스마트 물 관리 시스템 구축 • 지속 가능한 교통 시스템 설계 및 구현
사회과학계열	• 저출산 고령화 사회에서의 지속 가능한 발전 전략 • 다문화 사회에서의 환경 인식 변화 연구 • 국제 협력을 통한 기후변화 대응 사례 분석 • 지역사회 참여를 통한 생태 전환 운동 사례 연구 • 경제 성장과 환경 보호의 균형 찾기 방안 • 사회적 기업을 통한 지속 가능한 발전 모델 분석 • 글로벌 환경 문제 해결을 위한 정책 제안 • 생태 교육이 사회에 미치는 영향 연구

	• 다양한 문화권의 환경 보호 운동 비교 연구 • 고령화 사회에서의 자원 관리 전략
교육계열	• 청소년을 위한 기후변화 교육 프로그램 설계 • 학교 내 생태 전환 실천 활동 기획 • 다문화 학생 대상 환경 교육 방안 마련 • 체험형 해양 교육 프로그램 개발 • 산림 교육을 통한 자연 사랑 의식 함양 활동 • 물 보호를 위한 교육 콘텐츠 제작 • 지역사회 연계 농업 이해 교육 프로젝트 운영 • 학생 주도의 동물 보호 캠페인 기획 • 저출산 대비 인식 개선 교육 프로그램 개발 • 고령화 사회 대비 교육 자료 개발
의료계열	• 고령화 사회에서의 건강 관리 방안 연구 • 자연 치유 환경으로서의 산림 활용 가능성 • 다문화 사회에서의 건강 불평등 문제 해결 방안 • 건강한 생활을 위한 윤리적 소비 사례 연구 • 의료 산업에서의 지속 가능한 발전 전략 • 보건 분야에서의 기후변화 대응 방안 • 건강 증진을 위한 자연 자원 활용 사례 • 국제 보건 협력과 환경 보호 연계 사례 • 헬스케어 분야 혁신 기술과 경제성 분석 • 저출산 사회에서의 가족 건강 지원 방안
예체능계열	• 예술 작품을 통한 환경 문제 인식 확산 • 문화 콘텐츠 산업의 지속 가능성 분석 • 전통 예술을 통한 생태 전환 메시지 전달 프로젝트 • 공연 예술 분야에서의 윤리적 소비 촉진 방안 • 스포츠 산업에서의 친환경 실천 사례 • 지역 축제를 통한 환경 보호 의식 고취 방안 • 사진전을 통한 자연환경 보호 메시지 전달 프로젝트 • 다큐멘터리 제작을 통한 기후변화 이해 증진 프로젝트 • 미술 작품을 통한 역사적 사건 재조명 프로젝트 • 예술 치료를 통한 심리적 치유 방법 연구
융복합계열	• AI를 활용한 글로벌 기후변화 예측 시스템 개발 • VR 기반 가상 현실 속 생태 체험 프로그램 • 빅데이터를 활용한 환경 문제 분석 및 해결 방안 제시 • IoT 기반 스마트 홈에서의 에너지 절약 모델 설계 • 블록체인 기술로 투명한 자원 거래 시스템 구축 • 드론을 활용한 실시간 산림 관측 및 관리 기술 개발 • 클라우드 컴퓨팅 기반 글로벌 협력 플랫폼 구축 • 다양한 문화권에 적합한 스마트 헬스케어 기기 개발 • 국제 협력을 통한 지속 가능한 발전 목표 달성 전략 • 로봇 기술을 활용한 생산성 향상 및 일자리 창출 방안

CHAPTER 05

2022 개정 교육과정과 지속가능한 개발 목표(SDGs)

지속가능한 개발 목표 또는 지속가능한 발전 목표(Sustainable Development Goals, SDGs)는 2000년부터 2015년까지 시행된 밀레니엄개발목표(MDGs)를 종료하고 2016년부터 2030년까지 새로 시행되는 유엔과 국제사회의 최대 공동목표입니다. 인류의 보편적 문제(빈곤, 질병, 교육, 성평등, 난민, 분쟁 등)와 지구 환경문제(기후변화, 에너지, 환경오염, 물, 생물다양성 등), 경제 사회문제(기술, 주거, 노사, 고용, 생산 소비, 사회구조, 법, 대내외 경제)를 2030년까지 17가지 주목표와 169개 세부목표로 해결하고자 이행하는 국제사회 최대 공동목표입니다.

2020년에 발생한 코로나19 대유행이 2024년에도 계속 이어지고 있고, 우크라이나 전쟁은 여전히 진행 중이며, 지구온난화로 인한 가뭄, 산불과 홍수는 지구

생태계를 위험에 빠트리고 있다. 지구 에너지 문제는 심각해지고 있으며, 전 세계 온실가스 배출량은 점점 더 증가할 것으로 예상되고 있습니다. 전 세계 빈부격차는 심해지고 여성, 어린이 및 기타 취약계층의 위기는 점점 고조되고 있습니다.

우리는 지속가능한 발전을 위해 탄소 배출량을 줄이고, 천연자원을 보존하고, 모든 국민의 상생을 위한 더 나은 일자리를 창출해야 합니다. 또한 더 친환경이고 정의로운 경제로의 전환을 앞당길 저탄소 정책 추진과 회복력을 되살릴 수 있는 개발 방법도 찾아야 합니다. 즉 불평등 심화, 환경 악화 및 기후변화의 근본 원인을 해결해야 합니다.

2022 개정 교육과정에서도 '기후변화와 지속가능한 세계'라는 과목에서 지속가능발전목표(SDGs)의 의미와 이행에 대한 이해를 바탕으로, 이의 실천과 관련한 지역 사례들을 조사하여 환경적, 경제적, 사회적 측면에서 통합적으로 분석할 수 있는 탐구역량을 강조하고 있습니다.

우리 학생들은 지속가능발전목표 이행의 지역 사례와 지속가능한 생활양식을 교과와 연계하여 신문기사, 참고문헌, 다큐멘터리, 광고, 영화, 문학 및 예술 작품 등을 활용하여 조사한 뒤, 자기 삶과 지역사회에 적용할 수 있는 구체적 방안 마련을 위한 탐구활동을 수행하여야 합니다.

[한국지속가능발전목표(K-SDGs) 119개 세부목표 및 236개 지표]

1. G1. 모든 형태의 빈곤 퇴치

"모든 곳에서 모든 형태의 빈곤 종식"

1) 기본 정보

2000년 이래 세계 빈곤율은 절반으로 낮아졌지만, 개발도상국의 10명 중 1명은 여전히 하루에 1.9달러의 국제 빈곤선(최저 생활비) 이하의 생활비로 살고 있으며, 일일 금액보다 더 적게 버는 사람은 수백만 명 이상 존재합니다. 동아시아,

동남아시아 지역에서 두드러진 진척을 보였으나, 사하라 이남 아프리카 인구의 42%에 해당하는 사람들은 여전히 극심한 빈곤으로 고통받고 있습니다.

빈곤은 지속적인 생계를 보장하기 위한 수입과 자원의 부족에 그치지 않는 그 이상의 결핍을 의미합니다. 여기에는 기아와 영양실조, 교육 및 생활 서비스에 대한 제한, 사회적 차별과 배제, 의사결정 참여의 제약 등이 포함됩니다.

경제발전은 반드시 지속가능한 일자리를 제공하고 불평등 구조를 개선하기 위한 포괄적인 목표를 가져야 합니다. 사회적 보호체계는 재난 위험이 있는 국가들의 고통을 완화하고 경제적 위기 극복을 위해 지원이 필요하며, 이러한 제도는 재해 발생 시 예상치 못한 비용 손실로 고통받는 사람들의 대응력을 강화시키고 궁극적으로 절대빈곤 지역의 극심한 빈곤을 종식시키는 데 도움이 될 것입니다.

2) 수치와 현황

전 세계 인구의 10%, 7억 명이 넘는 사람들이 하루 1.9달러 미만으로 생존하며 극심한 빈곤 속에 놓여 있습니다.

직업을 갖는 것은 생존을 보장하지 못합니다. 2018년 세계 노동인구 중 8%는 그들의 가족과 함께 극심한 가난 속에서 살고 있었습니다. 전 세계적으로 같은 연령대 남성 100명과 비교하면 25세에서 34세 사이의 여성 122명은 극도의 빈곤 속에서 살고 있습니다. 국제 빈곤선 1.9달러 미만으로 살아가는 대부분의 사람들은 남아시아와 사하라 이남 아프리카 지역에 속해 있습니다. 높은 빈곤율은 규모가 작고, 약하며, 갈등에 시달리는 국가에서 나타납니다.

빈곤은 아동의 발달 불균형을 유발합니다. 5명 중 1명의 아이들은 극심한 가난에 처해 있습니다. 2018년 기준, 전 세계 인구의 55%가 사회보장을 전혀 받고 있지 못합니다. 2018년에는 출산한 여성 중 41%만이 출산장려금을 받았습니다.

- 세부목표 1-1. 남녀노소, 장애 여부 등과 관계없이 빈곤인구 비율을 OECD 평균 이하 수준으로 줄인다.
  - 정책 과제
    ① 공공부조제도 역할 강화

② 노후소득보장체계 확충

- 세부목표 1-2. 사회보장제도의 사각지대를 최소화하고, 빈곤층과 취약계층에 대한 실질적 보장을 달성한다.
  - 정책 과제
    ① 국민의료비 부담 경감
    ② 고용보험 및 산재보험 적용대상 확대를 통한 사각지대 해소
    ③ 취약계층을 위한 노후보장 강화
- 세부목표 1-3. 빈곤층과 취약계층에 사회서비스 제공을 강화한다.
  - 정책 과제
    ① 생애주기별/대상별 사회서비스 확충
- 세부목표 1-4. 빈곤층과 취약계층의 경제 · 사회 · 환경적 충격 및 재난에 대한 노출을 감소하고, 회복력을 강화한다.
  - 정책 과제
    ① 긴급복지지원제도 강화
    ① 장애인 재난 · 안전 지원시스템 강화

[2022 개정 교육과정 & SDGs 1번 연계 탐구 주제]

인문계열	• 빈곤의 철학적 정의와 윤리적 접근 • 문학 속 빈곤과 사회적 메시지 분석 • 역사 속 빈곤 퇴치 운동과 그 영향 • 문화적 관점에서 본 빈곤과 사회 계층 • 사회적 불평등에 대한 철학적 논의 • 빈곤과 인권: 인문학적 시각 • 예술 작품을 통한 빈곤 문제의 표현 • 다양한 문화권의 빈곤 인식 비교 연구 • 사회 변화와 빈곤 문제의 상관관계 • 사회 복지 제도의 역사적 발전 과정
자연계열	• 환경 변화가 빈곤층에 미치는 영향 연구 • 자연재해와 취약계층의 상관관계 분석 • 지속 가능한 환경이 빈곤 감소에 미치는 효과 • 기후변화가 경제적 불평등에 미치는 영향 • 생태계 서비스와 빈곤 완화 전략 연구 • 재난 대비를 위한 자연 기반 해결책 연구 • 환경 보호와 사회 경제적 안정성의 관계 • 생물 다양성과 지역사회의 경제적 회복력 • 자연재해로 인한 경제적 피해 최소화 방안 • 환경 정책이 사회 경제적 격차에 미치는 영향

공학계열	• 스마트 기술을 활용한 재난 대응 시스템 개발 • 빈곤 지역을 위한 저비용 주택 설계 및 건축 기술 • 정보통신기술(ICT)을 활용한 사회서비스 제공 방안 • 공공 서비스 접근성을 높이기 위한 기술 혁신 사례 연구 • 에너지 효율 개선을 통한 비용 절감 방안 • 장애인을 위한 접근성 개선 기술 개발 • 재난 상황에서의 통신 및 정보 전달 시스템 구축 • 저소득층을 위한 스마트 헬스케어 솔루션 개발 • 공공부조 시스템의 디지털 전환 방안 • 도시 인프라 개선을 통한 생활 질 향상 기술
사회과학계열	• 사회보장제도의 사각지대 해소를 위한 정책 분석 • 고용보험 확대가 경제적 안정성에 미치는 영향 • 빈곤층의 경제적 회복력을 높이기 위한 정책 제안 • 노후소득보장체계 강화 방안 연구 • 긴급복지지원제도의 효과성과 개선점 분석 • 장애인 재난 안전 지원 시스템의 사회적 필요성 평가 • 취약계층을 위한 사회서비스 확충 사례 연구 • 소득 불평등 해소를 위한 국제 사례 비교 • 공공부조제도의 역할과 한계 분석 • 경제적 불평등이 사회 안정성에 미치는 영향
교육계열	• 취약계층 아동을 위한 교육 지원 프로그램 개발 • 평생교육을 통한 성인 학습자의 경제적 자립 방안 • 교육 격차 해소를 위한 정책 제안 • 장애 학생을 위한 포용 교육 모델 연구 • 경제적 취약계층 학생 지원을 위한 장학제도 개선 • 재난 상황에서의 교육 연속성 보장 방안 • 교육을 통한 사회 이동성 증진 전략 • 다문화 가정 학생 지원 프로그램 개발 • 학교 기반 사회서비스 제공 모델 연구 • 교육을 통한 지역사회 회복력 강화 방안
의료계열	• 국민 의료비 부담 경감을 위한 정책 제안 • 취약계층 건강 증진을 위한 의료 서비스 개선 • 재난 상황에서의 의료 지원 체계 강화 • 장애인을 위한 맞춤형 건강 관리 프로그램 • 고령자 건강 관리를 위한 예방 의료 전략 • 빈곤층의 정신 건강 지원 방안 연구 • 지역사회 기반 보건 서비스 확충 사례 • 공공 의료 서비스 접근성 향상 방안 • 만성질환 관리 체계 개선을 통한 건강 불평등 해소 • 응급 의료 시스템 개선을 통한 생명 보호

예체능계열	• 예술 활동이 정신 건강에 미치는 긍정적 효과 • 커뮤니티 아트를 통한 지역사회 활성화 사례 • 스포츠 활동이 청소년 비행 예방에 미치는 영향 • 예술 치료를 통한 취약계층 심리 지원 • 창작 활동을 통한 자존감 회복 프로그램 • 음악 및 무용 치료가 스트레스 완화에 미치는 효과 • 공연 예술을 활용한 사회 문제 인식 제고 • 지역 특산물을 주제로 한 문화 예술 프로젝트 • 예술 교육이 청소년 발달에 미치는 영향 • 스포츠를 통한 팀워크 및 리더십 함양
융복합계열	• ICT를 활용한 통합 복지 서비스 플랫폼 개발 • 빅데이터를 활용한 소득 불평등 분석 및 대응 전략 • AI 기반 맞춤형 복지 서비스 제공 솔루션 • 스마트 시티 내 포용적 사회서비스 통합 방안 • 디지털 헬스케어 플랫폼 구축 사례 연구 • 로봇 기술을 활용한 노인 돌봄 혁신 • 블록체인 기술로 투명한 복지 자원 관리 시스템 구축 • VR/AR 기술을 활용한 재난 대응 훈련 프로그램 • 지속 가능한 발전 목표(SDGs) 달성을 위한 융합형 복지 전략 • 온라인 플랫폼을 통한 글로벌 협력 네트워크 구축

2. G2. 기아해소, 식량안보와 지속가능한 농업발전

"기아 종식, 식량 안보와 개선된 영양상태의 달성, 지속 가능한 농업 강화"

1) 기본 정보

우리가 어떻게 음식을 재배하고, 유통하고, 소비하는지 다시 생각해 볼 때입니다. 제대로만 한다면 농업·임업·어업은 모든 사람에게 영양이 풍부한 음식을 제공할 수 있고, 상당한 수준의 소득을 창출할 수 있으며, 동시에 국민 중심의 농촌 발전을 지원하고 환경을 보호할 수 있습니다.

현재 토양, 담수, 바다, 산림의 훼손으로 생물다양성은 급격히 감소되고 있습니다. 기후변화는 우리가 의존하는 자원에 치명적인 영향을 미치고 있고, 가뭄이나 홍수와 같은 재난 위험을 증가시키고 있습니다. 많은 농민들은 더 이상 그들의 땅에서 생계를 유지할 수 없어 기회를 찾기 위해 도시로 이주해야 하며, 열악한 식량안전보장은 심각한 영양실조로 수백만 명의 아이들의 성장을 저해하거나 수명을 단축하고 있습니다.

세계적으로 영양결핍에 시달리는 인구는 8억 1500만 명, 2050년까지 추가적으로 20억 명의 인구가 영양결핍에 시달릴 것으로 예상되며 이들을 부양하려면 세계 식량과 농업 시스템의 근본적인 변화가 필요합니다. 농업에 대한 투자는 농업 생산력 발전에 필수적이며 지속 가능한 식량 생산 시스템은 영양결핍 발생 위험을 줄이는 데 필요합니다.

1) 수치와 현황

(1) 기아

2017년 기준, 전 세계적으로 8억 2100만 명은 영양부족 상태입니다.

영양부족에 시달리는 인구의 대부분은 개발도상국에 살고 있으며, 12.9%의 사람들이 영양부족으로 고통받고 있습니다.

사하라 이남 아프리카 지역은 기아가 가장 극심한 곳입니다. 게다가 2014년 20.7%에서 2017년 23.2%로 증가하는 추세입니다.

사하라 이남 아프리카 지역에서 영양실조 인구는 2014년 1억 9500만 명에서 2017년 2억 3700만 명으로 증가하였습니다.

영양부족으로 인한 5세 이하 어린이 사망률은 45%로, 매년 310만 명의 어린이들이 죽고 있습니다.

2018년에는 전 세계 5세 이하 아동의 22%에 해당하는 1억 4900만 명의 아동들이 만성 영양부족 상태로 밝혀졌습니다.

(2) 식량안보

농업부문 종사자는 전 세계 노동인구의 40%를 상회하며 많은 인구가 농업에 생계를 의존합니다.

전 세계적으로 5억 개의 작은 농장들 대부분은 여전히 비를 통해 물을 공급받으며, 이 소농들은 개발도상국의 많은 지역에서 소비되는 음식의 최대 80%를 제공합니다. 소농에 대한 투자는 지역 및 전 세계 식량 생산뿐만 아니라, 절대 빈곤층을 위한 식량 안보와 영양 증진을 위해서도 중요합니다.

1900년대 이후 작물 품종의 75%가 사라졌습니다. 농업의 생물다양성을 보다 잘 활용한다면 식단의 영양을 더욱 높이고 농업 공동체의 생계를 향상시키며, 복원가능하고 지속가능한 농업 시스템을 만들 수 있습니다.

만약 여성 농부들이 남성과 동일한 자원을 이용할 수 있다면, 세계의 굶주린 사람들의 수는 1억 5천만 명까지 줄어들 수 있습니다.

전 세계적으로 40억 명의 사람들이 전기를 사용할 수 없으며 대부분은 개발도상국의 농촌 지역에 거주하고 있습니다. 많은 지역의 에너지 빈곤은 충분한 식량을 생산하는 것을 방해하는 근본적인 장벽입니다.

- 세부목표 2-1. "취약계층에 대한 식량 접근성을 안정적으로 보장한다."
  - 정책 과제
    ① 취약계층 대상 복지용 쌀 할인공급
    ② 미래세대 등 맞춤형 식품 지원 등을 통한 식생활 개선
- 세부목표 2-2. "농가 소득원을 다각화하고, 경영 안전망을 확충하여 농가 소득 증대를 도모한다."
  - 정책 과제
    ① 농축산물 수급안정 및 판로확충 등 농업소득 증대
    ② 농촌융복합사업 등을 통한 농외소득 증대
    ③ 재해대응력 강화, 공익직불제 본격 추진 등 소득안전망 구축
- 세부목표 2-3. "지속가능한 식량생산체계를 구축한다."
  - 정책 과제
    ① 친환경 농업 확산
- 세부목표 2-4. "종자, 작물, 가축의 유전적 다양성을 유지하고 신품종을 개발한다."
  - 정책 과제
    ① 농업유전자원의 다양성 유지
    ② 신품종 개발
- 세부목표 2-5. "식량작물의 가격 변동성을 줄여 식량 접근성을 보장한다."
  - 정책 과제
    ① 쌀 적정생산, 소비촉진을 통해 수급 균형으로 쌀 가격 안정

② 적정 수준의 정부관리양곡 재고 유지 및 효율적 관리
③ 국제곡물가 변동 등 외부요인에 대한 대응 체계 구축

[2022 개정 교육과정 & SDGs 2번 연계 탐구 주제]

인문계열	• 식량 안보와 인권: 철학적 고찰 • 문학 속 식량 문제와 사회적 메시지 • 역사 속 기근과 사회 변화 • 문화적 관점에서 본 식생활의 변화 • 식량 문제에 대한 윤리적 접근 • 지역별 전통 농업 방식의 역사적 의미 • 식량 안보와 평등: 사회적 담론 분석 • 음식과 사회적 정체성의 관계 연구 • 농업과 인간 문명의 발전사 • 식량 위기와 인류의 대응 역사
자연계열	• 유전자 다양성이 생태계에 미치는 영향 연구 • 친환경 농업 기술의 과학적 원리 분석 • 기후변화가 농업 생산성에 미치는 영향 연구 • 지속 가능한 작물 재배 방법 개발 • 토양 건강과 농작물 생산성의 상관관계 분석 • 생물 다양성을 보존하기 위한 농업 전략 연구 • 새로운 작물 품종 개발을 위한 유전학 연구 • 생태 농업을 통한 환경 보호 방안 연구 • 가축 유전자 다양성 보존 방법 연구 • 자연재해가 농업에 미치는 영향과 대응 전략
공학계열	• 스마트 농업 기술 개발 및 적용 사례 연구 • 농산물 유통을 위한 물류 시스템 개선 방안 • 자동화된 농작물 관리 시스템 설계 및 구현 • 드론을 활용한 정밀 농업 기술 연구 • 식량 저장 및 보존 기술 개선 방안 연구 • 수확 후 손실을 줄이기 위한 기술 개발 • 기후변화 대응을 위한 농업 기술 혁신 • 친환경 비료 및 살충제 개발 • 데이터 기반 농업 생산성 향상 시스템 설계 • 에너지 효율적인 농기계 설계 및 개발
사회과학계열	• 식량 안보 정책의 사회 경제적 효과 분석 • 취약계층을 위한 식량 지원 프로그램 평가 • 국제 곡물 시장의 동향과 국내 영향 분석 • 지역사회 기반의 식량 자급자족 모델 연구 • 농촌 지역 경제 활성화를 위한 정책 제안

	• 공익직불제의 사회적 효과 분석 • 도시농업이 지역사회에 미치는 영향 연구 • 식량 가격 안정화를 위한 정부 정책 평가 • 농촌융복합사업의 성공 사례 분석 • 지속 가능한 식량 체계를 위한 사회적 협력 방안
교육계열	• 학교 급식에서의 지속 가능한 식재료 사용 방안 • 청소년을 위한 친환경 식생활 교육 프로그램 개발 • 미래세대를 위한 식량 안보 교육 커리큘럼 설계 • 지역사회 참여를 통한 학교 텃밭 프로젝트 • 영양 교육이 아동 건강에 미치는 영향 분석 • 지속 가능한 발전 목표와 연계한 식생활 교육 • 학교에서의 음식물 쓰레기 감소 방안 연구 • 학생 참여형 친환경 요리 교실 운영 사례 • 지역 특산물을 활용한 요리 교육 프로그램 • 건강한 식습관 형성을 위한 교육 자료 개발
의료계열	• 영양 불균형이 건강에 미치는 영향 연구 • 친환경 농산물 소비가 건강에 미치는 효과 • 아동 영양 상태 개선을 위한 의료 개입 방안 • 고령자 영양 관리 프로그램 개발 • 만성질환 예방을 위한 식단 조절 방법 • 지역사회 영양 상담 서비스 운영 사례 • 비만 예방을 위한 공공 보건 캠페인 평가 • 임산부를 위한 맞춤형 영양 관리 방안 • 신종 감염병 발생 시 영양 지원 체계 구축 • 정신 건강 증진을 위한 영양 요법 연구
예체능계열	• 전통 음식 문화와 현대 요리의 융합 사례 • 예술 작품 속 음식과 사회적 메시지 분석 • 음식 디자인과 미각 경험의 상관관계 연구 • 음악과 요리를 결합한 창의적 공연 기획 • 전통 요리법을 활용한 현대식 레시피 개발 • 음식 사진 촬영 기법과 미디어 활용 • 지역 특산물을 주제로 한 예술 작품 제작 • 음식 축제를 통한 문화 교류와 지역 활성화 • 요리를 통한 감각 예술 체험 프로그램 • 푸드 아트를 활용한 창의력 개발
융복합계열	• ICT를 활용한 스마트 푸드 시스템 구축 • AI 기반 개인 맞춤형 영양 관리 솔루션 • 빅데이터를 활용한 식량 수급 예측 모델링 • 지속 가능한 발전 목표(SDGs) 달성을 위한 융합형 농업 전략 • IoT 센서를 활용한 실시간 작물 모니터링 시스템 • 블록체인 기술로 투명한 공급망 관리 시스템 구축

	• VR/AR 기술을 활용한 가상 요리 체험 제공 • 로봇 기술을 활용한 자동화된 농작업 솔루션 • 디지털 플랫폼을 통한 글로벌 푸드 네트워크 구축 • 환경 보호와 식량 생산을 결합한 융복합 프로젝트

3. G3. 건강 보장과 모든 연령대 인구의 복지증진

"모든 연령층을 위한 건강한 삶 보장과 복지 증진"

1) 기본 정보

전 연령대의 건강한 삶을 보장하고 복지를 증진하는 것은 지속가능한 발전에 필수적입니다.

인류의 기대 수명은 늘어나고 영·유아 및 임산부 사망률은 감소하는 등의 상당한 진전이 이루어졌지만 2030년까지 10만 명당 70명 미만의 임산부 사망률 감축 목표를 위해서는 출산시스템의 전문적인 개선이 필요합니다. 2030년까지 비전염성 질병으로 인한 조기 사망률을 1/3로 줄이는 목표를 달성하기 위해서 요리 중 깨끗한 기름을 사용할 수 있는 효율적인 기술을 장려하고, 담배의 위험에 대한 교육이 필요합니다.

다양한 질병을 근절하고 지속적으로 발생하는 건강 문제들을 해결하는 데에도 많은 노력이 필요합니다. 의료시스템에 대한 효과적인 자금 지원, 위생 개선, 의료 서비스의 접근성 확대, 환경오염 방지에 대한 정보 제공 등에 중점을 둠으로써, 수백만 명의 생명을 살리는 큰 진전을 이룰 수 있습니다.

2) 수치와 현황

(1) 어린이 건강

1990년에 비해서는 매일 아이들이 17,000명 덜 사망하지만, 매년 다섯 번째 생일을 넘기지 못한 5백만 명 이상의 아이들이 죽고 있습니다. 2000년 이후, 홍역 백신은 거의 1,560만 명의 사망자를 방지했습니다.

국제적인 진전에도 불구하고 사하라 이남 아프리카와 남부 아시아 지역의 아동 사망률은 증가하고 있습니다. 5세 미만 아동 사망자의 5명 중 4명이 이들 지역에서 발생합니다. 최빈곤층 자녀는 부유층의 자녀보다 5살 이전에 사망할 확률이 거의 두 배나 높습니다. 교육을 받은 어머니의 자녀들, 심지어 초등 교육을 받은 어머니조차 교육을 받지 않은 어머니의 자녀들보다 생존할 가능성이 더 높습니다.

(2) 임산부 건강

임산부의 사망률은 2000년 이후 37% 감소했습니다. 동아시아, 북아프리카, 남아시아에서는 임산부 사망률이 약 3분의 2로 감소했습니다. 하지만 출산 후 사망하는 임산부 사망률은 선진국보다 개발도상국에서 14배 이상 높습니다.

많은 여성들이 출산 전 관리를 받고 있으며, 개발도상국에서는 1990년 65%에서 2012년 83%로 관리율이 증가했습니다. 개발도상국의 여성들 중 절반만이 그들이 필요로 하는 권장 의료 서비스를 받습니다. 개발도상국에서 청소년의 출산율은 감소하는 추세이나 성과속도는 더딘 상황입니다. 1990년대 피임약의 사용이 크게 증가하였으나 2000년대 가시적인 성과로 이어지지는 않았습니다. 가족계획의 필요성은 많은 여성들에게 서서히 충족되고 있지만, 수요는 빠른 속도로 증가하고 있습니다. HIV/AIDS, 말라리아 및 기타 질병 2017년 기준, HIV 감염자는 전 세계적으로 3690만 명입니다. 2017년 기준, 2170만 명의 사람들이 항 레트로바이러스 치료를 받고 있습니다. 2017년에만 180만 명의 사람들이 HIV에 신규 감염되었습니다. 2017년에는 94만 명의 사람들이 에이즈와 관련된 질병으로 100만 명이 사망했습니다. 결핵은 HIV 감염 환자들의 주요한 사망 원인이며, 에이즈 환자 3명 중 1명은 결핵으로 사망합니다.

전 세계적으로 청소년기의 소녀들과 젊은 여성들은 성별에 따른 불평등, 배척, 차별, 폭력에 처해 있으며, 이는 그들의 HIV 감염 위험성을 증가시키고 있습니다. 전 세계적으로 HIV는 가임기 여성들의 주요 사망 원인입니다.

AIDS는 현재 아프리카의 청소년(10-19세) 사망의 가장 큰 원인이고, 전 세계 청소년 사망의 두 번째로 흔한 원인입니다. 2000년에서 2015년 사이에 620만 명이 넘는 말라리아 사망자가 발생했으며, 주로 사하라 이남 아프리카 지역에서 5세 미만의 어린이가 사망했습니다. 전 세계 말라리아 발병률은 37%, 사망률은 58%로 떨어졌습니다.

- 세부목표 3-1. "만성질환의 위험요인관리와 건강보장을 확대한다."
  - 정책 과제
    - ① 만성질환의 관리
    - ② 가까운 지역에서 믿을 수 있는 의료서비스 제공
    - ③ 적극적 금연 정책
    - ④ 건강 취약집단 관리 체계 구축
- 세부목표 3-2. "정신건강을 증진하고 약물 오남용을 예방한다."
  - 정책 과제
    - ① 자살예방사업
    - ② 정신질환에 대한 체계적 관리를 통해 정신건강증진 도모
    - ③ 정신장애인의 지역사회 중심적인 관리모델 구축
    - ④ 코로나 19 등 재난 상황에서의 국민 정신건강관리
    - ⑤ 음주폐해 예방
- 세부목표 3-3. "교통사고 등 각종 인명사고로 인한 사망과 신체손상을 예방한다."
  - 정책 과제
    - ① 교통사고 사상자 절반 프로젝트
- 세부목표 3-4. "감염병의 예방과 관리를 위해 노력한다."
  - 정책 과제
    - ① 감염병 발생 및 피해 최소화
    - ② 원헬스적 측면에서 신종 감염병 대응 정책
    - ③ 감염병 취약집단 개념화 및 관리체계
- 세부목표 3-5. "모성의 건강을 보호하고 증진한다."
  - 정책 과제
    - ① 산모와 영아사망률 감소
- 세부목표 3-6. "아동의 건강을 보호하고 증진한다."
  - 정책 과제
    - ① 아동 건강 보호 및 증진

- 세부목표 3-7. "유해화학물질, 대기, 물, 토양오염으로 인한 사망과 질병을 줄인다."
  - 정책 과제
    ① 대기오염총량제 확대 시행
    ② 온열환자 리포팅 및 예방사업
    ③ 인체 내 환경유해물질 농도 조사 사업
- 세부목표 3-8. "대한민국의 저출생 극복과 인구고령화를 대비한다."
  - 정책 과제
    ① 고령화 사회를 대비한 돌봄 체계 구축
- 세부목표 3-9. "공공보건의료서비스를 확대하여 보편적 의료보장을 달성한다."
  - 정책 과제
    ① 공공보건의료 정책기능 강화 및 기관별 기능 정립
    ② 공공의료 종사 인력 양성
    ③ 지역의 공공의료 역량 강화
    ④ 필수의료 중심의 건강보험 보장성 강화

[2022 개정 교육과정 & SDGs 3번 연계 탐구 주제]

인문계열	• 건강과 질병에 대한 철학적 접근 • 문학 속 질병과 치유의 의미 • 역사 속 전염병의 사회적 영향 • 문화적 관점에서 본 건강과 질병 • 정신 건강에 대한 사회적 인식 변화 • 금연 캠페인의 역사와 효과 분석 • 모성과 아동 건강에 대한 인식 변화 • 고령화 사회에서의 가족 구조 변화 • 환경 오염과 인간 건강: 인문학적 고찰 • 저출생 문제에 대한 사회적 담론
자연계열	• 대기오염이 생태계와 인간 건강에 미치는 영향 연구 • 감염병의 생물학적 전파 과정 분석 • 환경 유해물질의 생물학적 영향 연구 • 기후변화와 건강: 생태학적 접근 • 만성질환의 자연적 예방 방법 연구 • 자연재해와 인간 건강의 상관관계 분석 • 신종 감염병의 진화와 대응 전략 연구 • 환경 변화가 아동 발달에 미치는 영향 연구 • 생태계 보존을 통한 공공 건강 증진 방안 • 자연 기반 치유법과 정신 건강

공학계열	• 스마트 헬스케어 시스템 설계 및 구현 • 교통사고 예방을 위한 안전 기술 개발 • 대기오염 모니터링을 위한 센서 기술 연구 • 물 오염 감시를 위한 자동화 시스템 개발 • 원헬스(One Health) 접근을 위한 통합 플랫폼 설계 • 환경 유해물질 제거를 위한 정화 기술 개발 • 재난 상황에서의 원격 의료 시스템 구축 방안 • 고령자 돌봄을 위한 로봇 기술 개발 • 공공보건 데이터 관리 시스템 설계 • 감염병 확산 예측을 위한 빅데이터 분석
사회과학계열	• 공공보건 정책의 사회적 효과 분석 • 정신건강 증진을 위한 지역사회 프로그램 평가 • 저출생 문제 해결을 위한 사회적 정책 제안 • 교통사고 감소를 위한 사회적 캠페인 효과 연구 • 고령화 사회에서의 돌봄 체계 혁신 사례 연구 • 금연 정책의 사회 경제적 효과 분석 • 아동 건강 증진을 위한 사회적 지원 방안 • 감염병 대응을 위한 국제 협력 사례 분석 • 환경 오염이 사회에 미치는 영향과 대응 전략 • 공공 의료 서비스 확대를 위한 정책 평가
교육계열	• 학교에서의 정신건강 교육 프로그램 개발 • 아동 건강 증진을 위한 교육 커리큘럼 설계 • 금연 교육 캠페인의 효과와 개선 방안 • 환경 오염 예방을 위한 학교 교육 프로그램 • 재난 상황에서의 학생 정신건강 지원 방안 • 고령화 시대를 대비한 교육 프로그램 개발 • 만성질환 예방을 위한 생활습관 교육 방법 • 감염병 예방을 위한 학교 보건교육 강화 • 모성 및 아동 건강 교육 자료 개발 • 지속 가능한 발전 목표와 연계한 보건교육
의료계열	• 만성질환 관리 시스템 개선 방안 연구 • 정신건강 증진을 위한 지역사회 모델 개발 • 고령화 시대에 적합한 의료 서비스 설계 • 감염병 예방 및 관리 체계 강화 방안 • 모성 및 아동 보건 서비스 개선 전략 • 음주 및 약물 오남용 예방 프로그램 평가 • 지역사회 기반 공공보건 서비스 확대 방안 • 교통사고 피해 감소를 위한 응급 의료 체계 • 환경 유해물질 노출 감소를 위한 의료 개입 • 코로나19 이후 국민 정신건강 관리 전략

예체능계열	• 운동이 정신 건강에 미치는 영향 연구 • 예술 치료를 통한 정신 건강 증진 사례 • 체육 활동이 만성질환 예방에 미치는 효과 • 음악 치료가 스트레스 완화에 미치는 영향 • 무용을 통한 신체 및 정신 건강 증진 방법 • 스포츠를 통한 청소년 비행 예방 프로그램 • 예술 활동이 고령자의 삶의 질에 미치는 영향 • 환경 보호 메시지를 담은 예술 작품 기획 • 커뮤니티 아트를 통한 지역사회 건강 증진 • 공연 예술을 활용한 금연 캠페인
융복합계열	• ICT를 활용한 통합 정신건강 관리 시스템 개발 • 빅데이터를 활용한 만성질환 예측 모델링 • 스마트 시티 내 공공보건 서비스 통합 방안 • AI 기반 개인 맞춤형 건강 관리 솔루션 • VR/AR 기술을 활용한 재활 치료 프로그램 • IoT 센서를 활용한 실시간 환경 오염 모니터링 • 디지털 헬스케어 플랫폼 구축 사례 연구 • 로봇 기술을 활용한 노인 돌봄 혁신 • 블록체인 기술로 안전한 의료 데이터 관리 • 지속 가능한 발전 목표(SDGs) 달성을 위한 융합형 보건 전략

4. G4. 양질의 포괄적인 교육제공과 평생학습 기회제공

"모두를 위한 포용적이고 공평한 양질의 교육 보장 및 평생학습 기회 증진"

1) 기본 정보

양질의 교육은 지속가능한 발전을 위한 토대입니다. 포괄적인 교육을 제공하는 것은 삶의 질을 향상시키는 것 외에도, 현지인들이 국제 현안에 대한 혁신적인 해결책을 찾는 데 필요한 창의적 사고를 갖추도록 도와줍니다.

현재 2억 6500만 명 이상의 아동이 학교를 중퇴했고 그들 중 22%는 초등학생밖에 안 되는 나이입니다. 게다가 학교에 다니는 아동들조차 읽기와 계산 등 기본적인 능력이 부족합니다. 지난 10년 동안, 전 과정 교육에 대한 접근성을 높이고 여성의 학교 입학률을 높이기 위한 노력들이 이루어졌습니다. 기본적인 문맹퇴치는 비약적으로 높아졌지만 보편적인 교육목표 달성과 진전을 이루기 위해서는 더 많은 노력이 필요합니다. 한 예로, 남녀 아동 사이의 초등교육의 평등은 달성했지만, 교육 전 과정에서 그 목표를 달성한 국가는 거의 없습니다.

양질의 교육이 부족한 이유는 훈련된 교사의 부족과 빈약한 학교시설, 농촌 아이들의 상대적으로 부족한 기회 등 자본 문제와 연결되어 있습니다. 가난한 가정의 아이들에게 양질의 교육을 제공하기 위해서는 교육 장학금, 교사연수 워크숍, 학교 건축과 수질 개선, 학교 전기설비 등에 투자가 필요합니다.

2) 수치와 현황

개발도상국의 초등교육 입학률은 91%에 달했지만 5,700만 명은 여전히 미취학 아동입니다.

미취학 아동의 절반 이상이 사하라 이남 아프리카에서 살고 있습니다.

초등학교 나이의 미취학 아동 중 약 50%가 분쟁의 영향을 받는 지역에 살고 있습니다.

전 세계적으로 6억 1700만 명의 청소년들이 기본적인 계산과 읽고 쓰는 능력이 결여되어 있습니다.

- 세부목표 4-1. "모든 아동이 성별과 장애유무에 관계없이 적절하고 효과적인 학습성과를 거둘 수 있도록 양질의 무상 초등 · 중등교육의 평등한 이수를 보장한다."
  - 정책 과제
    ① 공교육 신뢰 제고를 통한 교육 형평성 확대
- 세부목표 4-2. "모든 아동에게 양질의 영유아 보육 및 교육서비스의 이용기회를 보장하여 초등교육에 대비한다."
  - 정책 과제
    ① 유아교육의 공공성 강화
    ② 교육공동체와 함께 유아의 건강한 발달 지원
- 세부목표 4-3. "모든 학습자들에게 성별과 장애유무에 관계없이 적정 비용으로 가능한 양질의 기술교육, 직업교육 및 대학교육을 포함한 고등교육에 대한 평등한 접근을 보장한

다.”

- 정책 과제
  ① 고등교육 기회 확대
  ② 평생교육 기반 조성

• 세부목표 4-4. “취업, 양질의 일자리, 창업 활동에 필요한 전문기술 및 직업기술 등 적절한 기술을 가진 청소년 및 성인의 수를 실질적으로 증대한다.”
- 정책 과제
  ① 직업교육훈련 혁신을 통한 사회적 가치 실현

• 세부목표 4-5. “교육에서의 성불평등을 해소하고, 장애인, 이주민, 취약상황에 처한 아동 등 취약계층이 모든 수준의 교육과 직업훈련에 평등하게 접근할 수 있도록 한다.”
- 정책 과제
  ① 소외계층의 기초교육 지원
  ② 소외계층의 직업교육 학습권 보장

• 세부목표 4-6. “모든 청소년과 다수의 성인이 문해 및 산술능력을 갖추도록 한다.”
- 정책 과제
  ① 모든 국민에게 문해 교육기회 제공

• 세부목표 4-7. “지속가능발전, 인권, 성평등, 평화와 비폭력문화 확산, 세계시민의식, 문화다양성 존중과 지속가능발전을 위한 문화의 기여 등에 대한 교육을 통해 모든 학습자들이 지속가능발전을 증진하기 위한 지식과 기술을 습득할 수 있게 한다.”
- 정책 과제
  ① 지속가능발전 교육 및 세계시민교육 강화

• 세부목표 4-8. “아동, 장애인, 성별을 고려한 교육시설을 건립 · 개선하고, 안전하고 비폭력적이며, 포용적이고 효과적인 학습환경을 제공한다.”
- 정책 과제
  ① 안전한 학교 구현
  ② 스마트한 학교 환경 조성

• 세부목표 4-9. “포용적이고 양질의 교육을 위해 모든 교육단계에서의 충분한 교육재정을 확보한다.”
- 정책 과제
  ① 모든 학생의 균등한 교육기회 보장을 위한 재정 투자 확대

• 세부목표 4-10. “모든 교육단계에서 양질의 교육을 제공하기 위한 교사를 충분히 확보한다.”
- 정책 과제
  ① 교원 전문성 강화

[2022 개정 교육과정 & SDGs 4번 연계 탐구 주제]

계열	탐구 주제
인문계열	• 교육 철학의 발전과 현대적 적용 • 문학 작품 속 교육의 역할과 의미 • 역사 속 교육 제도의 변화와 발전 • 교육과 사회 정의: 인문학적 접근 • 철학적 관점에서 본 평등한 교육 기회 • 다양한 문화권의 전통 교육 방식 연구 • 인권 교육의 중요성과 역사적 배경 • 성평등 교육의 필요성과 효과 분석 • 교육을 통한 문화 다양성 존중 방법 • 세계시민교육의 인문학적 가치
자연계열	• 자연환경을 활용한 교육 방법 연구 • 과학 교육에서의 장애 학생 지원 방안 • STEM 분야에서의 성별 격차 해소 방안 • 환경 교육과 지속 가능한 발전 목표 • 생물다양성 보존을 위한 교육 프로그램 개발 • 기후변화와 관련된 과학교육 사례 연구 • 자연재해 대비를 위한 과학교육 방법론 • 환경 보호를 위한 청소년 과학 프로젝트 개발 • 에너지 절약과 환경 보호 교육 방안 • 자연 탐구 활동을 통한 창의력 개발
공학계열	• 스마트 학교 환경 구축을 위한 기술 연구 • 장애인을 위한 접근 가능한 학습 기술 개발 • 온라인 학습 플랫폼의 기술적 개선 방안 • VR/AR을 활용한 몰입형 학습 환경 설계 • 데이터 분석을 통한 학습 성과 향상 전략 • 공학 분야에서 여성 참여 확대를 위한 기술적 지원 방안 • AI 기반 맞춤형 학습 시스템 개발 사례 연구 • 지속 가능한 학교 건축 설계 및 에너지 관리 기술 • 정보통신기술(ICT)을 활용한 원격교육 혁신 • 안전한 학교 환경을 위한 보안 기술 개발
사회과학계열	• 교육 불평등 해소를 위한 정책 분석 • 사회 경제적 배경이 교육에 미치는 영향 연구 • 다문화 사회에서의 포용적 교육 정책 • 직업교육훈련이 지역 경제에 미치는 영향 • 소외계층을 위한 평생교육 프로그램 효과 분석 • 청소년 일자리 창출을 위한 직업교육 혁신 사례 • 문해력 향상을 위한 사회적 캠페인 효과 연구 • 공공교육 신뢰 회복을 위한 정책 제안 • 글로벌 시민으로서의 의식 함양을 위한 교육 방안 • 평화와 비폭력 문화 확산을 위한 교육 프로그램

교육계열	• 유아기부터 시작하는 성평등 교육 방안 • 장애 학생 통합교육의 효과와 개선점 • 교사의 전문성 강화를 위한 연수 프로그램 개발 • 초등교육에서 창의력 증진을 위한 교수법 연구 • 학습자 중심의 교실 환경 조성 방법론 • 평생교육 체제 구축을 위한 전략적 접근법 • 다문화 가정 학생 지원을 위한 맞춤형 교육 프로그램 • ICT를 활용한 혁신적인 교수법 사례 분석 • 지속가능발전 목표(SDGs)와 연계한 교과목 개발 • 안전하고 포용적인 학습 환경 조성을 위한 정책 제안
의료계열	• 학교 보건 시스템 개선을 통한 학생 건강 증진 방안 • 정신 건강과 학교 환경: 예방 및 지원 전략 • 장애 학생들의 건강 관리 및 지원 체계 연구 • 영양 교육이 아동 발달에 미치는 영향 분석 • 학교 내 응급처치 시스템 구축 및 운영 사례 • 건강한 생활 습관 형성을 위한 보건교육 프로그램 • 공공 보건 관점에서 본 학교 위생 관리 • 청소년 비만 예방을 위한 학교 기반 프로그램 • 성 건강 및 재생산 건강 교육, 건강예술 교육이 창의력 발달에 미치는 영향 연구
예체능계열	• 체육 활동이 아동 발달에 미치는 긍정적 효과 분석 • 문화 다양성을 존중하는 예술교육 프로그램 개발 • 음악 및 미술 치료를 통한 정서 발달 지원 사례 • 공연 예술을 통한 사회 문제 인식 제고 방안 • 스포츠를 통한 팀워크 및 리더십 함양 방법론 • 예술과 기술 융합을 통한 새로운 학습 경험 제공 • 무용 및 신체 활동이 정신 건강에 미치는 영향 연구 • 시각 예술을 활용한 창의적 문제 해결 능력 배양 • 지역사회 참여를 촉진하는 커뮤니티 아트 프로젝트화 방안 • 감염병 예방을 위한 학교 보건 안전 대책
융복합계열	• STEAM(Science, Technology, Engineering, Arts, Mathematics) 기반 융합교육 사례 연구 • 디지털 리터러시 향상을 위한 융합형 커리큘럼 개발 • 지속 가능한 발전 목표를 달성하기 위한 융합교육 전략 • 스마트러닝 환경에서의 맞춤형 학습 경험 설계 • 인공지능과 빅데이터를 활용한 개인화된 학습 경로 제공 • 창업 정신 함양을 위한 융합형 직업교육 프로그램 개발 • 온라인 협업 도구를 활용한 글로벌 프로젝트 기반 학습 • 융합기술을 활용한 장애인 맞춤형 학습 솔루션 개발 • 가상 현실(VR)을 활용한 몰입형 역사 및 문화 체험 제공 • 지역사회 문제 해결을 위한 프로젝트 기반 융합교육

5. G5. 양성평등달성과 모든 여성과 여아의 역량강화

"성평등 달성과 모든 여성 및 여아의 권익신장"

1) 기본 정보

새천년개발목표(MDGs, 보편적 초등교육 달성 포함)에 따라 성평등과 여성의 권익에 대한 진전을 이루었지만, 여성 및 소녀들은 세계 각지에서 차별과 폭력을 계속적으로 겪고 있습니다.

성평등은 인간의 기본적 인권일 뿐만 아니라 평화와 번영을 추구하는 지속가능한 세상에 필요한 필수 토대입니다. 15세에서 49세 사이의 여성 5명 중 1명에 해당하는 수가 조사일자로부터 12개월 이내에 친밀한 파트너에 의해 물리적 폭력 또는 성폭력 피해를 당한 경험이 있다고 진술했고, 현재 49개국은 가정 폭력으로부터 여성을 보호하는 법을 가지고 있지 않습니다. 지난 10년 동안 아동결혼은 감소하고 있는 추세이며, 해로운 관습인 여성성기 절제술(여성 하례)은 30% 감소하는 등 진전은 있었으나 이러한 관행을 근절하기 위해서는 더욱 강도 높은 노력이 필요합니다.

여성 및 소녀들에게 교육과 건강관리, 양질의 일자리를 제공하고, 그녀들의 정치적·경제적 의사결정과정 참여를 높이는 것은 지속 가능한 경제와 사회 그리고 인류에게 전반적인 이익을 가져다 줄 것입니다. 따라서 직장 내 여성의 평등에 관한 새로운 법체계를 마련하고 여성을 대상으로 한 유해한 관행을 근절하는 것은 전 세계의 많은 나라들에서 성차별을 종식시키는 데에 있어 매우 중요합니다.

2) 수치와 현황

세계적으로 7억 5천만 명의 여성과 소녀들이 18세 이전에 조혼하였으며, 30개국의 최소 2억 명이 넘는 여성과 소녀들이 여성 성기 절제술(여성 할례)을 강요받았습니다.

이 관행이 집중된 30개국에서 여성 성기 절제술(여성 할례)을 겪은 15-19세 사이의 소녀들의 비율은 2000년 2명 중 1명에서 2017년까지 3명 중 1명으로 떨어졌습니다.

18개국에서 남편은 합법적으로 아내가 일하는 것을 막을 수 있으며, 39개국에서 딸과 아들은 동등한 상속권을 가지고 있지 않습니다. 그리고 49개국에서 가정폭력으로부터 여성들을 보호하는 법이 없습니다.

15세에서 49세의 여성 중 19%를 포함하여 여자 5명 중 1명이 조사일자로부터 12개월 이내에 친밀한 파트너에 의한 물리적 폭력 또는 성폭력 피해를 당한 경험이 있다고 진술하였습니다. 그러나 49개 국가에서는 그러한 폭력으로부터 여성들을 특별히 보호하는 법이 없습니다.

여성이 전 세계적으로 중요한 정치적 지위에 진입하는 동안 23.7% 국가의 의회에서 여성 대표는 여전히 평등과는 거리가 멉니다.

46개국에서 여성들은 현재 적어도 전국 의회에서 30% 이상의 의석을 차지하고 있습니다.

기혼 여성 또는 노동조합에 가입한 여성 중 오직 52%만이 성관계, 피임약 사용, 건강관리에 대한 결정을 자유롭게 내립니다.

세계적으로 농지를 소유한 여성은 농경지 보유자의 13%에 불과합니다.

북아프리카의 여성들은 비농업 분야에서 5명 중 1명 미만이 유급의 직업을 가지고 있습니다. 농업 분야 외 유급 고용 여성의 비율은 1990년 35%에서 2015년 41%로 증가했습니다.

100개 이상의 국가들이 성평등을 위한 예산 배분을 추적하기 위한 조치를 취했습니다.

남아시아에서 소녀의 유년기 결혼위험은 2000년 이후로 40% 이상 감소했습니다.

- 세부목표 5-1. "여성과 소녀를 대상으로 하는 모든 형태의 차별을 철폐한다."
  - 정책 과제
    ① 남녀평등 의식과 문화의 확산
- 세부목표 5-2. "모든 여성과 소녀에 대해 모든 영역에서의 인신매매, 성적착취 등의 폭력을 철폐한다."

- 정책 과제
  ① 여성폭력 근절과 예방
- 세부목표 5-3. “무보수 돌봄과 가사노동에 대해 인정하고 가치를 부여한다.”
  - 정책 과제
    ① 평등하게 일할 권리와 기회의 보장
    ② 일 · 생활 균형 사회기반 조성
- 세부목표 5-4. “정치 · 경제 · 공적생활의 모든 의사결정 수준에서 여성의 완전하고 효과적인 참여와 리더십을 위해 평등한 기회를 보장한다.”
  - 정책 과제
    ① 여성 대표성 제고 및 참여 활성화
- 세부목표 5-5. (보완) “성 · 재생산 건강과 관리에 대한 보편적으로 접근을 보장한다.”
  - 정책 과제
    ① 여성의 성 · 재생산 건강 및 권리 보장
- 세부목표 5-6. (보완) “여성권한 강화를 위해 핵심기술, 특히 정보통신기술에 대한 접근을 확대하고 여성인력을 양성한다.”
  - 정책 과제
    ① 과학기술 · ICT 분야 활용 역량 강화
- 세부목표 5-7. “모든 수준에서 성평등 및 모든 여성과 소녀의 권한 강화를 위한 견실한 정책과 법을 채택하고 증진한다.”
  - 정책 과제
    ① 양성평등 정책 추진체계 강화

[2022 개정 교육과정 & SDGs 5번 연계 탐구 주제]

계열	탐구 주제
인문계열	• 젠더 불평등의 역사적 배경 연구 • 문학 속 여성의 역할 변화 분석 • 여성 인권 운동의 발전사 • 철학적 관점에서 본 성평등 • 문화적 관습과 여성 차별 • 여성의 사회적 지위 변화에 대한 비교 연구 • 성평등을 주제로 한 영화 분석 • 젠더와 언어: 성차별적 표현의 기원과 영향 • 여성 작가들의 문학적 기여 • 페미니즘 이론의 발전과 비판
자연계열	• 여성 과학자들의 업적과 도전 • 생물학적 성차와 사회적 성역할의 관계 • 환경 보호와 여성의 역할

	• 생태계 보존에 대한 여성의 기여 • 기후변화 대응에서의 젠더 관점 • 유전학에서의 성차 연구 • 생리주기와 건강: 과학적 접근 • 여성 건강을 위한 자연치유법 연구 • 생물다양성과 여성 공동체의 역할 • 자연재해 대응에서 여성 리더십
공학계열	• 여성 과학자들의 업적과 도전 • 생물학적 성차이와 사회적 성역할의 관계 • 환경 보호와 여성의 역할 • 생태계 보존에 대한 여성의 기여 • 기후변화 대응에서의 젠더 관점 • 유전학에서의 성차 연구 • 생리주기와 건강: 과학적 접근 • 여성 건강을 위한 자연치유법 연구 • 생물다양성과 여성 공동체의 역할 • 자연재해 대응에서 여성 리더십
사회과학계열	• 성평등 정책 효과 분석: 국내외 사례 비교 • 여성 노동 시장 참여와 경제 성장의 상관관계 연구 • 미디어에서의 성차별적 표현 분석 • 사회 구조와 젠더 불평등: 이론적 접근 • 정치 참여에서의 여성 대표성 증가 방안 연구 • 가사노동 가치 평가와 경제적 영향 • 인신매매 방지를 위한 국제 협력 사례 • 젠더 폭력 예방을 위한 사회적 캠페인 효과 분석 • 가족 내 성역할 변화와 사회적 영향 • 디지털 시대의 젠더 격차 해소 전략
교육계열	• 학교 교육에서 성평등 의식 함양 방법 • 교육 커리큘럼 내 젠더 감수성 통합 방안 • 여학생 STEM 교육 참여 증진 프로그램 개발 • 교사 교육을 통한 젠더 편견 해소 방법 • 양성평등을 주제로 한 교육 자료 개발 • 학교 폭력 예방을 위한 젠더 기반 접근법 • 평등한 학습 환경 조성을 위한 정책 제안 • 여학생 리더십 프로그램 효과 분석 • 교육 정책에서 성평등 고려사항 연구 • 다문화 교육과 젠더 감수성
의료계열	• 여성 건강 증진을 위한 공공 보건 정책 연구 • 재생산 건강 권리 보장을 위한 의료 서비스 개선 방안 • 정신 건강과 젠더: 차이점 및 치료 접근법 • 성별에 따른 질병 발병률 및 치료 효과 비교 연구

	• 모자 보건 서비스 개선을 위한 국제 사례 분석 • 의료 분야에서 여성 리더십 확대 방안 • 임신 및 출산 관련 의료 윤리 문제 탐구 • 여성 환자의 의료 접근성 향상 전략 • 생애 주기별 여성 건강 관리 프로그램 개발 • 성폭력 피해자 지원을 위한 의료 시스템 개선
예체능계열	• 예술 작품 속 젠더 표현 분석 • 공연 예술에서의 성평등 구현 사례 연구 • 디자인 분야에서의 여성 창작자 역할 확대 방안 • 음악 산업 내 젠더 불균형 해소 전략 • 미술사 속 여성 예술가들의 기여 탐구 • 패션 산업에서의 성차별 문제 해결 방안 • 영화 제작 과정에서의 젠더 다양성 촉진 사례 분석 • 스포츠 분야에서의 여성 참여 확대 전략 • 무용 예술에서 젠더 정체성 표현 연구 • 미디어 아트와 페미니즘
융복합계열	• 스마트 기술을 활용한 성폭력 예방 시스템 개발 • 디지털 플랫폼 내 젠더 평등 촉진 방안 • 빅데이터를 활용한 성별 임금 격차 분석 • AI 기반 성평등 교육 프로그램 개발 • 스마트 헬스케어 시스템 내 젠더 감수성 통합 • 가상 현실(VR)을 통한 성인지 감수성 교육 • IoT 기술을 활용한 안전한 도시 환경 구축 • 블록체인 기술로 인신매매 추적 시스템 개발 • 데이터 과학을 통한 양성평등 정책 효과 평가 • 온라인 플랫폼을 통한 글로벌 페미니즘 네트워크 구축

6. G6. 물과 위생의 보장 및 지속가능한 관리 보장

"인류 건강을 위해 깨끗하고 이용 가능한 물 이용"

1) 기본 정보

깨끗하고 이용 가능한 물은 건전한 생태계와 인류 건강에 필수적입니다. 또한 이를 위한 충분한 양의 담수도 지구상에 존재합니다. 그러나 경제난이나 열악한 사회기반시설로 인해 어린이들을 포함한 수백만의 사람들이 물 부족과 위생문제로 인한 질병으로 매년 사망하고 있습니다.

물 부족과 수질 악화, 불충분한 위생시설은 전 세계 빈곤가정의 식량안보와 생계수단 및 교육기회에 부정적인 영향을 미칩니다. 현재 20억 명 이상의 사람들이 담수 고갈의 위험을 안고 살고 있으며, 2050년까지 최소한 4명 중 1명은 만성적이고 반복적인 물 부족의 영향을 받으며 살게 됩니다. 특히 가뭄은 최빈개도국에 기아와 영양결핍을 악화시키는 피해를 입힙니다. 다행히도 지난 10년 동안 식수와 위생에 관한 상당한 진전이 이루어져, 현재 전 세계 인구의 90% 이상이 개선된 식수 공급원에 접근하고 있습니다.

수질환경 향상 및 공급 접근성을 개선하기 위해 사하라 사막 이남 아프리카, 중앙아시아, 남아시아, 동아시아 및 동남아시아의 여러 개발도상국에서는 지역의 수생태계 및 위생시설 관리에 대한 투자를 확대할 필요가 있습니다.

2) 수치와 현황

4개 중 1개의 의료시설에는 기본적인 배수시설조차 없습니다. 10명 중 3명은 안전한 식수장치를 이용하지 못하고, 10명 중 6명은 안전한 위생시설에 접근하지 못합니다. 최소 8억 9천9백만 명의 사람들이 야외 배변을 계속하고 있습니다. 주거 내에 수도가 없는 가정의 80%에서는 여성과 소녀들이 물을 떠오는 일을 맡고 있습니다. 1990년과 2015년 사이에 개선된 식수원을 사용하는 세계 인구 비중은 76%에서 90%로 증가했습니다. 물 부족현상은 전 세계 인구의 40% 이상에 영향을 미치고 있으며 앞으로 증가할 것으로 예상됩니다. 현재 17억 명이 넘는 사람들이 강 유역에 살고 있으며, 보충되는 양보다 더 많은 양의 물을 사용하고 있습니다. 24억 명의 인구가 화장실과 변소와 같은 기본적인 위생시설이 부족합니다. 인간의 활동으로 인한 폐수의 80% 이상이 정화장치 없이 강이나 바다로 배출됩니다. 매일 약 1000명에 가까운 아이들이 수인성 질병과 위생과 관련한 설사병으로 사망합니다. 하천, 호수, 대수층에서 추출한 물의 약 70%가 관개(irrigation)에 사용됩니다. 자연재해와 관련된 사망자의 70%는 홍수 및 기타 수질관련 재해로 인한 것입니다.

- 세부목표 6-1. "모두를 위한 안전한 식수를 공평하게 공급한다."
  - 정책 과제
    ① 건강한 물을 안정적으로 이용
- 세부목표 6-2. (보완) "모두에게 편리한 하수도 서비스를 제공한다."
  - 정책 과제
    ① 물 복지 형평성 제고
    ② 하수도 안전관리 강화
- 세부목표 6-3. (보완) "수질오염 물질의 수계 유입을 최소화하여 수질개선을 담보한다."
  - 정책 과제
    ① 상수 오염원 억제
    ② 수질 오염 관리 고도화(오염물질 총량제 강화)
- 세부목표 6-4. (보완) "물공급 안정성 도모를 위해 수자원을 효율적으로 사용한다."
  - 정책 과제
    ① 상수도 누수율 개선
    ② 물 부족에 대한 대응역량 강화
    ③ 물순환 정책강화
- 세부목표 6-5. (보완) "수생태계의 건강성을 회복하고 다양성을 확대한다."
  - 정책 과제
    ① 수생태계 보호 및 복원
- 세부목표 6-6. (보완) "건강하고 안전한 물관리를 위해 지역공동체 참여를 지원하고 강화한다."
  - 정책 과제
    ① 물관리 시민 참여 지원 확대

[2022 개정 교육과정 & SDGs 6번 연계 탐구 주제]

인문계열	• 물 부족 지역사회의 인식 제고 • 환경 윤리와 물 관리 • 물과 관련된 문화적 관습 및 전통 연구 • 수질 개선을 위한 국제 협력 • 사회적 불평등과 물 복지 • 지역사회 참여 및 물 관리 참여 • 도심 지역의 물 관리 정책 • 자연재해와 물 관리의 인식 변화 • 건강한 수생 생태계의 중요성 이해 • 다양한 문화와 물 관리의 역사
자연계열	• 물 오염 물질의 생태계 영향 연구 • 수질 분석 및 복원 기술 개발 • 기후변화와 수량 및 수질의 연관성 • 지하수 자원의 지속 가능성 연구 • 생태적 물 관리 전략 개발 • 수생 생태계와 생물 다양성 유지 • 지속 가능한 담수 자원 관리 • 하수 처리 및 물 복원 생태 기술 • 자연기반 해법을 통한 물 관리 • 수질 개선을 위한 생물학적 조치
공학계열	• 상수도 누수 방지 기술 개발 • 스마트 수자원 관리 시스템 설계 • 내구성 있는 하수도 구조 개발 • 도시 물 재활용 기술 연구 • 수질 모니터링 센서 및 장비 개선 • 물 부족 대응용 신재생 에너지 적용 • 오염 농도를 낮추는 정화 플랜트 설계 • 수질 개선을 위한 필터 기술 발전 • 고효율 물 분배 네트워크 구축 • 친환경 하수 처리 기술 연구
사회과학계열	• 물 오염 정책 및 법적 제도 연구 • 물 복지 형평성 연구 • 도시 개발과 물 관리의 사회적 영향 • 지역사회의 물 관리 참여 촉진 방안 • 물 분배의 사회 경제적 영향 분석 • 환경 정책의 사회적 수용성 평가 • 국가별 물 관리 문화의 차이 비교 • 물 관리 정책의 시민 인식 연구 • 기후변화와 물 관리의 사회적 대응 전략 • 정책 개발에서의 시민 참여 사례 연구

교육계열	• 수질 개선을 위한 교육 프로그램 개발 • 학교 중심의 지역사회 물 교육 강화 • 환경 교육과 지속 가능한 물 관리 • 학생 참여 프로젝트로 물의 중요성 이해 • 생태학적 사고 함양을 위한 물 교육 방안 • 기후변화와 물 교육 커리큘럼 작성 • 물 문제 해결을 위한 창의적 교육 방법 • 다양한 연령대에 맞는 물 관리의 중요성 교육 • 지역사회 통합을 위한 물 교육 활동 • 환경 보전을 위한 교육 협력체계 구축
의료계열	• 물 관련 질병과 예방 전략 연구 • 안전한 식수 공급의 건강적 중요성 • 공중 보건과 수질의 관계 분석 • 하수 처리의 보건적 요구 사항 • 물 부족이 건강에 미치는 영향 연구 • 지역사회 건강 증진을 위한 물 관리 방안 • 건강을 위한 수질 모니터링 시스템 개발 • waterborne 질병의 세계적 현황과 미래 전략 • 하수 처리 공정의 건강 영향 전략 • 개인 위생과 물 관리의 연관성 연구
예체능계열	• water의 예술적 표현과 환경 보존 메시지 • 환경 친화적인 water 관련 공연 및 전시 기획 • 수질 촉구를 위한 예술 캠페인 개발 • 자연과 water를 주제로 한 작곡 및 영상 제작 • 수생 생태계 보호의 중요성을 알리는 아트 프로젝트 • water와 인류의 관계에 대한 예술 연구 • 지역 water 자원의 예술적 재해석 프로젝트 • 환경 보전을 주제로 한 퍼블릭 아트 설치 • water 보호의 중요성을 강조하는 예술 교육 프로그램 기획 • 수생 생명체를 주제로 한 조각 및 미술 작품
융복합계열	• ICT 를 활용한 스마트 water 관리 시스템 통합 • 도시와 농촌을 위한 통합 water 관리 솔루션 연구 • AI 및 빅데이터를 활용한 수질 예측 모델링 • 스마트 시티 내 water 공급과 하수도 혁신 정책 • 다분야 협업을 통한 지속 가능한 water 관리 방안 • water 관리 시스템의 IoT 기술 적용 사례 연구 • 지속 가능한 water 관리 기법을 위한 융복합적 접근 • 환경 데이터 통합을 통한 water 관리 개선 프로젝트 • 탄소 발자국 감소를 위한 water 관리 기술 융합 • 스마트 워터 그리드 구현을 위한 복합 연구

7. G7. 적정가격의 지속가능한 에너지 제공

"적정한 가격에 신뢰할 수 있고 지속가능한 현대적인 에너지에 대한 접근 보장"

1) 기본 정보

에너지는 오늘날 세계가 직면하고 있는 주요한 도전과 기회의 핵심입니다. 일자리, 안보, 기후변화, 식량생산 또는 소득증대를 위해서는 에너지 이용이 필수적입니다. 이 목표를 향해 노력하는 것은 다른 지속가능발전목표와 연계되기 때문에 특히 중요합니다. 에너지의 보편화와 효율 증대, 새로운 경제와 일자리 창출을 통한 재생 에너지의 사용 증가에 초점을 맞추는 것이 핵심이며, 이를 통해 지속가능하고 포용적인 지역사회를 만들고 기후변화와 같은 환경 문제에 대응할 수 있습니다. 현재 30억 명의 사람들이 청정한 조리 기구를 이용하지 못해 대기 오염의 위험에 노출되어 있습니다. 또한 10억 명 미만의 사람들은 전기 없이 생활하고 있으며, 그들 중 50%는 사하라 이남 아프리카에서 발견됩니다. 다행히 지난 10년 동안 수력·태양열·풍력발전의 이용에 큰 진전이 있었고 GDP 단위당 에너지 사용률도 감소하였습니다. 그러나 당면한 과제는 아직 해결되지 않았습니다. 우리는 청정연료와 기술의 접근성을 더욱 높여야 하며, 건물·운송 및 산업의 최종 에너지로 재생에너지를 통합하기 위해 더 많은 발전을 이루어야 합니다. 에너지에 대한 공공·민간 투자도 증가해야 하며 국제적인 에너지 시스템 변화를 위해 규제 체제와 혁신적인 비즈니스 모델에 중점을 둘 필요가 있습니다.

2) 수치와 현황

세계 인구의 13%는 여전히 전기 사용 환경에 접근하지 못하고 있습니다. 30억 명의 사람들이 요리와 난방을 위해 목재·석탄·숯·동물성 폐기물에 의존하고 있습니다. 에너지는 기후변화의 주범으로 전 세계 온실가스 배출량의 약 60%를 차지합니다. 가연성 연료로 인한 실내 공기오염으로 2012년 430만 명이 사망했으며, 여성 및 소녀는 10명당 6명이 사망했습니다. 최종 에너지 소비단계에서 신재생 에너지의 비중은 2015년에 17.5%에 달합니다.

- 세부목표 7-1. “에너지 서비스에 대해 안정적이고 적정한 접근을 보장한다.”
  - 정책 과제
    ① 취약계층을 위한 에너지 기본 복지 강화
- 세부목표 7-2. (보완) “국가 에너지원에서 청정에너지 공급을 증대한다.”
  - 정책 과제
    ① 재생에너지 발전 비중 증대
    ② 친환경 에너지에 대한 사회적 수용성 강화
- 세부목표 7-3. “에너지를 절약하고 에너지 효율을 향상시킨다.”
  - 정책 과제
    ① 그린 뉴딜 관련 에너지 산업 육성
    ② 신축 건물에너지 효율화와 기축 건물 노후 설비 개선 지원
- 세부목표 7-4. “운송분야의 에너지 소비로 인한 대기오염을 최소화한다.”
  - 정책 과제
    ① 친환경차량 공급 확대
    ② 노후 경유차 등의 운행 억제

[2022 개정 교육과정 & SDGs 7번 연계 탐구 주제]

계열	탐구 주제
인문계열	• 다양한 국가의 에너지 정책 역사적 진화 분석 • 화석 연료에서 재생 에너지로의 전환이 문화에 미치는 영향 연구 • 에너지 소비가 인간 행동에 미치는 철학적 의미 탐구 • 환경 인식을 높이는 문학의 역할 조사 • 에너지 자원 분배에 대한 윤리적 고려 사항 검토 • 재생 에너지에 대한 대중 인식에 미치는 미디어의 영향 연구 • 예술과 문학에서 에너지 위기의 표현 분석 • 기후변화 담론에서 사용되는 언어 분석 • 환경 보존 노력에 대한 종교적 신념의 영향 연구 • 지속 가능한 에너지 관행에서 원주민 지식의 역할 탐구
자연계열	• 대규모 태양광 발전소의 생태적 영향 조사 • 풍력 발전소가 지역 야생 동물에 미치는 영향 연구 • 더 효율적인 태양 전지판을 위한 신소재 탐구 • 바이오연료 원천으로서 해조류의 잠재력 연구 • 다양한 숲 유형의 탄소 포집 능력 분석 • 지열 에너지 추출이 지역 지질학에 미치는 영향 연구 • 에너지 저장을 위한 배터리 기술 발전 탐구

	• 재생 가능 에너지 생성에 있어서 해류의 역할 조사 • 기후변화가 재생 가능 에너지 잠재력에 미치는 영향 연구 • 바이오매스 변환 효율성을 향상시키는 방법 연구
공학계열	• 에너지 효율적인 스마트 그리드 시스템 모델 설계 • 도시 지역에 적합한 저비용 풍력 터빈 프로토타입 개발 • 차량용 수소 연료 전지 기술 발전 탐구 • 건물의 열 절연 개선 방법 연구 • 원격 지역을 위한 태양광 수처리 시스템 설계 • 스마트 홈에서 에너지 소비 최적화를 위한 알고리즘 개발 • 전기차 충전 인프라 개선 연구 • 산업 배출물로부터 탄소 포집 및 저장 기술 탐구 • 폐기물 에너지 전환을 위한 통합 시스템 설계 • 광전지 셀 효율성 향상 연구
사회과학계열	• 재생 가능 에너지 채택을 촉진하는 정책 프레임워크 분석 • 지속 가능한 옵션으로서 원자력 에너지에 대한 대중 태도 연구 • 녹색 에너지 직업으로의 전환의 사회 경제적 영향 조사 • 재생 가능 에너지 수용성을 높이기 위한 커뮤니티 기반 접근 방식 연구 • 도시 지역에서 에너지 빈곤 완화 전략 탐구 • 글로벌 에너지 정책에서 국제 협력의 역할 검토 • 정부 보조금이 재생 가능 에너지 시장에 미치는 영향 분석 • 개발 도상국에서 성공적인 재생 가능 에너지 전환 사례 연구 • 지속 가능한 교통 시스템 구현의 장벽 조사 • 청정 에너지 솔루션 접근성에서 성별 격차 연구
교육계열	• 학교를 위한 지속 가능한 에너지 실천 교육 프로그램 개발 • 어린이를 위한 재생 가능 에너지원에 관한 인터랙티브 교육 자료 제작 • 학생들 사이에서 환경 인식을 높이는 체험 학습의 효과성 연구 • 글로벌 에너지 시스템에 대한 기후변화와 그 영향을 다루는 커리큘럼 모듈 개발 • 엔지니어링 교육에 지속 가능성을 통합하는 방법 연구 • 환경 과학 주제에 대한 학생 참여를 증가시키기 위한 전략 탐구 • 가정의 에너지 효율성 개선과 관련된 실용적인 기술을 가르치는 워크숍 설계 • 재생 가능 에너지를 배우는 데 있어 가상 현실이 학습을 어떻게 향상시킬 수 있는지 조사 • 다양한 과목에 지속 가능성을 통합하는 교사 연수 프로그램 개발 • 청정 기술 혁신 및 연구를 촉진하는 대학의 역할 연구
의료계열	• 전통적 vs 청정 에너지원으로 인한 대기 오염이 건강에 미치는 영향 조사 • 개발 도상국에서 호흡기 질환 감소를 위한 청정 요리 솔루션의 역할 연구 • 재생 가능 에너지원으로 구동되는 의료 기기의 발전 탐구 • 환자 치료를 손상시키지 않고 병원의 에너지 효율성을 개선하는 전략 연구 • 재생 가능 vs 비재생 가능 발전소 근처 거주가 심리적 효과에 미치는 영향 검토 • 기후변화 관련 폭염이 공중 보건 및 의료 시스템에 미치는 영향 연구

	• 정전 시 중요한 의료 장비를 위한 안정적인 전원 공급 보장 방법 조사 • 원격 지역을 위한 휴대용 태양광 의료 장비 혁신 탐구 • 건물 단열 개선으로 인한 실내 공기질 향상이 건강 결과에 미치는 영향 연구 • 전기차 사용 증가로 인한 배출 감소가 지역사회 건강 혜택에 미치는 영향
예체능계열	• 태양광 패널이나 풍력 터빈 등 재생 가능 에너지원으로 구동되는 예술 설치물 제작 • 기후변화와 지속 가능성을 주제로 해석하는 무용 공연 개발 • 재생 가능 에너지 프로젝트로 변모한 풍경을 주제로 한 사진 전시회 조직 • 지속 가능한 소재와 기술을 사용하여 친환경 스포츠 시설 설계 • 화석 연료 의존성과 관련된 사회적 문제를 다루는 연극 제작 개발 • 재생 가능 에너지원 사이트에서 포착한 자연 소리에 영감을 받은 음악 작곡 개발 • 예술 창작과 환경 운동을 결합한 커뮤니티 워크숍 조직 • 청정 에너지 이니셔티브와 그 이점에 대한 인식을 높이는 공공 벽화 제작
융복합계열	• 재생 가능 자원 채택 증가로 인한 시장 변화 예측 경제 모델 분석 • 스마트 홈 기술 채택으로 인한 행동 변화 연구 • 제로 에너지를 소비하는 고급 소재를 통합한 건물 설계 • 통합 태양광 조명과 녹지를 포함하는 도시 계획 개발 • 국가 정책 변화에 대한 국제 협약의 효과 평가 • 녹색 기술 배치를 지원하거나 방해하는 법적 프레임워크 검토 • 기술 채택과 사회적 수용 간 상호작용 모델링 • 교통 배출로 인한 공기 질 영향을 모니터링하는 시스템 구현 • 문화 간 전통적 vs 현대적 에너지 솔루션 내러티브 탐구 • 글로벌 에너지 정책 역사적 변화를 지도하기 위해 디지털 도구 사용

8. G8. 지속가능한 경제성장 및 양질의 일자리와 고용보장

“포용적이고 지속가능한 경제성장, 완전하고 생산적인 고용과 모두를 위한 양질의 일자리 증진”

1) 기본 정보

5.7%의 세계 실업률 속에서 전 세계 인구의 절반은 여전히 하루에 약 2달러로 돈으로 살아가고 있으며 직업을 갖는 것이 가난에서 벗어나는 것을 보장하지는 않습니다. 느리고 불균등한 이러한 성장은 우리에게 빈곤퇴치를 목표로 하는 경

제적 · 사회적 정책을 재고하고 재조정할 것을 요구합니다.

계속되는 양질의 일자리 부족과 불충분한 투자, 소비 감퇴는 '모두가 성장을 나누어야 한다'는 민주사회에 기반을 둔 사회의 기초적인 합의를 점차 악화시킵니다. 전년 대비 전 세계 1인당 연평균 GDP 성장률은 증가했지만 여전히 개발도상국에서는 성장속도가 저조하며, 많은 국가들이 2030년까지 7% 성장률 목표에서 멀어지고 있습니다. 또한 노동 생산성의 감소, 실업률 상승으로 인해 임금이 하락했고, 우리의 생활수준 역시 떨어지고 있습니다.

지속가능한 경제성장은 환경을 해치지 않으면서도 경제를 부양하는 양질의 일자리를 가질 수 있는 사회를 요구합니다. 전체 노동가능인구의 일자리 기회와 양질의 근로 조건도 필요합니다. 소득 관리와 저축, 생산적인 투자를 위해 금융 서비스에 대한 접근성도 강화되어야 합니다. 무역 · 은행 · 농업 기반시설에 대한 투자 역시 수반되어야만 세계 빈곤 지역의 생산성을 높이고 실업률을 낮추는 데 도움을 줄 수 있습니다.

2) 수치와 현황

2017년의 세계 실업률은 2000년 6.4%에서 5.6%로 낮아졌습니다. 2016년 전 세계 전체 근로자의 61%가 비공식 분야에 종사했습니다. 농업 분야를 제외하고 전체근로자의 51%가 이 고용 범주에 속했습니다. 45개국 중 자료를 보유한 40개국에서 남성은 여성보다 12.5% 더 많은 소득을 올리고 있습니다. 성별에 따른 임금격차는 전 세계적으로 23%에 이르며, 결단력 있는 조치가 취해지지 않을 경우 남녀가 동일한 임금을 받는 데에 68년이 더 걸립니다. 남성의 노동 참여율은 94%에 이르는 반면, 여성의 노동 참여율은 63%에 그칩니다. 여성의 사회참여가 확대되고 있음에도 불구하고, 여성들은 남성들에 비해 2.6배 많은 가사 노동을 하고 있습니다. 2016년부터 2030년까지 노동시장에 새로 진입하는 사람들을 위해서는 전 세계적으로 4억 7천만 개의 일자리가 필요합니다.

- 세부목표 8-1. “모두가 행복해지는 경제성장을 한다.”
  - 정책 과제
    ① 혁신적 포용성장 기반 마련
- 세부목표 8-2. “좋은 일자리 창출을 위한 정책을 강화한다.”
  - 정책 과제
    ① 취약계층 대상 적극적 노동시장 정책 강화
    ② 비정규직 감축과 비정규직에 대한 차별 해소
- 세부목표 8-3. (신설) “중소기업 및 소상공인의 성장을 촉진한다.”
  - 정책 과제
    ① 코로나19 위기 극복을 위한 재기안전망 및 보호기반 구축
    ② 중소 · 벤처 · 소상공인의 디지털화 촉진을 통한 경쟁력 확보
    ③ 전통 중소기업 · 소상공인에 대한 맞춤형 지원 강화
- 세부목표 8-4. “동일한 가치노동에 대해 동일한 임금을 지급한다.”
  - 정책 과제
    ① 성차별 없는 일터
- 세부목표 8-5. (보완) “이주노동자 등 취약그룹 노동자들의 권리 보호를 확대한다.”
  - 정책 과제
    ① 이주노동자의 권리 보호 강화
    ② 청년의 구직 어려움 해소
- 세부목표 8-6. “모든 근로자의 권리를 보호하고 안전하고 건강한 근로 환경을 조성한다.”
  - 정책 과제
    ① 노동기본권 신장을 위한 기반 마련
    ② 안전한 일터 조성
    ③ 일 · 생활 균형의 확보

[2022 개정 교육과정 & SDGs 8번 연계 탐구 주제]

인문계열	• 경제 성장과 행복의 관계에 대한 철학적 고찰 • 포용적 경제 성장을 위한 윤리적 접근 • 노동 기본권의 역사와 발전 • 성차별 없는 일터를 위한 사회적 인식 변화 • 이주노동자의 권리 보호의 문화적 중요성 • 디지털 전환이 사회 구조에 미치는 철학적 영향 • 일 · 생활 균형의 사회 · 문화적 의미 • 공정한 임금 체계의 윤리적 논쟁 • 비정규직 차별 해소를 위한 사회적 노력의 역사 • 지속 가능한 기업 활동의 철학적 배경

자연계열	• 환경 친화적인 산업 활동이 생태계에 미치는 영향 연구 • 자원 효율성을 높이는 기술 혁신의 생태적 효과 분석 • 에너지 고효율 산업화가 환경에 미치는 긍정적 영향 연구 • 지속 가능한 발전을 위한 자연 기반 해결책 탐구 • 기후변화가 산업 발전에 미치는 영향 연구 • 생물 다양성과 경제 성장 간의 관계 연구 • 자연 자원 관리와 지속 가능한 발전 간의 상호작용 연구 • 환경 변화가 생물 다양성에 미치는 영향 분석 • 지속 가능한 농업 기술 개발 및 환경적 효과 분석 • 생태계 서비스와 경제 발전 간의 관계 연구
공학계열	• 디지털 전환을 위한 기술 개발 및 적용 사례 연구 • 스마트 교통망 설계 및 효율화 방안 연구 • 에너지 효율성을 높이는 제조업 기술 개발 프로젝트 • 자원순환성을 고려한 제품 설계 기술 개발 및 적용 사례 • 고도화된 기술 상용화를 위한 플랫폼 구축 방안 • 혁신성장동력을 위한 신기술 개발 및 평가 • 디지털 포용 실현을 위한 IT 솔루션 설계 • 환경 친화적 제조 공정 개선 기술 개발 • 중소기업을 위한 혁신 금융 플랫폼 개발 및 평가 • 국가 R&D 투자시스템 개선을 위한 데이터 분석
사회과학계열	• 포용적 경제 성장을 위한 정책 분석 • 비정규직 차별 해소를 위한 법적 · 사회적 방안 연구 • 중소기업 및 소상공인 지원 정책의 경제적 효과 분석 • 이주노동자 권리 보호 정책의 사회적 영향 연구 • 청년 고용 촉진을 위한 정책 제안 및 효과 분석 • 노동시장 정책이 경제 성장에 미치는 영향 연구 • 성차별 없는 일터를 위한 사회적 인식 변화 전략 • 코로나19 위기 극복을 위한 재기 안전망 구축 사례 분석 • 동일 가치 노동 동일 임금 정책의 사회적 수용성 연구 • 일 · 생활 균형을 위한 정책 효과 분석
교육계열	• 청년 구직 지원을 위한 교육 프로그램 개발 및 평가 • 디지털 전환 대응 교육 콘텐츠 개발 및 효과 평가 • 노동 기본권 이해를 돕는 교육 프로그램 기획 • 성차별 없는 일터를 위한 교육 캠페인 기획 및 실행 • 중소기업 혁신 성장을 지원하는 교육 콘텐츠 개발 • 정보 격차 해소를 위한 교육 방법론 연구 • 안전한 일터 조성을 위한 직업 교육 프로그램 개발 • 이주노동자 권리 보호를 위한 교육 프로그램 설계 • 포용적 경제 성장을 주제로 한 교과 연계 교육 프로그램 개발 • 일 · 생활 균형을 주제로 한 체험 학습 프로그램 기획

의료계열	• 근로 환경이 건강에 미치는 영향 연구 및 개선 방안 • 디지털 전환이 의료 서비스 접근성에 미치는 영향 연구 • 코로나19 이후 의료 안전망 강화 방안 연구 • 산업 재해 예방을 위한 건강 관리 체계 구축 방안 • 이주노동자 건강 보호를 위한 정책 제안 및 효과 분석 • 정신 건강과 일 · 생활 균형 간의 관계 연구 • 환경 친화적인 의료 기기 설계 및 적용 사례 분석 • 고도화된 의료 기술 상용화를 위한 플랫폼 구축 방안 • 혁신금융을 통한 의료 인프라 개선 전략 연구 • 스마트 헬스케어 시스템 구축 및 운영 방안 연구
예체능계열	• 포용적 경제 성장을 주제로 한 예술 작품 제작 프로젝트 • 노동자의 권리를 주제로 한 다큐멘터리 제작 및 상영 계획 • 성차별 없는 일터를 주제로 한 사진전 기획 및 실행 • 디지털 전환을 주제로 한 디자인 작품 전시회 기획 • 비정규직 문제를 주제로 한 음악 작곡 및 공연 계획 • 이주노동자 권리 보호를 주제로 한 커뮤니티 아트 프로젝트 기획 • 일 · 생활 균형 메시지를 담은 패션 디자인 프로젝트 • 안전한 일터 조성을 주제로 한 연극 공연 제작 및 실행 계획 • 중소기업 혁신 성장을 주제로 한 애니메이션 제작 프로젝트 • 정보 격차 해소를 주제로 한 문학 작품 창작 프로젝트
융복합계열	• AI 기반 노동시장 정책 효과 분석 시스템 통합 프로젝트 • 블록체인을 활용한 노동자 권리 보호 시스템 구축 • IoT를 활용한 안전한 근로 환경 조성 솔루션 통합 프로젝트 • 빅데이터를 활용한 중소기업 성장 전략 설계 • AR/VR 기술을 활용한 직업 교육 콘텐츠 제작 및 보급 방안 • 클라우드 기반 근로 환경 모니터링 플랫폼 구축 • 디지털 플랫폼을 통한 포용적 경제 성장 지원 전략 개발 • 메타버스를 활용한 일 · 생활 균형 체험 콘텐츠 개발 및 운영 방안 연구 • GIS 기반 산업 재해 발생 지역 모니터링 시스템 설계 및 평가 • 디지털 포용 거버넌스를 위한 통합 데이터베이스 구축

9. G9. 사회기반시설 구축, 지속가능한 산업화 증진

"회복력 있는 사회기반시설 구축, 포용적이고 지속가능한 산업화 증진과 혁신 도모"

1) 기본 정보

“회복력 있는 사회기반시설 구축, 포용적이고 지속가능한 산업화 증진과 혁신 도모”

교통, 관개, 에너지, 정보 및 통신기술 등 인프라에 대한 투자는 많은 국가에서 지속 가능한 발전을 달성하고 지역사회에 힘을 실어주기 위해 중요합니다. 또한 생산성 및 소득 증대, 건강 및 교육 향상은 기반시설에 대한 투자를 필요로 한다는 것은 오래 전부터 인식되어 왔습니다.

제조업은 경제성장, 고용, 사회 안정성의 주요한 원동력입니다. 북미와 유럽에서 1인당 4,500달러의 제조업 가치가 부가되었고 최빈개도국의 경우 100달러 정도인 것으로 나타났습니다. 고려해야 할 다른 중요한 요인은 제조과정의 이산화탄소 배출입니다. 지난 10년 동안 많은 나라에서 탄소 배출량이 감소했지만 감소 추세가 전 세계적으로 이루어지지는 않았습니다.

기술 진보는 자원과 에너지 효율성 증대와 같은 환경 목표를 달성하기 위한 노력이 수반되어야 합니다. 기술과 혁신이 없이는 산업화는 일어나지 않으며, 산업화가 없다면 개발이 이루어지지 않을 것입니다. 효율성을 높이기 위해 제조 제품을 관장하는 첨단 제품에 더 많은 투자가 필요하고, 사람 간의 연결을 강화하는 모바일 서비스에 초점을 맞춰야 합니다.

2) 수치와 현황

많은 개발도상국에서는 도로・정보통신기술・위생・전력・수자원 등과 같은 기반시설이 부족한 상태입니다.

전 세계 인구의 16%는 광대역 이동 통신망에 접속하지 못하고 있습니다. 많은 아프리카 국가, 특히 저소득 국가의 경우 인프라에 대한 제약이 기업 생산성에 약 40% 영향을 미칩니다. 국내 총생산(GDP) 대비 제조업 부가가치 비중은 아시아의 빠른 성장세에 힘입어 2005년 15.2%에서 2017년 16.3%로 증가했습니다. 산업화에 따른 일자리 창출은 사회에 긍정적 영향을 미칩니다. 제조업의 모든 직업은 다른 업종에서 약 2.2개의 일자리를 창출합니다. 산업공정 및 제조업에 종사하는 중소기업이 산업화 초기 단계에 매우 중요하며 일반적으로 가장 큰 일자리를 창출합니다. 그들은 전 세계의 90% 이상의 사업을 구성하고 있으며 50-60%의 고용을 차지합니다. 최빈개도국은 지속적인 고용 창출과 생산성 향상이라는 측면에서 전망이 좋은 식품 및 음료(농공산업), 섬유 및 의류 산업화에 막대한 잠재력을 가지고 있습니다. 중산층 국가는 빠르게 성장하는 국제수요에 맞춰 다양한 제품을 제공하는 기본 및 가공 금속산업에 진출하여 이익을 누릴 수 있습니다. 개발도상국의 농업 생산 중 시설을 통한 가공을 거치는 경우는 30%에 불과합니다. 고소득 국가에서는 98%가 가공을 거칩니다. 이것은 농업 부문에 있어서 개발도상국에 좋은 기회가 열려있다는 것을 의미합니다.

- 세부목표 9-1. (보완) "대다수 국민이 정보에 안정적으로 접근할 수 있도록 노력한다."
  - 정책 과제
    ① 기간교통망의 효율화와 교통 이용편의 증진
    ② 함께 누리는 디지털 포용 실현
- 세부목표 9-2. "산업의 다양성을 추구하고 지속가능한 기업 활동의 기반마련을 통해 산업 경쟁력을 확보한다."
  - 정책 과제
    ① 중소 · 혁신기업의 성장을 돕는 혁신금융
    ② 중소기업을 혁신성장의 중추로 육성
    ③ '비대면 · 디지털' 전환 대응 기반 구축
- 세부목표 9-3. "기술 역량을 구축하고 고도화된 기술 상용화를 촉진하여 국제 경쟁력을 강화한다."
  - 정책 과제
    ① 중점 과학기술 개발
    ② 혁신성장동력 육성
    ③ 제조업 재도약 및 서비스업 고도화
- 세부목표 9-4. "국가 연구 인력과 자본을 확충하고 적절한 연구의 기획과 실행을 통해 국가 경제성장에 기여한다."
  - 정책 과제
    ① 정부 R&D 투자시스템 혁신
    ② 과학기술 기반 일자리 창출 강화

- 세부목표 9-5. "환경 친화적인 산업 활동과 기술 혁신을 통해 자원효율성이 높은 산업화를 추구한다."
  - 정책 과제
    ① 산업 분야 자원생산성 제고
    ② 에너지 고효율 산업으로의 전환
    ③ 자원순환성을 고려한 제품 설계

[2022 개정 교육과정 & SDGs 9번 연계 탐구 주제]

구분	탐구 주제
인문계열	• 정보 접근성의 철학적 의미와 사회적 영향 • 디지털 포용의 윤리적 측면과 사회적 인식 변화 • 지속 가능한 기업 활동의 문화적 중요성 • 혁신금융의 역사와 경제적 발전에 미친 영향 • 기술 혁신이 사회에 미치는 철학적 고찰 • 산업 다양성과 문화적 다양성 간의 관계 연구 • 과학기술 발전과 인간 가치관 변화 • 환경 친화적 산업화의 윤리적 논쟁 • 디지털 전환이 사회 구조에 미치는 영향 분석 • 정보 격차 해소를 위한 사회적 노력의 역사
자연계열	• 에너지 고효율 산업으로의 전환이 환경에 미치는 효과 분석 • 자원순환성을 고려한 제품 설계의 생태적 이점 연구 • 기술 혁신이 자연 자원 관리에 미치는 영향 연구 • 환경 친화적인 산업 활동이 생태계에 미치는 영향 분석 • 지속 가능한 에너지 기술 개발 및 적용 사례 연구 • 자연 기반 해결책을 통한 산업 경쟁력 강화 방안 연구 • 기후변화가 산업 발전에 미치는 영향 연구 • 생물 다양성과 자원 효율성 간의 관계 연구 • 지속 가능한 농업 기술 개발 및 환경적 효과 분석 • 생태계 서비스와 경제 발전 간의 상호작용 연구
공학계열	• 비대면 · 디지털 전환을 위한 기술 개발 및 적용 사례 연구 • 스마트 교통망 설계 및 효율화 방안 연구 • 에너지 효율성을 높이는 제조업 기술 개발 프로젝트 • 자원순환성을 고려한 제품 설계 기술 개발 및 적용 사례 • 고도화된 기술 상용화를 위한 플랫폼 구축 방안 • 혁신성장동력을 위한 신기술 개발 및 평가 • 디지털 포용 실현을 위한 IT 솔루션 설계 • 환경 친화적 제조 공정 개선 기술 개발 • 중소기업을 위한 혁신 금융 플랫폼 개발 및 평가

사회과학계열	• 정보 접근성 향상을 위한 정책 효과 분석 • 중소기업 혁신 성장을 위한 정책 제안 • 디지털 포용 실현을 위한 사회적 인식 변화 전략 • 정부 R&D 투자시스템 혁신이 경제 성장에 미치는 효과 분석 • 지속 가능한 기업 활동을 위한 정책 제안 • 과학기술 기반 일자리 창출 전략 연구 • 산업 경쟁력 강화를 위한 정책 효과 분석 • 에너지 고효율 산업 전환 정책의 경제적 효과 평가 • 중소기업 지원을 위한 혁신금융 정책 효과 분석 • 자원생산성 제고를 위한 정책 제안
교육계열	• 디지털 전환 대응 교육 프로그램 개발 및 효과 평가 • 과학기술 기반 일자리 창출을 위한 교육 콘텐츠 개발 • 중소기업 혁신 성장을 지원하는 교육 프로그램 기획 • 정보 접근성 향상을 위한 교육 캠페인 기획 및 실행 • 환경 친화적 산업 활동을 주제로 한 교육 콘텐츠 개발 • 혁신금융 이해를 돕는 교육 프로그램 개발 및 운영 방안 • 디지털 포용 실현을 위한 교육 방법론 연구 • 산업 다양성을 주제로 한 교과 연계 교육 프로그램 개발 • 스마트 교통망 이해를 돕는 교육 콘텐츠 개발 및 평가 • 자원순환성을 주제로 한 체험 학습 프로그램 기획
의료계열	• 디지털 전환이 의료 서비스 접근성에 미치는 영향 연구 • 기술 혁신이 의료 분야에 미치는 긍정적 효과 분석 • 환경 친화적인 의료 기기 설계 및 적용 사례 • 정보 격차 해소를 통한 건강 불평등 완화 방안 연구 • 스마트 헬스케어 시스템 구축 및 운영 방안 연구 • 혁신금융을 통한 의료 인프라 개선 전략 연구 • 고도화된 의료 기술 상용화를 위한 플랫폼 구축 방안 • 지속 가능한 의료 시스템 구축을 위한 정책 제안 • 의료 분야에서의 과학기술 기반 일자리 창출 전략 • 디지털 포용 실현을 위한 건강 정보 제공 체계 강화
예체능계열	• 디지털 전환을 주제로 한 예술 작품 제작 프로젝트 • 지속 가능한 기업 활동을 주제로 한 다큐멘터리 제작 • 혁신금융을 주제로 한 사진전 기획 및 실행 • 환경 친화적인 디자인 작품 전시회 기획 • 정보 접근성을 주제로 한 음악 작곡 및 공연 계획 • 산업 다양성을 주제로 한 커뮤니티 아트 프로젝트 기획 • 디지털 포용 메시지를 담은 패션 디자인 프로젝트 • 제조업 재도약을 주제로 한 연극 공연 제작 및 실행 계획 • 자원순환성을 주제로 한 애니메이션 제작 프로젝트 • 스마트 교통망 이해를 돕는 문학 작품 창작 프로젝트

융복합계열	• AI 기반 디지털 포용 실현 시스템 통합 프로젝트 • 블록체인을 활용한 정보 접근성 보장 시스템 구축 • IoT를 활용한 스마트 교통망 효율화 솔루션 통합 프로젝트 • 빅데이터를 활용한 중소기업 혁신 성장 전략 설계 • AR/VR 기술을 활용한 교육 콘텐츠 제작 및 보급 방안 • 클라우드 기반 제조업 재도약 플랫폼 구축 • 디지털 플랫폼을 통한 민관협력(PPP) 활성화 전략 개발 • 메타버스를 활용한 산업 다양성 체험 콘텐츠 개발 및 운영 방안 연구 • GIS 기반 환경 변화 모니터링 시스템 설계 및 평가 • 디지털 포용 거버넌스를 위한 통합 데이터베이스 구축

10. G10. 국가 내, 국가 간의 불평등 해소

"국내 및 국가 간 불평등 감소"

1) 기본 정보

국제사회는 빈곤퇴치 과정에서 상당한 성과를 거두었습니다. 최빈개도국, 내륙개발도상국, 군소도서개도국에서 불평등을 줄이려는 노력이 한창입니다. 하지만 여전히 보건, 교육, 자산관리 부문에서 불평등은 계속되고 있습니다.

경제 성장이 포괄적이지 않고, 경제적 · 사회적 · 환경적 차원의 지속가능발전 3요소를 포함하지 않는다면 경제 성장이 빈곤을 줄이는 데 충분하지 못하다는 공감대가 커지고 있습니다. 다행히도, 소득 불평등은 국가 간과 국가 내에서 모두 감소되었습니다. 현 시점에서, 자료를 보유한 94개국 중 60개 국가의 1인당 소득이 국가 평균보다 더 빠르게 증가했으며, 저개발 국가들로부터의 수출에 유리한 조건을 만드는 것에 대한 조금의 진전이 있었습니다.

불평등을 줄이기 위해 정책은 원칙적으로 보편적이어야 하며, 취약 계층과 소외 계층의 요구에 주의를 기울여야 합니다. IMF 내에서 개발도상국의 투표 비율을 증가시키는 것 외에도 개발도상국의 면세 처우와 수출 호조세를 이어 나가야 합니다. 마지막으로 기술혁신은 이주 노동자들의 높은 송금 비용을 줄이는 데 도움이 될 수 있습니다.

2) 수치와 현황

세계 시장에 수출되는 최빈개도국에서 생산된 제품의 관세 면제율은 2010년부터 20% 증가하여 2016년 64.4%를 넘었습니다. 개발도상국의 경우, 가장 가난한 20%의 어린이들이 가장 부유한 5%의 어린이보다 5세 이전에 사망할 확률이 3배 이상 높습니다. 사회보장은 전 세계적으로 상당히 확대되었지만, 장애인이 평균 의료비 지출은 최대 5배 이상 많은 것으로 나타났습니다. 대부분의 개발도상국에서 임산부 사망률이 전반적으로 감소했음에도 불구하고 농촌 지역의 여성들은 도심에서 사는 여성보다 출산 중 사망할 확률이 최대 3배 이상 높습니다. 소득 불평등의 최대 30%는 남성과 여성을 포함한 가구 내 불평등 때문입니다. 또한 여성은 남성보다 중간 소득의 50% 이하로 살 가능성이 더 높습니다.

- 세부목표 10-1. “하위 40% 인구의 가처분소득 증가율을 국가평균보다 높은 수준으로 달성하고 유지한다.”
  - 정책 과제
    ① 사회보험 가입 지원 및 수급자 사례관리 강화
    ② 자활일자리 확대
    ③ 부양의무자 기준 대상자별 · 급여별 완화
- 세부목표 10-2. “나이, 성별, 장애여부, 지위 등과 관계없이 모든 사람에 대한 사회 · 경제 · 정치적 포용성을 확대한다.”
  - 정책 과제
    ① 다층적 노후소득 보장체계 내실화
    ② 다중적 차별을 겪고 있는 장애인의 권리 보장
- 세부목표 10-3. “나이, 성별, 장애여부에 따른 차별적 대우를 철폐하여 공정한 기회를 제공한다.”
  - 정책 과제
    ① 노인일자리 확대
    ② 장애인 고용 서비스 및 직업재활지원 강화
    ③ 장애인의 교육 형평성 제고를 위한 지원 체계 강화

④ 여성의 평등하게 일할 권리와 기회의 보장

- 세부목표 10-4. "재정정책, 임금정책, 사회보호정책을 강화하여 더 높은 수준의 평등을 달성한다."
  - 정책 과제
    ① 근로연령층 소득보장체계 확충
    ② 고용보험 및 산재보험 적용대상 확대를 통한 사각지대 해소
    ③ 실업급여 보장성 확대를 통한 고용 안전망 강화
- 세부목표 10-5. (보완) "내 · 외국인 권익을 균형적으로 보장하는 이민정책을 통한 상호문화 이해 환경을 조성한다."
  - 정책 과제
    ① 이민단계별 정착 지원 및 사회통합 촉진
    ② 이민배경 자녀 역량 강화
    ③ 이민자 사회통합을 위한 균형 있는 복지 제도 운영
    ④ 이민자 인권보호 체계 강화
    ⑤ 문화다양성 증진 및 수용성 제고

[2022 개정 교육과정 & SDGs 10번 연계 탐구 주제]

구분	탐구 주제
인문계열	• 사회보험 제도의 역사와 발전 과정 연구 • 장애인 권리 운동의 역사적 흐름 • 노인 일자리의 사회적 의미와 문화적 영향 • 이민자 인권 보호의 역사적 배경과 발전 • 여성 노동권의 진화와 현재 • 다문화 수용성의 철학적 고찰 • 노후 소득 보장 체계의 윤리적 측면 • 자활 일자리와 인간 존엄성 • 장애인의 교육 형평성을 위한 법적 변화 • 사회적 차별과 편견의 기원과 극복 방안
자연계열	• 노인의 건강과 직업 활동 간 상관관계 분석 • 환경 변화가 이민자 건강에 미치는 영향 • 장애인 접근성을 고려한 건축 설계 연구 • 고령자 건강을 위한 식물 기반 치료법 • 자연 환경이 정신 건강에 미치는 영향 연구 • 기후변화가 노동 시장에 미치는 영향 • 생태계 변화와 지역사회 통합의 관계 • 자연재해와 사회보험 시스템의 역할 • 장애인을 위한 자연 친화적 치료법 개발 • 환경 보호와 지속 가능한 일자리 창출

공학계열	• 장애인 접근성을 위한 스마트 기술 개발 • 고령자 지원 로봇 기술 개발 및 실험 • 이민자 통합을 위한 IT 솔루션 개발 • 직업 재활을 지원하는 AI 시스템 설계 • 스마트 시티에서의 사회 복지 시스템 연구 • 장애인을 위한 보조기기 설계 혁신 • 여성 친화적 작업 환경을 위한 기술 개발 • 노인 일자리 지원을 위한 플랫폼 개발 • 다문화 사회를 위한 번역 기술 발전 • 안전한 작업 환경을 위한 IoT 기술 적용
사회과학계열	• 사회보험의 경제적 영향 분석 및 개선 방안 제시 • 이민자 사회 통합 정책 및 프로그램 효과 분석 • 여성 노동 시장 참여 확대를 위한 정책 연구 • 노인 일자리 확대가 경제에 미치는 영향 연구 • 다층적 노후 소득 보장 체계 분석 및 제안 • 장애인 고용 서비스 강화 방안 연구 • 실업급여 보장성 확대 정책 효과 분석 • 다문화 가정 지원 정책 효과성 평가 • 자활 기업의 경제적 효과 및 성공 사례 연구 • 고용 보험 적용 대상 확대 방안 연구
교육계열	• 장애 학생을 위한 교육 환경 개선 방안 연구 • 다문화 교육 프로그램 개발 및 효과 평가 • 여성 교육 기회 확대를 위한 정책 연구 • 이민자 자녀를 위한 교육 지원 체계 강화 방안 연구 • 직업 재활 교육 프로그램 개발 및 평가 • 노인 교육 프로그램의 필요성과 효과 분석 • 평생 학습을 통한 자활 가능성 증대 방안 연구 • 다층적 교육 체계를 통한 소득 불평등 해소 방안 • 장애인을 위한 온라인 교육 플랫폼 개발 • 문화 다양성을 반영한 교재 개발 및 활용
의료계열	• 노인의료복지 서비스 개선 방안 제시 • 장애인 의료 서비스 접근성 향상 방안 연구 • 이민자의 건강 관리 및 의료 접근성 강화 방안 • 여성 건강권 보장을 위한 의료 정책 분석 • 정신 건강과 직업 재활 간의 관계 연구 • 고령자 맞춤형 건강 관리 시스템 개발 • 장애인을 위한 재활 치료 혁신 방안 • 공공 의료 보험 시스템 개선을 통한 사각지대 해소 • 다문화 가정을 위한 의료 서비스 접근성 개선 • 예방 의료를 통한 근로 연령층 건강 증진 방안

예체능계열	• 장애인 스포츠 활성화 방안 연구 • 노인의 문화예술 참여 확대를 통한 삶의 질 향상 • 다문화 예술 프로그램 개발 및 효과 분석 • 여성 예술가 지원 정책과 그 효과 • 이민자의 문화 예술 참여 증진 방안 • 장애인을 위한 예술 치료 프로그램 개발 • 노년층을 대상으로 한 음악 치료 효과 연구 • 지역사회 통합을 위한 공동 예술 프로젝트 기획 • 다양한 문화 배경을 가진 예술가들의 협업 사례 연구 • 예술을 통한 사회적 편견 극복 사례 분석
융복합계열	• 스마트 도시에서의 사회 복지 시스템 혁신 사례 연구 • 다문화 가정 지원을 위한 통합 플랫폼 개발 • 고령자 맞춤형 스마트 홈 기술 개발 및 적용 사례 • 장애인을 위한 가상 현실 재활 프로그램 개발 • 사회 보험 시스템에 블록체인 기술 적용 가능성 탐색 • 이민자 통합을 위한 빅데이터 활용 사례 연구 • 여성 안전을 위한 기술 기반 솔루션 개발 • 노인 일자리 창출을 위한 디지털 플랫폼 구축 사례 • 다문화 사회에서의 AI 기반 언어 번역 서비스 발전 전망 • 지속 가능한 도시 발전을 위한 에너지 절약 기술 적용 사례

11. G11. 안전하고 복원력 있는 지속가능한 도시와 인간거주

"포용적이고 안전하며 회복력 있고 지속가능한 도시와 주거지 조성"

1) 기본 정보

도시는 아이디어 · 상업 · 문화 · 과학 · 생산성 · 사회개발 등을 위한 허브역할을 하며, 사람들이 사회적 · 경제적으로 발전할 수 있도록 해주었습니다. 2030년까지 도시 내에 거주하는 인구수가 50억 명으로 증가할 것으로 예상됨에 따라, 도시화로 인한 과제를 해결하기 위해서는 효율적인 도시 계획과 관리 방식이 마련되는 것이 중요합니다.

토지와 자원에 부담을 주지 않으면서 일자리 창출과 공동 번영 방식으로 도시를 유지하는 데는 많은 어려움이 있습니다. 일반적인 도시 문제로는 도시 혼잡

외에도 부족한 관리 운영 비용, 주택 부족, 생활 인프라 감소, 대기오염 증가 등의 문제들이 있습니다. 급격한 도시화는 도시 내 고형 폐기물의 안전한 수거 및 처리와 같은 문제를 발생시키지만, 자원 사용을 개선하고 오염과 빈곤을 줄여 지속적으로 발달하고 성장하는 방식으로 극복할 수 있습니다. 그러한 한 가지 예는 도시 쓰레기 수거의 증가입니다. 미래의 도시는 기본적인 서비스, 에너지, 주택, 교통 등을 이용할 수 있는 기회를 제공해야 합니다.

2) 수치와 현황

인류의 절반인 35억 명이 오늘날 도시에 살고 있으며 2030년까지 50억 명이 도시에 살 것으로 예상됩니다.

향후 수십 년간 도시 확장의 95%가 개발도상국에서 발생할 것입니다. 오늘날 8억 8천3백만 명의 사람들이 빈민가에 살고 있으며 대부분은 동아시아, 동남아시아에서 발견됩니다. 세계 도시들은 지구의 3%에 불과하지만, 에너지 소비량의 60-80%, 탄소 배출량은 75%를 차지합니다. 급속한 도시화는 신선한 물·하수·생활환경 및 공중보건에 영향을 미치고 있습니다. 2016년 도시 거주자의 90%가 안전 기준에 미달하는 공기를 마셔 대기오염으로 인해 420만 명이 사망하였습니다. 전 세계 도시 인구의 절반 이상이 안전 기준보다 최소 2.5배 높은 대기 오염 수준에 노출되었습니다.

- 세부목표 11-1. "적절하고 부담 가능한 가격의 주택과 기본서비스에 대한 접근을 보장하고, 노후 주거지의 환경을 개선한다."
  - 정책 과제
    ① 생애단계 · 소득수준별 맞춤형 주거지원
    ② 무주택 서민 · 실수요자를 위한 주택공급 확대
    ③ 임대차시장의 투명한 관리
    ④ 노후 · 취약 주거지 개선과 미래형 주거환경 조성
- 세부목표 11-2. "안전하고 부담 가능한 가격의 교통시스템을 제공하고 특히 여성, 아동, 장애인, 노인 등 취약계층을 고려한 대중교통을 확대한다."
  - 정책 과제

① 대중교통 및 녹색교통 수단 분담률 제고

② 교통약자의 이동편의 개선

- 세부목표 11-3. "도시의 포용성과 지속가능성을 제고하며, 주거지에 대한 참여적, 통합적 계획 및 관리 역량을 강화한다."
  - 정책 과제

    ① 시민참여 확대와 민주적 갈등 관리
- 세부목표 11-4. "세계 유산을 보호하고 보존하기 위한 노력을 강화한다."
  - 정책 과제

    ① 세계유산 등재 및 보존·활용
- 세부목표 11-5. "재난으로 인한 인명피해와 경제적 손실을 현저히 감소시키며, 통합적 도시재난 위기관리를 개발, 이행한다."
  - 정책 과제

    ① 재난대응체계 혁신

    ② 지방자치단체의 재난관리역량 강화

    ③ 안전취약계층 보호와 재난 회복력 확보
- 세부목표 11-6. "대기질 및 폐기물 관리 등 도시가 가지는 부정적인 환경영향을 감소시킨다."
  - 정책 과제

    ① 미세먼지 등 대기오염물질 감축

    ② 생산단계 폐기물 원천감량 촉진

    ③ 생활 속 폐기물 발생 억제
- 세부목표 11-7. "여성, 아동, 장애인, 고령자를 포함한 모든 이에게 공공 녹지공간으로의 안전하고 용이한 접근을 보장한다."
  - 정책 과제

    ① 도시자연의 확충

    ② 취약계층에 대한 도시자연 접근성 보장

[2022 개정 교육과정 & SDGs 11번 연계 탐구 주제]

인문계열	• 생애단계별 주거지원의 역사와 철학적 배경 • 대중교통 발전이 사회·문화에 미친 영향 • 민주적 갈등 관리의 역사적 사례 분석 • 세계유산 보존의 문화적 가치와 도전 • 재난 대응 체계의 역사적 발전과 변화 • 대기오염 문제에 대한 철학적 접근 • 도시 자연의 사회적 의미와 역사 • 공원녹지 불평등의 사회적 의미와 해결 방안

	• 주거지 개선과 인간 존엄성의 관계 • 시민 참여 확대가 민주주의에 미치는 영향
자연계열	• 대기오염물질 감축을 위한 자연 기반 해결책 연구 • 녹색교통 수단이 환경에 미치는 영향 분석 • 도시 자연 확충이 생태계에 미치는 영향 연구 • 재난 발생 시 자연환경의 회복력 연구 • 미세먼지 저감 식물 연구 및 개발 • 기후변화가 도시 녹지에 미치는 영향 연구 • 폐기물 관리와 환경 보호의 상관관계 분석 • 도시 공원의 생태적 기능과 중요성 연구 • 녹지 공간이 인간 건강에 미치는 영향 연구 • 도시 숲 조성이 지역 기후에 미치는 영향
공학계열	• 스마트 주거 환경 기술 개발 및 적용 사례 연구 • 교통약자를 위한 이동 편의 기술 개발 • 재난 대응을 위한 IoT 기술 활용 방안 연구 • 대기오염 감지 및 저감 기술 개발 프로젝트 • 폐기물 관리 자동화 시스템 설계 및 구현 • 녹색 건축 기술을 활용한 주거 개선 방안 연구 • 스마트 시티에서의 대중교통 시스템 최적화 연구 • 재난 복구를 위한 로봇 기술 개발 및 실험 • 에너지 효율성을 높이는 주택 설계 기술 개발 • 공원녹지 관리 자동화 시스템 개발
사회과학계열	• 맞춤형 주거지원 정책의 경제적 효과 분석 • 임대차 시장 투명성 제고를 위한 정책 연구 • 시민 참여가 갈등 관리에 미치는 영향 분석 • 지방자치단체의 재난 관리 역량 강화 방안 연구 • 대중교통 이용률 증가를 위한 정책 효과 분석 • 취약 계층을 위한 도시 자연 접근성 개선 방안 • 생활 폐기물 발생 억제 정책 효과 분석12 • 노후 주거지 개선이 지역 경제에 미치는 영향 연구 • 공공재로서의 도시공원 공급 형평성 평가 • 세계유산 보존을 위한 국제 협력 사례 분석
교육계열	• 재난 대응 교육 프로그램 개발 및 효과 평가 • 환경 교육을 통한 대기오염 인식 개선 방안 연구 • 교통약자를 위한 교육 콘텐츠 개발 및 활용 방안 • 시민 참여 교육 프로그램 개발 및 효과 분석 • 지속 가능한 주거 환경 교육 프로그램 개발 • 녹색교통 이용 활성화를 위한 교육 전략 연구 • 폐기물 관리 교육을 통한 인식 변화 효과 분석 • 도시 자연과 생태 교육 프로그램 개발 및 평가 • 세계유산 보존을 위한 교육 캠페인 기획 및 실행 • 공원녹지 활용 교육 프로그램 개발 및 평가

의료계열	• 대기오염이 건강에 미치는 영향 분석 및 예방 방안 연구 • 녹지 접근성이 정신 건강에 미치는 영향 연구 • 재난 발생 시 의료 대응 체계 개선 방안 연구 • 교통약자를 위한 의료 서비스 접근성 향상 방안 • 미세먼지가 호흡기 질환에 미치는 영향 연구 • 도시 자연이 노인의 정신 건강에 미치는 긍정적 효과 • 재난 후 심리적 회복 지원 프로그램 개발 • 폐기물 처리 과정에서 발생하는 건강 위험 요소 분석 • 녹색공간이 스트레스 감소에 미치는 효과 분석 • 환경 변화가 만성 질환 발병률에 미치는 영향 연구
예체능계열	• 도시 자연을 활용한 예술 작품 제작 프로젝트 • 재난 상황에서 예술 치료의 역할과 효과 분석 • 공원녹지를 활용한 커뮤니티 아트 프로젝트 기획 • 대중교통을 주제로 한 예술 작품 전시회 기획 • 세계유산 보존을 주제로 한 다큐멘터리 제작 • 주거 환경 변화가 예술 창작 활동에 미치는 영향 • 녹색교통 수단을 활용한 퍼포먼스 아트 기획 • 폐기물을 소재로 한 업사이클링 아트 프로젝트 • 도시 재생을 주제로 한 사진전 기획 및 실행 • 환경 보호 메시지를 담은 음악 작곡 및 공연
융복합계열	• 스마트 도시에서의 맞춤형 주거 지원 시스템 개발 • 대중교통과 ICT 융합을 통한 교통약자 지원 방안 • 재난 대응을 위한 AI 기반 예측 모델 개발 • 대기오염 감축을 위한 IoT 솔루션 통합 프로젝트 • 생활 폐기물 관리를 위한 블록체인 기술 적용 사례 • 도시 자연 접근성을 높이는 AR/VR 기술 활용 방안 • 세계유산 보존을 위한 디지털 아카이브 구축 프로젝트 • 녹색교통 활성화를 위한 스마트 앱 개발 및 평가 • 시민 참여 플랫폼을 통한 민주적 갈등 관리 시스템 구축 • 환경 데이터 시각화를 통한 인식 개선 프로젝트

12. G12. 지속가능한 소비와 생산 패턴 보장

"포용적이고 안전하며 회복력 있고 지속가능한 도시와 주거지 조성"

1) 기본 정보

지속가능한 소비와 생산은 자원과 에너지 효율을 높이고, 지속가능한 인프라를 조성하며, 기본적인 서비스는 물론 친환경적이고 적절한 일자리를 제공하며, 모두에게 더 나은 삶의 질을 제공합니다. 지속가능한 소비와 생산을 실천하는 것은 전체 개발 계획을 달성하고, 미래의 경제·환경 및 사회적 비용을 줄이며, 산업 경쟁력을 강화하고, 빈곤을 감소시키는 데 도움이 됩니다. 현재 천연자원 중 금속 소비는 늘고 있으며, 특히 동아시아 지역에서 가장 큰 폭으로 소비됩니다. 전 세계 국가들은 또한 대기, 수질 및 토양 오염과 관련된 문제들을 계속해서 다루고 있습니다.

지속가능한 소비와 생산은 "적은 비용으로 더 많은 것을 얻고 더 잘하는 것" 것을 목표로 하고 있기 때문에, 삶의 질을 높이면서도 자원낭비나 오염을 줄임으로써 경제적 활동으로 인한 복지혜택을 증가시킬 수 있습니다. 또한 생산자부터 최종 소비자에 이르는 모든 사람이 참여하는 공급망 운영에도 중점을 맞추어야 합니다. 여기에는 소비자에게 지속가능한 소비와 생활방식에 대한 교육, 표준 규정이나 라벨을 통한 적절한 정보제공, 지속가능한 공공 조달 참여 등이 포함됩니다.

2) 수치와 현황

인구가 2050년까지 96억에 달할 경우 현재의 생활양식을 유지하는 데 필요한 천연자원을 공급하기 위해서는 거의 3개의 지구가 필요합니다. 기반 시설과 건설 분야에서 비금속광물 사용 증가로 생활수준이 크게 개선되었습니다. 개발도상국의 1인당 "물질발자국(material footprint)"은 2000년 5톤에서 2017년 9톤으로 증가했습니다. 세계 250대 대기업의 93%가 현재 지속가능성에 대해 보고하고 있습니다.

(1) 물

전 세계 물의 3% 미만이 담수(음용수)이며 2.5%가 남극·북극·빙하 등에 동결되고 있습니다. 따라서 인류는 인간의 생태계와 담수 수요에 0.5%를 의존해야 합니다. 인간은 자연에서 재활용하고 호수에서 정수할 수 있는 것보다 더 빨리 물을 오염시키고 있습니다. 아직도 10억 명이 넘는 사람들이 담수를 이용하지 못하고 있습니다. 물의 과도한 사용은 전 세계적인 물 부족을 일으킬 것입니다. 물은 자연에서는 비용이 들지 않지만, 필요한 사회기반시설로 운반하는 데에는 큰 비용이 듭니다.

(2) 에너지

전 세계 사람들이 에너지 소비 효율이 높은 전구로 바꾸면 연간 120억 달러를 절약할 수 있습니다.

에너지 효율 향상을 촉진한 기술적 발전에도 불구하고 OECD 국가들의 에너지 사용은 2020년까지 35% 증가할 것입니다. 상업 및 주거용 에너지 사용은 운송에 이어 두 번째로 빠르게 증가하는 에너지 사용 영역입니다.

2002년 OECD 국가 자동차 재고량은 5억 5천만 대(그중 75%가 개인차)였고, 2020년까지 차량 소유권이 32% 증가할 것으로 예상됩니다. 동시에 자동차 사용량은 40% 증가할 것으로 예상되며, 전 세계 항공여행은 같은 기간 동안 3배로 증가할 것으로 예상됩니다. 가구는 전 세계 에너지의 29%를 소비하며 결과적으로 CO_2 배출량의 21%에 기여합니다. 최종 에너지 소비에서 재생 에너지의 비중은 2015년에 17.5%에 달했습니다.

(3) 식품

식품으로부터 발생하는 가장 큰 환경적인 영향은 생산 단계(농업, 식품 가공)에서 일어나지만, 가정에서도 식생활 선택과 식습관을 통해 환경에 영향을 미칠 수 있습니다. 주로 식품 관련 에너지 소비와 폐기물 생성을 통해서 말입니다.

해마다 생산되는 모든 식품의 약 3분의 1(약 1조 달러 상당)은 소비자와 소매점 쓰레기통에서 썩거나 교통과 수확의 부실로 인해 폐기됩니다.

전 세계 20억 명의 사람들이 과체중이거나 비만입니다.

토지 황폐화, 토양의 비옥도 감소, 지속 가능하지 않은 용수 사용, 어류 남획, 해양환경 파괴로 식량공급 능력이 떨어지고 있습니다.

식품업계는 세계 총 에너지 소비량의 약 30%를 차지하며, 온실가스 배출량의 약 22%를 차지하고 있습니다.

- 세부목표 12-1. "지속가능한 소비와 생산에 관한 통합적인 국가정책을 수립하고 이행한다."
  - 정책 과제
    ① 지속가능한 소비와 생산에 관한 통합적인 국가정책을 수립하고 이행한다
    ② 자원의 재사용 · 재이용 촉진
    ③ 산업계 자원생산성 향상기반 조성
- 세부목표 12-2. "모든 자원을 지속가능하게 관리하고 효율적으로 사용한다."
  - 정책 과제
    ① 재활용 촉진을 위한 배출 · 수거 · 선별체계 혁신
    ② 폐기물 직매립 제로화 및 처리 최적화
- 세부목표 12-3. "식품의 생산 · 유통과정에서 발생하는 식품 손실과 소비과정에서 발생하는 식품폐기물을 감소시킨다."
  - 정책 과제
    ① 음식물 쓰레기 감량을 위한 RFID 보급 확대 및 홍보 · 교육 추진
- 세부목표 12-4. "화학물질과 유해폐기물의 친환경적 관리를 통해 인간의 건강을 보호하고 환경오염을 예방한다."
  - 정책 과제
    ① 취약부문과 사각지대 해소
    ② 유해화학물질 취급시설 폐쇄 및 폐기물업체에 대한 안전관리
    ③ 유해화학물질 운반차량 안전관리
- 세부목표 12-5. "폐기물의 원천예방과 감량, 재사용과 재활용을 통해 폐기물 발생을 감소한다."
  - 정책 과제
    ① 생산단계 폐기물 원천감량 촉진
    ② 자원순환성을 고려한 제품 설계
    ③ 생활 속 폐기물 발생 억제
- 세부목표 12-6. "기업의 지속가능 경영활동을 관리하고 지원을 확대한다."
  - 정책 과제
    ① 중소 · 중견기업으로의 청정생산 및 환경경영 확산
    ② 국제환경규제 선제 대응 역량 강화
- 세부목표 12-7. "녹색 제품 인증 및 녹색 구매의 확대를 통해 지속가능한 녹색 소비를 촉진한다."

- 정책 과제
  ① 공공분야 녹색구매 정책기반 강화
  ② 인증기업 및 재활용산업 대상 제도적 지원 강화
- 세부목표 12-8. "모든 국민이 지속가능발전에 대한 의식을 갖도록 환경교육 참여 기회를 확대한다."
  - 정책 과제
    ① 대상별 환경교육 다변화
    ② 환경교육 프로그램 발굴 · 지원
    ③ 지역기반 환경교육 활성화
    ④ 유아 환경교육 강화
    ⑤ 청소년 환경교육 체험기회 확대
- 세부목표 12-9. (신규) "플라스틱이 선순환하도록 재생 플라스틱의 활용을 증가시키고, 친환경재료 개발을 통해 플라스틱의 환경으로 유출을 방지한다."
  - 정책 과제
    ① 재활용이 쉬운 제품을 생산하도록 단계적 의무화
    ② 플라스틱 재활용 활성화
    ② 자원순환형 소재 · 디자인 개발 지원
- 세부목표 12-10. (보완) "지속가능한 관광의 확대를 통해 환경보전에 기여한다."
  - 정책 과제
    ① 환경과 지역을 지키는 지속가능한 관광 확대
- 세부목표 12-11. "화석연료 보조금을 단계적으로 철폐한다."
  - 정책 과제
    ① 연탄사용 저소득층 직접지원 강화

[2022 개정 교육과정 & SDGs 12번 연계 탐구 주제]

인문계열	• 지속 가능한 소비의 철학적 배경과 윤리적 고찰 • 자원 재사용의 역사와 문화적 의미 • 환경 보호와 인간 가치관 변화 연구 • 지속 가능한 관광의 사회 · 문화적 영향 • 환경 문제와 인권: 취약계층 보호 사례 연구 • 플라스틱 사용의 사회적 인식 변화 과정 • 청정생산의 역사적 발전과 사회적 영향 • 유해화학물질 관리의 법적 · 윤리적 측면 • 녹색구매 정책의 사회적 수용성 연구 • 환경교육의 철학적 기초와 발전

자연계열	• 자원 재사용이 생태계에 미치는 긍정적 영향 연구 • 폐기물 제로화를 위한 자연 기반 해결책 탐구 • 유해화학물질이 생태계에 미치는 영향 분석 • 자원순환형 소재의 환경적 이점 연구 • 재활용이 생태계 복원에 미치는 효과 분석 • 청정생산이 자연환경에 미치는 긍정적 영향 연구 • 플라스틱 오염이 해양 생물에 미치는 영향 연구 • 지역 생태계를 보호하는 지속 가능한 관광 사례 연구 • 음식물 쓰레기 감량이 토양 건강에 미치는 영향 연구 • 녹색공간 확충이 지역 기후에 미치는 영향
공학계열	• RFID 기술을 활용한 음식물 쓰레기 감량 시스템 개발 • 재활용 촉진을 위한 스마트 수거 시스템 설계 • 폐기물 처리 최적화를 위한 AI 기술 활용 방안 연구 • 자원순환성을 고려한 제품 설계 혁신 사례 연구 • 플라스틱 재활용을 위한 자동화 기술 개발 프로젝트 • 청정생산을 위한 공정 개선 기술 개발 및 적용 사례 • 유해화학물질 안전 관리를 위한 IoT 솔루션 개발 • 녹색구매를 지원하는 IT 플랫폼 개발 및 평가 • 재활용이 쉬운 제품 생산을 위한 기술 개발 및 적용 사례 • 산업계 자원생산성 향상을 위한 기술 혁신 방안
사회과학계열	• 지속 가능한 소비와 생산 정책의 경제적 효과 분석 • 자원 재사용 촉진을 위한 정책 효과 분석 • 재활용 촉진을 위한 사회적 인식 변화 전략 연구 • 유해화학물질 안전 관리 정책 효과성 평가 • 중소기업의 청정생산 확산을 위한 정책 연구 • 국제환경규제 대응 역량 강화 방안 분석 • 공공분야 녹색구매 정책의 경제적 · 사회적 영향 연구 • 환경교육 다변화가 지역사회에 미치는 효과 분석 • 플라스틱 재활용 활성화를 위한 정책 제안 • 지속 가능한 관광 확대가 지역 경제에 미치는 영향 연구
교육계열	• 환경교육 프로그램 개발 및 효과 평가 • 청소년 환경교육 체험 기회 확대 방안 연구 • 유아 환경교육 강화 전략 및 사례 분석 • 지역기반 환경교육 활성화 방안 연구 • 재활용 교육 프로그램 개발 및 실행 사례 분석 • 지속 가능한 소비를 위한 교육 콘텐츠 개발 • 청정생산 개념을 포함한 직업 교육 프로그램 개발 • 환경문제 해결을 위한 창의적 교육 방법론 연구 • 플라스틱 사용 줄이기를 위한 교육 캠페인 기획 • 환경 보호를 위한 시민 참여 교육 프로그램 개발

의료계열	• 유해화학물질 노출이 건강에 미치는 영향 분석 및 예방 방안 연구 • 폐기물 관리가 공중 보건에 미치는 영향 분석 • 녹색공간 접근성이 정신 건강에 미치는 긍정적 효과 연구 • 환경 변화가 만성 질환 발병률에 미치는 영향 연구 • 청정생산 공정이 작업자 건강에 미치는 영향 분석 • 음식물 쓰레기 감량이 공중 보건에 미치는 효과 분석 • 재활용 과정에서 발생하는 건강 위험 요소 분석 및 대책 마련 • 환경오염 물질과 호흡기 질환 간의 관계 연구 • 지속 가능한 생활 방식이 건강 증진에 미치는 효과 분석 • 도시 녹지가 신체 활동과 건강 증진에 미치는 영향
예체능계열	• 재활용 소재를 활용한 예술 작품 제작 프로젝트 • 지속 가능한 소비를 주제로 한 다큐멘터리 제작 • 플라스틱 오염 문제를 주제로 한 예술 전시회 기획 • 환경 보호 메시지를 담은 음악 작곡 및 공연 기획 • 청정생산을 주제로 한 연극 공연 기획 및 실행 • 지속 가능한 관광지를 배경으로 한 사진전 기획 및 실행 • 지역 자원을 활용한 커뮤니티 아트 프로젝트 기획 • 환경 보호를 주제로 한 디자인 작품 전시회 기획 • 음식물 쓰레기 문제를 다룬 애니메이션 제작 프로젝트 • 녹색교통 수단을 활용한 퍼포먼스 아트 기획
융복합계열	• RFID 기반 음식물 쓰레기 관리 시스템 통합 프로젝트 • 자원순환형 소재 개발을 위한 융합 기술 적용 사례 연구 • 지속 가능한 소비를 촉진하는 디지털 플랫폼 개발 및 평가 • 유해화학물질 안전 관리를 위한 빅데이터 활용 방안 • 재활용 산업 활성화를 위한 블록체인 기술 적용 가능성 탐색 • 청정생산 확산을 위한 스마트 제조 시스템 설계 • 플라스틱 재활용 촉진을 위한 AR/VR 기술 활용 방안 • 환경교육 콘텐츠 제작을 위한 멀티미디어 기술 통합 프로젝트 • 지속 가능한 관광 경로 최적화를 위한 GIS 기술 활용 • 공공분야 녹색구매 지원을 위한 AI 기반 추천 시스템 개발

13. G13. 기후변화에 대한 영향방지와 긴급조치

"기후변화와 그로 인한 영향에 맞서기 위한 긴급 대응"

1) 기본 정보

기후변화는 이제 대륙 전반의 모든 국가에 영향을 미치고 있습니다. 국가 경제를 혼란에 빠뜨리고 삶에 영향을 미치며, 오늘날과 미래의 인류, 공동체 및 국가에 큰 손실을 주고 있습니다. 날씨 패턴은 변화하고 해수면은 상승하며 기상이변은 잦아지고, 온실가스 배출량은 현재 최고수준에 도달했습니다. 아무런 조치를 취하지 않는다면, 금세기에 해수면 온도도 평균적으로 3도를 넘어 상승할 것으로 예상됩니다. 이는 가난하고 위험에 취약한 사람들에게 가장 많은 영향을 주고 있습니다. 경제적이고 확장가능한 해결방안을 모색함으로써 국가는 더욱 청렴하고 탄력적인 경제국으로 도약할 수 있습니다. 더 많은 사람들이 재생에너지 사용방안을 모색하고, 온실가스 배출량 저감 및 적응방안을 도모함에 따라 변화의 속도는 빨라지고 있습니다. 그러나 기후변화는 초국경적인 세계적 도전 과제입니다. 개발도상국들이 저탄소 경제로 나아가는 것을 돕기 위해 국제적 수준의 개선안이 필요합니다. 기후변화의 위협에 대한 국제적인 대응을 강화하기 위해 각국은 2016년 11월에 발효된 유엔기후변화협약 당사국총회(COP21)에서 파리 협약을 채택했습니다. 이 협약에서 모든 국가들은 지구의 기온상승을 2도 이하로 제한하기로 합의했습니다. 2018년 4월, 175개국이 파리 협약을 비준했으며 10개의 개발도상국이 기후변화에 대응하기 위한 국가적응계획을 처음으로 제출했습니다.

2) 수치와 현황

2018년 4월 175개국이 파리협약을 비준했으며 168개 당사국은 유엔 기후변화 사무국에 자발적 기여(INDC) 보고서를 제출하였습니다. 2018년 4월 현재 10개 개발도상국이 기후변화에 대응을 위한 국가적응계획을 최초로 완성하여 제출하는 데 성공했습니다. 선진국의 정당들은 완화조치를 위해 2020년까지 연간 1,000억 달러를 동원하는 목표를 향해 지속적으로 진전을 보이고 있습니다. 기후변화에 대한 정부 간 패널(IPCC)을 통해 다음 내용을 알 수 있습니다.

1880년부터 2012년까지 지구 평균온도는 0.85°C 상승했습니다. 이 관점으로 보면 온도가 1°C 상승할 때마다 곡물 생산량은 약 5% 감소합니다. 옥수수, 밀 그리고 다른 주요 농작물들은 1981년과 2002년 사이에 기후 온난화로 인해 매년 40 메가톤이라는 상당한 수확량 감소를 경험했습니다. 바다는 따뜻해지고 눈과 얼음은 줄어들었으며 해수면은 상승했습니다. 1901년부터 2010년까지 전 세계 평균 해수면은 온난화로 얼음이 녹으면서 19cm 상승했습니다. 북극의 해빙 범위는 1979년 이후 매 10년 동안 줄어들었고, 매 10년마다 107만 km²의 얼음 손실이 있었습니다.

현재의 온실가스 농도와 지속적인 배출량을 감안할 때 21세기 말까지 지구온난화의 상승은 1850년부터 1900년에 비해 1.5°C를 초과할 것으로 예상됩니다. 세계의 바다는 따뜻해지고 얼음은 계속 녹을 것입니다. 평균 해수면 상승은 2065년에는 24~30cm, 2100년에는 40~63cm로 예측됩니다. 기후변화의 대부분의 배출이 중단되더라도 수세기 동안 지속될 것입니다. 세계 이산화탄소(CO_2) 배출량은 1990년 이후 50% 가까이 증가했습니다. 2000년에서 2010년 사이의 배출량은 과거 30년간의 배출량보다 더 빠르게 증가했습니다. 다양한 기술적 조치와 행동의 변화를 통해 세계 평균 기온을 산업화 이전 수준보다 2°C로 제한이 가능합니다. 주요 제도적·기술적 변화는 지구 온난화가 이 한계를 초과하지 않을 가능성보다 더 나은 가능성을 줄 것입니다.

- 세부목표 13-1. “기후변화로 인해 예상되는 위험을 감소시키고, 자연재해에 대한 회복 및 적응능력을 강화한다.”
  - 정책 과제
    ① 기후재난 대응 역량 강화
    ② 기후재난 대비 제도 정비
    ③ 기후변화 중장기 영향 평가 능력 강화
    ④ 부문별 기후변화 적응 체계 구축
    ⑤ 기후변화 적응 사업 단위별 관리
- 세부목표 13-2. (보완) “기후변화에 대한 조치계획을 지방정책 등에 노력한다.”
  - 정책 과제
    ① 기후변화 정책 통합 모니터링
    ② 기후변화 적응 정책 이행 지원 확대

- 세부목표 13-3. (보완) “기후변화 대응에 관한 역량을 강화한다.”
  - 정책 과제
    ① 기후변화 정책 형성 단계부터 시민 참여 지원
    ② 기후변화 교육 프로그램 도입을 위한 정책 수단 마련
- 세부목표 13-4. “지구의 온도 상승을 산업화 이전 수준에 비하여 2℃보다 아래로 유지하고 더 나아가 온도 상승을 1.5℃까지 제한하도록 노력한다.”
  - 정책 과제
    ① 온실가스 감축 이행 점검 평가 체계 고도화

[2022 개정 교육과정 & SDGs 13번 연계 탐구 주제]

인문계열	• 기후변화와 인간의 윤리적 책임 • 기후재난에 대한 철학적 접근과 사회적 인식 변화 • 기후변화 정책 형성과 시민 참여의 역사적 사례 연구 • 온실가스 감축을 위한 국제 협력의 윤리적 측면 • 기후변화 적응을 위한 문화적 접근 방법 • 기후변화와 관련된 법률의 역사적 발전 • 기후위기와 인권: 취약계층 보호 사례 연구 • 환경철학에서의 지속 가능성 개념 탐구 • 기후변화 대응을 위한 사회적 운동의 역사 • 기후변화와 문학: 환경문제를 다룬 문학 작품 분석
자연계열	• 기후변화가 생태계에 미치는 영향 연구 • 온실가스 감축을 위한 자연 기반 해결책 탐구 • 기후변화에 따른 생물 다양성 변화 분석 • 해수면 상승이 해양 생태계에 미치는 영향 연구 • 기후변화가 식물 생장에 미치는 영향 분석 • 대기오염과 기후변화 간의 상호작용 연구 • 기후변화가 지역 기후 패턴에 미치는 영향 연구 • 탄소 흡수원으로서의 숲 관리 방안 연구 • 극한 기상 현상이 생태계에 미치는 영향 분석 • 자연재해 발생 빈도 증가와 그에 따른 환경 변화
공학계열	• 온실가스 감축을 위한 신기술 개발 및 적용 사례 연구 • 스마트 그리드 기술을 활용한 에너지 효율 개선 방안 연구 • 기후재난 대비를 위한 도시 인프라 설계 혁신 사례 연구 • 재생에너지 기술 개발 및 적용 사례 분석 • 탄소 포집 및 저장(CCS) 기술 개발 프로젝트 • 친환경 건축 기술을 활용한 에너지 절약 방안 연구 • 대중교통 시스템의 에너지 효율성 개선 방안 연구 • 기후변화 적응을 위한 도시 설계 기술 개발 및 적용 사례

	• 폐기물 관리 자동화 시스템 개발 및 평가 • 스마트 농업 기술을 통한 기후변화 적응 방안 연구
사회과학계열	• 기후변화 정책 통합 모니터링 시스템 개발 및 평가 • 시민 참여가 기후변화 정책 형성에 미치는 영향 분석 • 부문별 기후변화 적응 체계 구축 방안 연구 • 온실가스 감축 이행 점검 체계 고도화 방안 분석 • 국제 환경 협약이 국내 정책에 미치는 영향 연구 • 지역사회 기반의 기후변화 적응 전략 개발 및 평가 • 기후재난 대비 제도 정비의 경제적 효과 분석 • 지속 가능한 도시 발전을 위한 정책 제안 • 환경 정책 이행 지원 확대를 위한 전략 연구 • 탄소중립 목표 달성을 위한 사회적 인식 변화 전략
교육계열	• 기후변화 교육 프로그램 개발 및 효과 평가 • 청소년 환경교육 체험 프로그램 개발 및 실행 사례 분석 • 기후위기 대응 교육 콘텐츠 개발 및 보급 방안 연구 • 학교 환경교육 플랫폼 구축 및 운영 방안 연구 • 기후변화와 관련된 교과 연계 교육 프로그램 개발 • 환경 감수성 향상을 위한 교육 방법론 연구 • 탄소중립 실현을 위한 학교 교육 프로그램 개발 • 기후행동 실천을 위한 학생 참여 프로그램 설계 및 평가 • 지역사회와 연계한 환경교육 활성화 방안 연구 • 기후위기 시대의 교육 방향성과 실천 전략
의료계열	• 기후변화가 건강에 미치는 영향 분석 및 예방 방안 연구 • 폭염 취약군 건강관리 대책 개발 및 평가 • 기상재해 대비 건강관리 체계 구축 방안 연구 • 기후변화로 인한 전염병 발생 예측 모델링 및 대응 기술 개발 • 환경 변화가 만성 질환 발병률에 미치는 영향 분석 • 건강 안전망 강화를 위한 포괄적인 대책 마련 • 기후위기에 따른 정신 건강 문제 대응 방안 연구 • 취약 계층 보호를 위한 건강 관리 체계 강화 • 지역사회 중심의 건강 적응 대책 수립 및 실행 • 기후변화로 인한 건강 위험 요소 모니터링 시스템 개발
예체능계열	• 기후변화를 주제로 한 예술 작품 제작 프로젝트 • 환경 문제를 다룬 다큐멘터리 제작 및 상영 계획 • 친환경 디자인 제품 전시회 기획 및 실행 • 지속 가능한 패션 디자인 프로젝트 • 환경 보호 메시지를 담은 음악 작곡 및 공연 계획 • 기후변화 주제를 다룬 연극 공연 제작 • 예술을 통한 환경 문제 인식 제고 캠페인 설계 • 친환경 건축 디자인 콘셉트 전시회 개최 • 지역사회를 위한 커뮤니티 아트 프로젝트 계획 • 자연재해를 주제로 한 사진전 개최

융복합계열	• 통합 데이터베이스 기반의 기후환경 정책 모니터링 시스템 개발 • 스마트 시티에서의 기후변화 적응 솔루션 통합 프로젝트 • AI 기반 온실가스 감축 기술 개발 및 응용 사례 • 블록체인을 활용한 탄소 배출량 추적 시스템 구축 • IoT를 활용한 실시간 대기질 모니터링 시스템 설계 • 빅데이터를 활용한 기상 재해 예측 모델 개발 • AR/VR 기술을 활용한 환경 교육 콘텐츠 제작 • 지속 가능한 도시 설계를 위한 ICT 솔루션 통합 프로젝트 • 클라우드 기반의 환경 데이터 관리 플랫폼 구축 • 디지털 트윈 기술을 활용한 도시 재난 대응 시뮬레이션

14. G14. 해양, 바다, 해양자원의 지속가능한 보존 노력

"지속가능발전을 위한 대양, 바다, 해양자원의 보전과 지속가능한 이용"

1) 기본 정보

지구의 해양은 온도, 화학반응, 조류, 생명력 등 지구를 인간이 살기에 좋은 서식지로 만들고 있습니다. 빗물, 식수, 날씨, 기후, 해안선, 음식, 심지어 우리가 숨 쉬는 공기의 산소까지도 결국 바다에 의해 제공되고 규제됩니다. 역사를 통틀어, 대양과 바다는 무역과 수송에 필수적인 통로였습니다.

이 필수적인 글로벌 자원을 신중하게 관리하는 것은 지속가능한 미래의 핵심입니다. 그러나 현재는 오염으로 인해 연안해가 계속 악화되고 있고, 해양 산성화는 생태계와 생물다양성의 기능에 악영향을 미치고 있습니다. 이것은 또한 소규모 어업에까지도 부정적인 영향을 미치고 있습니다.

해양보호구역은 효과적으로 관리되고 자원이 풍부해야 하며, 남획, 해양오염 및 해양산성화를 줄이기 위한 규제를 마련해야 합니다.

2) 수치와 현황

해양은 지구 표면의 3/4을 덮고, 지구상 물의 97%를 차지하고 있으며, 부피로는 지구상의 생활공간의 99%를 차지합니다. 30억 명이 넘는 사람들이 생계수단으로 해양과 해안 생물다양성에 의존하고 있습니다. 전 세계적으로 해양 및 연안자원 및 산업의 시장 가치는 연간 3조 달러, 즉 전 세계 GDP의 약 5%로 추산됩니다. 해양에는 약 20만 종의 확인된 생물이 존재하지만 실제 개체수는 수백만에 달할 수 있습니다. 해양은 인간 활동으로 인해 배출되는 이산화탄소의 약 30%를 흡수함으로써 지구 온난화의 영향을 줄입니다. 해양은 세계 최대 단백질 공급원으로서 30억 명 이상이 단백질의 주요한 원천으로 바다를 의존하고 있습니다. 2억 명이 넘는 사람들이 직접 또는 간접적으로 해양어업에 종사하고 있습니다. 어업 보조금은 많은 어종의 급속한 감소에 기여하고 있으며, 전 세계의 어업과 관련한 일자리를 보전하고 되살리는 노력을 방해하고 있습니다. 이는 해양 수산업이 벌어들일 수 있는 수입 대비, 연간 500억 달러의 손실을 발생하게 합니다. 산업혁명 이후 해양의 산성도는 26% 이상 증가하였습니다. 해안수역은 오염과 부영양화 때문에 악화되고 있습니다. 공동의 노력이 없다면 2050년대까지 해양 생태계의 20%에서 해안 침식 현상이 증가할 것으로 예상됩니다.

- 세부목표 14-1. "육상과 해상의 오염물질로부터 해양환경 보전을 위한 관리체계를 확립한다."
  - 정책 과제
    - ① 육상 오염물질 유입 차단
    - ② 해양 플라스틱 저감
- 세부목표 14-2. "바다의 생태환경과 수산자원의 서식처를 적극적으로 관리한다."
  - 정책 과제
    - ① 해양생태계 서식지 보호
    - ② 해양생물 보호
- 세부목표 14-3. "과학기술 협력 강화 등을 통한 해양 산성화에 의한 영향을 최소화한다."
  - 정책 과제
    - ① 과학기술 협력 강화

- 세부목표 14-4. “수산자원을 지속가능하게 관리하고 과도한 어업을 지양한다.”
  - 정책 과제
    ① TAC 기반 자원관리형 어업구조 정착
    ② 고질적 불법어업 근절 및 어린물고기 보호
- 세부목표 14-5. “해양생태계의 체계적인 보전과 현명한 이용을 위해 해양보호구역 지정 면적을 확대한다.”
  - 정책 과제
    ① 해양보호구역 확대 및 관리 강화
- 세부목표 14-6. “해양자원의 지속가능한 이용을 통해 경제적 이익을 확보한다.”
  - 정책 과제
    ① 수산업 혁신
    ② 해양 · 어촌관광 활성화
    ③ 해양신산업 육성
- 세부목표 14-7. “해양과학 연구역량 제고와 해양과학기술 이전을 확대한다.”
  - 정책 과제
    ① 해양과학 연구역량 제고
    ② 해양과학기술 이전 확대
- 세부목표 14-8. “소규모 영세어업인의 안정적 어업행위를 지원한다.”
  - 정책 과제
    ① 어업인 어업 · 복지 여건 개선
    ② 어촌 · 어항 · 연안지역 정주여건 개선
- 세부목표 14-9. (신규) “해양과 해양 자원의 보전과 지속가능한 이용에 대한 국제법을 국내법적으로 수용함으로써 해양과 해양 자원의 보전 및 지속가능한 이용을 강화한다.”
  - 정책 과제
    ① 해양생태계 보전을 위한 국제법의 국내적 수용

[2022 개정 교육과정 & SDGs 14번 연계 탐구 주제]

인문계열	• 해양 생태계 보호의 윤리적 측면과 사회적 인식 변화 • 해양보호구역 확대의 역사적 배경과 문화적 의미 • 해양 생물 보호에 관한 국제법의 발전과 적용 사례 • 해양 오염 문제에 대한 철학적 접근 • 어촌 사회의 문화적 변화와 지속 가능성 연구 • 해양 관광의 사회 · 문화적 영향 분석 • 전통 어업과 현대 수산업의 비교 연구 • 해양 생물 다양성 보전의 윤리적 논쟁

	• 해양 플라스틱 문제에 대한 문학적 접근 • 과학기술 협력 강화가 사회에 미치는 영향
자연계열	• 해양 생태계 서식지 보호를 위한 생태학적 연구 • 해양 플라스틱 저감 기술의 환경적 효과 분석 • 육상 오염물질이 해양 생태계에 미치는 영향 연구 • TAC 기반 자원관리형 어업구조의 생태적 효과 분석 • 해양 오염이 생물 다양성에 미치는 영향 연구 • 어린 물고기 보호를 위한 생물학적 연구 • 해양 생물 다양성 보전 전략 연구 • 기후변화가 해양 생태계에 미치는 영향 분석 • 연안 지역 오염원 관리와 수질 개선 방안 연구 • 해양 생물 종 복원 프로젝트 사례 연구
공학계열	• 해양 플라스틱 수거를 위한 기술 개발 및 적용 사례 연구 • 드론 및 자율운항 차량을 활용한 해양 오염 모니터링 기술 개발 • 폐기물 관리 자동화 시스템 설계 및 구현 사례 연구 • 친환경 어업 장비 개발 및 적용 사례 분석 • 스마트 어항 관리 시스템 개발 및 평가 • 해양 신산업 육성을 위한 기술 혁신 방안 연구 • 수산업 혁신을 위한 자동화 기술 개발 프로젝트 • 해양 과학기술 이전을 통한 산업 발전 전략 연구 • 플라스틱 저감 기술 개발 및 실험 • 수산 부산물 재활용을 위한 공정 개선 기술 개발
사회과학계열	• 해양 보호 정책의 경제적 효과 분석 • 어촌 경제 활성화를 위한 정책 제안 • 수산업 혁신이 지역 경제에 미치는 영향 분석 • 국제 환경 협약이 국내 수산 정책에 미치는 영향 연구 • 시민 참여가 해양 환경 보호에 미치는 영향 분석 • TAC 제도 도입이 어업 구조에 미치는 효과 분석 • 어촌 정주 여건 개선을 위한 사회적 인식 변화 전략 • 연안 지역 개발과 환경 보전 간의 갈등 해결 방안 • 지속 가능한 어촌 관광 정책 효과 분석 • 플라스틱 저감 정책의 사회적 수용성 연구
교육계열	• 해양 환경 보호 교육 프로그램 개발 및 효과 평가 • 청소년 대상 해양 생태 교육 콘텐츠 개발 및 실행 사례 분석 • 어촌 생활 체험 프로그램 기획 및 운영 방안 연구 • 해양 과학 교육을 통한 인식 개선 방안 연구 • 수산업 혁신을 주제로 한 교육 캠페인 기획 및 실행 • 해양 보호를 위한 학교 교육 프로그램 개발 • 플라스틱 저감을 위한 교육 방법론 연구 • 지역사회와 연계한 환경교육 활성화 방안 연구 • 해양 생태 보전을 주제로 한 교과 연계 교육 프로그램 개발

	• 해양 신산업 관련 직업 교육 프로그램 개발
의료계열	• 해양 오염이 인간 건강에 미치는 영향 분석 및 예방 방안 연구 • 어촌 주민 건강 증진을 위한 프로그램 개발 및 평가 • 해조류 기반 건강식품 개발 및 효능 평가 • 수산물 안전성 확보를 위한 관리 체계 강화 방안 • 해양 생물 독소가 건강에 미치는 영향 연구 • 어촌 지역 의료 서비스 접근성 향상 방안 • 기후변화가 건강에 미치는 영향 분석 • 해조류를 활용한 영양 보충제 개발 및 효과 분석 • 어촌 주민 질병 예방 프로그램 운영 사례 연구 • 수산물 소비가 건강에 미치는 긍정적 효과 분석
예체능계열	• 해양 환경 보호를 주제로 한 예술 작품 제작 프로젝트 • 수산물을 활용한 요리 대회 기획 및 실행 • 어촌 생활을 주제로 한 다큐멘터리 제작 • 해조류를 소재로 한 디자인 작품 전시회 기획 • 해양 생태계를 주제로 한 음악 작곡 및 공연 계획 • 어촌 문화 보존을 위한 사진전 기획 및 실행 • 환경 보호 메시지를 담은 패션 디자인 프로젝트 • 해양 관광을 주제로 한 연극 공연 제작 • 지역 특산물을 활용한 요리 책 발간 프로젝트 • 어촌 생활을 주제로 한 커뮤니티 아트 프로젝트
융복합계열	• 드론과 AI를 활용한 해양 오염 모니터링 시스템 통합 프로젝트 • 수산업 혁신을 위한 블록체인 기반 유통 관리 시스템 개발 • IoT를 활용한 스마트 어항 관리 솔루션 통합 프로젝트 • 빅데이터를 활용한 어장 관리 최적화 시스템 설계 • AR/VR 기술을 활용한 어촌 생활 체험 콘텐츠 제작 • 플라스틱 저감을 위한 디지털 플랫폼 개발 및 평가 • 자율운항 선박을 활용한 친환경 물류 시스템 구축 • 클라우드 기반의 해양 데이터 관리 플랫폼 구축 • 메타버스를 활용한 수산업 직무 교육 콘텐츠 개발 • 디지털 트윈 기술을 활용한 어촌 정주 여건 개선 시뮬레이션

15. G15. 육지생태계 보존과 삼림보존, 사막화방지, 생물다양성 유지

"육상생태계의 지속가능한 보호·복원·증진, 숲의 지속가능한 관리, 사막화 방지, 토지황폐화의 중지와 회복, 생물다양성 손실 중단"

1) 기본 정보

산림은 지구 표면의 30.7%를 차지하며 식량 안보와 보호지역을 제공하는 것 외에도 기후변화에 대처하고 생물다양성과 토착민들의 집을 보호하는 데 핵심적인 역할을 수행합니다. 산림보호를 통해 우리는 천연자원 관리를 강화하고 토지 생산성을 높일 수 있을 것입니다.

현재 매년 1300만 헥타르의 산림이 손실되며, 건조지의 지속적인 파괴로 인해 36억 헥타르가 사막화되었습니다. 현재 토지의 15%까지 보호되고 있지만, 생물다양성은 여전히 위험에 처해 있습니다. 인간의 활동과 기후변화로 인한 삼림 벌채와 사막화는 지속가능한 발전에 주요한 차질을 빚고 빈곤 퇴치에 있어 수백만 명의 삶과 생계에 영향을 미쳤습니다.

숲을 관리하고 사막화를 막기 위한 노력이 이루어지고 있습니다. 공정한 자원 사용을 촉진하는 두 가지 국제 협정이 현재 시행되고 있으며, 생물다양성을 지원하기 위한 금융투자 또한 제공되고 있습니다.

라이온스 주식기금

2018년 6월 21일, 유엔개발계획(UNDP), FINCH 그리고 설립 파트너인 Mars는 광고주들에게 미디어의 일정 비율을 기부하도록 요청하며 전 세계 동물들의 삶을 변화시키는 데 목적을 둔 사업인 Lion's Share를 발표합니다. Lion's Share는 파트너가 동물을 배경으로 하는 광고마다 미디어 지출의 0.5%를 기금으로 조성하여 전 세계 동물과 그들의 서식지를 지원하는 데 사용될 것입니다. 기금은 유엔과 시민사회단체가 시행하는 다양한 야생동물 보호와 동물 복지 프로그램에 투자되는 돈으로 3년 이내에 연간 100만 달러를 모금하려고 계획하고 있습니다.

2) 수치와 현황

(1) 산림

7천만 토착민을 포함하여 약 16억 인구가 숲에 생계를 의지하고 있습니다. 숲에는 동물·식물·곤충 등 모든 육상생물 종의 80% 이상이 서식하고 있습니다.

2010년과 2015년 사이 전 세계적으로 330만 헥타르에 달하는 산림이 소실되었습니다. 가난한 농촌 여성들은 공유재에 의존하고 있으며, 이는 특히 숲의 고갈에 영향을 받습니다.

(2) 사막화

26억 인구는 농업에 직접적으로 의존하지만 농업에 사용되는 토지의 52%는 심각한 토양오염의 영향을 받고 있습니다. 경작 가능한 토지의 손실은 과거 대비 30~35배로 추산됩니다. 가뭄과 사막화로 인해, 1년에 2천만 톤의 곡물이 재배될 수 있었으나 매년 1200만 헥타르(1분당 23헥타르)가 손실되고 있습니다. 빈곤층의 74%는 전 세계적으로 토지 황폐화에 직접적인 영향을 받습니다.

(3) 생물다양성

120개국에서 약 7,000종의 동식물이 불법 거래로 신고되고 있으며, 야생동물 밀렵과 밀매로 동・식물 보존 노력을 계속 방해하고 있습니다. 알려진 8,300종의 동물 종 중 8%가 멸종되었으며 22%는 멸종 위기에 처해 있습니다.

8만 그루가 넘는 수종 중 오직 1% 미만만 잠재적인 이용을 위해 연구됩니다. 물고기는 30억 인구에게 동물성 단백질의 20%를 공급합니다. 오직 10종만이 해양 포획 어업의 약 30%를 제공하고, 10종은 양식업생산의 약 50%를 제공합니다. 인간 식단의 80% 이상이 식물에 의해 제공됩니다. 쌀, 옥수수, 밀 등 세 가지 곡물이 에너지 섭취량의 60%를 제공합니다. 개발도상국의 농촌 지역 인구의 80%는 기본적인 건강관리를 위해 식물기반 의약품에 의존하고 있습니다. 미생물과 무척추동물은 생태계의 핵심 요소이지만 그 기여도는 아직 알려지지 않고 거의 인정되지 못하고 있습니다.

- 세부목표 15-1. "육상과 내륙담수의 생태계 다양화를 위해 보전과 복원 활동을 활성화한다."
  - 정책 과제
    ① 산줄기/하천/습지 등 멸종위기종 서식지 보전/개선

② 습지보전계획 수립 및 실시
③ 산림유전자원보호구역 관리 강화
④ DMZ 생태축 보전 사업

- 세부목표 15-2. "산림파괴 중단, 황폐화된 산림복원 등 지속가능한 산림경영을 강화한다."
  - 정책 과제
    ① 산불 방지 및 재해 방지
    ② 황폐화된 산림 복원
    ③ 지속가능한 산림 경영
- 세부목표 15-3. "가뭄 · 홍수 · 개발 등으로 황폐화된 토지를 복원하기 위해 노력한다."
  - 정책 과제
    ① 황폐화된 토지 복원
- 세부목표 15-4. "생물다양성 손실을 예방하기 위해 멸종위기종을 보호한다."
  - 정책 과제
    ① 멸종위기 야생 동식물 증식 복원
    ② 공존 서식지 사업: 멸종위기종 서식지 주민이 참여하는 '마을 생물 다양성 살리기'
    ③ 멸종위기종 복원 컨트롤타워 구축 · 운영
    ④ 생물다양성 조사 및 종분포 지도
    ⑤ 전국 야생동물 통합 모니터링 시스템 및 스테이션 구축
- 세부목표 15-5. (보완) "동식물 보호종의 포획과 불법거래를 없애도록 노력한다."
  - 정책 과제
    ① 사이테스 조약 준수 및 야생동물 검역 및 유통 관리강화
    ② 야생동물 포획 및 밀거래 금지
    ③ 야생동물 · 가축 · 인간 사이 고위험 접촉점 대비 관리제도
- 세부목표 15-6. (보완) "침입외래종의 유입을 예방하고 이들이 육지 및 수중 생태계에 미치는 영향을 줄이기 위한 조치를 취한다."
  - 정책 과제
    ① 침입 외래종 관리
- 세부목표 15-7. "개발사업 등 인간 활동으로 단절된 생태축의 복원과 생태 네트워크 유지 · 관리를 위해 노력한다."
  - 정책 과제
    ① 도시 생태축 복원사업
    ② 백두대간 등 보전 · 복원계획
    ③ 남북산림협력

[2022 개정 교육과정 & SDGs 15번 연계 탐구 주제]

인문계열	• 멸종위기종 보호의 윤리적 측면과 사회적 인식 변화 • DMZ 생태축 보전의 역사적 배경과 문화적 의미 • 산림 보호와 인간의 윤리적 책임 • 생물다양성 보전의 철학적 접근 • 야생동물 보호에 관한 국제법의 발전과 적용 사례 • 외래종 관리의 사회 · 문화적 영향 분석 • 도시 생태계 복원의 사회적 가치 연구 • 멸종위기종 보호 운동의 역사와 발전 • 생물다양성 보전과 인권: 취약계층 보호 사례 연구 • 지속 가능한 산림 경영의 윤리적 논쟁
자연계열	• 멸종위기종 서식지 보전을 위한 생태학적 연구 • 습지 보전이 생태계에 미치는 긍정적 영향 분석 • 황폐화된 산림 복원 기술 및 효과 연구 • 외래종 침입이 생태계에 미치는 영향 분석 • DMZ 지역 생물다양성 조사 및 종분포 지도 작성 • 산불 방지를 위한 자연 기반 해결책 탐구 • 토지 황폐화가 생물 다양성에 미치는 영향 연구 • 백두대간 보전이 지역 생태계에 미치는 효과 분석 • 도시 생태축 복원이 환경에 미치는 영향 연구 • 야생동물 통합 모니터링 시스템의 생태적 효과 분석
공학계열	• 멸종위기종 서식지 개선을 위한 기술 개발 및 적용 사례 연구 • 스마트 기술을 활용한 야생동물 모니터링 시스템 설계 • 침입 외래종 관리 자동화 시스템 개발 및 평가 • 산불 예방을 위한 드론 기술 활용 방안 연구 • 도시 생태축 복원을 위한 GIS 기술 적용 사례 연구 • 황폐화된 토지 복원을 위한 친환경 기술 개발 프로젝트 • DMZ 지역 생물다양성 보전을 위한 IoT 솔루션 통합 프로젝트 • 지속 가능한 산림 경영을 위한 기술 혁신 방안 연구 • 야생동물 밀거래 방지를 위한 블록체인 기술 적용 사례 • 외래종 제거를 위한 로봇 기술 개발 및 실험
사회과학계열	• 멸종위기종 보호 정책의 경제적 효과 분석 • 주민 참여형 서식지 보전 사업의 사회적 효과 분석 • 국제 환경 협약이 국내 야생동물 보호 정책에 미치는 영향 연구 • 도시 생태축 복원 사업의 사회적 수용성 연구 • 지속 가능한 산림 경영 정책 효과 분석 • 외래종 관리 정책의 사회 · 문화적 영향 분석 • DMZ 지역 보전 사업이 지역사회에 미치는 경제적 영향 연구 • 야생동물 밀거래 금지 정책의 법적 · 사회적 효과 평가 • 백두대간 보전 정책의 경제 · 사회적 영향 분석 • 토지 황폐화 복원 사업이 지역 경제에 미치는 효과 연구

교육계열	• 멸종위기종 보호 교육 프로그램 개발 및 효과 평가 • 청소년 대상 습지 보전 교육 콘텐츠 개발 및 실행 사례 분석 • 산림 복원을 주제로 한 교육 캠페인 기획 및 실행 • 야생동물 보호를 위한 학교 교육 프로그램 개발 • 도시 생태복원 관련 교과 연계 교육 프로그램 개발 • 환경 감수성 향상을 위한 교육 방법론 연구 • 지역사회와 연계한 환경교육 활성화 방안 연구 • 외래종 관리 교육 프로그램 개발 및 운영 방안 연구 • 백두대간 보전을 주제로 한 체험 학습 프로그램 기획 • DMZ 지역 생태 교육 콘텐츠 개발 및 평가
의료계열	• 야생동물과 인간 사이 고위험 접촉점 관리제도와 건강 안전망 강화 방안 • 외래종이 인간 건강에 미치는 영향 분석 및 예방 방안 연구 • 산불 발생 시 건강 피해 최소화를 위한 대응 체계 구축 • 토양 복원이 공중 보건에 미치는 긍정적 효과 분석 • 야생동물 질병 전파 예방을 위한 관리 체계 강화 방안 • 습지 복원이 지역 주민 건강에 미치는 영향 연구 • 침입 외래종 제거가 건강에 미치는 긍정적 효과 분석 • 산림 자원의 건강 증진 효과와 활용 방안 연구 • 멸종위기 동식물을 활용한 전통 의학 연구 • 야생동물 서식지 변화가 전염병 발생률에 미치는 영향
예체능계열	• 멸종위기종 보호를 주제로 한 예술 작품 제작 프로젝트 • 습지를 주제로 한 다큐멘터리 제작 및 상영 계획 • 산림 복원을 주제로 한 사진전 기획 및 실행 • 야생동물을 소재로 한 디자인 작품 전시회 기획 • 도시 생태복원을 주제로 한 음악 작곡 및 공연 계획 • 어린이 대상 환경 동화책 제작 프로젝트 • 지역 특산물을 활용한 요리 책 발간 프로젝트 • 백두대간을 주제로 한 커뮤니티 아트 프로젝트 기획 • 환경 보호 메시지를 담은 패션 디자인 프로젝트 • DMZ 지역을 배경으로 한 자연 다큐멘터리 제작
융복합계열	• 스마트 센서를 활용한 멸종위기종 모니터링 시스템 통합 프로젝트 • 드론과 AI를 활용한 산불 감시 시스템 설계 및 구현 • 빅데이터를 활용한 종 분포 지도 작성 시스템 개발 • 블록체인을 활용한 야생동물 밀거래 추적 시스템 구축 • AR/VR 기술을 활용한 서식지 체험 콘텐츠 제작 • IoT를 활용한 도시 생태축 복원 모니터링 솔루션 통합 프로젝트 • 클라우드 기반의 환경 데이터 관리 플랫폼 구축 • 디지털 트윈 기술을 활용한 서식지 개선 시뮬레이션 • 메타버스를 활용한 환경 교육 콘텐츠 개발 및 운영 방안 연구 • GIS 기반 습지 관리 시스템 설계 및 평가

16. G16. 평화적, 포괄적 사회증진, 모두가 접근가능한 사법제도 제도와 포괄적 행정제도 확립

“지속가능발전을 위한 평화롭고 포용적인 사회 증진, 모두에게 정의를 보장, 모든 수준에서 효과적이며 책임감 있고 포용적인 제도 구축”

1) 기본 정보

국제 살인사건, 어린이 폭력, 인신매매 그리고 성폭력 위협을 다루는 것은 지속 가능한 발전을 위한 평화적이고 포괄적인 사회를 촉진하기 위해 중요합니다. 이는 모두를 위한 정의에 대해 접근성을 제공하고, 모든 단계에서 효과적이고 책임 있는 기관을 건설할 수 있는 길을 열어줍니다. 지난 10년 동안 전 세계적인 살인율은 감소했으나 남미, 사하라 사막 이남 아프리카, 아시아의 일부 국가에서는 의도적 살인 위험이 증가한 것으로 나타났습니다. 신체적 체벌 및 성폭력과 같은 다양한 형태의 아동 폭력은 지속되고 있는 것으로 조사되었지만, 보고되지 않거나 비교할 수 있는 자료가 부족하기에 이 문제에 대한 전반적인 상황을 파악하는 데는 한계가 있습니다. 이러한 문제들을 해결하고 평화롭고 포괄적인 사회를 만들기 위해서는 보다 효율적이고 투명성 높은 규제와, 전체적으로 고려된 정부의 예산이 필요합니다. 개인의 권리를 보호하기 위한 첫 걸음 중 하나는 전 세계 출생 등록의 시행과 전 세계에 걸쳐 보다 독립적인 국가 인권 기구를 설립하는 것입니다.

2) 수치와 현황

부패의 가장 큰 영향을 받는 기관으로는 사법부와 경찰이 있습니다. 부패 · 뇌물수수 · 절도 · 탈세금액은 개발도상국의 경우 매년 1조 2600억 달러에 이르며, 이 금액은 최소한 6년 동안 하루 평균 1.25달러 미만으로 생활하는 사람들을 유치하는 데 사용될 수 있습니다. 5세 미만 아동 73%가 출생신고를 했지만 사하라 이남 아프리카에서는 46%만이 출생신고를 합니다. 약 2천850만 명의 초등학생들이 분쟁지역에 살고 있습니다. 법과 개발원칙은 상호관계가 크고 상호 간 강화는 국가·국제 차원의 지속가능한 발전에 필수적입니다. 선고 없이 구금된 수감자의 비율은 지난 10년간 31%로 거의 일정하게 유지되고 있습니다.

- 세부목표 16-1. "모든 형태의 폭력 및 폭력으로 인한 사망률을 대폭 감소시킨다."
  - 정책 과제
    ① 상습적 침입, 강도 절도 집중 검거
    ② 학교폭력 예방 및 피해아동 보호
- 세부목표 16-2. "아동에 대한 학대, 착취, 매매 및 모든 형태의 폭력과 고문을 종식한다."
  - 정책 과제
    ① 아동학대 예방 및 피해아동 보호
    ② 실종아동 등의 보호 및 지원
- 세부목표 16-3. "국내 · 국제적 차원에서 법치를 증진하며 정의에 대한 평등한 접근을 모두에게 보장한다."
  - 정책 과제
    ① 법 앞에서의 평등 구현
- 세부목표 16-4. "불법 자금 및 무기거래를 감소시키고, 불법취득자산의 환수와 반환조치를 강화하며, 모든 형태의 조직범죄를 퇴치한다."
  - 정책 과제
    ① 불법무기류로 인한 테러 및 범죄 예방
    ② 마약 및 조직범죄 퇴치
- 세부목표 16-5. "부정부패와 뇌물수수를 감소시킨다."
  - 정책 과제
    ① 청탁금지법 등 청렴기준 규범력 강화
    ② 청렴도 측정과 부패방지 시책평가로 공공기관의 자율적 청렴노력 지원
- 세부목표 16-6. "효과적이고 책임감 있는 정부정책과 제도를 수립 · 이행한다."
  - 정책 과제
    ① 공무원이 일할 수 있고 국민이 체감하는 적극행정
    ② 국민이 신뢰하는 공정행정 확립
    ③ 변화·혁신 역량을 키우는 공무원 교육 강화
    ④ 디지털 기반 행정업무 효율화
- 세부목표 16-7. "포용적이며 사회 각계각층의 시민참여도가 높은 의사결정을 보장하고 정보에 대한 대중의 접근을 향상시킨다."
  - 정책 과제

① 풀뿌리 민주주의 제도 확대
② 선거참여 제고를 위한 지원

- 세부목표 16-8. "모든 사람에게 출생 등록을 포함하여 법적 지위를 부여한다."
  - 정책 과제
    ① 보호가 필요한 아동에 대한 공적 책임 강화
- 세부목표 16-9. "국내법과 국제협정에 따라 정보에 대한 대중의 접근을 보장하고, 기본적 자유를 보호한다."
  - 정책 과제
    ① 국민의 정보 접근성 보장 및 알 권리 보장
    ② 기본적 자유의 보장
- 세부목표 16-10. "개도국 내 폭력, 테러 및 범죄 퇴치를 위한 공공기관의 역량강화를 위해 국제협력을 강화한다."
  - 정책 과제
    ① 폭력적 극단주의 예방
- 세부목표 16-11. "차별을 지양하기 위한 법과 정책을 수립하고 시행한다."
  - 정책 과제
    ① 포괄적 차별금지법 제정
- 세부목표 16-12. (보완) "디지털 인권을 보호하고 강화한다."
  - 정책 과제
    ① 변형카메라 불법촬영 탐지 · 적발 강화
    ② 불법영상물 유포 · 신고 체계 정비
    ③ 디지털 불평등 · 정보 격차 해소

[2022 개정 교육과정 & SDGs 16번 연계 탐구 주제]

인문계열	• 법 앞에서의 평등 구현의 철학적 배경 • 포괄적 차별금지법의 역사와 사회적 논쟁 • 청렴한 사회를 위한 윤리적 접근 • 아동학대 예방에 관한 윤리적 논의 • 폭력적 극단주의 예방의 문화적 접근 • 공정행정 확립의 역사적 사례 연구 • 디지털 불평등의 사회 · 문화적 영향 분석 • 민주주의의 발전에 있어 시민 참여의 중요성 • 정보 접근성과 알 권리의 철학적 고찰 • 법과 윤리: 불법무기류 관리의 중요성

자연계열	• 범죄 예방을 위한 환경 설계(CPTED)와 자연 요소 활용 • 디지털 기술이 환경 모니터링에 미치는 영향 연구 • 자연재해 대비를 위한 생태학적 접근 방안 연구 • 생물 다양성 보전과 법적 규제의 상호작용 연구 • 자연 환경이 범죄 발생률에 미치는 영향 분석 • 기후변화가 사회 안전에 미치는 영향 연구 • 자연 기반 솔루션을 통한 도시 안전성 강화 방안 연구 • 생태계 변화와 인간 사회의 상호작용 분석 • 환경 변화가 사회 구조에 미치는 영향 연구 • 생물 다양성과 인간 안전 간의 관계 연구
공학계열	• 불법 촬영 탐지를 위한 기술 개발 및 적용 사례 연구 • 디지털 기반 행정업무 효율화 기술 개발 프로젝트 • 스마트 CCTV를 활용한 범죄 예방 시스템 설계 • AI를 활용한 아동 실종 예방 시스템 개발 및 평가 • 마약 및 조직범죄 퇴치를 위한 데이터 분석 기술 활용 방안 • 디지털 플랫폼을 통한 청렴도 측정 시스템 개발 • IoT를 활용한 실종 아동 보호 시스템 설계 • 불법무기류 탐지를 위한 센서 기술 개발 및 적용 사례 • 블록체인을 활용한 정보 접근성 보장 시스템 구축 • AI 기반 범죄 예측 모델 개발 및 실험
사회과학계열	• 학교폭력 예방 프로그램의 효과 분석 및 개선 방안 • 아동학대 예방 정책의 경제적 효과 분석 • 법 앞에서의 평등 구현을 위한 정책 제안 • 청렴도 측정과 부패방지 시책평가 효과 분석 • 공정행정 확립을 위한 정책 제안 • 국민 정보 접근성 보장을 위한 정책 효과 분석 • 포괄적 차별금지법 제정이 사회에 미치는 영향 연구 • 디지털 불평등 해소를 위한 정책 제안 • 풀뿌리 민주주의 제도 확대가 지역사회에 미치는 영향 연구 • 선거참여 제고를 위한 지원 정책 효과 분석
교육계열	• 학교폭력 예방 교육 프로그램 개발 및 효과 평가 • 아동학대 예방을 위한 부모 교육 프로그램 개발 및 실행 사례 분석 • 디지털 역량 강화를 위한 교육 콘텐츠 개발 및 보급 방안 연구 • 청렴 교육 프로그램 개발 및 운영 방안 연구 • 폭력 예방을 주제로 한 학교 교육 캠페인 기획 및 실행 • 정보 접근성과 알 권리에 관한 교육 프로그램 개발 • 디지털 불평등 해소를 위한 교육 방법론 연구 • 지역사회와 연계한 민주주의 교육 활성화 방안 연구 • 공공기관 청렴도 향상을 위한 교육 프로그램 개발 • 청탁금지법 관련 교육 콘텐츠 개발 및 평가

의료계열	• 아동학대가 정신 건강에 미치는 영향 분석 및 대응 방안 연구 • 디지털 격차가 건강 불평등에 미치는 영향 연구 • 범죄 피해자 지원을 위한 정신 건강 관리 체계 구축 방안 • 마약 중독 예방을 위한 건강 교육 프로그램 개발 • 범죄로 인한 트라우마 치료 방법론 연구 • 디지털 기술을 활용한 정신 건강 관리 시스템 개발 • 청소년 폭력 피해자의 심리적 회복 지원 방안 연구 • 디지털 불평등이 건강 정보 접근성에 미치는 영향 분석 • 아동 실종 예방을 위한 건강 관리 체계 강화 방안 • 범죄 예방을 통한 공중 보건 향상 전략 연구
예체능계열	• 아동 학대를 주제로 한 예술 작품 제작 프로젝트 • 학교폭력 예방을 주제로 한 연극 공연 기획 및 실행 • 디지털 격차 문제를 다룬 다큐멘터리 제작 및 상영 계획 • 청렴 사회를 주제로 한 사진전 기획 및 실행 • 포괄적 차별금지법을 주제로 한 음악 작곡 및 공연 계획 • 정보 접근성을 주제로 한 디자인 작품 전시회 기획 • 공정사회를 주제로 한 커뮤니티 아트 프로젝트 기획 • 범죄 예방 메시지를 담은 패션 디자인 프로젝트 • 디지털 불평등 해소를 주제로 한 애니메이션 제작 프로젝트 • 민주주의 발전을 주제로 한 문학 작품 창작 프로젝트
융복합계열	• AI 기반 학교폭력 예방 시스템 통합 프로젝트 • 블록체인을 활용한 아동학대 신고 체계 구축 • IoT를 활용한 실종 아동 보호 솔루션 통합 프로젝트 • 빅데이터를 활용한 범죄 예측 모델 설계 및 구현 • AR/VR 기술을 활용한 청렴 교육 콘텐츠 제작 • 클라우드 기반 정보 접근성 보장 플랫폼 구축 • 디지털 플랫폼을 통한 포괄적 차별금지법 홍보 전략 개발 • 메타버스를 활용한 민주주의 체험 콘텐츠 개발 및 운영 방안 연구 • GIS 기반 범죄 발생 지역 모니터링 시스템 설계 및 평가 • 디지털 포용 거버넌스를 위한 통합 데이터베이스 구축

17. G17. 이 목표들의 이행수단 강화와 기업 및 의회, 국가 간의 글로벌 파트너십 활성화

"이행수단 강화와 지속가능발전을 위한 글로벌 파트너십의 활성화"

1) 기본 정보

성공적인 지속가능발전 계획은 정부・민간・시민사회 간의 협력을 필요로 합니다. 원칙과 가치, 비전 및 인류와 지구를 중심으로 하는 공동목표를 바탕으로 한 이러한 포괄적인 파트너십이 전 세계적・지역적・국가적・지역 차원에서 필요합니다.

지속가능발전목표를 달성하기 위해서는 수조 달러의 민간 자원의 힘을 바탕으로 전환・개방하기 위한 긴급조치가 요구됩니다. 해외 직접투자를 포함한 장기투자는 특히 개발도상국의 핵심 분야에 필요하며, 여기에는 지속가능한 에너지, 인프라 및 운송은 물론 정보통신기술 분야가 포함됩니다. 공공 부문은 명확한 방향을 설정해야 할 필요가 있습니다. 투자유치와 지속가능한 발전을 강구하기 위한 방안으로 검토 및 감독 규정, 인센티브 제도를 마련해야 합니다. 최고 감사기관 및 입법부의 감독기능과 같은 국가 감독기구 체제 또한 강화되어야 합니다.

2) 수치와 현황

공적개발 원조는 2014년 1352억 달러로 지금까지 기록 중 역대 최고 수준입니다. 개발도상국이 수출하는 품목에 선진국이 무관세를 적용합니다. 개발도상국의 부채 부담은 수출 수입의 약 3%로 안정적입니다. 아프리카의 인터넷 사용자 수는 지난 4년간 거의 두 배로 증가했습니다. 전 세계 청년 30%가 디지털 노마드로, 최소 5년 이상 온라인에서 활동하고 있습니다. 그러나 40억 인구 이상이 인터넷을 사용하지 않으며 그중 90%는 개발도상국의 사람들입니다.

- 세부목표 17-1. (보완) "ODA를 확대하고 개발재원을 다양화한다."
  - 정책 과제
    ① ODA 확대 및 개발재원 다양화
    ② ODA 추진체계 개선을 통한 ODA 효율성 제고
- 세부목표 17-2. "다자무역체제를 촉진하고 개도국의 교역 및 투자증대를 지원한다."
  - 정책 과제

① 개도국 교역 시스템 및 투자 증대 촉진

- 세부목표 17-3. (보완) "개발도상국의 과학기술혁신시스템 강화를 지원한다."
  - 정책 과제
    ① 개도국의 과학기술혁신시스템 강화 지원
- 세부목표 17-4. (보완) "전략적인 개발협력을 추진한다."
  - 정책 과제
    ① 개도국의 SDGs 이행을 지원하기 위한 전략적 ODA 추진
- 세부목표 17-5. "지속가능발전을 위한 정책 일관성을 강화한다."
  - 정책 과제
    ① 행정계획의 지속가능발전 영향 검토 강화
    ② 이행 관리 및 평가 내실화
    ③ 전문성 확보 및 인프라 구축
- 세부목표 17-6. "개도국의 지속가능발전을 위한 다양한 글로벌 파트너십을 강화한다."
  - 정책 과제
    ① 다양한 협력기구를 선정하고 다자협력협의체 운영
- 세부목표 17-7. "효과적인 공공, 공공-민간 및 시민사회 간 파트너십을 권장하고 촉진한다."
  - 정책 과제
    ① 민관부문과의 협력 강화

[2022 개정 교육과정 & SDGs 4번 연계 탐구 주제]

인문계열	• ODA의 역사와 철학적 배경 • 개발도상국 지원의 윤리적 측면 • 국제 개발 협력의 문화적 영향 분석 • 지속 가능한 발전을 위한 철학적 접근 • 글로벌 파트너십의 사회·문화적 의미 • 과학기술 혁신이 사회에 미치는 영향 • 국제 무역 체제와 공정성에 대한 철학적 고찰 • 공공정책과 윤리: ODA의 역할 • 개발재원의 역사적 발전과 사회적 인식 변화 • 지속 가능한 발전 목표(SDGs)의 철학적 의미
자연계열	• 지속 가능한 발전을 위한 자연 기반 해결책 연구 • 과학기술 혁신이 환경에 미치는 영향 분석 • 개발도상국의 생태계 보전 전략 연구 • 기후변화가 개발도상국에 미치는 영향 연구 • 자연 자원 관리와 지속 가능한 발전 간의 관계 연구

	• 환경 변화가 생물 다양성에 미치는 영향 분석 • 지속 가능한 농업 기술 개발 및 적용 사례 연구 • 생태계 서비스와 경제 발전 간의 상호작용 연구 • 기후변화 대응을 위한 자연 기반 솔루션 연구 • 환경 보호와 경제 성장 간의 균형 찾기
공학계열	• ODA를 통한 기술 이전 및 현지화 전략 연구 • 개도국의 과학기술 혁신을 위한 인프라 구축 방안 • 지속 가능한 에너지 기술 개발 및 적용 사례 분석 • 디지털 기반 행정 시스템 설계 및 효율화 방안 • 스마트 농업 기술을 통한 식량 안보 강화 방안 • 친환경 건축 기술을 활용한 도시 개발 전략 연구 • 정보통신기술(ICT)을 활용한 교육 시스템 개선 방안 • 물 관리 기술을 통한 개도국 지원 전략 연구 • 재생 에너지 기술을 통한 에너지 자립 방안 • 교통 인프라 개선을 위한 스마트 기술 적용 사례
사회과학계열	• ODA 확대가 개도국 경제에 미치는 효과 분석 • 민관협력(PPP)을 통한 개발재원 조달 전략 연구 • 과학기술 혁신이 경제 성장에 미치는 영향 분석 • 지속 가능한 발전 정책의 사회적 효과 평가 • 글로벌 파트너십이 경제 발전에 미치는 영향 연구 • 개도국의 SDGs 이행을 위한 정책 제안 • 다자무역체제 촉진이 경제에 미치는 효과 분석 • ODA 추진체계 개선을 통한 효율성 제고 방안 연구 • 개발재원 다양화가 경제 구조에 미치는 영향 연구 • 국제 무역과 투자 증대가 경제 성장에 미치는 영향
교육계열	• 개도국 교육 시스템 개선을 위한 ODA 활용 방안 연구 • 과학기술 혁신 교육 프로그램 개발 및 효과 평가 • 지속 가능한 발전을 주제로 한 교육 콘텐츠 개발 • 디지털 기반 교육 시스템 구축 및 운영 방안 연구 • 개발도상국 학생 대상 장학 프로그램 설계 및 평가 • 글로벌 파트너십을 통한 교육 교류 프로그램 기획 • SDGs 이행을 위한 학교 교육 프로그램 개발 • 민관협력을 통한 교육 인프라 개선 전략 연구 • 지역사회와 연계한 환경교육 활성화 방안 연구 • ODA를 활용한 직업 교육 프로그램 개발 및 실행
의료계열	• 개도국 보건 시스템 강화를 위한 ODA 활용 방안 연구 • 공중 보건 개선을 위한 과학기술 혁신 적용 사례 • 지속 가능한 발전 목표(SDGs) 달성을 위한 보건 정책 제안 • 디지털 헬스케어 시스템 구축 및 운영 방안 연구 • 보건 인프라 개선을 위한 민관협력(PPP) 전략 연구 • ODA를 통한 전염병 예방 및 관리 체계 강화 방안

	• 개발도상국 영양 개선을 위한 식량 지원 프로그램 설계 • 보건 분야에서의 국제 협력 사례 분석 • 개도국 의료 인력 양성을 위한 교육 프로그램 개발 • 환경 변화가 건강에 미치는 영향 분석 및 대응 방안
예체능계열	• 지속 가능한 발전을 주제로 한 예술 작품 제작 프로젝트 • ODA를 주제로 한 다큐멘터리 제작 및 상영 계획 • 글로벌 파트너십을 주제로 한 사진전 기획 및 실행 • 과학기술 혁신을 주제로 한 디자인 작품 전시회 기획 • 지속 가능한 도시 개발을 주제로 한 음악 작곡 및 공연 계획 • 개발도상국 문화를 주제로 한 커뮤니티 아트 프로젝트 기획 • 환경 보호 메시지를 담은 패션 디자인 프로젝트 • 디지털 격차 해소를 주제로 한 애니메이션 제작 프로젝트 • 민관협력을 주제로 한 연극 공연 제작 및 실행 계획 • SDGs 달성을 주제로 한 문학 작품 창작 프로젝트
융복합계열	• AI 기반 ODA 효율성 제고 시스템 통합 프로젝트 • 블록체인을 활용한 개발재원 관리 시스템 구축 • IoT를 활용한 개도국 농업 혁신 솔루션 통합 프로젝트 • 빅데이터를 활용한 SDGs 이행 모니터링 시스템 설계 • AR/VR 기술을 활용한 교육 콘텐츠 제작 및 보급 방안 • 클라우드 기반 보건 데이터 관리 플랫폼 구축 -디지털 플랫폼을 통한 민관협력(PPP) 활성화 전략 개발 -메타버스를 활용한 글로벌 파트너십 체험 콘텐츠 개발 및 운영 방안 연구 -GIS 기반 환경 변화 모니터링 시스템 설계 및 평가 -디지털 포용 거버넌스를 위한 통합 데이터베이스 구축

CHAPTER 06

계열별 키워드

고등학교 탐구활동에서 '계열별 키워드'의 중요성은 학생의 학업 및 진로 역량을 효과적으로 개발하고 평가하는 데 큰 역할을 합니다. 이러한 키워드는 학생들이 특정 계열이나 전공에 대한 관심과 적성을 드러내는 중요한 지표로 작용합니다.

계열별 키워드 중요성

전공적합성 증명: 계열별 키워드는 학생들이 특정 전공에 대한 관심과 열정을 보여주는 데 중요한 역할을 합니다. 이는 대학 입학 시 전공적합성을 평가하는 중요한 요소로 작용합니다.

탐구 방향성 제공: 계열별 키워드는 학생들이 탐구활동을 통해 어떤 주제를 선택하고 깊이 있게 연구할지를 결정하는 데 도움을 줍니다. 이는 학생들이 자신의 관심사를 구체화하고, 이를 통해 학문적 깊이를 더할 수 있도록 돕습니다.

자기주도적 학습 강화: 이러한 키워드를 통해 학생들은 자기주도적으로 학습 계획을 세우고, 자신의 학습 방향을 설정할 수 있습니다. 이는 학생의 학업역량과 진로역량을 동시에 강화하는 데 기여합니다.

계열별 키워드 활용 방안

탐구 주제 선정: 학생들은 계열별 키워드를 활용하여 탐구 주제를 선정할 수 있습니다. 예를 들어, 환경 문제에 관심이 있는 학생은 관련된 과학적 또는 사회적 문제를 탐구 주제로 삼아 연구를 진행할 수 있습니다.

학습 기록 및 평가: 학교생활기록부에 계열별 키워드를 중심으로 한 활동 기록은 학생의 학업 및 진로 역량을 평가하는 데 중요한 자료가 됩니다. 이는 대학 입시에서 긍정적인 평가를 받을 수 있는 근거가 됩니다.

결론적으로 고등학교 탐구활동에서 계열별 키워드는 학생들의 학문적 흥미와 적성을 구체화하고, 이를 통해 학업 및 진로 역량을 효과적으로 개발할 수 있도록 돕는 중요한 도구입니다.

1. 자연계열 키워드

분야	직업	하는 일	키워드
생물학	생물학자	생명체의 구조와 기능 연구, 생물학적 시스템의 이해	구조와 기능 연구, 생물학적 시스템, 생물학적 다양성, 멸종위기종, DNA, 생리, 생물체, 미생물, 세포, 염기서열, 유전자, 단백질
	의생명공학자	유전자 조작, 세포 치료법 개발, 생물 정보학 활용	질병 진단, 바이러스 연구, 유전자 조작, 세포 치료법, 생물 정보학, 유전자 편집, 유전자, 유전자가위, 백신, 줄기세포, 대사, 농도, 발현, 바이오센서
	미생물학자	미생물의 생리학적 및 병리학적 특성 연구, 백신 및 항생제 개발	미생물 생리학, 병리학적 특성, 백신 개발, 항생제 개발, 항균제 연구, 박테리아, 바이러스, 미생물, 발효, 배양
	생태학자	생태계의 상호작용, 생물 다양성 보존, 환경 변화의 영향 분석	생태계 상호작용, 생물 다양성 보존, 환경 변화, 동식물, 생물 다양성, 서식지 파괴, 기후변화 영향
	유전학자	유전자 기능 분석, 유전 질환의 원인 연구, 유전자 변형 기술 개발	유전자 기능 분석, 유전 질환, 유전자 변형 기술, CRISPR, 유전병, 돌연변이, 염색체, 유전, 유전자 치료, 유전자 발현 조절
	해양 생물학자	해양 생물의 생리학, 생태, 행동 연구, 해양 자원 관리	해양 생물 생리학, 해양 생태, 해양 자원 관리, 해양생물, 해양 오염의 영향, 생태계, 물질
화학	화학자	물질의 화학적 성질 분석, 화학 반응 메커니즘 연구, 신소재 개발	물질의 화학적 성질, 화학 반응 메커니즘, 신소재 개발, 화합물 합성, 물질 분석, 촉매, 유기화학, 화합물, 화학식, 반응, 물성, 독성 화학물
	약학자	신약 개발, 약물의 안전성 및 효능 평가, 약물 제조 과정 연구	신약 개발, 약물 안전성, 약물 효능, 약물 제조 과정, 약물 상호작용, 의약품 전달시스템, 화합물 분석, 약물, 백신, 생리학, 발현

분야	직업	하는 일	키워드
	화학 엔지니어	화학 공정 설계 및 최적화, 산업 화학 제품의 생산 관리	화학 공정 설계, 공정 최적화, 산업 화학 제품, 환경 화학 공정, 반응, 제조, 촉매, 전지, 재생, 재활용
	분석 화학자	물질의 성분 분석, 품질 검사, 환경 및 법의학 분석	물질 성분 분석, 품질 검사, 환경 분석, 법의학 분석, 정량 및 정성 분석, 분광법, 크로마토그래피, 측정, 농도
	유기 화학자	유기 화합물 합성, 새로운 약물 및 농약 개발	유기 화합물 합성, 약물 개발, 농약 개발, 유기화학, 촉매 반응, 탄소 화합물, 물질
	무기 화학자	무기 화합물의 구조 및 성질 연구, 촉매 개발	무기 화합물 연구, 촉매 개발, 무기화학, 금속 합금, 재료 과학, 원소, 금속
물리학	물리학자	물리적 법칙과 원리 연구, 입자 물리학, 우주론	물리적 법칙, 입자 물리학, 우주론, 에너지 보존, 운동, 열역학, 전자기학, 양자역학, 중력, 물리량, 에너지, 상대론, 운동
	천문학자	우주의 기원과 진화 연구, 별과 행성의 물리적 특성 분석	우주의 기원, 별과 행성의 특성, 우주 진화, 우주 탐사, 별의 진화, 우주 망원경, 빅뱅 이론, 우주, 별, 성운, 블랙홀, 광년
	에너지 연구원	대체 에너지 자원 개발, 에너지 변환 및 저장 기술 연구	대체 에너지 자원, 에너지 변환, 에너지 저장 기술, 재생, 태양광, 풍력, 배터리 기술, 연료 전지
	광학 물리학자	빛의 성질 연구, 레이저 및 광섬유 기술 개발	빛의 성질, 레이저 기술, 광섬유 기술, 광학, 빛, 굴절, 레이저, 광전자 기술, 적외선
	이론 물리학자	물리 이론의 수학적 모델링, 자연 현상 예측	물리 이론, 수학적 모델링, 자연 현상 예측, 상대성 이론, 양자장 이론, 끈 이론, 우주론, 미분방정식, 수치
	응용 물리학자	물리학 원리의 기술적 응용, 새로운 기술 개발	물리학 원리의 기술적 응용, 새로운 기술 개발, 재료 물리학, 나노기술 응용, 실용성, 에너지
지구과학	지질학자	지구의 구성 물질 연구, 지질 재해 분석, 자원 탐사	지구 구성 물질, 지질 재해 분석, 자원 탐사, 암석 순환, 화산 활동, 지진 예측, 퇴적암 연구
	기상학자	대기 현상 연구, 날씨 예보, 기후변화 분석	대기 현상, 날씨 예보, 기후변화, 태풍, 기후 모델링, 대기 대순환, 기상, 기후, 온실가스, 대기
	해양학자	해양 생태계 연구, 해양 자원 관리, 해양 오염 문제 해결	해양 생태계 연구, 해양 자원 관리, 해양 오염, 해양 지형 분석, 수온 변화 영향, 해양, 해수, 수질
	환경 과학자	환경 오염 원인 분석, 생태계 복원 프로젝트, 자원 관리	환경 오염 원인 분석, 생태계 복원, 자원 관리, 오염 물질, 지속 가능한 발전, 환경 모니터링 기술, 폐기물 처리 기술, 환경, 생태계, 대기오염, 오염 물질

분야	직업	하는 일	키워드
	지구 물리학자	지구 내부 구조 연구, 지진 예측 및 자원 탐사	지구 내부 구조, 지진 예측, 자원 탐사, 지진파 분석, 자기장 연구, 물리량, 지각, 지구 내부
	지질 공학자	지질학적 데이터 활용, 건설 및 자원 개발 프로젝트 관리	지질학적 데이터 활용, 건설 프로젝트 관리, 자원 개발, 지반 안정성 분석, 토목 공학 응용, 지반, 토질, 자원

2. 공학계열 키워드

분야	직업	하는 일	키워드
기계공학	기계 공학자	기계 설계 및 제작, 기계 시스템의 유지보수	기계 설계, 기계 제작, 시스템 유지보수, 동력학, 열역학, 기계설비, 기어, 기체, 동력, 레이더, 마찰, 로봇, 변속, 변형률, 압력, 연소, 열, 유체, 음파, 진동, 추진, 터빈, 풍력, 회로
	자동차 공학자	자동차의 설계, 개발, 시험, 생산 관리	자동차 설계, 자동차 개발, 시험 및 검증, 생산 관리, 차량 성능 평가, 배터리 기술, 전기모터 시스템, 자동차, 전기자동차, 수소차, 자율주행, 미래자동차, 변속, 제동, 핸들
	로봇 공학자	로봇의 설계, 프로그래밍, 제어 시스템 개발	로봇 설계, 로봇 프로그래밍, 제어 시스템 개발, 자동화 기술, 로봇 센서, 자율 제어 시스템, 휴머노이드 로봇, 기계학습, 프로그래밍
전기전자공학	전기 공학자	전기 시스템 설계, 전력 공급 및 제어 시스템 개발	전기 시스템 설계, 전력 공급, 제어 시스템, 전기 회로, 전력 전송, 전력 시스템 안정성, 전기 에너지 저장 기술, 전기기기, 전력, 전압, 증폭기, 배터리, 소자, 집적회로, 신호
	전자 공학자	전자 회로 설계 및 개발, 장치 테스트 및 개선	전자 회로 설계, 장치 개발, 장치 테스트, 전자기기 개선, 신호 처리, 트랜지스터 기술, 전기-광학 변환, 반도체, 다이오드, LED, 광통신, 나노, 프로세스, 임베디드
	통신 공학자	통신 네트워크 설계, 신호 처리 기술 개발	통신 네트워크 설계, 신호 처리, 데이터 전송 기술, 네트워크 구축, 통신 시스템 최적화, 위성 통신, 네트워크 보안, 5G, IoT, 무선통신, 네트워크, 신호, 광통신, 프로토콜, 시스템보안
컴퓨터공학	소프트웨어 개발자	소프트웨어 설계, 프로그래밍, 버그 수정	소프트웨어 설계, 프로그래밍, 버그 수정, 소프트웨어 테스트, 코드 최적화, 클라우드 컴퓨팅, AI, 객체지향, 마이크로프로세서, 알고리즘, 어플리케이션, 오픈소스, 운영체계, 자료구조

	데이터 과학자	데이터 분석, 모델링, 시각화	데이터 분석, 데이터 모델링, 데이터 시각화, 머신러닝 데이터 처리, 통계 분석, 데이터 예측, 빅데이터, 데이터베이스, 분석, 클라우드
	인공지능 연구원	AI 알고리즘 개발, 머신러닝 모델 훈련 및 평가	AI 알고리즘 개발, 머신러닝 모델 훈련, 모델 평가, 딥러닝, 자연어 처리, 생성형 AI, 데이터 강화 학습
재료공학	재료 공학자	금속, 세라믹, 폴리머의 성질 및 응용 연구	금속 성질 연구, 세라믹 성질 연구, 폴리머 응용 연구, 재료 강도, 재료의 내구성, 합성 재료 연구, 고분자 재료 개발, 재료, 신소재, 성능, 실험, 금속, 합금
	나노기술 연구원	나노물질 개발, 나노기술의 다양한 응용 연구	나노물질 개발, 나노기술 응용, 나노범위 측정, 나노 재료, 나노구조 연구, 나노 전자학, 분자 나노기술, 나노기술, 나노소재, 나노구조
	신소재 공학자	새로운 재료의 개발, 특성 평가 및 응용 연구	새로운 재료 개발, 재료 특성 평가, 재료 응용 연구, 혁신적인 재료, 재료 성능 분석, 환경친화적 재료, 에너지 효율 재료, 신소재, 혁신적 기술

3. 인문사회계열 키워드

분야	직업	하는 일	키워드
역사학	역사학자	역사적 사건과 인물 연구, 시대적 배경 분석	역사적 사건, 역사 연구 방법론, 역사적 문서 분석, 문화사, 시대별 역사적 변천, 사회적 맥락, 역사적 관점, 제도사, 계몽주의, 근대사, 근현대사, 기원, 사건, 국가사상, 산업혁명, 동북공정, 문화재
	고고학자	고대 유물 발굴, 유적 연구, 고대 문명 복원	고대 유물, 발굴 작업, 유적 조사, 고대 문명, 유물 분석, 유적 복원, 고고학적 기법, 유적, 고대, 발굴, 사료, 유물, 문명, 고대문화
	박물관 큐레이터	전시 기획, 유물 관리, 교육 프로그램 개발	전시 기획, 전시 디자인, 컬렉션 관리, 교육 프로그램, 박물관 운영, 디지털 아카이브, 유물 보존 기술, 문화재, 전시, 수집, 해석, 보존
철학	철학자	철학 이론 및 윤리 연구, 철학적 문제 해결	철학적 이론, 존재론, 인식론, 실존주의, 철학적 논쟁, 형이상학, 윤리적 상대주의, 철학, 아리스토텔레스, 칸트, 플라톤, 헤겔, 모더니즘, 실존주의, 본질, 진리, 현상학, 정립
	윤리학자	윤리적 문제 분석 및 해결 방안 제시	윤리적 이론, 도덕적 판단, 윤리적 딜레마, 윤리적 원칙, 사회적 책임, 규범윤리학, 응용윤리학, 윤리, 도덕, 가치, 규범, 정의, 공정

분야	직업	하는 일	키워드
	논리학자	논리적 추론 및 논증 구조 연구	논리적 추론, 논리적 오류, 형식 논리, 비형식 논리, 논리적 모델, 명제 논리, 수리논리학, 논리학, 논증, 명제, 귀납법, 귀류법, 사고력, 검증, 추론
심리학	임상 심리학자	정신 건강 문제 평가 및 치료	심리 평가, 정신 건강 치료, 심리적 장애, 치료 기법, 심리 상담, 인지 행동 치료, 심리적 평가 도구, 정신건강, 심리검사, 상담, 치료, 행동, 재활, 심층, 통찰력, 정신분석, 정서
	상담사	개인 및 집단 상담, 심리적 지원 제공	개인 상담, 상담 기법, 심리적 문제 해결, 상담 이론, 클라이언트와의 관계, 가족 치료, 집단 상담, 상담, 치유, 치료, 문제아, 위기, 대인관계, 부적응, 지원, 아픔
	교육 심리학자	교육 환경에서의 심리적 요인 연구	학습 이론, 교육적 평가, 학습 동기, 교육 프로그램 개발, 학생의 심리적 발달, 인지 발달 이론, 학습 평가 도구, 교육, 발달단계, 심리검사, 동기부여, 교육방법, 아동복지
사회학	사회학자	사회 구조 및 관계 연구, 사회적 제도 분석	사회 구조, 사회 변화, 사회적 상호작용, 사회적 문제, 사회적 제도, 도시사회학, 사회적 자본, 사회학, 사회이론, 갈등론, 기능론, 계층, 권력, 사회참여, 빈곤, 복지국가, 불평등
	인류학자	인간 문화, 진화, 행동 연구	인류 진화, 문화 분석, 인류 사회 구조, 인류 학습, 민속학, 생물인류학, 언어 인류학, 문화, 민족, 사회, 인간, 사회화, 이민, 인종
	사회조사 분석가	사회 조사 데이터 수집 및 분석	사회 조사 방법론, 데이터 분석, 설문 조사, 통계적 분석, 사회적 패턴 분석, 사회통계학, 사회 연구 설계, 조사, 데이터, 통계, 분석, 사회조사, 의견 조사, 여론, 불평등

4. 경영 · 경제계열 키워드

분야	직업	하는 일	키워드
경영학	경영 컨설턴트	경영 전략 분석 및 개선 방안 제시	경영 전략, 조직 개선, 경영 진단, 프로세스 최적화, 기업 컨설팅, 경영혁신, SWOT 분석, 비용 절감, 기업, 고객, 마케팅, 리더십, 경제정책, 비즈니스, 거래, 시장, 공급, 정책, 조직, 전략, 협상, 변화관리, 고객경험, 데이터 분석

분야	직업	하는 일	키워드
	마케팅 전문가	마케팅 전략 수립 및 실행	마케팅 전략, 브랜드 관리, 시장 조사, 소비자 행동 분석, 광고 캠페인, 소셜미디어 마케팅, SEO, PR 전략, 마케팅, 디지털콘텐츠, 브랜드, 소비자, 홍보, 콘텐츠, 고객, 서비스마인드, 트렌드, 공중, 대중문화, 설득, 전략, 광고, 비평
	인사 관리자	인적 자원 관리, 채용, 교육, 복리후생 관리	인사 정책, 인재 관리, 직원 개발, 인사 평가, 인사 시스템, 성과 관리, 복리후생, 직무 만족도, 조직, 노동시장, 리더십, 인재개발, 갈등관리, 인사관리, 채용, 커뮤니케이션, 팀워크, 직원만족도, 직무분석, 인사정책
경제학	경제학자	경제 이론 연구, 경제 현상 분석	경제 이론, 경제 정책 분석, 거시경제학, 미시경제학, 경제 모델링, 경기순환, 금융정책, 물가 안정, 경제정책, 경제활동, 시장, 국제무역, 통계, 금융기관, 소비자, 재정, 자본주의, 정책, 자산, 투자, 공급과 수요
	금융 분석가	금융 시장 분석, 투자 리스크 평가	금융 시장 분석, 투자 분석, 포트폴리오 관리, 금융 리스크 평가, 자산 평가, 금융 공학, 파생상품, 금융기관, 금융시장, 투자, 주식, 증권, 리스크 관리, 재무, 자본, 회계, 경제, 데이터 분석, 예측
	통계학자	통계 데이터 분석, 경제 현상 설명	데이터 분석, 통계 모델링, 확률 이론, 표본 추출, 통계적 추론, 베이지안 통계학, 대규모 데이터 처리, 데이터, 통계, 분석, 연구, 예측, 샘플링, 확률, 실험설계, 통계모형, 데이터 시각화
회계학	회계사	재무 기록 관리, 재무 보고서 작성	재무 회계, 원가 회계, 회계 감사, 재무 보고서 작성, 회계 규정 준수, 법인세 신고, 내부통제 평가, 회계, 재무, 감사, 세무, 기업, 자산, 회계기준, 재정보고, 내부통제, 회계감사, 재무제표
	재무 분석가	기업 재무 상태 분석, 투자 결정 지원	재무제표 분석, 자금 운용, 재무 계획, 재무 성과 평가, 비용 관리, 기업가치 평가, 재무 리스크 분석, 재무, 자산, 경제성장, 재정, 금융기관, 시장, 투자, 자본, 보고서
	감사원	회계 기록 검토 및 감사 수행	감사 절차, 감사 보고서 작성, 내부 통제, 규정 준수 감사, 재무 감사, 위험 평가, 감사 품질 관리, 감사, 규범, 법적, 윤리, 회계, 재정, 내부통제, 정책, 감사 보고서

5. 예체능계열 키워드

분야	직업	하는 일	키워드
미술	화가	예술 작품 창작	미술 기법, 색채 이론, 작품 주제, 회화 스타일, 예술적 표현, 추상미술, 사실주의, 구성주의, 표현, 창의, 감성, 색채, 드로잉, 스케치, 전시, 작품, 예술제, 시각화
	조각가	조각 작품 창작	조각 기법, 조각 재료, 입체 예술, 조각 디자인, 조각 작품 분석, 금속조각, 현대조각, 공공 미술, 조소, 재료, 형태, 공간, 작품, 조형, 전시, 창작, 감상, 예술제
	일러스트레이터	일러스트 및 그래픽 디자인 작업	일러스트 기법, 디지털 일러스트레이션, 책 삽화, 캐릭터 디자인, 일러스트레이션 스타일, 광고 일러스트, 게임 일러스트, 커머셜 아트, 일러스트, 시각화, 디자인, 캐릭터, 콘텐츠, 스토리보드, 포트폴리오, 디지털 아트, 마케팅
디자인	그래픽 디자이너	시각적 커뮤니케이션 디자인	그래픽 디자인 원칙, 브랜드 아이덴티티, 시각적 커뮤니케이션, 디자인 소프트웨어, 레이아웃 디자인, UX/UI 디자인, 인포그래픽, 디지털 마케팅, 디자인, 그래픽, 시각화, 매체, 브랜드, 광고, 포스터, 로고, 웹디자인, 색채
	산업 디자이너	제품 디자인 연구 및 개발	제품 디자인, 사용자 경험, 디자인 프로세스, 프로토타입 제작, 기능성 및 미학, 3D 모델링, 사용자 중심 디자인, 지속 가능성, 디자인, 제품, 기능, 혁신, 사용자 경험, 프로토타입, 브랜드, 재료, 디자인 과정
	패션 디자이너	의류 및 액세서리 디자인	패션 트렌드, 의상 디자인, 패션 컬렉션, 섬유 및 원단, 스타일링, 패턴 제작, 리테일 마케팅, 친환경 패션, 패션, 디자인, 스타일, 컬렉션, 트렌드, 의상, 창작, 패턴, 소재, 마케팅
음악	음악가	음악 연주, 작곡, 편곡	연주 기술, 음악 장르, 공연 및 무대, 악기 연주, 음악적 표현, 즉흥연주, 녹음, 음악, 성악, 작곡, 연주, 앙상블, 창작, 감상, 오페라, 공연, 창의성
	작곡가	음악 작곡	음악 작곡 기법, 악보 작성, 멜로디와 화성, 음악 형식, 작곡 스타일, 디지털 작곡, 영화 음악, 게임 음악, 작곡, 멜로디, 음악, 리듬, 악보, 협업, 창의, 디지털음악, 음정, 구조
	음악 교사	음악 교육	음악 교육 방법, 교육 커리큘럼, 악기 교육, 음악 이론 교육, 학생 평가, 합창 지도, 음악, 교육, 지도, 실기, 감상, 교육과정, 수업, 창의성, 악기

분야	직업	하는 일	키워드
체육	운동선수	스포츠 경기에 참가	운동 기술, 훈련 방법, 경기 전략, 신체 조건, 스포츠 정신, 피지컬 트레이닝, 멘탈 관리, 부상 예방, 운동, 경기, 전략, 훈련, 기술, 성과, 체력, 경기에너지, 경쟁, 스포츠 과학
	체육 교사	체육 교육	체육 교육 커리큘럼, 운동 기술 교육, 체력 훈련, 체육 수업 계획, 학생 체력 평가, 운동 경기 규칙 교육, 체육활동 평가, 체육, 교육, 운동, 스포츠, 체력,
	스포츠 코치	운동선수 훈련 및 전략 지도	경기 전략, 팀 관리, 선수 훈련, 경기 분석, 동기부여 기술, 피드백 제공, 스포츠 심리학, 기술 발전, 코칭, 전략, 기술, 훈련, 분석, 팀워크, 피드백, 경기, 목표

6. 의학 및 보건계열 키워드

분야	직업	하는 일	키워드
의학	의사	환자 진단 및 치료	진단 기술, 치료 방법, 환자 관리, 질병 예방, 의료 윤리, 의료 기록 관리, 임상 시험 결과 해석, 진단, 치료, 예방, 질병, 약물, 건강, 환자, 의료법, 수술, 검사, 증상, 면담, 병리, 통증, 예방의학, 혈압, 호르몬
	외과의사	외과적 수술 수행	외과적 절차, 수술 기법, 수술 전후 관리, 외과적 도구, 수술 계획 및 실행, 복강경 수술, 수술, 외상, 치료, 진단, 신체, 통증, 손상, 마취, 신경계, 관절, 장비, 조직, 합성
	내과의사	내과적 질병 진단 및 치료	내과적 진단, 만성 질환 관리, 내부 장기 질환, 환자 상담, 진단 검사 해석, 고혈압 관리, 당뇨병 치료, 호흡기 질환, 질병, 검사, 예방, 약물, 면역, 치료, 병리학, 생리, 심장, 신체, 증상, 건강, 환자
치의학	치과의사	치아 및 구강 건강 진단 및 치료	치과 진단, 치아 치료, 구강 건강 관리, 치과 시술, 예방 치료, 임플란트 시술, 치아 교정, 구강, 치아, 잇몸, 치료, 검사, 통증, 외상, 치과, 예방, 스케일링
	치과 위생사	구강 청결 유지 및 예방 조치	구강 위생 교육, 치아 세정, 구강 질환 예방, 치아 관리, 환자 상담, 구강검진, 스케일링, 위생, 구강, 스케일링, 예방, 건강, 치료, 세정, 검사, 관리

분야	직업	하는 일	키워드
	치과 기술자	치과 보철물 및 장치 제작	치과 보철물 제작, 치과 장비 유지보수, 치아 교정 기술, 기술적 시술, 치과 재료 연구, 의치 제작, 치과 재료 과학, 기공, 치아, 구강, 기술, 재료, 보조, 제작, 예방
간호학	간호사	환자 간호	환자 간호, 의료 절차 지원, 건강 상태 모니터링, 간호 계획 수립, 환자 교육, 응급 처치, 통증 관리, 간호, 관리, 예방, 건강, 치료, 보조, 환자, 소통, 검사, 응급, 치료, 조절, 질병, 감염
	간호 관리자	간호 인력 및 병원 운영 관리	간호 팀 관리, 간호 정책 개발, 환자 관리 시스템, 인력 배치, 간호 서비스 개선, 예산 관리, 의료 자원 할당, 관리, 간호, 건강, 조직문화, 정책, 리더십, 서비스, 보건
	간호 연구원	간호학 연구 수행	간호 연구 방법론, 환자 간호 데이터 분석, 간호 질 향상 연구, 새로운 간호 기법 개발, 연구 결과 발표, 간호 실습 평가, 임상 연구, 연구, 관리, 예방, 건강, 생명과학, 의사소통
약학	약사	약물 조제 및 상담	약물 처방, 약물 안전성, 약물 상호작용, 환자 상담, 약물 관리, 복약 지도, 약물 부작용 관리, 약물, 건강, 검사, 예방, 처방, 조제, 관리, 질병, 임상, 환자, 조절
	임상 약사	병원 내 약물 치료	임상 약물 관리, 치료 계획 조정, 약물 사용 모니터링, 환자 상담 및 교육, 임상 시험, 약물 치료 평가, 임상적 상호작용, 약물, 관리, 치료, 예방, 건강, 환자, 검사, 약리학, 증상, 평가
	약학 연구원	신약 개발 및 약물 연구	신약 개발, 약물 연구, 약물 작용 메커니즘, 약학 데이터 분석, 약물 혁신, 임상 시험 분석, 약리학 연구, 연구, 건강, 약물, 예방, 검사, 치료, 생명과학, 부작용, 독성

7. 교육계열 키워드

분야	직업	하는 일	키워드
초등 교육	초등학교 교사	초등학생 교육	초등 교육 방법론, 교실 관리, 학습 자료 개발, 학생 평가, 학부모 소통, 학생 행동 관리, 기초 학습 기술 개발, 가정, 교육과정, 놀이, 기초교육, 발달 단계, 아동문학, 공감, 상담

분야	직업	하는 일	키워드
	교육 행정가	학교 운영 및 교육 행정 관리	교육 정책 개발, 학교 운영 관리, 예산 관리, 교육 프로그램 설계, 교육 행정 개선, 교직원 관리, 교육 재정 운영, 교육제도, 교육행정, 교육철학, 리더십, 대안, 정책, 교직원, 혁신
	교육 컨설턴트	교육 프로그램 설계 및 평가	교육 시스템 분석, 교육 전략 개발, 학습 성과 향상, 교육 기관 평가, 교육 혁신, 교육 훈련 프로그램, 교육 자료 설계, 교육공학, 교육제도, 교육과정, 교육철학, 리더십, 상담, 위기, 창의성, 통계, 멀티미디어
중등 교육	중고등학교 교사	중고등학생 교육	중등 교육 커리큘럼, 학생 지도, 수업 계획 및 실행, 시험 및 평가, 학생 상담, 과목별 교과서 분석, 학생 학습 동기 부여, 문학, 독서, 독해(력), 드라마, 작문, 텍스트, 비평, 청해, 담화, 비교문학, 작가, 주제, 상징, 대의, 장르
	교육 연구원	교육학 연구	교육 연구 방법론, 교육 정책 분석, 학습 이론 연구, 교육 성과 평가, 교육 혁신 연구, 교육 기술 발전 분석, 교육 통계학, 연구자, 자료, 비교문학, 교육철학, 교육과정, 교육학, 교육행정, 통계, 혁신, 다문화
	교과서 저자	교과서 집필	교과서 내용 개발, 교육 과정 분석, 학습 목표 설정, 교재 편집, 교육 자료 설계, 교과서 평가, 학생 참여도 고려한 교재 작성, 저자, 문헌, 작품, 교육과정, 번역, 텍스트, 비평, 문학작품, 창작, 적용
특수 교육	특수 교육교사	특수교육 필요 학생 교육, 개별 맞춤 교육	특수 교육 방법, 개별화 교육 계획(IEP), 장애 학생 지원, 특수 교육 자원, 행동 관리, 발달 장애 평가, 교수법 수정, 특수, 장애, 교육과정, 교육학, 발달단계, 상담, 위기, 통합교육
	언어 치료사	언어 장애를 진단하고 치료, 발음 및 언어 발달 지원	언어 발달 평가, 언어 치료 기법, 발음 및 언어 장애 치료, 언어 치료 계획, 언어 발달 지원, 언어 습득 연구, 심리 언어학, 언어학, 발음, 발화, 의사소통, 음성학, 음운(론), 어휘, 구문, 화법, 화용론
	행동 치료사	행동 장애를 분석하고 치료, 행동 개선 전략 개발	행동 치료 기법, 행동 문제 분석, 행동 수정 프로그램, 치료 계획 개발, 행동 평가, 행동 발달 연구, 인지 행동 치료, 상담, 심리검사, 성격, 행동, 감성, 위기, 공감, 통합교육, 교육학

8. 사회과학계열 키워드

<table>
<tr><th>분야</th><th>직업</th><th>하는 일</th><th>키워드</th></tr>
<tr><td rowspan="3">법학</td><td>변호사</td><td>법률 상담, 소송 대리, 법률 문서 작성</td><td>법적 자문, 소송 대리, 법률 분석, 법적 문서 작성, 고객 상담, 계약 분쟁 해결, 법률 제도 분석, 갈등, 고소, 계약, 법률, 법적, 법규, 손실, 권리, 형사소송법, 행정법, 상법, 인권, 개인정보</td></tr>
<tr><td>판사</td><td>사건 심리, 판결, 법 적용 결정</td><td>법적 판단, 재판 관리, 법률 해석, 판결 작성, 재판 절차, 헌법 해석, 국제법 적용, 판례, 법치, 정의, 형벌, 절차, 규범, 규정, 분쟁, 공정, 법적, 재판</td></tr>
<tr><td>법률 자문가</td><td>법적 자문 제공, 계약서 작성 및 검토</td><td>법률 조언, 계약 검토, 법률 위험 분석, 법률 문서 작성, 규정 준수, 국제 계약 자문, 법적 위험 관리, 법률, 법적, 정책, 자격, 법규, 기업, 계약, 개인정보, 재산권, 위험관리</td></tr>
<tr><td rowspan="3">행정학</td><td>행정 공무원</td><td>정책 집행, 행정 업무, 정부 기관 운영</td><td>행정 업무 관리, 공공 정책 실행, 행정 절차 개선, 예산 및 자원 관리, 공공 서비스 제공, 국민 소통 전략, 공공 정보 투명성, 공공, 공공기관, 정부신뢰, 정책, 예산, 책임감, 행정, 공공성, 조례, 지방자치, 조직문화</td></tr>
<tr><td>정책 분석가</td><td>공공 정책 연구, 평가, 개선안 도출</td><td>정책 분석 방법론, 정책 개발, 데이터 분석, 정책 효과 평가, 정책 제안, 정책 입안 과정, 사회적 영향 분석, 정책, 데이터, 통계, 분석, 대책, 신뢰, 예방, 복지국가, 정보처리, 사회과학</td></tr>
<tr><td>공공기관 관리자</td><td>기관 운영, 관리, 효율적인 서비스 제공</td><td>공공기관 운영, 직원 관리, 공공 서비스 제공, 정책 실행, 기관 성과 평가, 공공기관의 효율성 개선, 정부 지원 프로그램 관리, 공공기관, 행정, 정책, 예산, 공공, 리더십, 대응, 조직문화, 정부신뢰</td></tr>
<tr><td rowspan="3">국제관계</td><td>외교관</td><td>외교 업무, 국가 간 관계 관리, 협상</td><td>외교 관계 관리, 외교 정책 분석, 국제 협상, 외교 문서 작성, 국제 관계 구축, 대사관 운영, 외교 프로토콜 준수, 외교, 국제정치, 외교관, 협정, 평화, 국제 관계, 글로벌, 군사, 외교학, 안보</td></tr>
<tr><td>국제기구 직원</td><td>정책 개발, 프로젝트 관리, 글로벌 문제 해결</td><td>국제기구 운영, 국제 협력 프로젝트, 정책 개발, 국제 개발 프로그램, 글로벌 문제 해결, 국제 협약 준수, 기후변화 정책, 국제기구, 국제 관계, 협정, 국제정치, 기후협약, 지속가능, 평화, 외교</td></tr>
<tr><td>국제무역 전문가</td><td>무역 정책 분석, 수출입 전략, 협상</td><td>국제 무역 이론, 무역 정책 분석, 수출입 전략, 무역 규제, 글로벌 시장 분석, 국제 무역 협상, 환율 변동 분석, 국제무역, 경제, 기업, 글로벌, 공공외교, 거시, 네트워크, 데이터, 분석</td></tr>
</table>

CHAPTER

07 계열별 추천 도서

분야	도서명	저자	출판사	출판년도
간호	간호 읽어주는 남자	김진수	크루	2022
간호	간호사 가이던스	한동수	포널스	2021
간호	간호사 마음 일기	최원진	강한별	2022
간호	간호사 부서 탐방	강민애	드림널스	2023
간호	간호사 생활 백서	권지은	시대고시기획	2023
간호	간호사 혁명 시대	이경주	라온북	2022
간호	간호사, 너 자신이 되어라	한화순	메디캠퍼스	2015
간호	간호사, 어떻게 말해야 하는가	송애랑	북샵	2019
간호	간호사, 프로를 꿈꿔라	도나 윌크 카르딜로	한언	2005
간호	간호사가 되기로 했다	김진수 외	시대의창	2023
간호	간호사가 말하는 간호사	권혜림 외	부키	2004
간호	간호사는 고마워요	잭 캔필드 외	원더박스	2017
간호	간호사를 부탁해	정인희	원더박스	2017
간호	간호약리학	Ruth Woodrow 외	포널스	2019
간호	간호의 경제학	츠노다 유카	호밀밭	2023
간호	간호장교를 간직하다	조원경, 김다혜	드림널스	2021
간호	간호학과 교수를 간직하다	최영림	드림널스	2022
간호	감염지도	스티븐 존슨	김영사	2008
간호	감정을 돌보는 간호사	손지완	포널스	2022
간호	나는 간호사, 사람입니다	김현아	아를	2023
간호	나는 간호사입니다	천정은	마음세상	2022
간호	나는 보건교사입니다	나애정	생각의빛	2022
간호	나이팅게일은 죽었다	김민경	에테르니	2019

분야	도서명	저자	출판사	출판년도
간호	나이팅게일의 눈물	게일	BG북갤러리	2011
간호	도시에서 죽는다는 것	김형숙	뜨인돌	2017
간호	돌봄의 미학	박명희	푸른사상	2011
간호	모리와 함께한 화요일	미치 앨봄	살림출판사	2017
간호	사랑의 돌봄은 기적을 만든다	김수지	비전과리더십	2010
간호	생의 마지막에서 간절히 원하는 것들	태현정 외	메이트북스	2020
간호	실버 간호사의 골든 메모리	함채윤	포널스	2023
간호	아름다운 사람들	김학선	현문사	2003
간호	연구 간호사를 간직하다	박유원, 권현	드림널스	2023
간호	프셉마음: 혈액검사 해석 및 간호편	이재왕, 김지희	드림널스	2022
건축	감응의 건축	정기용	현실문화연구	2008
건축	건축 디자인 기법	길종원, 김창국	기문당	2019
건축	건축, 음악처럼 듣고 미술처럼 보다	서현	효형출판	2014
건축	건축가가 되는 길	Roger K. Lewis	아키그램	2016
건축	건축가들의 20대	도쿄대학 공학부 건축학과 안도 다다오 연구실	눌와	2008
건축	건축가와 함께하는 스케치북	주진형	기문당	2016
건축	건축과 객체	그레이엄 하먼	갈무리	2023
건축	건축의 고전적 언어	존 서머슨	태림문화사	2008
건축	건축이란 무엇인가(우리시대 건축가 열 한 명의 성찰과 사유)	승효상 외	열화당	2005
건축	고대 신전 오디세이	이종호	신인문사	2010
건축	나의 문화유산답사기	유홍준	창비	2011
건축	내 사랑 콘크리트	한천구	기문당	2018
건축	도시디자인의 계보	아이다 다케후미	발언	2002
건축	딸과 함께 떠나는 건축여행	이용재	멘토프레스	2007
건축	사진과 그림으로 보는 건축의 역사	조너선 글랜시	시공사	2002
건축	세계 디자인 도시를 가다	김미리 외	랜덤하우스코리아	2010
건축	세계의 불가사의한 건축 이야기	스즈키 히로유키 외	까치	2009
건축	어디서 살 것인가	유현준	을유문화사	2018
건축	요즈음 건축	국형걸	효형출판	2022
건축	우리 건축 서양 건축 함께 읽기	임석재	컬처그라퍼	2011

분야	도서명	저자	출판사	출판년도
건축	유네스코 세계문화유산	마르코 카타네오 외	생각의나무	2010
건축	인공지능 시대의 건축: 건축가들을 위한 AI 입문	Neil Leach	시공문화사	2023
건축	자연과 함께하는 건축	김자경	시공문화사	2008
건축	토목을 디자인하다	시노하라 오사무	동녘	2010
건축	한국건축 이야기	김봉렬	돌베개	2006
건축	한옥이 돌아왔다	황두진	공간사	2006
건축	행복의 건축	알랭 드 보통	이레	2007
경제/경영	10대를 위한 방과 후 주식특강	박성현	다림	2022
경제/경영	10대와 통하는 땅과 집이야기	손낙구	철수와영희	2013
경제/경영	17살 돈의 가치를 알아야 할 나이	한진수	책읽는수요일	2011
경제/경영	1일 1단어 1분으로 끝내는 금융공부	이혜경	글담	2023
경제/경영	1일 1장 뽑아 쓰는 냅킨 경제학	티나 헤이	더퀘스트	2022
경제/경영	1페이지 마케팅 플랜	앨런 딥	알파미디어	2022
경제/경영	4차 산업혁명, 나는 무엇을 준비할 것인가	장재준 외	한빛비즈	2017
경제/경영	4차 산업혁명 세상을 바꾸는 14가지 미래 기술	한국경제TV산업팀	지식노마드	2016
경제/경영	99%를 위한 경제학	김재수	생각의힘	2016
경제/경영	AI 비즈니스 레볼루션	이진형	포르체	2023
경제/경영	AI 전쟁	하정우, 한상기	한빛비즈	2023
경제/경영	AI로 브랜딩하다	서지영, 임승철	매일경제신문사	2023
경제/경영	B2B 경영, 훅하고 딜하라	배재훈	포르체	2022
경제/경영	EBS 다큐프라임 자본주의	EBS 자본주의 제작팀	가나출판사	2013
경제/경영	Z세대 트렌드 2024	대학내일20대연구소	위즈덤하우스	2023
경제/경영	가난한 미국 부유한 중국	김연규	라의눈	2022
경제/경영	가짜 노동	데니스 뇌르마르크, 아네르스 포그 옌센	자음과모음	2022
경제/경영	가치란 무엇인가	짐 월리스	IVP	2011
경제/경영	결국 다시 경제민주화다	김종인	박영사	2017
경제/경영	경기순환 알고 갑시다	김영익	위너스북	2023
경제/경영	경영의 모험	존 브룩스	쌤앤파커스	2015
경제/경영	경영의 본질	프레드문트 말릭	센시오	2023

분야	도서명	저자	출판사	출판년도
경제/경영	경제 상식 퀴즈	정재학	길벗	2008
경제/경영	경제 심리학	댄 애리얼리	청림출판	2011
경제/경영	경제기사 궁금증 300문 300답	곽해선	혜다	2023
경제/경영	경제기사 이보다 쉬울 수 없다	박유연	원앤원북스	2010
경제/경영	경제를 아십니까	홍은주	개마고원	2020
경제/경영	경제학 콘서트	팀 하포드	웅진	2006
경제/경영	경제학이 필요한 순간	김현철	김영사	2023
경제/경영	경제학이 필요한 시간(세상의 흐름을 꿰뚫는 단 하나의 실전교양)	한진수	청림출판	2024
경제/경영	고객이 달라졌다	현성운	포르체	2020
경제/경영	고전에서 배우는 리더십	존 K. 클레멘스 외	매일경제신문사	2004
경제/경영	괴물 같은 기업 키엔스를 배워라	니시오카 안누	더퀘스트	2023
경제/경영	구글, 성공신화의 비밀	데이비드 A. 바이스 외	황금부엉이	2006
경제/경영	구글은 어떻게 일하는가	조너선 로젠버그	김영사	2014
경제/경영	구글의 아침은 자유가 시작된다	라즐로 복	알에이치코리아	2021
경제/경영	국가의 부와 빈곤	데이비드 S. 랜즈	한국경제신문	2009
경제/경영	국제거래와 환율 쫌 아는 10대	석혜원	풀빛	2019
경제/경영	권력을 경영하는 7가지 원칙	제프리 페퍼	비즈니스북스	2023
경제/경영	그들이 말하지 않는 23가지	장하준	부키	2010
경제/경영	글로벌 클래스	에런 맥대니얼, 클라우스 베하게	한빛비즈	2023
경제/경영	금리의 역습	에드워드 챈슬러	위즈덤하우스	2023
경제/경영	금융 오디세이	차현진	메디치미디어	2021
경제/경영	금융의 모험	미히르 데사이	부키	2018
경제/경영	기묘한 이커머스 이야기	기묘한	프리덤북스	2021
경제/경영	기후를 위한 경제학	김병권	착한책가게	2023
경제/경영	나는 감이 아니라 데이터로 말한다	신현호	한겨레출판	2019
경제/경영	나는 장사의 신이다	은현장	떠오름	2021
경제/경영	나쁜 사마리아인들	장하준	부키	2023
경제/경영	넛지	리처드 탈러 외	리더스북	2009
경제/경영	넛지 파이널 에디션	리처드 탈러, 캐스 선스타인	리더스북	2022
경제/경영	넥스트 이코노미	김택환	메디치미디어	2013

분야	도서명	저자	출판사	출판년도
경제/경영	노예의 길	프리드리히 A. 하이에크	나남	2015
경제/경영	노이즈: 생각의 잡음	대니얼 카너먼 외	김영사	2022
경제/경영	뇌, 욕망의 비밀을 풀다	한스-게오르크 호이젤	비즈니스북스	2019
경제/경영	다시, 케인스	존 메이너드 케인스 외	포레스트북스	2023
경제/경영	다이브 딥	박선희	알에이치코리아	2023
경제/경영	단절의 시대	피터 드러커	한국경제신문	2003
경제/경영	당신의 경제 IQ를 높여라	한순구	삼성글로벌리서치	2023
경제/경영	대한민국 돈의 역사	홍춘욱	상상스퀘어	2023
경제/경영	대한민국 최저로 살아가기	참여연대 사회복지위원회	나눔의집	2013
경제/경영	더 플로	안유화	경이로움	2023
경제/경영	도넛 경제학	케이트 레이워스	학고재	2018
경제/경영	돈으로 살 수 없는 것들	마이클 샌델	와이즈베리	2012
경제/경영	돈의 속성	김승호	스노우폭스북스	2020
경제/경영	돈의 역사는 되풀이된다	홍춘욱	포르체	2021
경제/경영	돈의 흐름이 보이는 회계 이야기	구상수	길벗	2019
경제/경영	돈이 먼저 움직인다	제현주	어크로스	2021
경제/경영	디즈니만이 하는 것	로버트 아이거	쌤앤파커스	2020
경제/경영	로버트 라이시의 1대99를 넘어	로버트 라이시	김영사	2015
경제/경영	루나의 전세 역전	홍인혜	세미콜론	2021
경제/경영	마르크스의 자본, 판도라의 상자를 열다	강신준	사계절	2012
경제/경영	머니트렌드 2024	김도윤 외	북모먼트	2023
경제/경영	메타버스 유토피아	마크 반 리메남	21세기북스	2023
경제/경영	모바일 미래보고서 2024	커넥팅랩 외	비즈니스북스	2023
경제/경영	문화, 경영을 만나다	김승현	김영사	2009
경제/경영	미래 경영	피터 드러커	청림출판	2002
경제/경영	미래 관찰자의 살아 있는 아이디어	서울대학교 국가미래전략원	포르체	2023
경제/경영	미래를 경영하라	톰 피터스	21세기북스	2005
경제/경영	미래를 읽는 문화경제 트렌드	최연구	중앙경제평론사	2023
경제/경영	믹스	안성은	더퀘스트	2022
경제/경영	반도체 열전	유웅환	비즈니스맵	2023
경제/경영	밥 먹여주는 경제학	세종보	더페이지	2023

분야	도서명	저자	출판사	출판년도
경제/경영	백종원의 장사 이야기	백종원	알에이치코리아	2023
경제/경영	밸런스	이인석	포르체	2023
경제/경영	벤버냉키의 21세기 통화정책	벤 S. 버냉키	상상스퀘어	2023
경제/경영	변절 빌런의 암호화폐 경제학	정재웅	책밥	2022
경제/경영	보랏빛 소가 온다	세스 고딘	쌤앤파커스	2023
경제/경영	부의 미래	앨빈 토플러	청림출판	2006
경제/경영	부자아빠 가난한 아빠1	로버트 기요사키	민음인	2018
경제/경영	부자의 그릇	이즈미 마사토	다산북스	2020
경제/경영	부하 직원이 말하지 않는 31가지 진실	박태현	책비	2014 (개정판 2021)
경제/경영	블록체인과 코인 누가 돈을 버는가	예자선	지식과감성	2022
경제/경영	비즈니스 리프레임	이연주	라온북	2023
경제/경영	비즈니스 협상론	김병국	알에이치코리아	2023
경제/경영	빌게이츠 @ 생각의속도	빌 게이츠	청림출판	1999
경제/경영	사다리 걷어차기	장하준	부키	2020
경제/경영	삼국지 경영학	최우석	을유문화사	2007
경제/경영	삼성과 효도경영	문봉수	북랩	2023
경제/경영	새로운 미래가 온다	다니엘 핑크	한국경제신문	2012
경제/경영	샘 올트먼의 생각들	스탠리 최 외	여의도책방	2023
경제/경영	생각하지 않는 사람들	니콜라스 카	청림출판	2011
경제/경영	성공하는 기업들의 8가지 습관	짐 콜린스 외	김영사	2002
경제/경영	세계시민이 된 실험경제반 아이들	김나영	리틀에이	2022
경제/경영	세계지도를 펼치면 돈의 흐름이 보인다	박정호	반니	2023
경제/경영	세금의 흑역사	마이클 킨, 조엘 슬렘로드	세종서적	2022
경제/경영	세상 모든 창업가가 묻고 싶은 질문들	토머스 아이젠만	비즈니스북스	2022
경제/경영	세상을 바꾼 자본	박홍규	다른	2011
경제/경영	세컨드 펭귄	임승현	서사원	2023
경제/경영	소득의 미래	이원재	어크로스	2019
경제/경영	소비자의 마음	멜리나 파머	사람in	2023
경제/경영	순서파괴	콜린 브라이어, 빌 카	다산북스	2021
경제/경영	숫자로 경영하라 5	최종학	원앤북스	2022

분야	도서명	저자	출판사	출판년도
경제/경영	슈독	필 나이트	사회평론	2016
경제/경영	스타벅스, 커피 한잔에 담긴 성공신화	하워드 슐츠, 도리 존스 양	김영사	2022
경제/경영	스티브 잡스	월터 아이작슨	민음사	2015
경제/경영	스틱	칩 히스, 댄 히스	웅진지식하우스	2022
경제/경영	시대예보: 핵개인의 시대	송길영	교보문고	2023
경제/경영	신상품	천지윤 외	북스톤	2023
경제/경영	아메바 경영	이나모리 가즈오	한국경제신문사	2017
경제/경영	아프리카 파워	비제이 마하잔	에이지21	2010
경제/경영	알기 쉬운 경영학 입문- 철수와 붕어빵 이야기	양정우	퍼플	2017
경제/경영	앨빈 토플러 청소년 부의 미래	앨빈 토플러, 하이디 토플러	청림출판	2023
경제/경영	언택트 비즈니스	박경수	포르체	2020
경제/경영	얼굴 없는 중개자들	하비에르 블라스, 잭 파시	알키	2023
경제/경영	예정된 미래	이현훈	파지트	2022
경제/경영	왜 부자만 더 부유해질까	해들리 다이어, 미첼 버나드	아울북	2023
경제/경영	외계어 없이 이해하는 암호화폐	송범근	책비	2018
경제/경영	월마트, 두려움 없는 도전	샘 월턴, 존 휴이	라이팅하우스	2022
경제/경영	위기는 왜 반복되는가	로버트 라이시	김영사	2011
경제/경영	위기의 역사	오건영	페이지2	2023
경제/경영	위대하고 찌질한 경제학의 슈퍼스타들	브누아 시마, 뱅상 코	휴머니스트	2016
경제/경영	육일약국 갑시다	김성오	21세기북스	2013
경제/경영	이 광고는 망했어요	톰 피시번	민음사	2020
경제/경영	이강국의 경제 EXIT	이강국	책세상	2023
경제/경영	이것은 작은 브랜드를 위한 책	이근상	몽스북	2021
경제/경영	이상하고 아름다운 밥벌이의 경제학	류동민	빛은책들	2022
경제/경영	이솝우화로 읽는 경제이야기	서명수	이케이북	2012
경제/경영	이코노믹 씽킹	로버트 프랭크	웅진지식하우스	2007
경제/경영	인간의 경제학	이준구	알에이치코리아	2017
경제/경영	인터널 커뮤니케이션	이연재	커뮤니케이션북스	2023
경제/경영	일론 머스크	월터 아이작슨	21세기북스	2023
경제/경영	일본이 온다	김현철	쌤앤파커스	2023
경제/경영	일의 격	신수정	턴어라운드	2021

분야	도서명	저자	출판사	출판년도
경제/경영	일터의 설계자들	나하나	웨일북	2023
경제/경영	자본주의 역사 바로 알기	리오 휴버먼	책벌레	2000
경제/경영	장하준의 경제학 강의	장하준	부키	2014
경제/경영	장하준의 경제학 레시피	장하준	부키	2023
경제/경영	재밌어서 술술 읽히는 경제 교양 수업	박병률	메이트북스	2020
경제/경영	재벌은 어떻게 우리를 배신하는가	박용진	메디치미디어	2018
경제/경영	정상적인 바보가 되지 마라	크리스토퍼 시	북돋움	2007
경제/경영	제임스 마틴의 미래학 강의	제임스 마틴	김영사	2009
경제/경영	잭 웰치, 위대한 승리	잭 웰치 외	청림출판	2005
경제/경영	좋은 기업을 넘어…. 위대한 기업으로	짐 콜린스	김영사	2005
경제/경영	주식회사 이야기	이준일	이콘	2023
경제/경영	죽은 경제학자의 살아있는 아이디어	토드 부크홀츠	김영사	2009
경제/경영	지방소멸	마스다 히로야	와이즈베리	2015
경제/경영	창업가의 답	성호철, 임경업	포르체	2021
경제/경영	청소년 부의 미래	앨빈 토플러 외	청림출판	2007
경제/경영	청소년을 위한 세계경제사	석혜원	두리미디어	2007
경제/경영	청소년을 위한 워렌 버핏	서정명	무한	2008
경제/경영	청소년을 위한 위대한 경제학 고전 25권을 1권으로 읽는 책	홍기훈	빅피시	2023
경제/경영	초강 달러시대, 돈의 흐름	홍재화	포르체	2023
경제/경영	초난감 기업의 조건	릭 채프먼	에어콘출판	2007
경제/경영	최고의 조직	김성준	포르체	2022
경제/경영	취향을 설계하는 곳, 츠타야	마스다 무네아키	위즈덤하우스	2017
경제/경영	칭찬은 고래도 춤추게 한다	켄 블랜차드 외	21세기북스	2003
경제/경영	커넥트 파워	박명규 외	포르체	2019
경제/경영	컬처 코드	클로테르 라파이유	리더스북	2007
경제/경영	코드 그린	토머스 L. 프리드먼	21세기북스	2008
경제/경영	클라우스 슈밥의 제4차 산업혁명	클라우스 슈밥	메가스터디북스	2018
경제/경영	타임라인 경제교실	태지원	동녘	2023
경제/경영	파타고니아, 파도가 칠 때는 서핑을	이본 쉬나드	라이팅하우스	2020
경제/경영	프리 라이더	선대인	더팩트	2010
경제/경영	플랫폼노믹스	윤상진	포르체	2021

분야	도서명	저자	출판사	출판년도
경제/경영	핀테크 금융 서비스 가이드	데비 모한	도서출판청람	2022
경제/경영	한국상인, 중국상인, 일본상인	이영호	스노우폭스북스	2023
경제/경영	화폐의 미래	에스와르 S. 프라사드	김영사	2023
경제/경영	힘든 시대를 위한 좋은 경제학	아비지트 배너지, 에스테르 뒤플로	생각의힘	2020
공학일반	공대생을 따라잡는 자신만만 공학 이야기	한화택	플루토	2021
공학일반	공학윤리	E. G. Seebauer, Robert L. Barry	경북대학교출판부	2013
공학일반	공학의 눈으로 미래를 설계하라	연세대학교 공과대학	해냄	2019
공학일반	공학이란 무엇인가	성풍현 외	살림Friends	2013
공학일반	공학자의 세상 보는 눈	유만선	시공사	2020
공학일반	기계비평들	전치형 외	워크룸프레스	2019
공학일반	기술과 사회	잔 L. 해링턴	한티미디어	2009
공학일반	기술전쟁	윤태성	위즈덤하우스	2023
공학일반	세상에서 가장 우아한 두 바퀴 탈 것	데이비드 V. 헐리히	알마	2008
공학일반	제4차 산업혁명(초연결, 초지능 사회로의 스마트한 진화 새로운 혁명이 온다!)	하원규, 최남희(ETRI)	콘텐츠하다	2015
공학일반	축적의 시간	차국현, 최만수 외 12명	지식노마드	2015
과학일반	4차 산업혁명, 나는 무엇을 준비할 것인가	장재준 외	한빛비즈	2017
과학일반	거의 모든 것의 역사	빌 브라이슨	까치	2003
과학일반	공감의 반경	장대익	바다출판사	2022
과학일반	과학기술의 역사	곽영직	북스힐	2009
과학일반	과학 도시락	김정훈	은행나무	2009
과학일반	과학사 대논쟁 10가지	헬 헬먼	가람기획	2019
과학일반	과학사 이야기	천병수 외	유한문화사	2011
과학일반	과학으로 풀어보는 음악의 비밀	존 파웰	뮤진트리	2022
과학일반	과학은 논쟁이다	이강영 외	반니	2021
과학일반	과학의 미래 청소년이 묻고 과학자가 답하다	박승덕 외	자유로운상상	2011
과학일반	과학의 역사	윌리엄 바이넘	소소의책	2023
과학일반	과학이 답!	다비드 루아프르	클라우드나인	2019
과학일반	과학자의 서재	최재천	움직이는서재	2015
과학일반	과학하고 앉아있네(10권 시리즈)	원종우 외	동아시아	2018

분야	도서명	저자	출판사	출판년도
과학일반	과학혁명의 구조	토머스 S. 쿤	까치	2013
과학일반	교양 있는 엔지니어	새뮤얼 C. 플러먼	글램북스	2015
과학일반	그리드	그레천 바크	동아시아	2021
과학일반	나노에 둘러싸인 하루	김문제, 송선경	살림Friends	2010
과학일반	나는 농담으로 과학을 말한다	오후	웨일북	2019
과학일반	나무를 심은 사람	장 지오노	두레	2018
과학일반	노벨 엔지니어링	노벨 엔지니어링 연구회	퓨너스	2019
과학일반	논리학 실험실	후쿠자와 가즈요시	바다출판사	2008
과학일반	다시 생각하는 원자력	어근선	엠아이디	2022
과학일반	랜들 먼로의 친절한 과학 그림책	랜들 먼로	시공사	2017
과학일반	랩 걸	호프 자런	알마	2017
과학일반	로봇 시대 인간의 일	구본권	어크로	2020
과학일반	물은 H_2O인가?	장하석	김영사	2021
과학일반	물의 자연사	앨리스 아웃워터	예지	2010
과학일반	미래를 바꾸는 탄소농업	허북구	중앙생활사	2022
과학일반	미래에서 온 남자 폰 노이만	아난요 바타차리야	웅진지식하우스	2023
과학일반	미술관에 간 물리학자	서민아	어바웃어북	2020
과학일반	미술작품을 곁들인 에피소드 서양문화사	차기태	필맥	2014
과학일반	미스터리 과학 카페	권은아	북트리거	2019
과학일반	바보야, 이제는 이공계야	백일승	더하기	2014
과학일반	벤바레스: 어느 트랜스젠더 과학자의 자서전	벤 바레스	해나무	2020
과학일반	브레이킹 바운더리스	요한 록스트룀, 오웬 가프니	사이언스북스	2022
과학일반	빅데이터 인문학	에레즈 에이든 외 1명	사계절	2015
과학일반	사소한 것들의 과학	마크 미오도닉	MID	2016
과학일반	사이언스 소믈리에	강석기	MID	2013
과학일반	상상 오디세이	최재천 외	다산북스	2009
과학일반	생각의 탄생	로버트 루트번스타인	에코의서재	2007
과학일반	세계를 움직인 과학의 고전들	가마타 히로키	부키	2010
과학일반	세상을 바꾼 과학 이야기	권기균	종이책	2021
과학일반	소탐대실	JTBC 소탐대실 제작진	포르체	2023

분야	도서명	저자	출판사	출판년도
과학일반	시크릿 스페이스	서울과학교사모임	어바웃어북	2017
과학일반	식탁 위의 과학 분자요리	이시카와 신이치	끌레마	2016
과학일반	신강우 선장의 유쾌한 항해기	신강우	자유지성사	2005
과학일반	아주 위험한 과학책	랜들 먼로	시공사	2023
과학일반	에너지 위기, 어떻게 해결할까?	이은철	동아엠앤비	2023
과학일반	에너지 혁명 2030	토니 세바	교보문고	2015
과학일반	엔트로피	제러미 리프킨	세종연구원	2015
과학일반	열두 발자국	정재승	어크로스	2023
과학일반	옥스퍼드 과학사	이완 라이스 모루스	반니	2019
과학일반	우리는 얼마나 깨끗한가	한네 튀겔	반니	2020
과학일반	위대한 설계	스티븐 호킹 외	까치	2010
과학일반	이기고 싶으면 스포츠 과학	제니퍼 스완슨	다른	2022
과학일반	이기적 유전자	리처드 도킨스	을유문화사	2010
과학일반	이덕환의 과학세상	이덕환	프로네시스	2007
과학일반	이토록 뜻밖의 뇌과학	리사 펠트먼 배럿	더퀘스트	2021
과학일반	자원전쟁	에리히 폴라트 외	영림카디널	2008
과학일반	전통 속의 첨단 공학기술	남문현 외	김영사	2002
과학일반	정재승의 과학콘서트	정재승	어크로스	2020
과학일반	창의성의 또다른 이름 트리즈(triz)	김효준	인피니티북스	2009
과학일반	천재, 리처드 파인만의 삶과 과학	제임스 글릭	승산	2005
과학일반	청소년을 위한 이야기 과학사	위르겐 타이히만	웅진지식하우스	2008
과학일반	청소년이 꼭 알아야 할 과학상식 148가지	박창수	인화	2001
과학일반	청소년이 꼭 알아야 할 과학이슈 11	이충환 외	동아사이언스	2011
과학일반	커피 얼룩의 비밀	송현수	MID	2018
과학일반	특이점이 온다	레이 커즈와일	김영사	2007
과학일반	페러데이 & 맥스웰: 공간에 펼쳐진 힘의 무대	정동욱	김영사	2010
과학일반	호모 커먼스	홍윤철	포르체	2022
과학일반	홍성욱의 STS 과학을 경청하다	홍성욱	동아시아	2016
관광	뜨는 관광에는 이유가 있다	한국관광공사	그래비티북스	2023
관광	여행의 이유	김영하	문학동네	2019
교육	21세기 신천재들	동아일보 문화부	동아일보사	2007

분야	도서명	저자	출판사	출판년도
교육	5백년 내력의 명문가 이야기	조용헌	푸른역사	2002
교육	EBS 다큐 학교란 무엇인가 10부작	EBS	중앙북스	2011
교육	가르칠 수 있는 용기	파커 J. 파머	한문화	2013
교육	가치를 가르칩니다	경기도중등독서교육연구회	서해문집	2019
교육	고교생이 알아야 할 한국의 의식구조	이규태	신원문화사	2001
교육	공부 공부	엄기호	따비	2017
교육	공자가 죽어야 나라가 산다	김경일	바다출판사	2005
교육	과정 중심 피드백	김선, 반재천	아멕	2020
교육	괜찮아, 과학이야	임소정	필름	2022
교육	교과서로 연극하자	구민정, 권재원	다른	2018
교육	교사를 위한 비폭력 대화	김미경	우리학교	2022
교육	교사의 마음리더십	김창오	에듀니티	2014
교육	교사의 말	마이크 앤더슨	교육을바꾸는사람들	2021
교육	교사의 시선	김태현	교육과실천	2020
교육	교육 그 자체	권재원	우리학교	2020
교육	교육과정-수업-평가, 어떻게 혁신할 것인가	이형빈	맘에드림	2015
교육	김은형의 혁신수업	김은형	휴머니스트	2020
교육	나누면서 배우는 비경쟁독서토론	김명희 외	글누림	2021
교육	다시, 어떻게 읽을 것인가	나오미 배런	어크로스	2023
교육	당신의 교육과정-수업-평가를 응원합니다	천정은	맘에드림	2017
교육	대한민국 국격을 생각한다	이어령 외	올림	2010
교육	동시를 읽는 마음	김재곤	창비	2022
교육	디지털 네이티브 그들은 어떻게 배우는가	마크 프렌스키	사회평론아카데미	2019
교육	딥스	버지니아 M. 액슬린	샘터사	2011
교육	맞아죽을 각오를 하고 쓴 한국, 한국인 비판	이케하라 마모루	랜덤하우스코리아	1999
교육	목요일의 작가들	윤성희	궁리출판	2023
교육	미국을 움직이는 두뇌 집단들	제임스 A. 스미스	세종연구원	1996
교육	배움의 발견	타라 웨스트오버	열린책들	2020
교육	별별 교사들	이윤승 외	교육공동체벗	2023
교육	보니샘과 함께하는 블렌디드 수업과 평가	구본희	우리학교	2021

분야	도서명	저자	출판사	출판년도
교육	보편적 학습설계(UDL)와 함께하는 언러닝	Allison Posey, Katie Novak	학지사	2023
교육	빌둥에서 배운다	레네 레이첼 안데르센	성균관대학교출판부	2023
교육	생각의 지도	리처드 니스벳	김영사	2004
교육	수행평가와 채점기준표 개발	김선 외	AMEC	2017 (개정판 2020)
교육	아무도 의심하지 않는 일곱 가지 교육 미신	데이지 크리스토들루	페이퍼로드	2018
교육	안녕하십니까, 학교입니다	권재원	서유재	2017
교육	어른이 된다는 것은	미하이 칙센트미하이 외	해냄	2003
교육	언택트 교육의 미래	저스틴 라이시	문예출판사	2021
교육	에밀	장 자크 루소	한길사	2003
교육	와스프	오치 미치오	살림	1999
교육	욕구 코칭	김현섭, 김성경	수업디자인연구소	2018
교육	우리가 꿈꾸는 아름다운 학교	김신일 외	교육과학사	2002
교육	우리는 직업이 같고도 달라서	구지, 철수	지읒	2022
교육	우리에겐 절망할 권리가 없다	김누리	해냄	2021
교육	유대인 파워	박재선	해누리	2010
교육	이 선생의 학교폭력 평정기 특수전	따돌림사회연구모임	양철북	2017
교육	이거 좋은 질문이야!	에릭 프랜시스	사회평론아카데미	2020
교육	이방인이 본 조선 다시 읽기	신복룡	풀빛	2002
교육	인간을 탐구하는 수업	사토 지에	다산북스	2019
교육	인간의 교육	프리드리히 프뢰벨	지식을만드는지식	2015
교육	일단, 성교육을 합니다	인티 차베즈 페레즈	문예출판사	2020
교육	읽어도 도대체 무슨 소린지	크리스 토바니	연암서가	2020
교육	임파워링	존 스펜서	교육을바꾸는사람들	2023
교육	젊은 교사에게 보내는 편지	조너선 코졸	문예출판사	2008
교육	좋아하는 것은 나누고 싶은 법	최지혜	롤러코스터	2021
교육	지력혁명	문용린	비즈니스북스	2009
교육	지혜로운 교사는 어떻게 말하는가	칙 무어만, 낸시 웨버	한문화	2013
교육	질문이 있는 그림책 수업	그림책사랑교사모임	케렌시아	2022
교육	창배야, 우리가 봄이다	이상석	양철북	2018
교육	창조적 인간으로 살아가기	최광진	현암사	2023

분야	도서명	저자	출판사	출판년도
교육	책 읽고 글쓰기	나민애	서울문화사	2020
교육	체육복을 읽는 아침	이원재	정미소	2023
교육	최고의 교육	로베르타 골린코프, 캐시 허시-파섹	예문아카이브	2018
교육	트라이앵글의 심리	이보경	양철북	2018
교육	평균의 종말	토드 로즈	21세기북스	2021
교육	학교 내부자들	박순걸	에듀니티	2018
교육	한국의 교사와 교사되기	이혁규	교육공동체벗	2021
교육	한국의 세번째 기적	정범모	나남	2008
교육	함께 읽기 좋은 날	이민수	우리교육	2022
교육	함께 읽기는 힘이 세다 1	경기도중등독서토론교육연구회	서해문집	2014
교육	헤이트	최인철 외	마로니에북스	2021
교육	혐오, 교실에 들어오다	이혜정 외	살림터	2019
교육	회복적 정의, 세상을 치유하다	이재영	피스빌딩	2020
국어	EBS 당신의 문해력	김윤정	EBS BOOKS	2021
국어	국어 시간에 소설 써 봤니	구자행	양철북	2021
국어	국어 시간에 시 써 봤니	구자행	양철북	2021
국어	국어과 선생님이 뽑은 한국단편소설 37선	김동인 외	북앤북	2007
국어	기묘하고 아름다운 청소년문학의 세계	오세란	사계절	2021
국어	김수영 평전	최하림	실천문학사	2018
국어	나도 건방진 우리말 달인	엄민용	다산초당	2010
국어	나의 책 읽기 수업	송승훈	나무연필	2019
국어	내 문장이 그렇게 이상한가요	김정선	유유	2016
국어	네모난 기억(2021년 제66회 현대문학상 수상 소설집)	윤성희	현대문학	2021
국어	도둑맞은 집중력	요한 하리	어크로스	2023
국어	독서 동아리 100개면 학교가 바뀐다	서현숙, 허보영	학교도서관저널	2019
국어	동사의 맛	김정선	유유	2015
국어	두근두근 내 인생	김애란	창비	2011
국어	뜻으로 읽는 한국어 사전	이어령	문학사상사	2008
국어	말들의 풍경	고종석	개마고원	2012

분야	도서명	저자	출판사	출판년도
국어	말이 인격이다	조항범	예담	2009
국어	문학, 내 마음의 무늬 읽기	김경희, 진은영	xbooks	2019
국어	문학과 예술의 사회사	아르놀트 하우저	창작과비평사	2016
국어	문학이란 무엇인가	김욱동	문예출판사	2000
국어	미끄러지는 말들	백승주	타인의사유	2022
국어	민담형 인간	신동흔	한겨레출판	2020
국어	바깥은 여름	김애란	문학동네	2017
국어	밝은 밤	최은영	문학동네	2021
국어	사랑한다 우리말	장승욱	하늘연못	2007
국어	삼국유사	일연(최광식, 박태재 옮김)	고려대학교출판부	2015
국어	성인식	이상권	자음과모음	2010
국어	순이 삼촌	현기영	창비	2015
국어	시란 무엇인가?	유종호	민음사	1995
국어	시의 숲에서 세상을 읽다	김상욱	나라말	2007
국어	시인의 집	전영애	문학동네	2015
국어	신경림의 시인을 찾아	신경림	우리교육	2010
국어	쓰기의 말들	은유	유유	2016
국어	언어	김진우	한국문화사	2017
국어	언어능력을 기르는 국어수업	고용우	휴머니스트	2012
국어	언어라는 세계	석주연	곰출판	2022
국어	언어본능	스티븐 핑커	동녘사이언스	2008
국어	언어의 작은 역사	데이비드 크리스털	휴머이스트	2013
국어	언어의 종말	앤드류 달비	작가정신	2008
국어	엄마의 독서	정아은	한겨레	2018
국어	연암이 나를 구하러 왔다	설흔	창비	2016
국어	열하일기	연암 박지원(리상호 옮김)	보리	2014
국어	완득이	김려령	창비	2008
국어	우리말의 탄생	최경봉	책과함께	2019
국어	우리의 문학 수업	조향미	양철북	2019
국어	읽는 인간 리터러시를 경험하라	조병영	쌤앤파커스	2021
국어	작전명 '진돗개': 문학시간에 쓴 고등학생 단편소설	조향미 엮음	양철북	2019

분야	도서명	저자	출판사	출판년도
국어	젊은 근희의 행진(발 없는 새 떨어뜨리기)	이서수	은행나무	2023
국어	제주도 신화	현용준	서문당	1996
국어	책 제대로 읽는 법	정석현	씽크스마트	2023
국어	챗GPT 국어 수업	김가람, 김소진, 김영희, 윤재오, 정수화, 조인혜	서해문집	2023
국어	철학자 김진영의 전복적 소설 읽기	김진영	메멘토	2019
국어	하늘과 바람과 별과 시	윤동주	하서	2006
국어	한 학기 한 권 읽기	송승훈, 하고운, 김진영, 임영환, 김현민, 김영란	서해문집	2018
국어	한국 고전문학의 비평과 이해	정병헌	제이앤씨	2008
국어	한글에 대해 알아야 할 모든 것	최경봉 외	책과함께	2008
국어	함께 읽기는 힘이 세다 2	경기도중등독서교육연구회 교사모임	서해문집	2018
기계	10대에게 권하는 공학	한화택	글담출판	2018
기계	19C에서 21C까지 자동차 디자인 120년사	전영선	자동차생활	2007
기계	과학으로 보는 4차 산업과 미래 직업	이보경	지브레인	2019
기계	기계공학의 역사	양보석	인터비젼	2004
기계	기계는 어떻게 생각하고 학습하는가	닉 보스트롬 외	한빛미디어	2023
기계	기계는 어떻게 생각하는가?	숀 게리시	이지스퍼블리싱	2019
기계	기계비평	이영준	현실문화연구	2006
기계	나는 플랜트 엔지니어입니다	박정호	플루토	2020
기계	나사의 별	로버트 워	시그마북스	2023
기계	냉장고의 역사를 통해 살펴보는 필요의 탄생	헬렌 피빗	푸른숲	2021
기계	누리호, 우주로 가는 길을 열다	오승협	RHK	2023
기계	로봇 수업	존 조던	사이언스북스	2018
기계	로봇의 지배	마틴 포드	시크릿하우스	2022
기계	만일 물리학으로 세상을 볼 수 있다면	정창욱	콘택트	2023
기계	메카트로닉스 개론	진상호, 박정규	복두출판사	2013
기계	모든 움직이는 것들의 과학	한근우	사과나무	2018
기계	모빌리티 기술혁명 미래보고서 2030	박승대	형설EMJ	2023
기계	모터의 테크놀로지	김응채 외	HJ골든벨타임	2018
기계	물리적 힘	헨리 페트로스키	서해문집	2023

분야	도서명	저자	출판사	출판년도
기계	물리지 않는 물리학	이노키 마사후미	필름	2021
기계	미래 모빌리티 UAM에 투자하라	이재광	경향비피	2022
기계	미래를 위한 공학 실패에서 배운다	김수삼	김영사	2003
기계	발명 콘서트	스티브 파커	베이직북스	2017
기계	세계를 움직인 과학의 고전들	가마타 히로키	부키	2010
기계	스피드 과학	오가사와라 세이지	전나무숲	2007
기계	알기 쉬운 자동차 용어풀이	류청희	자동차생활	2007
기계	알기 쉬운 철도과학	가와베 켄이치	북스힐	2022
기계	앨런 튜링: 생각하는 기계, 인공지능을 처음 생각한 남자	짐 오타비아니	푸른지식	2016
기계	유클리드 기하학, 문제해결의 기술	박종하	김영사	2023
기계	일론 머스크	월터 아이작슨	21세기북스	2023
기계	자동차 생산기술과 로봇 자동화	유범상	시그마프레스	2010
기계	전기차 첨단기술 교과서	톰 덴튼	보누스	2021
기계	창의력에 미쳐라	김광희	넥서스BIZ	2018
기계	처음 읽는 인공위성 원격탐사 이야기	김현옥	플루토	2021
기계	처음 읽는 플랜트 엔지니어링 이야기	박정호	플루토	2022
기계	친환경 전기자동차 시장의 실태와 전망	비아이알 편집부	비아이알	2009
기계	포스트 모빌리티	차두원 외	위즈덤하우스	2022
기계	하이브리드 카	유춘	골든벨	2010
기계	한 번 읽으면 절대 잊을 수 없는 물리 교과서	이케스에 쇼타	시그마북스	2023
기계	형태의 기원	크리스토퍼 윌리엄스	이데아	2023
기계	환경은 걱정되지만 뭘 해야 할지 모르는 사람들을 위한 과학과 기술	한치환	플루토	2022
농어업/원예	농업이 미래다	성진근, 이태호, 김병률, 윤병삼	삼성경제연구소	2011
농어업/원예	수산의 이해	조영제, 김병호 외 2명	블루앤노트	2012
농어업/원예	정석근 교수의 되짚어보는 수산학	정석근	베토	2022
농어업/원예	정원사를 위한 라틴어 수업	리처드 버드	궁리	2019
농어업/원예	정원의 세계	제임스 나르디	돌배나무	2021
농어업/원예	조경가의 길	KELLEANN FOSTER	기문당	2014
도시공학	2050 공원을 상상하다	온수진	한숲	2020

분야	도서명	저자	출판사	출판년도
도시공학	꿈의 도시 꾸리찌바	박용남	녹색평론사	2009
도시공학	도시는 왜 불평등한가	리처드 플로리다	매일경제신문사	2023
도시공학	소프트 시티	데이비드 심	차밍시티	2020
도시공학	시간과 공간의 연결, 교통이야기	대한교통학회	씨아이알	2018
도시공학	자연과 문명의 조화 토목공학	대한토목학회 출판위원회	KSCE PRESS	2018
독어독문	말리나	잉에보르크 바흐만	민음사	2010
독어독문	말테의 수기	라이너 마리아 릴케	민음사	2005
독어독문	모모	미하엘 엔데	비룡소	1999
독어독문	변신	프란츠 카프카	문학동네	2005
독어독문	변신 · 시골의사	프란츠 카프카	민음사	2009
독어독문	뷔히너 문학전집	게오르그 뷔히너	지만지	2008
독어독문	브레히트 선집 3	베르톨트 브레히트	연극과인간	2011
독어독문	비둘기	파트리크 쥐스킨트	열린책들	2020
독어독문	안네의 일기	안네 프랑크	보물창고	2011
독어독문	양철북	귄터 그라스	민음사	1999
독어독문	좀머 씨 이야기	파트리크 쥐스킨트	열린책들	2008
독어독문	차라투스트라는 이렇게 말했다.	프리드리히 니체	한길사	2011
독어독문	토니오 크뢰거 · 트리스탄 · 베니스에서의 죽음	토마스 만	민음사	1998
독어독문	파우스트	요한 볼프강 폰 괴테	문학동네	2006
독어독문	피아노 치는 여자	엘프리데 옐리네크	문학동네	2009
독어독문	한낮의 어둠	아서 쾨슬러	후마니타스	2010
독어독문/인문	데미안	헤르만 헤세	민음사	2000
로봇공학	AI 경제	로저 부틀	세종연구원	2020
로봇공학	AI로봇과 범죄	송기복	박영사	2021
로봇공학	AI의 미래 생각하는 기계	토비 월시	프리뷰	2018
로봇공학	SF영화와 로봇 사회학	민경배	커뮤니케이션북스	2016
로봇공학	기초 로봇공학	오가와 코이치, 카토 료조	성안당	2021
로봇공학	나는 사이보그가 되기로 했다	피터 스콧-모건	김영사	2022
로봇공학	다빈치가 된 알고리즘	이재박	MID	2018
로봇공학	다윈의 물고기	존 롱	플루토	2017
로봇공학	데니스 홍, 상상을 현실로 만드는 법	데니스 홍	인플루엔셜	2018

분야	도서명	저자	출판사	출판년도
로봇공학	레고로 배우는 기계의 운동원리 152	김창량	메카피아	2023
로봇공학	로봇 시대, 인간의 일	구본권	어크로스	2020
로봇공학	로봇으로 철학하기	김숙	프리뷰	2021
로봇공학	로봇은 교사를 대체할 것인가?	닐 셀윈	에듀니티	2022
로봇공학	로봇은 인간을 지배할 수 있을까?	이종호	북카라반	2023
로봇공학	로봇을 이기면 행복 지면 불행	일월	정환	2023
로봇공학	로봇의 부상	마틴 포드	세종서적	2016
로봇공학	로봇의 자리	전치형	이음	2021
로봇공학	리얼 로봇공학자	박지은	가나출판사	2018
로봇공학	메타 도구의 시대	최윤식	넥서스BIZ	2021
로봇공학	법정에 출석한 인공지능	양희철	스리체어스	2018
로봇공학	봇 이야기	닉 모나코, 새뮤얼 울리	한울아카데미	2023
로봇공학	사이보그 시티즌	크리스 그레이	김영사	2016
로봇공학	새로운 무의식	레오나르드 믈로디노프	까치	2013
로봇공학	새로운 전쟁	폴 샤레	커넥팅	2021
로봇공학	신과 로봇	에이드리엔 메이어	을유문화사	2020
로봇공학	십 대를 위한 영화 속 로봇인문학 여행	전승민	팜파스	2020
로봇공학	예술과 인공지능	이재박	MID	2021
로봇공학	인간은 필요 없다	제리 카플란	한스미디어	2023
로봇공학	인공지능과 미래사회: 인공지능 시대 사회·윤리·문화	정보현	동문사	2022
로봇공학	인지 도구	세실리아 헤이즈	형주	2023
로봇공학	제4의 시대	바이런 리스	쌤앤파커스	2020
로봇공학	천 개의 뇌	제프 호킨스	이데아	2022
로봇공학	햅틱스	리넷 존스	김영사	2020
로봇공학	확률론적 로보틱스	세바스찬 스런 외	에이콘출판사	2020
로봇공학	휴보, 세계 최고의 재난구조 로봇	전승민	예문당	2017
로봇공학	휴보이즘	전승민	MID	2019
문헌정보	내 마음의 도서관 비블리오테카	최정태	한길사	2021
문헌정보	도서관, 그 소란스러운 역사	매튜 베틀스	넥서스BOOKS	2004
문헌정보	듀이	비키 마이런 외	갤리온	2009
문헌정보	세상은 한 권의 책이었다	소피 카사뉴-브루케	마티	2006

분야	도서명	저자	출판사	출판년도
문헌정보	읽는다는 것의 역사	로제 샤르티에 외	한국출판마케팅 연구소	2006
문헌정보	책의 우주	움베르토 에코 외	열린책들	2011
물리	10대에게 권하는 물리학	이강영	글담출판	2023
물리	1분 물리학	중국과학원 물리연구소	책밥	2021
물리	3차 산업혁명	제러미 리프킨	민음사	2012
물리	과학은 어렵지만 양자 역학은 알고 싶어	요비노리 다쿠미	한스미디어	2022
물리	김상욱의 양자 공부	김상욱	사이언스북스	2017
물리	도구와 기계의 원리	데이비드 맥컬레이	서울문화사	2002
물리	도쿄대 물리학자가 가르쳐주는 생각하는 법	우에다 마사히토	한스미디어	2014
물리	링크	A. L. 바라바시	동아시아	2002
물리	만일 물리학으로 세상을 볼 수 있다면	정창욱	콘텍트	2023
물리	물리가 쉬워지는 미적분	나가노 히로유키	비전코리아	2018
물리	물리와 함께하는 50일	조앤 베이커	북로드	2010
물리	물리학의 혁명적 순간들	토마스 뷔르케	해나무	2010
물리	물리학자는 영화에서 과학을 본다	정재승	어크로스	2012
물리	물질의 물리학	한정훈	김영사	2020
물리	미래의 물리학	미치오 카쿠	김영사	2012
물리	미술관에 간 물리학자	서민아	어바웃어북	2020
물리	부분과 전체	베르너 하이젠베르크	서커스	2023
물리	빅뱅과 우주	과학동아 스페셜 편집부	동아사이언스	2011
물리	살아있는 과학 교과서	홍준의 외	휴머니스트	2011
물리	상대성 이론이란 무엇인가	제프리 베네트	처음북스	2024
물리	세상 모든, 물리(1권, 2권)	이공주복	동아시아	2017
물리	세상에서 가장 쉬운 과학수업: 양자혁명	정완상	성림원북스	2023
물리	세상에서 가장 쉬운 과학수업: 특수상대성이론	정완상	성림원북스	2023
물리	세상에서 가장 쉬운 양자역학 수업	리먀오	더숲	2018
물리	세상에서 가장 쉬운 재미있는 물리	미사와 신야	미디어숲	2023
물리	세상은 생각보다 단순하다	마크 뷰캐넌	지호	2004
물리	수식 없이 술술 양자물리	쥘리앙 보브로프	북스힐	2023

분야	도서명	저자	출판사	출판년도
물리	수학 없는 물리(11판)	김인묵 외	(주)피어슨에듀케이션코리아	2010
물리	스트링 코스모스	남순건	지호	2007
물리	시간의 역사	스티븐 호킹	까치	1998
물리	신의 입자	레온 레더만	휴머니스트	2017
물리	아는 만큼 보이는 세상: 물리편	가와무라 야스후미	유노책주	2023
물리	아메리칸 프로메테우스	카이 버드 외	사이언스북스	2010
물리	양자역학 쫌 아는 10대	고재현	풀빛	2023
물리	양자역학이란 무엇인가	마이클 워커	처음북스	2023
물리	어느 물리학자의 세상보기	김찬주	우리교육	2018
물리	어떻게 물리학을 사랑하지 않을 수 있을까?	짐 알칼릴리	월북	2022
물리	엔드 오브 타임	브라이언 그린	와이즈베리	2021
물리	엘러건트 유니버스	브라이언 그린	승산	2002
물리	유체역학	Yunus A. Cengel 외	McGraw-Hill	2021
물리	이야기 물리학사	다케우치 히토시	전파과학사	2019
물리	재미있는 물리여행	루이스 엡스타인	김영사	1988
물리	재밌어서 밤새 읽는 물리 이야기	사마키 다케오	더숲	2013
물리	천재들의 과학노트 3: 물리학	캐서린 쿨렌	지브레인	2016
물리	청소년을 위한 시간의 역사	스티븐 호킹	웅진지식하우스	2009
물리	최무영 교수의 물리학 강의	최무영	책갈피	2008
물리	카오스	제임스 글릭	동아시아	2013
물리	퀀텀스토리	짐 배것	반니	2023
물리	클래식 파인만	리처드 파인만, 랠프 레이턴	사이언스북스	2018
물리	파인만씨, 농담도 잘 하시네! 1	리처드 파인만	사이언스북스	2000
물리	파인만의 물리학 강의	리처드 파인만 (정무광 외 옮김)	승산	2004
물리	파인만의 물리학강의 Volume 2	정정일	이레미디어	2010
물리	파인만의 여섯 가지 물리 이야기	리처드 파인만	승산	2003
물리	하늘을 나는 물리의 서커스	질 워커	전파과학사	1995
물리, 우주	짧고 쉽게 쓴 '시간의 역사'	스티븐 호킹	까치	2006
물리/천문	우주탐사의 물리학	윤복원	동아시아	2023

분야	도서명	저자	출판사	출판년도
물리치료	나는 날마다 성장하는 물리치료사입니다	안병택	푸른들녘	2022
물리치료	물리치료사는 이렇게 말한다	최명원	청년의사	2022
물리치료	호주물리치료사의 13가지 체형교정법	라이프에이드 연구소	용감한북스	2021
미디어	1인 미디어	변용수	커뮤니케이션북스	2023
미디어	AI 저널리즘	박창섭	두리반	2023
미디어	Chalkak 찰칵 03	찰칵 편집부	엘로퀀스	2023
미디어	CIA 분석가가 알려주는 가짜 뉴스의 모든 것	신디 L. 오티스	원더박스	2023
미디어	OTT 스토리텔링 생존공식	김공숙 외	북코리아	2022
미디어	OTT 시대 스포츠 보편적 시청권	신삼수 외	한울	2023
미디어	SNS와 스마트폰 중독 어떻게 해결할까?	김대경 외	동아엠앤비	2023
미디어	감정과 미디어	나은영	컬처룩	2021
미디어	광고 리터러시	안순태	한나래	2023
미디어	광고와 예술	배리 호프먼	커뮤니케이션북스	2009
미디어	권력과 언론	박성제	창비	2017
미디어	근데 에디터는 무슨 일 해요?	박의나, 윤경민	고호콘텐츠	2021
미디어	기자는 어떻게 변해야 하는가?	손태규	관훈클럽	2007
미디어	나쁜 뉴스의 나라	조윤호	한빛비즈	2016
미디어	나의 직업 방송 작가	임선경	푸른들녘	2017
미디어	내가 확실히 아는 것들	오프라 윈프리	북하우스	2014
미디어	뉴스는 어떻게 조작되는가	최경영	바다출판사	2019
미디어	뉴욕타임스 읽어주는 여자	박세정	씽크스마트	2023
미디어	디지털 세대의 아날로그 양육자들	소니아 리빙스턴, 얼리샤 블럼-로스	위즈덤하우스	2023
미디어	디지털 시대 영상 문화와 윤리	홍석경 외	컬처룩	2022
미디어	딥페이크의 얼굴	이소은, 최순욱	스리체어스	2023
미디어	랜선 사회	에이미 S. 브루크먼	한빛미디어	2023
미디어	마음	이영돈	예담	2006
미디어	문화산업과 미디어콘텐츠	구문모 외	시간의물레	2022
미디어	뮤직비디오의 이해	김진곤	커뮤니케이션북스	2018
미디어	미디어 리터러시	이현주, 이현옥	북스타	2023
미디어	미디어 읽고 쓰기	이승화	시간여행	2021

분야	도서명	저자	출판사	출판년도
미디어	미디어, 노동인권을 말하다	진선미	메이킹북스	2023
미디어	미디어, 디지털세상을 잇다	주형일	한국문학사	2023
미디어	미디어와 홍보	송의호	한국학술정보	2023
미디어	미디어의 역사	자크 아탈리	책과함께	2022
미디어	미디어의 이해	마셜 매클루언	커뮤니케이션북스	2011
미디어	민주화 이후의 한국 언론	임상원 외	나남	2007
미디어	배리어프리 영상제작론	김정희	산지니	2018
미디어	서사의 위기	한병철	다산초당	2023
미디어	소셜 미디어 프리즘	크리스 베일	상상스퀘어	2023
미디어	소셜미디어는 인생의 낭비일까요?	김보미	서해문집	2018
미디어	손 안에 갇힌 사람들	니컬러스 카다라스	흐름출판	2023
미디어	숏폼 기획 아이디어	연희승	박영사	2022
미디어	시선을 사로잡는 매력적인 영상 만들기	강수석	북핀	2022
미디어	신경민, 클로징을 말하다	신경민	참나무	2009
미디어	언론을 상대하는 법	신상진	이담북스	2023
미디어	언론자유와 정치철학	손영준	박영사	2023
미디어	언커머셜: 한국 상업사진, 1984년 이후	강혜원 외	워크룸프레스	2023
미디어	여론조사, 모르면 말하지 마세요	김현태	미다스북스	2023
미디어	역사는 커뮤니케이션이다	강준만	인물과사상사	2007
미디어	연결하는 소설: 미디어로 만나는 우리	김애란 외	창비교육	2023
미디어	영상은 움직이지 않는다	이훈희	책과나무	2022
미디어	왜 미디어를 연구하는가?	로저 실버스톤	커뮤니케이션북스	2009
미디어	왜 언론자유, 자유언론인가	손태규	기파랑	2011
미디어	우리는 도전을 즐겼다	박관우 외	생각나눔	2022
미디어	워싱턴 포스트 만들기	벤 브래들리	프레시안북	2009
미디어	위험, 사회, 미디어	김용찬 외	컬처룩	2023
미디어	인공지능 시대의 미디어 윤리	박아란	커뮤니케이션북스	2022
미디어	잡지 만드는 법	박지수	유유	2023
미디어	장면들	손석희	창비	2021
미디어	저널리즘의 기본원칙	빌 코바치 외	한국언론재단	2009
미디어	챗GPT 교육혁명	정제영 외	포르체	2023

분야	도서명	저자	출판사	출판년도
미디어	챗GPT 시대, 청소년을 위한 미디어 탐구	이창호	지금	2023
미디어	출판기획의 한계를 넘어	이시우	투데이북스	2023
미디어	클로징 멘트	조재익	하양인	2023
미디어	파피루스에서 전자책까지 모든 책의 역사	우베 요쿰	마인드큐브	2023
미디어	패션, 영화를 디자인하다	진경옥	산지니	2023
미디어	펜과 나침반	민병문	나남	2008
미디어	프리한 10대 미디어 프리	강병철	푸른들녘	2023
미디어	플랫폼 내러티브	권승태	커뮤니케이션북스	2023
미디어	한국과 세계의 언론인 교육	정민 외	한국언론재단	2001
미디어	한국영화가 사라진다	이승연	바틀비	2023
미디어	한편 2호 인플루언서	이유진 외	민음사	2020
미디어	현대사회와 미디어커뮤니케이션	한국언론정보학회	한울	2023
미술	나는 누구인가	전준엽	지식의숲	2011
미술	나는 메트로폴리탄 미술관의 경비원입니다	패트릭 브링리	웅진지식하우스	2023
미술	다른 방식으로 보기	존 버거	열화당	2012
미술	미학 오디세이 1, 2, 3	진중권	휴머니스트	2014
미술	미술관에 가다	김홍기	미술문화	2008
미술	시대를 훔친 미술	이진숙	민음사	2015
미술	여름의 피부	이현아	푸른숲	2022
미술	우리 각자의 미술관	최혜진	휴머니스트	2020
미술	우리의 첫 미술사 수업	강은주	이봄	2022
미술	점.선.면(회화적인 요소의 분석을 위하여)	바실리 칸딘스키	열화당	2000
미술	클릭, 서양미술사	케롤 스트릭랜드	예경	2010
미술	태도가 작품이 될 때	박보나	바다출판사	2019
미술	한국의 미 특강	오주석	솔	2005
미술	현대미술, 보이지 않는 것을 보여주다	프랑크 슐츠	미술문화	2010
미술	혼자 가는 미술관	프랑크 슐츠	미술문화	2011
법률	농땡이 사법연수생의 짜장면 비비는 법	정재민	황매	2004
법률	누가 진짜 범인인가	배상훈	앨피	2015
법률	대한민국에서 가장 쉽게 쓴 민법책	오수현	시원북스	2023
법률	동물들의 위대한 법정	장 뤽 포르케	서해문집	2022

분야	도서명	저자	출판사	출판년도
법률	만화로 배우는 민법 판례	이영창	박문각	2010
법률	미래의 법률가에게	앨런 더쇼비츠	미래인	2008
법률	법 짓는 마음	이보라	유유	2023
법률	법은 사회의 브레이크인가, 엔진인가	에마뉘엘 피라	모티브북	2009
법률	법정의 얼굴들	박주영	모로	2021
법률	변호사가 절대 알려주지 않는 31가지 진실	한정우	한국경제신문	2008
법률	부러진 화살	서형	후마니타스	2012
법률	불면의 신성가족	김두식	창비	2009
법률	사기공화국에서 살아남기	김주덕	가야북스	2007
법률	살면서 꼭 필요한 생활법률	홍진원 외	삼양미디어	2010
법률	세상을 떠들썩하게 만든 세기의 재판 이야기	장보람	팜파스	2023
법률	앎은 못 봐도 정의는 본다	고바야시 데루유키	강	2008
법률	어떤 양형의 이유	박주영	모로	2023
법률	어떻게 살인자를 변호할 수 있을까?	페르디난트 폰 쉬라크	갤리온	2010
법률	왜 그들은 우리를 파괴하는가	이창무 외	메디치미디어	2016
법률	우리 사회를 움직인 판결	전국사회교사모임	휴머니스트	2007
법률	우리에게는 헌법이 있다	이효원	21세기북스	2020
법률	이름이 법이 될 때	정혜진	동녘	2021
법률	이수정 이다혜의 범죄 영화 프로파일	이수정, 이다혜 외	민음사	2020
법률	지식재산의 이해	한국발명진흥회	박문각	2018
법률	창작자를 위한 챗GPT 저작권 가이드	정경민	포르체	2023
법률	챗GPT가 내 생각을 훔친다면	김미주	책폴	2023
법률	판사유감	문유석	21세기북스	2019
불어불문	라신 희곡선	장 라신	이화여자대학교 출판문화원	2008
불어불문	법의 정신	몽테스키외	동서문화사	2007
불어불문	보바리 부인	귀스타브 플로베르	문예출판사	2007
불어불문	새로 만든 먼나라 이웃나라 2	이원복	김영사	2012
불어불문	어린 왕자	앙투안 마리 로제 드 생텍쥐페리	문학동네	2007
불어불문	에밀	장 자크 루소	산수야	2009

분야	도서명	저자	출판사	출판년도
불어불문	위험한 관계	쇼데를로 드 라클로	문학과지성사	2007
불어불문	이방인	알베르 카뮈	민음사	2011
불어불문	제르미날	에밀 졸라	친구미디어	1993
불어불문	좁은 문	앙드레 폴 기욤 지드	현재문화센터	2010
불어불문	타르튀프 · 서민귀족	몰리에르장 라신	동문선	2000
불어불문	한 권으로 읽는 잃어버린 시간을 찾아서	마르셀 프루스트	국일미디어	2001
불어불문/고전	레 미제라블	빅토르 위고	동서문화사	2008
불어불문/고전	몽테뉴 수상록	몽테뉴	동서문화사	2007
불어불문/사회	고도를 기다리며	사뮈엘 베케트	민음사	2000
사회	10대 마음보고서	따돌림사회연구모임	마리북스	2017
사회	10대와 통하는 일하는 청소년의 권리이야기	이수정	철수와영희	2015
사회	20 vs 80의 사회	리처드 리브스	민음사	2019
사회	2024 콘텐츠가 전부다	노가영 외	미래의창	2022
사회	21세기를 위한 21가지 제언	유발 하라리	김영사	2018
사회	9번의 일	김혜진	한겨레출판	2019
사회	AI 이후의 세계	헨리 키신저 외	윌북	2023
사회	가난의 문법	소준철	푸른숲	2020
사회	가난한 아이들은 어떻게 어른이 되는가	강지나	돌베개	2023
사회	가만한 나날	김세희	민음	2019
사회	가슴 뛰는 소설	최진영 외	창비교육	2020
사회	가재가 노래하는 곳	델리아 오언스	살림	2019
사회	가족 각본	김지혜	창비	2023
사회	감옥에서 보낸 편지	안토니오 그람시	민음사	2000
사회	강한 이스라엘 군대의 비밀	노석조	메디치미디어	2018
사회	거대한 전환	칼 폴라니	길	2009
사회	걱정말아요, 그대	JTBC '김제동의 톡투유' 제작진	중앙북스	2016
사회	건너간다	이인휘	창비	2017
사회	고기로 태어나서	한승태	시대의창	2018
사회	고민이 고민입니다	하지현	인플루엔셜	2019
사회	고통 구경하는 사회	김인정	웨일북	2023

분야	도서명	저자	출판사	출판년도
사회	고통에 공감한다는 착각	이길보라	창비	2023
사회	고통은 나눌 수 있는가	엄기호	나무연필	2018
사회	공감의 시대	제러미 리프킨	민음사	2010
사회	공범들의 도시	표창원	김영사	2013
사회	공산당 선언	칼 마르크스, 프리드리히 엥겔스	이론과실천	2008
사회	공정 이후의 세계	김정희원	창비	2022
사회	공정감각	나임윤경	문예출판사	2023
사회	공정하다는 착각	마이클 샌델	와이즈베리	2020
사회	국립존엄보장센터	남유하 외	서해문집	2022
사회	국부론	애덤 스미스	동서문화사	2008
사회	국제분쟁, 무엇이 문제일까?	김미조	동아엠앤비	2021
사회	권력과 진보	대런 아세모글루, 사이먼 존슨	생각의힘	2023
사회	그 일은 전혀 사소하지 않습니다	한국여성의전화	오월의봄	2017
사회	그냥 좋게 받아들이세요	마리아 스토이안	북레시피	2017
사회	그냥 하지 말라	송길영	북스톤	2021
사회	그냥, 사람	홍은전	봄날의책	2020
사회	기록되지 않은 노동: 숨겨진 여성의 일 이야기	김시형 외	삶창	2016
사회	기억하는 소설(몰: mall: 沒)	임성순	창비교육	2021
사회	기후 리바이어던	조엘 웨인라이트, 제프 만	앨피	2023
사회	길 하나 건너면 벼랑 끝	봄날	반비	2019
사회	나는 게임한다 고로 존재한다	이동은	자음과모음	2021
사회	나는 복지국가에 산다	박노자 외	꾸리에	2013
사회	난민, 멈추기 위해 떠나는 사람들	하영식	뜨인돌	2021
사회	낯선 시선	정희진	교양인	2017
사회	낯선 이웃	이재호	이데아	2019
사회	내 친구 압둘와합을 소개합니다	김혜진	원더박스	2021
사회	내가 검찰을 떠난 이유	이연주	포르체	2020
사회	네트워크 사회의 도래	마누엘 카스텔	한울	2008
사회	넷플릭스 세계사	오애리, 이재덕	푸른숲	2023

분야	도서명	저자	출판사	출판년도
사회	노 휴먼스 랜드	김정	창비	2023
사회	노동, 우리는 정말 알고 있을까	노현웅 외	철수와영희	2018
사회	노동에 대해 말하지 않는 것들	전혜원	서해문집	2021
사회	누구에게나 친절한 교회오빠 강민호	이기호	은행나무	2018
사회	다르게 사는 사람들	윤수종 외	이학사	2002
사회	다른 게 아니라 틀린 겁니다	위근우	시대의창	2019
사회	당신의 연애는 안전한가요	연아	일다	2021
사회	당신이 모르는 민주주의	마이클 샌델	와이즈베리	2023
사회	대변동	재레드 다이아몬드 (강주헌 옮김)	김영사	2019
사회	대한민국의 시험	이혜정	다산4.0	2017
사회	덜미, 완전범죄는 없다 1	한국일보 경찰팀	북콤마	2018
사회	도덕적 인간과 비도덕적 사회	라인홀드 니버	문예출판사	2017
사회	도시에서 죽는다는 것	김형숙	뜨인돌	2017
사회	동자동 사람들	정택진	빨간소금	2021
사회	두 번째 지구는 없다	타일러 라쉬	알에이치코리아	2020
사회	두려움은 소문일 뿐이다	최현숙	문학동네	2023
사회	디지털 치료제	김선현	포르체	2022
사회	디지털 팩토리	모리츠 알텐리트	숨쉬는책공장	2023
사회	딸에게 들려주는 인종차별 이야기	타하르 벤 젤룬	롤러코스터	2020
사회	딸이 조용히 무너져 있었다	김현아	창비	2023
사회	떠나지 못하는 사람들	최인기	동녘	2014
사회	똑똑하게 생존하기	칼 벅스트롬, 제빈 웨스트	안드로메디안	2021
사회	똑똑한 사람들의 멍청한 짓	최동석	21세기북스	2018
사회	르몽드 세계사 우리가 해결해야 할 전 지구적 이슈와 쟁점들	르몽드 디플로마티크 편집부	휴머니스트	2008
사회	마르타의 일	박서련	한겨레출판	2019
사회	마스크가 답하지 못한 질문들	미류 외	창비	2021
사회	말이 칼이 될 때	홍성수	어크로스	2018
사회	맨박스	토니 포터	한빛비즈	2019
사회	메리 벤투라와 아홉 번째 왕국	실비아 플라스	미디어창비	2020
사회	메타버스	김상균	플랜비디자인	2020

분야	도서명	저자	출판사	출판년도
사회	모든 것의 가장자리에서	파커 J. 파머	글항아리	2018
사회	모든 삶은 흐른다	로랑스 드빌레르	피카	2023
사회	모든 이가 스승이고 모든 곳이 학교다	신영복 외	창비교육	2017
사회	모든 현재의 시작, 1990년대	윤여일	돌베개	2023
사회	목민심서	정약용	학영사	2010
사회	목소리 순례	사이토 하루미치	다다서재	2022
사회	몬스터 콜스	시본 도우드, 패트릭 네스	웅진주니어	2012
사회	몸의 일기	다니엘 페나크	문학과지성사	2015
사회	무례한 사람에게 웃으며 대처하는 법	정문정	가나출판	2018
사회	무조건 팔리는 카피 단어장	간다 마시노리, 기누타 쥰이치	동양북스	2021
사회	문명화 과정	노베르트 엘리아스	한길사	1999
사회	문화의 수수께끼	마빈 해리스	한길사	2017
사회	미디어리터러시 쫌 아는 10대	금준경	풀빛	2020
사회	미래를 위한 새로운 생각	마야 괴펠	나무생각	2021
사회	민주화 이후의 민주주의	최장집	후마니타스	2010
사회	반드시 다가올 미래	남성현	포르체	2022
사회	밥은 먹고 다니냐는 말	정은정	한티재	2021
사회	배달의 민족은 배달하지 않는다	박정훈	빨간소금	2020
사회	버추얼 휴먼	오제욱	포르체	2022
사회	법은 얼마나 정의로운가	폴커 키츠	한스미디어	2023
사회	별난 사회 선생님의 수상한 미래 수업	권재원	우리학교	2019
사회	보통 일베들의 시대	김학준	오월의봄	2022
사회	봄비 내리는 날	김한수	창비	2017
사회	불편한 편의점	김호연	나무옆의자	2021
사회	불평등한 어린시절 (부모의 사회적 지위와 불평등의 대물림)	아네트 라루	에코리브르	2012
사회	붕괴하는 세계와 인구학	피터 자이한	김앤김북스	2023
사회	붕대 감기	윤이형	작가정신	2020
사회	사람을 목격한 사람	고병권	사계절	2023
사회	사이보그가 되다	김초엽, 김원영	사계절	2021
사회	사장님도 아니야 노동자도 아니야	이병훈 외	창비	2013

분야	도서명	저자	출판사	출판년도
사회	사피엔스	유발 하라리	김영사	2015
사회	사회계약론	장 자크 루소	산수야	2011
사회	사회를 보는 새로운 눈	학술단체협의회	한울	2010
사회	사회적 자본적 민주주의	로버트 D. 퍼트넘	박영사	2006
사회	사회학적 상상력	C. 라이트 밀즈	돌베개	2004
사회	새내기 노동인 ㄱㄴㄷ	손석춘	철수와영희	2020
사회	새로운 가난이 온다	김만권	혜다	2021
사회	서로 다른 기념일	사이토 하루미치	다다서재	2020
사회	서애 류성룡 위대한 만남	송복	지식마당	2007
사회	선량한 차별주의자	김지혜	창비	2019
사회	세계를 바꾼 연설과 선언	이종훈	서해문집	2006
사회	세계미래보고서 2035-2055	박영숙, 제롬 글렌	교보문고	2020
사회	세상은 바꿀 수 있습니다	이용마	창비	2017
사회	소유의 종말	제러미 리프킨	민음사	2020
사회	수없이 많은 바닥을 닦으며	마이아 에켈뢰브	교유서가	2022
사회	스노 크래시	닐 스티븐슨	문학세계사	2021
사회	식량위기, 이미 시작된 미래	루안 웨이	미래의창	2023
사회	실격당한 자들을 위한 변론	김원영	사계절	2018
사회	아니야, 우리가 미안하다	천종호	우리학교	2013
사회	아름다운 외출	실라 로보섬	삼천리	2012
사회	아름다운 혁명가 체 게바라	박영욱	자음과모음	2017
사회	아몬드	손원평	창비	2017
사회	아무튼, 달리기	김상민	위고	2020
사회	아무튼, 떡볶이	요조	위고	2019
사회	아무튼, 양말	구달	제철소	2018
사회	아이가 사라지는 세상	조영태 외	김영사	2019
사회	아이들 파는 나라	전홍기혜 외	오월의봄	2019
사회	아주 친밀한 폭력	정희진	교양인	2017
사회	아침을 볼 때마다 당신을 떠올릴 거야	조수경	한겨레출판	2019
사회	아픔이 길이 되려면	김승섭	동아시아사	2017
사회	알바생 자르기	장강명	아시아	2015

분야	도서명	저자	출판사	출판년도
사회	앞으로 올 사랑	정혜윤	위고	2020
사회	애덤 스미스	다카시마 젠야	에이케이커뮤니케이션즈	2020
사회	양과 강철의 숲	미야시타 나츠	위즈덤하우스	2016
사회	어떤 호소의 말들	최은숙	창비	2022
사회	어른이 되면	장혜영	시월	2020
사회	어쨌거나 스무 살은 되고 싶지 않아	조우리	비룡소	2019
사회	언니, 같이 가자!	안미선	삼인	2016
사회	언니, 나랑 결혼할래요?	김규진	위즈덤하우스	2020
사회	언다잉	앤 보이어	플레이타임	2021
사회	여성의 일, 새로고침	김현정 외	날다	2017
사회	여자 둘이 살고 있습니다	김하나, 황선우	위즈덤하우스	2019
사회	열 가지 당부	하종강 외	창비	2020
사회	열여덟을 위한 세계 혁명사	오준호	알렙	2016
사회	예민한 게 아니라 당연한 겁니다	이은의	디플롯	2022개정판
사회	예정된 전쟁	그레이엄 앨리슨	세종서적	2018
사회	오래된 미래	헬레나 노르베리 호지	중앙북스	2015
사회	왜 사회에는 이견이 필요한가	카스 R. 선스타인	후마니타스	2009
사회	왜 세계의 절반은 굶주리는가?	장 지글러	갈라파고스	2016
사회	왜 일하는가	이나모리 가즈오	다산북스	2021
사회	왜요, 그 뉴스가 어때서요?	김청연	동녘	2021
사회	우리 몸이 세계라면	김승섭	동아시아	2018
사회	우리가 몰랐던 노동 이야기	하종강	나무야	2018
사회	우리가 빛의 속도로 갈 수 없다면	김초엽	허블	2019
사회	우리가 사랑한 내일들	유선애	한겨레출판	2021
사회	우리가 살 수 없는 미래	마이클 해리스	어크로스	2023
사회	우리는 마약을 모른다	오후	동아시아	2018
사회	우리는 미래에 조금 먼저 도착했습니다	아누 파르타넨	원더박스	2017
사회	우리는 중독을 사랑해	도우리	한겨레출판	2022
사회	우리는 차별에 찬성합니다	오찬호	개마고원	2013
사회	우리는 차별하기 위해 태어났다	나카노 노부코	동양북스	2018

분야	도서명	저자	출판사	출판년도
사회	우리에게는 다른 데이터가 필요하다	김재연	세종서적	2023
사회	우리의 불행은 당연하지 않습니다	김누리	해냄	2020
사회	우발적 충돌	스티븐 로치	한국경제신문	2023
사회	우아하고 호쾌한 여자 축구	김혼비	민음사	2018
사회	월경의 정치학	박이은실	동녘	2015
사회	위험사회	울리히 벡	새물결	2006
사회	유엔미래보고서	박영숙 외	교보문고	2008
사회	유원	백온유	창비	2020
사회	유튜브는 책을 집어삼킬 것인가	김성우, 엄기호	따비	2020
사회	유한계급론	소스타인 베블런	우물이있는집	2012
사회	을들의 당나귀 귀	손희정 외	후마니타스	2019
사회	이 선생의 학교폭력 평정기 특수전	따돌림사회연구모임	양철북	2017
사회	이상한 정상 가족	김희경	동아시아	2022 개정판
사회	인간 섬	장 지글러	갈라파고스	2020
사회	인간불평등기원론	장 자크 루소	펭귄클래식코리아	2010
사회	인간의 조건	한승태	시대의창	2019
사회	인간의 조건	한나 아렌트	한길사	2019
사회	인구 미래 공존	조영태	북스톤	2021
사회	인권도 차별이 되나요?	구정우	북스톤	2019
사회	인류세: 인간의 시대	최평순	해나무	2020
사회	일의 기쁨과 슬픔	장류진	창비	2021
사회	있지만 없는 아이들	은유	창비	2021
사회	자본주의(EBS 다큐프라임)	EBS 자본주의 제작팀	가나출판사	2013
사회	작은 것이 아름답다, 새로운 삶의 지도	장성익	너머학교	2016
사회	잡노마드 사회	군둘라 엥리슈	문예출판사	2016
사회	장애시민 불복종	변재원	창비	2023
사회	저렴한 것들의 세계사	라즈 파텔, 제이슨 W. 무어	북돋움	2020
사회	전사들의 노래	홍은전	오월의봄	2023
사회	전쟁과 사회	김동춘	돌베개	2006
사회	전쟁의 경제학	비제이 메타	개마고원	2017
사회	전지구적 변환	데이비드 헬드 외	창비	2002

분야	도서명	저자	출판사	출판년도
사회	전태일 평전	조영래	아름다운전태일(전태일기념사업회)	2020
사회	정의란 무엇인가	마이클 샌델	김영사	2010
사회	제3의 물결	앨빈 토플러	홍신문화사	2006
사회	제가 한번 해보았습니다, 남기자의 체헐리즘	남형도	김영사	2020
사회	조난자들	주승현	생각의힘	2018
사회	존 롤스 정의론	황경식	쌤앤파커스	2018
사회	존중받지 못하는 아이들	박명금 외	서사원	2023
사회	좋아요는 어떻게 지구를 파괴하는가	기욤 피트롱	갈라파고스	2023
사회	좋은 지역사회 만들기	최옥채	학현사	2004
사회	죽은 자의 집 청소	김완	김영사	2020
사회	죽음의 수용소에서	빅터 프랭클	청아출판사	2020
사회	중간착취의 지옥도	남보라 외	글항아리	2021
사회	중국은 어떻게 실패하는가	마이클 베클리, 할 브랜즈	부키	2023
사회	지구 끝의 온실	김초엽	자이언트북스	2021
사회	지금 당장 기후 토론	김추령	우리학교	2022
사회	지금 여기, 무탈한가요?	오찬호	북트리거	2020
사회	지속 불가능한 불평등	뤼카 샹셀	니케북스	2023
사회	지식 프라임	EBS 지식프라임 제작팀	밀리언하우스	2009
사회	직업으로서의 학문	막스 베버	나남	2006
사회	착한 소비는 없다	최원형	자연과생태	2020
사회	처음 읽는 미국사	전국역사교사모임 지음	휴머니스트	2018
사회	총 균 쇠	재레드 다이아몬드	김영사	2023
사회	총, 선, 펜	린다 콜리	에코리브르	2023
사회	최소한의 선의	문유석	문학동네	2021
사회	침묵의 봄	레이첼 카슨	에코리브르	2024
사회	카메라 편견을 부탁해	강윤중	서해문집	2015
사회	코드 그린	토머스 프리드먼	21세기북스	2008
사회	쿠슐라와 그림책 이야기	도로시 버틀러	보림	2003
사회	타인을 듣는 시간	김현우	반비	2021
사회	타인의 고통	수잔 손택	이후	2007

분야	도서명	저자	출판사	출판년도
사회	타인의 고통에 응답하는 공부	김승섭	동아시아	2023
사회	탈북자	조천현	보리	2021
사회	탈코르셋: 도래한 상상	이민경	한겨레	2019
사회	탬버린(공설운동장)	김유담	창비	2020
사회	퇴근길엔 카프카를	의외의사실	민음사	2018
사회	트릭 미러	지아 톨렌티노	생각의힘	2021
사회	파견자들	김초엽	퍼블리온	2023
사회	파놉티콘	제러미 벤담	책세상	2007
사회	팩트체크	JTBC 뉴스룸 팩트체크 제작팀	중앙북스	2015
사회	페미니스트 라이프 스타일	김현미	반비	2021
사회	페인트	이희영	창비	2019
사회	펭귄과 리바이어던	요차이 벤클러	반비	2013
사회	평화, 당연하지 않은 이야기	정주진	다자인	2021
사회	평화는 처음이라	이용석	빨간소금	2021
사회	평화의 규칙	문정인, 홍익표, 김치관	바틀비	2018
사회	포스트 코로나 사회	김수련 외	글항아리	2020
사회	프랑켄슈타인	메리 셸리	현대지성	2021
사회	프로보커터	김내훈	서해문집	2021
사회	플레이밍 사회	이토 마사아키	북바이북	2023
사회	피터 싱어의 『실천윤리학』 읽기	김성동	세창미디어	2018
사회	학교 가는 길	김정인, 발달장애인부모 7인	책폴	2022
사회	한국 노동계급의 형성	구해근	창비	2002
사회	한국사회의 재구조화	박길성	고려대학교출판부	2003
사회	한국의 사회 운동과 NGO	조대엽	아르케	2007
사회	한국인의 생각 2	강철구 외	푸른나무	2023
사회	해보지 않으면 알 수 없어서	이길보라	문학동네	2020
사회	현대사회학	앤서지 기든스	을유문화사	2011
사회	현실과 지향	복거일	문학과지성사	1990
사회	호모 데우스	유발 하라리	김영사	2017
사회	휠체어를 탄 소녀를 위한 동화는 없다	어맨다 레덕	을유문화사	2021

분야	도서명	저자	출판사	출판년도
사회	희망 대신 욕망	김원영	푸른숲	2019
사회복지학과	가난한 사람들을 위한 은행가	무하마드 유누스	세상사람들의책	2002
사회복지학과	그들이 아닌 우리를 위한 복지	양옥경 외	학지사	2011
사회복지학과	내일로 희망을 나르는 사람들	박수정	이학사	2004
사회복지학과	당신에게 좋은 일이 나에게도 좋은 일입니다	홍세화 외	고즈윈	2004
사회복지학과	복지국가	정원오	책세상	2010
사회복지학과	사회복지사 김세진의 독서노트	김세진	푸른복지	2011
사회복지학과	사회복지사의 희망 이야기	노혜련 외	학지사	2010
사회복지학과	성공하는 사람들의 아름다운 습관 나눔	박원순	랜덤하우스코리아	2002
사회복지학과	십시일반	박재동 외	창비	2003
사회복지학과	얘들아, 해외봉사 가자!	박재영	굿인포메이션	1999
사회복지학과	우리는 영원한 학교사회복지사이고 싶다	박경현 외	양서원	2008
사회복지학과	이제 쓸모없는 사람은 없다	에드가 칸	아르케	2004
사회복지학과	존경받는 부자들	이미숙	김영사	2004
사회복지학과	집 밖에서 더 잘 크는 아이들	힐러리 클린턴	디자인하우스	1996
사회복지학과	책속의 복지	사회복지학과교수 19인	인간과복지	2000
상담심리	12가지 인생의 법칙	조던 B. 피터슨	메이븐	2023
상담심리	20세기를 빛낸 심리학자	최창호	학지사	2000
상담심리	MT 심리학	손강숙	청어람주니어	2020
상담심리	감정 어휘	유선경	앤의서재	2022
상담심리	감정이라는 세계	레온 빈트샤이트	웅진지식하우스	2022
상담심리	게으른 완벽주의자를 위한 심리학	헤이든 핀치	시크릿하우스	2022
상담심리	겸손한 공감	김병수	더퀘스트	2022
상담심리	괴롭힘은 어떻게 뇌를 망가뜨리는가	제니퍼 프레이저	심심	2023
상담심리	군중심리	귀스타브 르 봉	이레미디어	2008
상담심리	그림으로 읽는 생생 심리학	이소라	그리고책	2008
상담심리	기억력의 비밀	EBS 기억력의 비밀 제작팀	북폴리오	2011
상담심리	기회의 심리학	바버라 블래츨리	안타레스	2023
상담심리	나는 가해자의 엄마입니다	수 클리볼드	반비	2016
상담심리	나는 심리치료사입니다	메리 파이퍼	위고	2019
상담심리	나는 왜 내 마음이 버거울까?	유영서	미래의창	2023

분야	도서명	저자	출판사	출판년도
상담심리	나는 왜 집중하지 못하는가	반건호	라이프앤페이지	2022
상담심리	나르시시스트 관계 수업	브렌다 스티븐스	유노라이프	2023
상담심리	나를 다 안다는 착각	카렌 호나이	페이지2	2023
상담심리	나를 지키는 관계가 먼저입니다	안젤라 센	쌤앤파커스	2023
상담심리	나를 지키는 관계의 기술	네드라 글로버 타와브	매일경제신문사	2023
상담심리	내가 나를 치유하는 시간	김주수	프로방스	2023
상담심리	내향인을 위한 심리학 수업	최재훈	미래의창	2022
상담심리	뇌는 윤리적인가	마이클 S. 가지나가	바다출판사	2023
상담심리	당신에게 무슨 일이 있었나요	브루스 D. 페리, 오프라 윈프리	부키	2022
상담심리	당신이 알던 MBTI는 진짜 MBTI가 아니다	고영재	인스피레이션	2022
상담심리	대화력의 비밀	황시투안	미디어숲	2023
상담심리	데카르트의 아기	폴 블룸	소소	2006
상담심리	도둑맞은 집중력	요한 하리	어크로스	2023
상담심리	등교거부 심리치료	성태훈	학지사	2023
상담심리	마음 가면	브레네 브라운	웅진지식하우스	2023
상담심리	마음은 어떻게 작동하는가	스티븐 핑커	동녘사이언스	2007
상담심리	마음을 돌보는 뇌과학	안데르스 한센	한국경제신문	2023
상담심리	마음의 미래	미치오 가쿠	김영사	2015
상담심리	마음의 법칙	폴커 키츠, 마누엘 투쉬	포레스트북스	2022
상담심리	마음의 여섯 얼굴	김건종	에이도스	2022
상담심리	마음의 지혜	김경일	포레스트북스	2023
상담심리	마음의 짐을 안고 있는 당신에게	나이토 요시히토	김영사	2021
상담심리	마음이 아니라 뇌가 불안한 겁니다	다니엘 G. 에이멘	위즈덤하우스	2023
상담심리	매우 예민한 사람들을 위한 상담소	전홍진	한겨레출판	2023
상담심리	멘탈력	더그 스트리챠크직, 피터 클러프	한국코칭수퍼비전아 카데미	2019
상담심리	몸에 밴 어린 시절	W. 휴 미실다인	카톨릭출판사	2005
상담심리	무기력의 비밀	김현수	에듀니티	2016
상담심리	미래의 나를 구하러 갑니다	변지영	더퀘스트	2023
상담심리	미움받을 용기 1, 2	기시미 이치로	인플루엔셜	2014
상담심리	바른 마음	조너선 하이트	웅진지식하우스	2014

분야	도서명	저자	출판사	출판년도
상담심리	반려동물과 이별한 사람을 위한 책	이학범	포르체	2021
상담심리	범죄심리 해부노트	이수정, 이은진	김영사	2021
상담심리	변증법 행동치료	마샤 M. 리네한	학지사	2023
상담심리	비폭력 대화	마셜 로젠버그	한국NVC센터	2017
상담심리	사랑의 기술	에리히 프롬	문예출판사	2019
상담심리	사이코패스는 일상의 그늘에 숨어 지낸다	이수정 외	중앙M&B	2016
상담심리	상담자가 건네는 말	하혜숙	에피스테메	2020
상담심리	상처받지 않는 영혼	마이클 A. 싱어	라이팅하우스	2014
상담심리	생각이 너무 많은 어른들을 위한 심리학	김혜남	메이븐	2023
상담심리	설득의 심리학	로버트 치알디니	21세기북스	2002
상담심리	세계 심리학 필독서 30	사토 다쓰야	센시오	2022
상담심리	스키너의 심리상자 열기	로렌 슬레이터	에코의서재	2005
상담심리	심리 대화술	이노우에 도모스케	밀리언서재	2023
상담심리	심리학의 즐거움	김문성	위닉스	2009
상담심리	심리학이 경제를 만나다	야마모토 미토시	토네이도	2008
상담심리	씽킹 101	안우경	흐름출판	2023
상담심리	아들러 심리학 입문	A. 아들러	스타북스	2015
상담심리	아직도 가야 할 길	M. 스캇 펙	열음사	2007
상담심리	열두 발자국	정재승	어크로스	2018
상담심리	왜 버스는 세 대씩 몰려다닐까	리처드 로빈슨	한겨레출판	2007
상담심리	우리는 여전히 삶을 사랑하는가	에리히 프롬	김영사	2022
상담심리	우연한 마음	데이비드 J. 린든	시스테마	2009
상담심리	우울할 땐 뇌과학	앨릭스 코브	심심	2018
상담심리	이기적 원숭이와 이타적 인간	마이클 토마셀로	이음	2011
상담심리	인간의 두 얼굴	EBS 인간의 두 얼굴 제작팀	지식채널	2010
상담심리	인정욕구	에노모토 히로아키	피카	2023
상담심리	정신분석 입문	지크문트 프로이트	오늘의책	2022
상담심리	정혜신의 사람 공부	정혜신	창비	2016
상담심리	제정신이라는 착각	필리프 슈테르처	김영사	2023
상담심리	좋은 사람이 되는 것은 왜 어려운가	아르민 팔크	김영사	2023
상담심리	지식 프라임	EBS 지식프라임 제작팀	밀리언하우스	2009

분야	도서명	저자	출판사	출판년도
상담심리	집단 착각	토드 로즈	21세기북스	2023
상담심리	최선의 고통	폴 블룸	알에이치코리아	2022
상담심리	칼 융 무의식의 심리학	칼 구스타프 융	부글북스	2022
상담심리	타인의 마음	김경일, 사피엔스 스튜디오	샘터	2022
상담심리	파리의 심리학 카페	모드 르안	클랩북스	2023
상담심리	프레임	최인철	21세기북스	2007
생명	10대를 위한 JUSTICE 정의란 무엇인가	마이클 샌델, 신현주	미래엔아이세움	2014
생명	10퍼센트 인간	앨러나 콜렌	시공사	2016
생명	MT 생명공학	최강열	청어람	2024
생명	개미와 공작	헬레나 크로닌	사이언스북스	2016
생명	게놈 오디세이	유안 A. 애슐리	브론스테인	2022
생명	경험은 어떻게 유전자에 새겨지는가	데이비드 무어	아몬드	2023
생명	과학을 달리는 십대: 생명과학	박재용	우리학교	2022
생명	과학이 된 무모한 도전들	마르흐레이트 데 헤이르	원더박스	2014
생명	곽재식의 세균 박람회	곽재식	김영사	2020
생명	교실 밖에서 듣는 바이오메디컬공학	임창환 외	MID	2021
생명	궁금한 친환경 · 생명 기술의 세계	이동국 외 4인	삼양미디어	2016
생명	권오길의 괴짜 생물 이야기	권오길	을유문화사	2012
생명	기계 속의 악마	폴 데이비스	바다출판사	2023
생명	기후환경, 바이오를 만나다	유영제	나녹	2022
생명	꼬리에 꼬리를 무는 호모 사피엔스	정주혜	주니어태학	2023
생명	나는 미생물과 산다	김응빈	을유문화사	2018
생명	나는 풍요로웠고, 지구는 달라졌다	호프 자런	김영사	2020
생명	나의 첫 뇌과학 수업	앨리슨 콜드웰, 미카 콜드웰	롤러코스터	2023
생명	내 몸 안의 작은 우주, 분자생물학	하기와라 기요후미	전나무숲	2019
생명	내 속엔 미생물이 너무도 많아	에드 용	어크로스	2017
생명	내 장은 왜 우울할까	윌리엄 데이비스	북트리거	2023
생명	내가 유전자 쇼핑으로 태어난 아이라면	정혜경	뜨인돌	2008
생명	노벨의학상이 찾아낸 불로장생의 비밀, 텔로미어	마이크 포셀 외 (심리나 옮김)	쌤앤파커스	2013
생명	노화 공부	이덕철	위즈덤하우스	2023
생명	뇌과학자는 영화에서 인간을 본다	정재승	어크로스	2012

분야	도서명	저자	출판사	출판년도
생명	뇌를 둘러싼 오해와 진실	크리스천 재럿	한울	2020
생명	뇌를 바꾼 공학, 공학을 바꾼 뇌	임창환	MID	2023
생명	눈먼 시계공	리처드 도킨스	사이언스북스	2004
생명	다윈의 식탁	장대익	바다출판사	2015
생명	닥터 바이오헬스	김은기	전파과학사	2023
생명	도파민네이션	애나 렘키	흐름출판	2022
생명	맛있는 요리에는 과학이 있다	아라후네 요시타카 외	홍익출판미디어그룹	2020
생명	매일 매일의 진화생물학	롭 브룩스	바다출판사	2022
생명	면역의 힘	제나 마치오키	윌북	2021
생명	멸종하거나 진화하거나	로빈 던바(김학영 옮김)	반니	2015
생명	모든 생명은 서로 돕는다	박종무	리수	2014
생명	물고기는 존재하지 않는다	룰루 밀러	곰출판	2021
생명	물의 미래	에릭 오르세나	김영사	2009
생명	물질에서 생명으로	노정혜 외	반니	2018
생명	미래의 최고 직업 바이오가 답이다	김은기	전파과학사	2019
생명	미래 혁신기술, 자연에서 답을 찾다	김완두	예문당	2020
생명	미생물 노트	사마키 다케오	시그마북스	2020
생명	미토콘드리아	닉 레인	뿌리와이파리	2009
생명	바이러스 폭풍의 시대	네이선 울프	김영사	2015
생명	바이오산업혁명	유영제	나녹	2021
생명	바이오테크 시대	제러미 리프킨	민음사	2020
생명	발밑의 혁명	데이비드 몽고메리	삼천리	2018
생명	부엌의 화학자	라파엘 오몽	더숲	2016
생명	브레인 3.0	임창환	MID	2020
생명	비숲	김산하	사이언스북스	2015
생명	사계절 기억책	최원형	블랙피쉬	2023
생명	생명, 경계에서다	짐 알칼릴리, 존조 맥패든	글항아리사이언스	2017
생명	생명, 인간의 경계를 묻다	강신익 외	웅진지식하우스	2008
생명	생명공학기술과 바이오산업	김승욱	고려대학교출판부	2016
생명	생명과학 교과서는 살아있다	유영제 외	동아시아	2011
생명	생명과학, 공학을 만나다	유영제	나녹	2019

분야	도서명	저자	출판사	출판년도
생명	생명과학, 신에게 도전하다	김응빈 외	동아시아	2017
생명	생명과학, 바이오테크로 날개 달다	김응빈	한국문학사	2021
생명	생명설계도, 게놈	매트 리들리	반니	2016
생명	생명을 묻다	정우현	이른비	2022
생명	생명의 비밀	하워드 마르켈	늘봄	2023
생명	생명의 설계도 게놈 편집의 세계	NHK 게놈 편집 취재반	바다출판사	2017
생명	생명이 있는 것은 다 아름답다	최재천	효형출판	2022
생명	생명이란 무엇인가	린 마굴리스, 도리언 세이건	리수	2016
생명	생명이란 무엇인가	폴 너스	까치	2021
생명	생물과 무생물 사이	후쿠오카 신이치	은행나무	2020
생명	생물학 명강 1	강문일, 김경진, 김은준, 민도식, 김영준	해나무	2013
생명	생물학의 쓸모	김응빈	더퀘스트	2023
생명	세균, 두 얼굴의 룸메이트	마르쿠스 에거트, 프랑크 타데우스	책밥	2020
생명	세상에서 가장 재미있는 생물학	데이브 웨스너	궁리	2020
생명	세상을 바꾼 생명과학	원정현	리베르스쿨	2021
생명	세포부터 나일까? 언제부터 나일까?	이고은	창비	2023
생명	송기원의 포스트 게놈 시대	송기원	사이언스북스	2018
생명	수상한 생선의 진짜로 해부하는 과학책 1: 바다생물	김준연	arte(아르테)	2023
생명	술, 질병, 전쟁: 미생물이 만든 역사	김응빈	교보문고	2021
생명	숲 생태학 강의	차윤정 외	지성사	2009
생명	숲은 고요하지 않다	마들렌 치게	흐름출판	2021
생명	쉽게 쓴 후성유전학	리처드 C. 프랜시스	시공사	2013
생명	슈퍼버그	맷 매카시	흐름출판	2020
생명	식물도시 에도의 탄생	이나가키 히데히로	글항아리	2017
생명	식물의 책	이소영	책읽는수요일	2019
생명	식물학자의 노트	신혜우	김영사	2021
생명	식탁 위의 미생물	캐서린 하먼 커리지	현대지성	2020
생명	신체 설계자	애덤 피오리	미지북스	2019
생명	싸우는 식물	이나가키 히데히로	더숲	2018

분야	도서명	저자	출판사	출판년도
생명	아주 특별한 생물학 수업	장수철, 이재성	휴머니스트	2015
생명	아파트 생물학	곽재식	북트리거	2021
생명	역노화	세르게이 영	더퀘스트	2023
생명	완벽에 대한 반론	마이클 샌델	동녘	2010
생명	웃음이 닮았다	칼 짐머	사이언스북스	2023
생명	유전자의 내밀한 역사	싯다르타 무케르지	까치	2017
생명	이것이 생물학이다	에른스트 마이어	바다출판사	2016
생명	이기적 유전자	리처드 도킨스	을유문화사	2018
생명	이보디보(생명의 블랙박스를 열다)	션 B. 캐럴(김명남 옮김)	지호	2007
생명	인간유전 100가지	사마키 에미코	중앙에듀북스	2010
생명	인간에 대하여 과학이 말해준 것들	장대익	바다출판사	2016
생명	인류의 기원	이상희	사이언스북스	2015
생명	인수공통 모든 전염병의 열쇠	데이비드 콰먼	꿈꿀자유	2022
생명	인체 21세기 해부학	일본 뉴턴프레스	뉴턴코리아	2010
생명	인체를 지배하는 메커니즘	일본 뉴턴프레스	일본 뉴턴프레스	2010
생명	입속에서 시작하는 미생물 이야기	김혜성	파라북스	2018
생명	종의 기원	찰스 다윈	사이언스북스	2019
생명	줄기세포 발견에서 재생의학까지	샐리 모건	다섯수레	2011
생명	처음 읽는 미래 과학교과서 3: 생명공학	박태현	김영사	2007
생명	천 개의 뇌	제프 호킨스	이데아	2022
생명	천재들의 과학노트 1: 생물학	캐서린 쿨렌	작은책방	2015
생명	초파리	마틴 브룩스	갈매나무	2022
생명	컨테이너에 들어간 식물학자	최성화	바이오스펙테이터	2019
생명	팬데믹	홍윤철	포르체	2020
생명	플라이룸	김우재	김영사	2018
생명	하리하라의 바이오 사이언스	이은희	살림	2009
생명	한 손에 잡히는 생명윤리	도나 디켄슨	동녘	2018
생명	협력의 유전자	니컬라 라이하니	한빛비즈	2022
생명	흙, 생명을 담다	게이브 브라운	리리	2022
수의예	10대와 통하는 동물 권리이야기	이유미	철수와영희	2017
수의예	개와 고양이를 위한 반려동물 영양학	왕태미	어니스트북스	2018

분야	도서명	저자	출판사	출판년도
수의예	고기로 태어나서	한승태	시대의창	2018
수의예	그 개는 정말 좋아서 꼬리를 흔들었을까?	설채현	동아일보사	2019
수의예	나의 직업 수의사	청소년 행복연구실	동천출판	2014
수의예	다름 아닌 사랑과 자유	김하나 외	문학동네	2019
수의예	동물복지 수의사의 동물 따라 세계 여행	양효진	책공장더불어	2022
수의예	동물은 어떻게 슬퍼하는가	바버라J.킹	서해문집	2022
수의예	만화로 보는 수의사의 세계	수의사 기역	한빛비즈	2023
수의예	미리 가보는 수의학 교실	충북대학교 수의학교재편찬위원회	충북대학교출판부	2020
수의예	반려견 행동심리학	재지 토드	동글디자인	2022
수의예	솔로몬의 반지	콘라트 로렌츠	사이언스북스	2000
수의예	수의사가 말하는 수의사	김영찬 외	부키	2005
수의예	수의사가 말하는 수의사 Episode 2	이학범 외	부키	2019
수의예	수의정책 콘서트	김용상	비앤씨월드	2020
수의예	아름다운 선물(수의사의 가슴 뭉클한 동물이야기)	백연	도모북스	2012
수의예	인류 역사를 바꾼 동물과 수의학	임동주	마야	2018
수의예	제인 구달의 생명사랑 십계명	제인 구달, 마크 베코프	바다출판사	2016
수의예	지속가능한 세상에서 동물과 공존한다는 것	배성호, 주수원	이상북스	2022
수의예	최재천의 인간과 동물	최재천	궁리출판	2007
수학	100년의 난제 푸앵카레 추측은 어떻게 풀렸을까?	가스가 마사히토	살림Math	2009
수학	E=mc2	데이비드 보더니스	생각의	2005
수학	X의 즐거움	스티븐 스트로가츠	웅진지식하우스	2014
수학	교실 밖 수학여행	김선화, 여태경	사계절	2007
수학	궁금했어, 인공지능	유윤한	나무생각	2019
수학	길 위의 수학자	릴리언 R. 리버	궁리	2016
수학	나는 수학으로 세상을 읽는다	롭 이스터웨이	반니	2020
수학	넘버스	키스 데블린, 게리 로든	바다출판사	2023
수학	다시, 수학이 필요한 순간	김민형	인플루엔셜	2020
수학	대량살상 수학무기	캐시 오닐	흐름출판	2017
수학	대변동	재레드 다이아몬드	김영사	2019

분야	도서명	저자	출판사	출판년도
수학	두근두근 수학 공감	권오남 외	해나무	2013
수학	레오나르도 다빈치	월터 아이작슨	ARTE	2019
수학	문과생도 이해하는 전기전자수학	야마시타 아키라	한빛아카데미	2017
수학	문명, 수학의 필하모니	김홍종	효형출판	2009
수학	문명과 수학	EBS 문명과 수학 제작팀	민음인	2014
수학	문명과 수학	리처드 만키에비츠	경문사	2002
수학	미래의 수학자에게	이언 스튜어트	미래인	2008
수학	미로 속의 암소	이언 스튜어트	사이언스북스	2015
수학	미술관에 간 수학자	이광연	어바웃어북	2018
수학	미적분으로 바라본 하루	오스카 E. 페르난데스	프리렉	2015
수학	미적분의 쓸모	한화택	더퀘스트	2022
수학	미적분의 힘	스티븐 스트로가츠	해나무	2021
수학	미적분학 갤러리	윌리엄 던햄	한승	2011
수학	박경미의 수학N	박경미	동아시아	2016
수학	박경미의 수학콘서트 플러스	박경미	동아시아	2013
수학	법정에 선 수학	레일라 슈넵스, 코랄리 콜메즈	아날로그	2020
수학	보이는 수학책	박만구	추수밭	2022
수학	새빨간 거짓말, 통계	대럴 허프	청년정신	2022
수학	색다른 수학의 발견	안정미 외	살림	2018
수학	생명의 수학	이언 스튜어트	사이언스북스	2015
수학	세계를 바꾼 17가지 방정식	이언 스튜어트	사이언스북스	2016
수학	세상에서 수학이 사라진다면	매트 파커	다산사이언스	2023
수학	세상을 바꾼 수학자들 이야기	이무현	교우	2017
수학	세상을 움직이는 수학개념 100	라파엘 로젠	반니	2016
수학	세상의 모든 수학	에르베 레닝	다산사이언스	2020
수학	수학 생각공작소	크리스티안 헤세	지브레인	2021
수학	수학 홀릭 페르마의 마지막 정리	유키 히로시	동아일보사	2009
수학	수학, 문명을 지배하다	모리스 클라인	경문사	2005
수학	수학, 세계사를 만나다	이광연	투비북스	2017
수학	수학, 인문으로 수를 읽다	이광연	한국문학사	2014
수학	수학과 문화	홍성사 외	우성	2005

분야	도서명	저자	출판사	출판년도
수학	수학 비타민 플러스 UP	박경미	김영사	2021
수학	수학으로 보는 4차 산업과 미래 직업	박구연	GBRAIN	2019
수학	수학은 생활이다	박형빈	경문사	2007
수학	수학은 암기다	김현정	한국경제신문	2023
수학	수학은 어떻게 문명을 만들었는가	마이클 브룩스	브론스테인	2022
수학	수학의 감각	박병하	행성B	2018
수학	수학의 눈으로 보면 다른 세상이 열린다	나동혁	지상의책	2019
수학	수학의 쓸모	닉 폴슨, 제임스 스콧 벨	더퀘스트	2020
수학	수학의 아름다움	우쥔	세종서적	2019
수학	수학의 언어로 세상을 본다면	오구리 히로시	바다출판사	2017
수학	수학의 오솔길	이정례	경문사	2007
수학	수학의 원리 철학으로 캐다	김용운	상수리	2017
수학	수학의 유혹	강석진	문학동네	2010
수학	수학이 살아야 나라가 산다	고다이라 구니히코	경문사	2010
수학	수학이 필요한 순간	김민형	인플루엔셜(주)	2018
수학	수학자, 컴퓨터를 만들다	마틴 데이비스	지식의풍경	2005
수학	수학자들	마이클 아티야 외	궁리	2014
수학	수학책을 탈출한 미적분	류치	동아엠앤비	2020
수학	신은 주사위 놀이를 하지 않는다	데이비드 핸드	더퀘스트	2016
수학	암호의 해석	루돌프 키펜한	코리아하우스	2009
수학	어느 수학자의 변명	G. H. 하디	세시	2016
수학	에바리스트 갈루아, 한 수학천재를 위한 레퀴엠	마리오 리비오	살림MATH	2009
수학	오일러가 사랑한 수 e	엘리 마오	경문사	2020
수학	우리 수학자 모두는 약간 미친 겁니다	폴 호프만	승산	1999
수학	우리가 수학을 사랑한 이유	전혜진	지상의책	2021
수학	위대한 수학	토니 크릴리	지식갤러리	2011
수학	위험한 숫자들	사너 블라우	더퀘스트	2022
수학	이광연의 오늘의 수학	이광연	동아시아	2011
수학	이상한 수학책	벤 올린	북라이프	2020
수학	이야기로 아주 쉽게 배우는 대수학	더글라스 다우닝	이지북	2008
수학	이야기로 아주 쉽게 배우는 미적분	더글라스 다우닝	이지북	2004

분야	도서명	저자	출판사	출판년도
수학	이야기로 아주 쉽게 배우는 삼각함수	더글라스 다우닝	이지북	2006
수학	이토록 아름다운 수학이라면	최영기	21세기북스	2019
수학	일하는 수학	시노자키 나오코	타임북스	2016
수학	처음 배우는 딥러닝 수학	와쿠이 요시유키	한빛미디어	2018
수학	천재 수학자들의 영광과 좌절	후지와라 마사히코	사람과책	2006
수학	청소년을 위한 동양 수학사	장혜원	두리미디어	2006
수학	청소년을 위한 수학자 이야기	모리 쓰요시	살림Friends	2015
수학	청소년을 위한 한국 수학사	김용운 외	살림Math	2009
수학	통계101×데이터분석	아베 마사토	프리렉	2022
수학	통계의 미학	최제호	동아시아	2007
수학	틀리지 않는 법-수학적 사고의 힘	조던 엘렌버그	열린책ㄷ들	2016
수학	페렐만의 살아있는 수학	야콥 페렐만	써네스트	2006
수학	페르마의 마지막 정리	박병철	영림카디널	2003
수학	피타고라스 생각 수업	이광연	유노라이프	2023
수학	학문의 즐거움	히로나카 헤이스케	김영사	2013
수학	현대 수학의 아버지 힐베르트	콘스탄스 리드	사이언스북스	2005
식품영양	개인맞춤 영양의 시대가 온다	김경철 외	클라우드나인	2022
식품영양	내 몸을 살리는 천연발효식품	산도르 엘릭스 카츠	전나무숲	2007
식품영양	내추럴리 데인저러스	제임스 콜만	다산초당	2008
식품영양	누가 우리의 밥상을 지배하는가	브루스터 닌	시대의창	2008
식품영양	단백질이 없으면 생명도 없다	다케무라 마사하루	전	2018
식품영양	대한민국 돼지 이야기	최승철, 김태경	pannpen(팬앤펜)	2021
식품영양	도마 위에 오른 밥상	우석훈	생각의나무	2008
식품영양	무엇을 먹을 것인가	콜린 캠벨, 토마스 캠벨	열린과학	2020
식품영양	바다에서 찾은 희망의 밥상	김혜경 외	지성사	2007
식품영양	불량 음식	마이클 B. 오크스	열대림	2008
식품영양	비타민 쇼크	예르크 치틀라우	21세기북스	2005
식품영양	생애주기 영양학	이연숙 외	교문사	2021
식품영양	세계 속의 음식문화	구난숙 외	교문사	2010
식품영양	슈퍼토마토와 백신 바나나	마르쿠스 브라이언	열음사	2008
식품영양	식객	허영만	김영사	2003~2010

분야	도서명	저자	출판사	출판년도
식품영양	식품 진단서	조 슈워츠	바다출판사	2009
식품영양	엔자임	신현재	이채	2005
식품영양	외식서비스 마케팅	김태희 외	파워북	2022
식품영양	위기의 식탁을 구하는 거친 음식	이원종	랜덤하우스코리아	2004
식품영양	유산균이 내 몸을 살린다	김동현	한언	2007
식품영양	음식의 영혼, 발효의 모든 것	샌더 엘릭스 카츠	글항아리	2021
식품영양	인간이 만든 위대한 속임수 식품첨가물 2	아베 쓰카사	국일미디어	2016
식품영양	존 로빈스의 음식혁명	존 로빈스	시공사	2011
식품영양	죽음의 밥상	피터 싱어, 짐 메이슨	산책자	2008
식품영양	진짜 식품 이야기(과학과 역사로 풀어 본)	하상도, 김태민	좋은땅	2018
식품영양	컬러푸드 건강혁명	이강권	팜파스	2005
식품영양	한국인에게 밥은 무엇인가	최준식 외	휴머니스트	2004
식품영양	현장 중심의 영양교육과 상담	서정숙 외	교문사	2021
식품영양	희망의 밥상	제인 구달 외	사이언스북스	2009
약학	100년 동안의 거짓말	랜덜 피츠제럴드	시공사	2007
약학	2022 한 권으로 끝내는 약학시사	곽혜민 외	참약사	2021
약학	MT 약학	대한약학회	장서가	2018
약학	같기도 하고 아니 같기도 하고	로얼드 호프만	까치	2018
약학	건강상식 오류사전	우도 폴머 외	경당	2006
약학	고맙다 줄기세포	라정찬	위즈덤하우스	2011
약학	꿈을 찾는 약대생	박정원	렛츠북	2018
약학	나도 내 몸을 잘 몰라서	천제하	곰출판	2020
약학	내 몸에 약 내 몸에 독	홍문화	아이템북스	2011
약학	내성 전쟁	무하마드 H. 자만	7분의언덕	2021
약학	당신은 영양제를 잘못 고르고 있습니다	장무현	영진닷컴	2022
약학	디지털 치료제 혁명	하성욱, 김유영	클라우드나인	2022
약학	마법의 탄환	다니엘 바젤라 외	해나무	2005
약학	모르는게 약?	최혁재	스푼북	2023
약학	바이오 신약 혁명	이성규	플루토	2023
약학	바이오 의약품 시대가 온다	이형기 외	청년의사	2023
약학	박테리오파지	인트론바이오	크레파스북	2023

분야	도서명	저자	출판사	출판년도
약학	블루 드림스	로렌 슬레이터	브론스테인	2020
약학	사회약학	마크 로버츠, 마이클 라이히	한울아카데미	2023
약학	생명과 약의 연결고리	김성훈	프로네시스	2008
약학	세상을 바꾼 항생제를 만든 사람들	고관수	계단	2023
약학	송 약사의 영양소 요법	송정숙	리더북스	2023
약학	스물넷, 약사가 되기로 결심했다	이주연	미래북	2021
약학	신약 개발 전쟁	이성규	플루토	2022
약학	신약 오딧세이	심재우	위아북스	2008
약학	신약의 탄생	윤태진	바다출판사	2020
약학	알면 약 모르면 독	김태희 외	생각비행	2023
약학	알쓸신약	이정철, 임성용	시대인	2021
약학	알아야 할 약과 건강상식	권순경	신일상사	2000
약학	약 이야기	한석규	동명사	2002
약학	약! 알고 먹읍시다	정성현	신일상사	2004
약학	약, 먹으면 안 된다	후나세 순스케	중앙생활사	2022
약학	약물나무	최철희	범문에듀케이션	2023
약학	약물치료 핸드북	유봉규	군자출판사	2020
약학	약사가 말하는 약사	홍성광 외	부키	2013
약학	약사들이 답하는 스포츠영양 Q&A	정상원 외	참약사	2023
약학	약은 우리 몸에 어떤 작용을 하는가	야자와 사이언스오피스	전나무숲	2008
약학	약의 과학	크리스티네 기터	초사흘달	2021
약학	약이 되는 독 독이 되는 독	다나카 마치	전나무숲	2008
약학	약이 되는 우리풀 · 꽃 · 나무	최진규	한문화	2001
약학	예술 속의 파르마콘	허문영	달아실	2019
약학	오늘도 약을 먹었습니다	박한슬	북트리거	2020
약학	위대하고 위험한 약 이야기	정진호	푸른숲	2017
약학	이 약 먹어도 될까요	권예리	다른	2020
약학	이야기 현대약 발견사	강건일	까치	1997
약학	인류를 구한 12가지 약이야기	정승규	반니	2019
약학	인류에게 필요한 11가지 약이야기	정승규	반니	2020
약학	인류의 운명을 바꾼 약의 탐험가들	도널드 커시, 오기 오거스	세종서적	2019

분야	도서명	저자	출판사	출판년도
약학	일상을 바꾼 14가지 약이야기	송은호	카시오페아	2020
약학	자신만만 약처방	김영설, 임형식	군자출판사	2023
약학	재미있는 병과 약 이야기	아오끼 쿠니오 화산문화	화산문화	2001
약학	제약바이오 직무 바이블	강동훈 외	렛유인	2023
약학	제약회사는 어떻게 거대한 공룡이 되었는가	재키 로	궁리	2008
약학	좋은 약, 나쁜 약, 이상한 약	박성규	나무를심는사람들	2022
약학	터놓고 이야기하는 약의 진실	임호섭	파르마	2004
약학	프셉마음: 약물계산편	신영미	드림널스	2023
약학	항생제 열전	유진홍	군자출판사	2019
어문	글자 풍경	유지원	을유문화사	2019
어문	너의 하늘을 보아	박노해	느린걸음	2022
어문	말을 부수는 말	이라영	한겨레출판	2022
어문	문체 연습	레몽 크노	문학동네	2020
어문	문학소녀	김용언	반비	2017
어문	상황과 이야기	비비언 고닉	마농지	2023
어문	시의 문장들	김이경	유유	2016
어문	은유의 글쓰기 상담소	은유	김영사	2023
어문	지금 여기 나를 쓰다: 이상석의 글쓰기 수업	이상석	양철북	2019
어문/일어 국문학과	무라카미 하루키론	고모리 요이치	고려대학교출판부	2007
여행	잃어버린 여행가방	박완서	실천문학사	2005
역사	101세계	구정은, 이지선	푸른들녘	2022
역사	10대를 위한 총균쇠수업	김정진	넥스트씨	2023
역사	25년간의 수요일	윤미향	사이행성	2016
역사	30개 도시로 읽는 세계사	조 지무쇼	다산초당	2020
역사	가장 쉬운 역사 첫걸음	이영	동양북스	2023
역사	강대국의 흥망	폴 케네디	한국경제신문사	1997
역사	개인은 역사를 바꿀 수 있는가	마거릿 맥밀런	산처럼	2016
역사	거꾸로 읽는 세계사	유시민	푸른나무	2008
역사	경성의 화가들, 근대를 거닐다: 북촌편	황정수	푸른역사	2022
역사	경이로운 역사 콘서트	그레그 제너	상상스퀘어	2022

분야	도서명	저자	출판사	출판년도
역사	공공역사를 실천 중입니다	이하나 외	푸른역사	2023
역사	과학, 역사 그리고 과학사	김영식	생각의나무	2008
역사	교양인을 위한 역사학 교실	윤진석	이른비	2022
역사	국보, 역사의 명장면을 담다	배한철	매일경제신문사	2020
역사	그들은 왜 문화재를 돌려주지 않는가	김경민	을유문화사	2019
역사	그들은 왜 최후의 승자가 되지 못했나	한순구	삼성글로벌리서치	2023
역사	그래서 역사가 필요해	신동욱	포르체	2021
역사	논쟁으로 읽는 한국 현대사	김호기, 박태균	메디치미디어	2019
역사	농경의 배신	제임스 C. 스콧	책과함께	2019
역사	당신의 역사가 역사를 만날 때	임라원	모길비	2023
역사	대항해시대	주경철	서울대출판부	208
역사	독일사 산책	닐 맥그리거	옥당	2016
역사	뜨거운 지구, 역사를 뒤흔들다	브라이언 페이건	씨마스21	2022
역사	로마제국쇠망사	에드워드 기번	까치	2010
역사	마주 보는 역사수업	전국역사교사모임, 일본역사교육자협의회	휴머니스트	2023
역사	먼나라 이웃나라	이원복	김영사	2016
역사	메트로폴리스	벤 윌슨	매일경제신문사	2021
역사	모든 용서는 아름다운가	시몬 비젠탈	뜨인돌	2019
역사	문화로 읽는 세계사	주경철	사계절	2015
역사	문화인류학으로 보는 동아시아	가미즈루 히사히코 외	눌민	2021
역사	발밑의 세계사	이동민	위즈덤하우스	2023
역사	사기열전	사마천	서해문집	206
역사	사진과 그림으로 보는 케임브리지 이슬람사	프랜시스 로빈슨 외	시공사	2002
역사	새로 쓰는 제주사	이영권	휴머니스트	2020
역사	서양사 강의	배영수	한울	2009
역사	선을 넘어 생각한다	박한식, 강국진	부키	2018
역사	세계사 5000년(서양편)	이가은	그린비	1998
역사	세계사를 결정짓는 7가지 힘	모토무라 료지	사람과나무사이	2020
역사	세상 모든 것의 기원	강인욱	흐름출판	2023
역사	식탁 위의 세계사	이영숙	창비	2012

분야	도서명	저자	출판사	출판년도
역사	신친일파	호사카 유지	봄이아트북스	2020
역사	실크로드 세계사	피터 프랭코판	책과함께	2017
역사	썬킴의 거침없는 세계사	썬킴	지식의숲	2021
역사	아무도 기억하지 않았다	안재성	창비	2018
역사	안중근 안쏠로지	안중근의사기념관	서울셀렉션	2019
역사	역사	헤로도토스	숲	2009
역사	역사 선생님이 들려주는 동아시아 맞수 열전	전국역사교사모임	북멘토	2022
역사	역사는 수메르에서 시작되었다	새무엘 노아 크레이머	가람기획	2000
역사	역사란 무엇인가	에드워드(E.H) 카	까치	2015
역사	역사신문	역사신문편찬위원회	사계절	1997
역사	역사의 쓸모	최태성	다산초당	2019
역사	왜 서양이 지배하는가	이언 모리스	글항아리	2013
역사	왜 역사를 배워야할까?	샘 와인버그	휴머니스트	2019
역사	우리 역사 속 전염병	신병주	매일경제신문사	2022
역사	울게 되는 한국사	김재원	빅피시	2023
역사	이슬람학교 1, 2	이희수	청아출판사	2015
역사	인물로 읽는 삼국사기	정구복	동방미디어	2009
역사	일제 강점기 그들의 다른 선택	선안나	피플파워	2016
역사	작별하지 않는다	한강	문학동네	2021
역사	작은 '한국전쟁'들	강성현	푸른역사	2021
역사	전쟁과 평화의 역사 최대한 쉽게 설명해 드립니다	게르하르트 슈타군	이화북스	2019
역사	정약용	함규진	한길사	2012
역사	제주 4.3을 묻는 너에게	허영선	서해문집	2014
역사	조선 미술관	탁현규	블랙피쉬	2023
역사	조선왕조사	이성문	수막새	2011
역사	조선의 힘	오항녕	역사비평사	2010
역사	지구 파괴의 역사	김병민	포르체	2023
역사	지리의 힘	팀마샬	사이	2016
역사	지식의 지도	바이얼릿 몰러	마농지	2023
역사	진실의 흑역사	톰 필립스	윌북	2020

분야	도서명	저자	출판사	출판년도
역사	질문하는 역사	주경철	산처럼	2021
역사	처음 읽는 돈의 세계사	미야자키 마사카츠	탐나는책	2023
역사	처음 읽는 미국사	전국역사교사모임	휴머니스트	2018
역사	초록색 옷을 입은 사람들	김종성	유아이북스	2023
역사	최소한의 한국사	최태성	프런트페이지	2023
역사	칼날 위의 역사	이덕일	인문서원	2016
역사	키워드 동남아	강희정 외	한겨레출판	2022
역사	팬데믹 시대에 경계를 바라보다	차용구 외	소명출판	2022
역사	편지로 보는 은밀한 세계사	송영심	팜파스	2023
역사	표현 자유의 역사	로버트 하그리브스	시아출판사	2006
역사	한강	조정래	해냄출판사	2007
역사	한국 문화유전자 지도	고두현, 박해현 외 3명	한국국학진흥원	2013
역사	한국사신론	이기백	일조각	1999
역사	한국역사	한국역사연구회	역사비평사	1992
역사	한국인을 위한 중국사	신성곤외	서해문집	2004
역사	허드슨 강변에서 중국사를 이야기하다(레이황의 중국사평설)	레이 황	푸른역사	2001
역사	호메로스에서 돈키호테까지	윌리엄 L. 랭어	푸른역사	2001
역사	회계는 어떻게 역사를 지배해왔는가	제이컵 솔	메멘토	2016
역사/일본문화	국화와 칼: 일본문화의 틀	루스 베네딕트	을유문화사	2019
역사/중어중문	사기	사마천	팩컴북스	2010
영어	EBS가 선택한 최고의 교사-최고의 교사 12인이 말하는 과목별 교수법과 학습노하우	EBS 최고의 교사 제작팀	문학동네	2012
영어	감각의 박물학	다이앤 애커먼	작가정신	2023
영어	나니아 연대기	C. S. 루이스	시공주니어	2005
영어	동물농장	조지 오웰	민음사	2001
영어	라이언 쌤, 이렇게 가르쳐서 영어수업 대박내다	박용호	성우	2007
영어	멋진 신세계	올더스 헉슬리	소담출판사	2015
영어	세계사를 품은 영어이야기	필립 구든	콘텐츠크루	2015
영어	오만과 편견	제인 오스틴	민음사	2003
영어	주홍글씨	나다니엘 호손	지경사	2001

분야	도서명	저자	출판사	출판년도
영어	최고의 영어교사(중고등편, EBS english 대한민국 최고의 영어교육혁신 학습모델)	EBS 최고의 영어교사 제작팀	블루앤트리	2013
영어영문	1984	조지 오웰	문학동네	2010
영어영문	W. B. 예이츠 희곡 1, 2	윌리엄 버틀러 예이츠	한빛문화	2016
영어영문	걸리버 여행기	조너스 스위프트	문학수첩	2008
영어영문	노인과 바다	어니스트 헤밍웨이	하서	2008
영어영문	마지막 잎새	오 헨리	가지않은길	2007
영어영문	셰익스피어 4대 비극	셰익스피어	꿈과희망	2004
영어영문	쌤영어, 영어는 한마디로	윤상훈	포르체	2023
영어영문	앵무새 죽이기	하퍼 리	문예출판사	2010
영어영문	영어에 관한 21가지 오해	로리 바우어 외	한신문화사	2011
영어영문	오만과 편견	제인 오스틴	민음사	2010
영어영문	위대한 개츠비	프랜시스 스콧 피츠제럴드	열린책들	1998
영어영문	이야기 미국사	이구한	청아출판사	1992
영어영문	이야기 영국사	김현수	청아출판사	2006
영어영문	일리아스	호메로스	살림	2019
영어영문	제인 에어	샬럿 브론테	민음사	2006
영어영문	톰 소여의 모험	마크 트웨인	문학동네	2011
영어영문	허클베리 핀의 모험	마크 트웨인	민음사	2004
영어영문	호밀밭의 파수꾼	제럼 데이비드 샐린저	민음사	2001
영어영문/인문	죽은 시인의 사회	N. H. 클라인바움	서교출판사	2007
예술	감동을 만들 수 있습니까	히사이시 조	이레	2008
예술	말하는 눈	노순택	한밤의빛	2022
예술	묘사하는 마음	김혜리	마음산책	2022
예술	문학과 예술의 사회사	아르놀트 하우저	창비	1999
예술	사진의 역사	보먼트 뉴홀	열화당	2003
예술	예술하는 습관	메이슨 커리	걷는나무	2020
예술	왜 예술가는 가난해야 할까	박세연	21세기북스	2009
예술	인문학으로 광고하다	박웅현 외	알마	2009
예체능	10대와 통하는 스포츠이야기	탁민혁, 김윤진	철수와영희	2019
예체능	그래서 우리는 음악을 듣는다	히사이시 조, 요로 다케시	현익출판	2023
예체능	선생님, 오늘 체육 뭐해요?	성기백	학토재	2023

분야	도서명	저자	출판사	출판년도
예체능	예술의 사회학적 읽기	최샛별, 김수정	동녘	2022
예체능	클래식 음악, 뭔데 이렇게 쉬워?	나카가와 유스케	리듬문고	2021
우주/천문/항공	5차원 우주과학의 비밀	김재훈 외	수선재	2011
우주/천문/항공	과학이 즐거운 천문학	토마스 뷔르케	GBRAIN	2011
우주/천문/항공	과학이 필요한 시간	궤도	동아시아	2022
우주/천문/항공	그림으로 보는 시간의 역사	스티븐 호킹	까치	2021
우주/천문/항공	꿈의 로켓을 쏘다	채연석	북하우스	2008
우주/천문/항공	떨림과 울림	김상욱	동아시아	2018
우주/천문/항공	로켓 이야기	채연석	승산	2002
우주/천문/항공	로켓, 꿈을 쏘다	정규수	갤리온	2010
우주/천문/항공	로켓에서 플라네타륨까지	오오하라 타카유키	별공작소	2009
우주/천문/항공	로켓의 과학적 원리와 구조	데이비드 베이커	하이픈	2021
우주/천문/항공	모든 사람을 위한 빅뱅 우주론 강의	이석영	사이언스북스	2009
우주/천문/항공	별에게로 가는 계단	배리 파커	전파과학사	1996
우주/천문/항공	시간은 흐르지 않는다	카를로 로벨리	쌤앤파커스	2019
우주/천문/항공	아름다운 밤하늘	쳇 레이모	사이언스북스	2004
우주/천문/항공	언제나 파일럿	정인웅	루아크	2022
우주/천문/항공	우주 그리고 인간	이영욱	동아일보사	2000
우주/천문/항공	우주로켓	조경철	별공작소	2009
우주/천문/항공	우주를 즐기는 지름길	박석재	천문우주기획	2001
우주/천문/항공	우주미션 이야기	황정아	플루토	2022
우주/천문/항공	우주비행, 골드핀을 향한 도전	마이크 멀레인	풀빛	2008
우주/천문/항공	우주비행사가 들려주는 우주여행 설명서	마이크 멀레인	한승	2008
우주/천문/항공	우주시대에 오신 것을 환영합니다	켈리 제라디	혜윰터	2022
우주/천문/항공	우주탐사 매뉴얼	김성수	위즈덤하우스	2023
우주/천문/항공	우주탐사의 물리학	윤복원	동아시아	2023
우주/천문/항공	이름 날린 항공기125 플러스알파	임달연	한국항공대학교 출판부	2006
우주/천문/항공	이태형의 별자리여행	이태형	나녹	2012
우주/천문/항공	인공위성 21세기의 눈과 귀	장영근	살림	2005
우주/천문/항공	재미있는 항공우주 이야기	임달연	동명사	2010
우주/천문/항공	천문학 이야기	팀 제임스	한빛비즈	2023

분야	도서명	저자	출판사	출판년도
우주/천문/항공	천문학 콘서트	이광식	더숲	2011
우주/천문/항공	천문학자는 별을 보지 않는다	심채경	문학동네	2021
우주/천문/항공	천재들의 과학노트 7: 천문 우주과학	스콧 맥커천 외	일출봉	2007
우주/천문/항공	천체관측	김희수	시그마프레스	2009
우주/천문/항공	청소년을 위한 시간의 역사	스티븐 호킹	웅진지식하우스	2009
우주/천문/항공	코스모스	칼 세이건	사이언스북스	2006
우주/천문/항공	플라잉	임재한	어크로스	2023
우주/천문/항공	하늘에 새긴 우리 역사	박창범	김영사	2002
우주/천문/항공	하늘의 문화사	슈테판 카르티어	풀빛	2009
우주/천문/항공	항공 이야기	이지영	대왕사	2010
우주/천문/항공	항공기	데이비드 패스코	홍디자인	2007
우주/천문/항공	항공기 I	이강희	비행연구원	2010
우주/천문/항공	항공기개론	강한종	상학당	2009
우주/천문/항공	혜성	칼 세이건 외	해냄	2003
윤리	동양철학 에세이 1, 2	김교빈, 이현구	동녘	1993
윤리	소크라테스의 변론	플라톤	숲	2017
윤리	완벽에 대한 반론	마이클 샌델	와이즈베리	2016
윤리	왜 동양철학인가	한형조	문학동네	2000
윤리	왜 착한 사람에게 나쁜 일이 생길까	샤론 카예, 폴 톰슨	홍익출판사	2013
윤리	이렇게 살아가도 괜찮은가	피터 싱어	시대의창	2023
음악	그라우트의 서양음악사	그라우트	이앤비플러스	2009
음악	아무튼, 노래	이슬아	위고	2022
음악	아침의 피아노	김진영	한겨레출판	2018
음악	음악 듣기와 쓰기	론 고로우	예솔	2008
음악	음악, 당신에게 무엇입니까	이지영	글항아리	2021
음악	음악은 사회적이다	에드워드 사이드	이다미디어	2008
음악	음악적 아름다움에 대하여	에두아르트 한슬리크	책세상	2004
음악	청소년을 위한 한국음악사(국악편)	송혜진	두리미디어	2007
음악	청소년을 위한 한국음악사(양악편)	민경찬	두리미디어	2006
음악	청중의 탄생	와타나베 히로시	강	2006
의학	1.4킬로그램의 우주, 뇌	정재승 외	사이언스북스	2014

분야	도서명	저자	출판사	출판년도
의학	10대를 위한 의학을 이끈 결정적 질문	예병일	다른	2022
의학	10대의 뇌	프랜시스 젠슨, 에이미 엘리스 넛	웅진지식하우스	2018
의학	4차 산업혁명과 병원의 미래	이종철	청년의사	2018
의학	K-Health를 이끄는 슬기로운 건강검진	권혜령	예미	2023
의학	갈팡질팡 청년의사 성장기	허기영	푸른들녘	2018
의학	감각의 제국	문동현 외	생각의길	2016
의학	개념 의료	박재영	청년의사	2013
의학	거의 모든 안경의 역사	트래비스 엘버러	유유	2022
의학	골든아워 1, 2	이국종	흐름출판	2018
의학	국경없는 의사회	데이비드 몰리	파라북스	2007
의학	기능의학을 알면 건강이 보인다	김덕수	한솔의학서적	2022
의학	기적은 당신 안에 있습니다	이승복	이승복	2005
의학	나는 고백한다, 현대의학을	아툴 가완디	동녘사이언스	2005
의학	나는 공중보건의사입니다	김경중	행성B	2021
의학	나는 외과 의사다	강구정	사이언스북스	2003
의학	나를 위한 미술치료	정은주	학지사	2023
의학	나의 생애와 사상	알베르트 슈바이처	문예출판사	1999
의학	난생처음 응급구조	이태양	군자출판사	2022
의학	내 몸 안의 숨겨진 비밀, 해부학	사카이 다츠오	전나무숲	2009
의학	내 몸의 설계자, 호르몬 이야기	박승준	청아출판사	2022
의학	내 안경이 왜 이래	최병무	라온북	2019
의학	내 장은 왜 우울할까	윌리엄 데이비스	북트리거	2023
의학	내몸 사용설명서	마이클 로이젠 외	김영사	2007
의학	누구 먼저 살려야할까?	제이콥 M. 애펠	한빛비즈	2021
의학	다른 의료는 가능하다	백영경	창비	2020
의학	닥터, 좋은 의사를 말하다	아툴 가완디	동녘	2008
의학	닥터스 씽킹	제롬 그루프먼	해냄출판사	2007
의학	당신에게 노벨상을 수여합니다	노벨 재단	바다출판사	2007
의학	디지털 헬스케어: 의료의 미래	최윤섭	클라우드나인	2020
의학	마지막 비상구	데릭 험프리	지상사	2007

분야	도서명	저자	출판사	출판년도
의학	머릿속에 쏙쏙! 감염병 노트	사마키 다케오, 마스모토 데루키	시그마북스	2023
의학	면역체계	핸드리크 슈트레크	사람의집	2023
의학	모두를 위한 의료윤리	김준혁	휴머니스트	2021
의학	모든 범죄는 흔적을 남긴다	마르크 베네케	알마	2008
의학	뮤지엄 미술치료	미트라 레이하니 가딤 외	안그라픽스	2023
의학	미래의 의사에게	페리 클라스	미래인	2008
의학	바디: 우리 몸 안내서	빌 브라이슨	까치	2020
의학	박테리아는 인간의적인가?	존 헤릭	민음인	2021
의학	방사선과 원소	정완상	성림원북스	2023
의학	방사선으로 치료 할 수 있는 7가지 암	임채홍	중앙생활사	2019
의학	병원에서 언어재활사로 살아남기	강영애 외	충남대학교 출판문화원	2023
의학	병원에서 죽는다는 것	야마자키 후미오	잇북	2020
의학	병원장사	김기태	씨네21북스	2013
의학	보건교사 안은영	정세랑	민음사	2020
의학	부모코칭 언어치료 가이드북	조여진, 박석원	휴먼북스	2023
의학	불량의학	크리스토퍼 완제크	열대림	2006
의학	새로 만든 내몸 사용설명서	마이클 로이젠, 메멧 오즈	김영사	2014
의학	생로병사의 비밀	오타 유키코	문예출판사	2004
의학	생명윤리	김재희 외	인문과교양	2022
의학	서사의학이란 무엇인가	리타 샤론 외	동아시아	2021
의학	세계사를 바꾼 전염병 13가지	제니퍼 라이트	산처럼	2020
의학	세상을 바꿀 미래 의학 설명서	사라 라타	매직사이언스	2020
의학	숨결이 바람 될 때	폴 칼라니티	흐름출판	2016
의학	시골의사의 아름다운 동행	박경철	리더스북	2005
의학	아내를 모자로 착각한 남자	올리버 색스	알마	2016
의학	아직도 가야 할 길	M. 스캇 펙	율리시즈	2023
의학	아파도 미안하지 않습니다	조한진희(반다)	동녘	2019
의학	아픔에도 우선순위가 있나요?	김준혁	휴머니스트	2023
의학	아픔이 길이 되려면	김승섭	동아시아	2017
의학	암: 만병의 황제의 역사	싯다르타 무케르지	까치	2011

분야	도서명	저자	출판사	출판년도
의학	언어치료사가 말하는 자폐, ADHD 부모상담서	이명은	율도국	2023
의학	열정을 기억하라	알베르트 슈바이처	좋은생각	2006
의학	영화관에서 만나는 의학의 세계	고병수	바틀비	2023
의학	왓슨의 이중나선	박승호	작은길	2014
의학	우리 몸이 말을 할 수 있다면	제임스 햄블린	추수밭	2021
의학	우리 몸이 세계라면	김승섭	동아시아	2018
의학	우리는 마약을 모른다	오후	동아시아	2018
의학	운동화 신은 뇌	존 레이티, 에릭 헤이거먼	녹색지팡이	2023
의학	위대한 환자와 위험한 의사들	외르크 치틀라우	뜨인돌	2011
의학	위대한, 그러나 위험한 진단	리사 샌더스	랜덤하우스	2010
의학	의과대학 인문학 수업	권시진, 오흥권	홍익출판미디어그룹	2020
의학	의대를 꿈꾸는 대학민국의 천재들	이종훈	한언	2020
의학	의료, 인권을 만나다	박광혁 인권의학연구소 외	건강미디어협동조합	2017
의학	의료윤리와 법	박창범	군자출판사	2019
의학	의사 인간을 어루만지다	셔윈 눌랜드	세종서적	2010
의학	의사가 말하는 의사	인도주의실천 의사협의회	부키	2004
의학	의사가 알려주는 디지털 치료제	서영준, 오창헌	바른북스	2023
의학	의사와 수의사가 만나다	바버라 내터슨 호러위츠 외	모멘토	2017
의학	의학 오디세이	강신익 외	역사비평사	2007
의학	의학, 인문으로 치유하다	예병일	한국문학사	2015
의학	의학사를 이끈 20인의 실험과 도전	크리스티안 베이마이어	주니어김영사	2010
의학	의학의 대가들	앤드루 램	상상스퀘어	2023
의학	의학의 역사	재컬린 더핀	사이언스북스	2006
의학	의학이란 무엇인가	파울 U. 운슐트	궁리	2010
의학	이상한 의학사	이재담	사이언스북스	2020
의학	이토록 재밌는 의학 이야기	김은중	반니	2022
의학	인간은 왜 병에 걸리는가	R. 네스, G. 윌리엄즈	사이언스북스	1999
의학	인체 기행	권오길	지성사	2010
의학	인턴 X	닥터 X	김영사	2007
의학	잠 못들 정도로 재미있는 이야기: 인체의 신비	오기노 다카시	성안당	2022

분야	도서명	저자	출판사	출판년도
의학	잠든 당신의 뇌를 깨워라	황성혁, 이영훈	북앤에듀	2020
의학	젊은 뇌를 지녀라	가이 맥칸 외	시그마프레스	2004
의학	정신건강을 위해 작업치료를 더하다	김영욱 외	마음세상	2023
의학	제법 안온한 날들	남궁인	문학동네	2020
의학	죽음학 교실	고윤석 외	허원북스	2022
의학	진료실에 숨은 의학의 역사	박지욱	휴머니스트	2022
의학	진짜 아픈 사람 맞습니다	최세진	어떤책	2021
의학	질병정복의 꿈, 바이오 사이언스	이성규	MID	2023
의학	질병과 죽음에 맞선 50인의 의학 멘토	수전 앨드리지	책숲	2014
의학	질병의 탄생	홍윤철	사이	2014
의학	질병이 바꾼 세계의 역사	로날트 D. 게르슈테	미래의창	2020
의학	차가운 의학 따뜻한 의사들	로렌스 A. 사벳	청년의사	2008
의학	청소년 생활습관의학 안내서	베스 프레이츠 외	대한생활습관의학교육원	2021
의학	청진기가 사라진다	에릭 토플	청년의사	2012
의학	출동 중인 119구급대원입니다	윤현정	알에이치코리아	2021
의학	카이스트, 바이오헬스의 미래를 말하다	채수찬	율곡출판사	2020
의학	코로나 이후 생존 도시	홍윤철	포르체	2021
의학	큰 의사 노먼 베순	이원준	이룸	2011
의학	토닥토닥 정신과 사용설명서	박한선 외	에이도스	2018
의학	통증혁명	존 사노	국일미디어	2017
의학	학교에는 작업치료가 필요합니다	나카마 치호	케렌시아	2023
의학	항산화제, 내 몸을 살린다	정윤상	모아북스	2011
의학	현대 의료커뮤니케이션	안상윤 외	보문각	2022
의학	현대 의학의 위기	멜빈 코너	사이언스북스	2001
의학	히포크라시	레이첼 부크바인더, 이언 해리스	책세상	2023
의학	히포크라테스 미술관	박광혁	어바웃어북	2020
인문	10대에 작가가 되고 싶은 나, 어떻게 할까?	김은재	오유아이	2020
인문	10대와 통하는 평화통일 이야기	정주진	철수와영희	2019
인문	82년생 김지영	조남주	민음사	2016
인문	Flipped	웬들린 밴 드라넌	EmberEnterprises	2003

분야	도서명	저자	출판사	출판년도
인문	Hope for the Flowers	트리나 폴러스	Paulist Press	1973
인문	가볍게 꺼내 읽는 사피엔스	장바티스트 드 파나피외	북스힐	2020
인문	감시와 처벌	미셸 푸코	나남	2020
인문	감옥으로부터의 사색	신영복	돌베개	1998
인문	강인욱의 고고학 여행	강인욱	흐름출판	2019
인문	개미	베르나르 베르베르	열린책들	2023
인문	격몽요결	이이	을유문화사	2022
인문	경찰관 어떻게 되었을까?	김한홍	컴퍼스멘토	2019
인문	고대에서 도착한 생각들	전호태	창비	2020
인문	고향	이기영	글누림	2007
인문	광장/구운몽	최인훈	문학과지성사	2014
인문	구운몽	김민중	민음사	2009
인문	그동안 나는 너무 많이 참아왔다	강현식, 최은혜	생각의길	2020
인문	그래서, 프랑스	김미연	씽크스마트	2023
인문	그리고 아무 말도 하지 않았다	하인리히 뵐	열린책들	2011
인문	그리스 비극에 대한 편지	김상봉	한길사	2003
인문	그 많던 싱아는 누가 다 먹었을까	박완서	웅진지식하우스	2005
인문	금오신화	김시습	민음사	2009
인문	기억을 잃은 소년	창신강	책담	2016
인문	꽃의 지혜	모리스 마테를 링크	김영사	2008
인문	나는 독일인입니다	노라 크루크	엘리	2020
인문	나는 멈춘 비행기의 승무원입니다	우은빈	애플북스	2022
인문	나는 선생님이 좋아요	하이타니 겐지로	양철북	2008
인문	나는 오래된 거리처럼 너를 사랑하고	진은영	문학과지성	2022
인문	나쓰메 소세키 인생의 이야기	나쓰메 소세키	시와서	2019
인문	난장이가 쏘아올린 작은 공	조세희 외	가람기획	2020
인문	노트르담 드 파리	빅토르 위고	구름서재	2022
인문	눈먼 자들의 도시	주제 사라마구	해냄출판사	2022
인문	다시, 시로 읽는 세상	김용찬	휴머니스트	2021
인문	다시, 책으로	매리언 울프	어크로스	2019
인문	단테의 신곡	알리기에리 단테	황금부엉이	2016

분야	도서명	저자	출판사	출판년도
인문	담론	신영복	돌베개	2015
인문	당신들의 천국	이청준	문학과지성사	2012
인문	대머리 여가수	외젠 이오네스코	민음사	2003
인문	돈키호테	미겔 데 세르반테스 사아베드라	열린책들	2014
인문	로미오와 줄리엣	윌리엄 셰익스피어	열린책들	2020
인문	로쟈의 한국 현대문학 수업	이현우	추수밭	2020
인문	말의 품격	이기주	황소북스	2017
인문	맥베스	윌리엄 셰익스피어	민음사	2004
인문	먹고 마시고 요리하라	강재호	나무를심는사람들	2019
인문	멋진 신세계	올더스 헉슬리	소담출판사	2015
인문	명작동화의 매력	김희경	교문사	1992
인문	모비 딕	허먼 멜빌	현대지성	2022
인문	모파상 단편선	기 드 모파상	열린책들	2022
인문	무정	이광수	민음사	2010
인문	무진기행	김승옥	민음사	2007
인문	문명으로 읽는 종교 이야기	홍익희	행성B	2019
인문	문학의 숲을 거닐다	장영희	샘터	2022
인문	미국 영어 문화 수업 합하고 더한 책	김아영	사람in	2022
인문	미드 번역을 위한 공부법	박윤슬	더라인북스	2019
인문	바리데기	황석영	창비	2007
인문	백범일지	김구	범우	2023
인문	백석 전 시집: 나와 나타샤와 흰 당나귀	백석	스타북스	2023
인문	베니스의 상인	윌리엄 셰익스피어	민음사	2010
인문	보기만 해도 힐링 되는 나무들의 감성스토리	여호근, 김종오	백산출판사	2020
인문	봄봄 동백꽃	김유정	푸른책들	2017
인문	사춘기를 위한 맞춤법 수업	권희린	생각학교	2021
인문	삶은 예술로 빛난다	조원재	다산북스	2023
인문	삶의 발명	정혜윤	위고	2023
인문	삼국지	나관중	민음사	2002
인문	삼대	염상섭	새움	2016

분야	도서명	저자	출판사	출판년도
인문	생각의 지도	리처드 니스벳	김영사	2004
인문	서편제	이청준	문학과지성사	2013
인문	소유냐 존재냐	에리히 프롬	까치	2020
인문	소포클레스의 비극	소포클레스	숲	2008
인문	수레바퀴 아래서	헤르만 헤세	더스토리	2017
인문	숨결이 바람 될 때	폴 칼라니티	흐름출판	2016
인문	스웨터로 떠날래	안나 니콜스카야	바람의아이들	2019
인문	스토리, 꼭 그래야 할까?	양혜석, 문아름	시공아트	2022
인문	시인/동주	안소영	창비	2015
인문	십 대가 알아야 할 인공지능과 4차 산업혁명의 미래	전승민	팜파스	2018
인문	쓰레기	브라이언 딜	플레이타임	2017
인문	어른아이로 산다는 것	지민석	시드앤피드	2017
인문	언어의 온도	이기주	말글터	2016
인문	역마	김동리	커뮤니케이션북스	2012
인문	연금술사	파울로 코엘료	문학동네	2018
인문	열일곱 살에 읽는 논어	김태진	메멘토	2017
인문	영혼의 역사	장영란	글항아리	2010
인문	오디세이아	호메로스	살림	2017
인문	오이디푸스 왕	소포클레스	민음사	2009
인문	올리버 트위스트	찰스 디킨스	시공사	2020
인문	요즘 중국	곤도 다이스케	세종서적	2023
인문	월든	헨리 데이빗 소로우	은행나무	2011
인문	위대한 대화	김지수	생각의힘	2023
인문	위대한 유산	찰스 디킨스	열린책들	2014
인문	이기적 유전자	리처드 도킨스	을유문화사	2023
인문	이미지와 환상	다니엘 부어스틴	사계절	2004
인문	인생수업	엘리자베스 퀴블러 로스 외	이레	2006
인문	일리아스	호메로스	숲	2015
인문	있는 그대로 인도	김기상	초록비책공방	2023
인문	자기 앞의 생	에밀 아자르	문학동네	2013
인문	장미의 이름	움베르토 에코	열린책들	2009

분야	도서명	저자	출판사	출판년도
인문	죄와 벌	도스토예프스키	누멘	2011
인문	주홍글씨	너새니얼 호손	문예출판사	2004
인문	죽음 연습	이경신	동녘	2016
인문	지극히 사적인 프랑스	오헬리엉 루베르, 윤여진	틈새책방	2023
인문	지금은 일본을 읽을 시간	심형철 외	도서출판민규	2022
인문	지도 밖으로 행군하라	한비야	푸른숲	2009
인문	지적 대화를 위한 넓고 얕은 지식 1	채사장	웨일북	2020
인문	진화하는 언어	닉 채터, 모텐 H. 크리스티안센	웨일북	2023
인문	챗GPT 활용 영어공부	윤근식	포르체	2023
인문	천 개의 공감	김형경	사람풍경	2012
인문	천 개의 파랑	천선란	허블	2020
인문	천변풍경	박태원	문학과지성사	2005
인문	청년부에 미친 혜인이	이오진	제철소	2023
인문	청소년을 위한 매력적인 글쓰기	이형준	하늘아래	2020
인문	청소년을 위한 천일야화	앤드루 랭	서해문집	2020
인문	체호프 희곡선	안톤 파블로비치 체호프	을유문화사	2012
인문	춘향전	작자 미상	민음사	2004
인문	카인의 후예	황순원	현대문학	2011
인문	캐치-22	조지프 헬러	민음사	2003
인문	케네디 평전	로버트 댈럭	푸른숲	2007
인문	탁류	채만식	문학과지성사	2014
인문	태백산맥	조정래	해냄출판사	2007
인문	토지	박경리	다산책방	2023
인문	톨스토이 대표단편선	레프 니콜라예비치 톨스토이	백만문화사	2016
인문	파리대왕	윌리엄골딩	민음사	2000
인문	팩트풀니스	한스 로슬링 외	김영사	2019
인문	페르마타, 이탈리아	이금이	사계절	2021
인문	페스트	알베르 카뮈	민음사	2011
인문	하나도 괜찮지 않습니다	오찬호	블랙피쉬	2018
인문	하노버에서 온 음악 편지	손열음	중앙북스	2015

분야	도서명	저자	출판사	출판년도
인문	하멜 표류기	헨드릭 하멜	스타북스	2020
인문	하버드 논리학 수업	윌러드 밴 오먼 콰인	유엑스리뷰	2020
인문	한번쯤, 큐레이터	정명희	사회평론	2021
인문	햄릿	윌리엄 셰익스피어	민음사	2009
인문	호모 데우스	유발 하라리	김영사	2017
인문	호모 루덴스	요한 하위징아	연암서가	2018
인문	혼불	최명희	매안	2010
인문	홍길동전	허균	민음사	2009
인문	황무지	T. S. 엘리엇	민음사	2017
인문	휴머니멀	김현기	포르체	2020
인문	휴먼카인드	뤼트허르 브레흐만	인플루엔셜(주)	2021
인문	희망의 밥상	제인 구달	사이언스북스	2014
인문	희망의 인문학	얼 쇼리스	이매진	2006
인문/영어	동물농장	조지 오웰	스타북스	2020
인문/윤리	동물 해방	피터 싱어	연암서가	2012
인문/일어일문학과	도련님	나쓰메 소세키	푸른숲주니어	2017
인문/중어중문	생활의 발견	임어당	육문사	2007
인문(종교)	임락경의 우리 영성가 이야기	임락경	홍성사	2014
일어일문	금각사	미시마 유키오	웅진지식하우스	2002
일어일문	나의 일본 사람 탐험기	박종현	시공사	2005
일어일문	산시로	나츠메 소오세키	한국외국어대학교 출판부	2005
일어일문	상실의 시대	무라카미 하루키	문학사상사	2000
일어일문	새로 만든 먼나라 이웃나라 7, 8	이원복	김영사	2012
일어일문	설국	기와바타 야스나리	민음사	2002
일어일문	쓰레즈레구사	요시다 겐코	책사랑	2013
일어일문	은하 철도의 밤	미야자와 겐지	북치는마을	2004
일어일문	일본 상식문답	조양욱	기파랑	2009
일어일문	일본 언어와 문학	한국외국어대학교출판부	제이앤씨	2004
일어일문	일본 일본인 일본문화	정형	다락원	2009
일어일문	일본문화의 이해	최재철	민음사	1995

분야	도서명	저자	출판사	출판년도
일어일문	일본시가문학사	최충희	태학사	2005
일어일문	일본역사	연민수	보고사	1998
일어일문	축소지향의 일본인	이어령	문학사상사	2008
일어일문	하이쿠와 일본적 감성	유옥희	제이앤씨	2010
일어일문	학교에서 배울 수 없는 일본문화	마에다 히로미	넥서스	2008
일어일문/사회	게 가공선	고바야시 다키지	창비	2017
일어일문/역사	겐지 이야기	무라사키 시키부	한길사	2007
일어일문/역사	업그레이드 먼나라 이웃나라 7: 일본 1(일본인 편)	이원복	김영사	2018
자기계발	그릿	앤절라 더크워스	비즈니스북스	2019
자기계발	나는 어떤 사람으로 기억되고 싶은가	서미림	위너스북	2017
자기계발	다산의 철학	윤성희	포르체	2021
자기계발	메이크 타임	제이크 냅	김영사	2019
자기계발	스무 살에 알았더라면 좋았을 것들	티나 실리그	웅진지식하우스	2020
자기계발	아웃라이어	말콤 글래드웰	김영사	200
자기계발	잘 나가는 공무원은 무엇이 다른가	이보규, 최성열	행복에너지	2012
자기계발	퓨처 셀프	벤저민 하디	상상스퀘어	2023
자기계발	프로페셔널의 조건	피터 드러커	청림출판	2001
자기계발/영어영문	누가 내 치즈를 옮겼을까?	스펜서 존슨	진명출판사	2015
전기/전자	IT 삼국지	김정남	e비즈북스	2010
전기/전자	그랜드 퀘스트 2024	이정동 외	포르체	2023
전기/전자	김기사의 e-쉬운 전기	김명진	성안당	2023
전기/전자	넥스트 레볼루션	리처드 다베니	부키	2018
전기/전자	논리는 나의 힘	최훈	세종서적	2003
전기/전자	뉴턴과 아인슈타인	홍석욱 외	창비	2004
전기/전자	데이터 인문학	김택우	한빛미디어	2019
전기/전자	데이터통신과 네트워킹	조성호	인피니티북스	2022
전기/전자	떨림과 울림	김상욱	동아시아	2018
전기/전자	마법에서 과학으로: 자석과 스핀트로닉스	김갑진	이음	2021
전기/전자	만화로 쉽게 배우는 전자회로	다나카 켄이치	성안당	2019
전기/전자	반도체 삼국지	권석준	뿌리와이파리	2022

분야	도서명	저자	출판사	출판년도
전기/전자	반도체 오디세이	이승우	위너스북	2023
전기/전자	반도체 인사이트 센서 전쟁	주병권 외	교보문고	2023
전기/전자	반도체 제국의 미래	정인성	이레미디어	2024
전기/전자	반도체 제대로 이해하기 (교양으로 읽는 반도체이야기)	강구창	지성사	2005
전기/전자	불가능은 없다	미치오 카쿠	김영사	2010
전기/전자	빅데이터를 지배하는 통계의 힘	니시우치 히로무	비전코리아	2023
전기/전자	사랑을 위한 과학	토머스 루이스 외	사이언스북스	2001
전기/전자	세상을 바꾼 다섯 개의 방정식	마이클 길렌	경문사	1997
전기/전자	수학사	하워드 이브스	경문사	1995
전기/전자	알기 쉬운 회로이론	정정일	이레미디어	2010
전기/전자	일렉트릭 유니버스	데이비드 보더니스	생각의나무	2005
전기/전자	자율주행차와 반도체의 미래	권영화	이코노미북스	2023
전기/전자	전자 정복	데릭 청, 에릭 브랙	지식의날개	2015
전기/전자	진짜 하루만에 이해하는 반도체 산업	박진성	티더블유아이지	2023
전기/전자	최리노의 한 권으로 끝내는 반도체 이야기	최리노	양문	2022
전기/전자	칩 대결	인치밍	알에이치코리아	2023
전기/전자	칩워, 누가 반도체 전쟁의 최후 승자가 될 것인가	크리스 밀러	부키	2023
전기/전자	카페 안드로메다	슈테판 예거 외	이끌리오	2004
전기/전자	해킹 일렉트로닉스	사이먼 몽크	제이펍	2018
정치	똑똑! 정치 클래스	이형석	북트리거	2023
정치/통일	고난과 웃음의 나라	정병호	창비	2020
정치/통일	그래도 우린 다시 만나야 한다	이성원	꿈결	2013
정치외교	결정의 엣센스	그레이엄 앨리슨 외	모음북스	2005
정치외교	국가란 무엇인가	유시민	돌베개	2011
정치외교	국가와 사회혁명	테다 스코리플	까치	1989
정치외교	권력	버트런드 러셀	열린책들	2003
정치외교	나는 죄 없이 죽는다	존 래프랜드	책보세	2009
정치외교	노예의 길	프리드리히 A. 하이에크	나남	2006
정치외교	도덕, 정치를 말하다	조지 레이코프	김영사	2010
정치외교	독재와 민주주의의 사회적 기원	배링턴 무어	까치	1990

분야	도서명	저자	출판사	출판년도
정치외교	베를린, 베를린	이은정	창비	2019
정치외교	선거로 읽는 한국 정치사	김현성	웅진지식하우스	2021
정치외교	인저스티스	브라이언 해리스	열대림	2009
정치외교/서양철학	군주론	니콜로 마키아벨리	서울대학교 출판문화원	2011
조경	이어 쓰는 조경학개론	이규목 외	한숲	2020
중어중문	광인일기	루쉰	문학동네	2014
중어중문	변성	심종문	황소지리	2009
중어중문	새로 만든 먼나라 이웃나라 13, 14	이원복	김영사	2012
중어중문	서유기	오승은	솔	2004
중어중문	수호전	나관중	연변인민출판사	2011
중어중문	아Q정전	루쉰	문학동네	2011
중어중문	열려라! 중국신화	정재서	황금부엉이	2006
중어중문	이야기 동양신화 중국편	정재서	김영사	2010
중어중문	조관희 교수의 중국사	조관희	청아출판사	2018
중어중문	중국 문화 알기	한중인문학교류연구소	시사중국어사	2020
중어중문	중국견문록	한비야	푸른숲	2006
중어중문	중국문학의 즐거움	고려대학교 중국학연구소	차이나하우스	2009
중어중문	중국상식	중국해외교류협회	다락원	2003
중어중문	중국의 내일을 묻다	문정인	삼성경제연구소	2010
중어중문	한국왕자	세실리아 링크비스트	청년사	2002
중어중문	한시 미학 산책	정민	휴머니스트	2010
중어중문	한자 백 가지 이야기	시라카와 시즈카	황소자리	2005
지구과학	10대와 통하는 기후 정의 이야기	권희중, 신승철	철수와영희	2021
지구과학	기후변화 시대의 사랑	김기창	민음사	2021
지구과학	기후 책	그레타 툰베리	김영사	2023
지구과학	기후변화와 에너지산업의 미래	에너지고위경영자과정 변화와 미래 포럼	아모르문디	2021
지구과학	기후의 힘	박정재	바다출판사	2021
지구과학	끝없는 항해	로베르토 인노첸티	보림	2018
지구과학	대항해 시대	주경철	서울대학교출판부	2008
지구과학	새로워진 세계의 바다와 해양생물	김기태	채륜	2018

분야	도서명	저자	출판사	출판년도
지구과학	시그널 기후의 경고	안영인	엔자임헬스	2021
지구과학	아무도 본 적 없던 바다	에디스 위더	타인의사유	2023
지구과학	안녕, 지구의 과학	소영무	에이도스	2023
지구과학	알기 쉬운 대기과학	한국기상학회	시그마프레스	2020
지구과학	지구의 속삭임	칼 세이건 외	사이언스북스	2016
지구과학	커피와 바다_알기 쉽게 풀어 낸 바다의 상식	김성용	자유아카데미	2019
지구과학	플랑크톤도 궁금해 하는 바다 상식	김웅서	지성사	2016
지구과학	해양지구환경학-생물지구화학의 순환으로 해석	가와하타 호다까	씨아이알	2015
지구과학/환경	지질 환경과학	Frederick K. Lutgens, Edward J. Tarbuck	시그마프레스	2016
지리	사진, 삶과 지리를 말하다	전국지리교사모임	푸른길	2021
지리	선량한 차별주의자	김지혜	창비	2019
지리	왜 지금 지리학인가	하름 데 블레이 (유나영 옮김)	사회평론	2015
지리	지리 덕후가 떠먹여주는 풀코스 세계 지리	서지선	크루	2023
천문	우주에서 전합니다, 당신의 동료로부터	노구치 소이치	알에이치코리아	2023
철학	거꾸로 읽는 철학이야기	강성률	글로벌콘텐츠	2020
철학	계몽의 변증법	Th. W. 아도르노, M. 후르크하이머	문학과지성사	2001
철학	논어	공자	홍익출판사	2022
철학	누구나 한번쯤 읽어야 할 손자병법	미리내공방	정민미디어	2017
철학	니코마코스 윤리학	아리스토텔레스	돋을새김	2008
철학	다이너마이트 니체	고병권	천년의상상	2016
철학	돼지가 철학에 빠진 날	스티븐 로	김영사	2001
철학	러셀 서양 철학사	버트런드 러셀	을유문화사	2009
철학	맹자	맹자	홍익출판사	2005
철학	방법서설	르네 데카르트	문예출판사	1997
철학	벤담&싱어: 매사에 공평하라	최훈	김영사	2007
철학	불안을 이기는 철학	브리지드 딜레이니	더퀘스트	2022
철학	생각하고 토론하는 서양철학 이야기	이강서 외	책세상	2006
철학	생각하고 토론하는 중국철학 이야기	강신주 외	책세상	2006

분야	도서명	저자	출판사	출판년도
철학	성 어거스틴의 고백록	성 어거스틴	대한기독교서회	2003
철학	성찰	르네 데카르트	문예출판사	1997
철학	세속의 철학자들	로버트 L. 하일브로너	더테라스	2023
철학	소크라테스 익스프레스	에릭 와이너	어크로스	2021
철학	소크라테스의 변명 · 크리톤 · 향연 · 파이돈	플라톤	육문사	2011
철학	소크라테스적 성찰	엄정식	메이트북스	2019
철학	순수이성비판 서문	이마누엘 칸트	책세상	2002
철학	실존주의는 휴머니즘이다	장 폴 사르트르	이학사	2008
철학	에우티프론, 소크라테스의 변론, 크리톤, 파이돈	플라톤	서광사	2003
철학	의지와 표상으로서의 세계	쇼펜하우어	동서문화사	2016
철학	인간은 기계보다 특별할까?	인문브릿지연구소	갈라파고스	2020
철학	자유론	존 스튜어트 밀	문예출판사	2009
철학	장자	장자	휴머니스트	2023
철학	장자&노자: 도(道)에 딴지걸기	강신주	김영사	2006
철학	차별감정의 철학	나카시마 요시미치	바다출판사	2018
철학	참을 수 없이 불안할 때, 에리히 프롬	박찬국	21세기북스	2022
철학	처음 읽는 현대 철학	안광복	어크로스	2023
철학	철학 VS 철학	강신주 외	그린비	2010
철학	철학노트	이기상	까치	2002
철학	철학은 어떻게 삶의 무기가 되는가	야마구치 슈	다산초당	2019
철학	철학의 힘(만족 없는 삶에 던지는 21가지 질문)	김형철	위즈덤하우스	2015
철학	철학입문(나와 세계에 대한 놀라운 질문들)	론란트 W. 헹케	북비	2013
철학	칸트와 헤겔의 철학	백종현	아카넷	2017
철학	키케로의 의무론	키케로	서광사	2006
철학	프랑스 고교철학	앙드레 베르제즈 외	삼협종합	1999
철학	프로테스탄트 윤리와 자본주의 정신	막스 베버	현대지성	2018
철학	형이상학	아리스토텔레스	책세상	2009
철학/예술	기술복제시대의 예술작품/사진의 작은 역사 외	발터 벤야민	길	2007

분야	도서명	저자	출판사	출판년도
체육	NEW 근육운동가이드	프레데릭 데라비에	삼호미디어	2011
체육	가지 않은 길	최의창	레인보우북스	2009
체육	건강생활과 레저스포츠 즐기기	강선회 외	가림M&B	2007
체육	골프가 주는 9가지 삶의 교훈	마이크 린더	대한미디어	2001
체육	내몸 사용설명서	마이클 로이젠 외	김영사	2007
체육	마이 라이프, 마이 스포츠	황용필	이담북스	2010
체육	몸짓과 문화: 춤 이야기	신상미	대한미디어	2007
체육	스포츠 보도의 이론과 실제	허진석	글누림	2011
체육	스포츠 에이전트	장승규	지식닷컴	2009
체육	스포츠 코리아 판타지	정희준	개마고원	2009
체육	스포츠, 그 불멸의 기록	기영노	문학사상사	2006
체육	스포츠 문화를 읽다	이노우에 슌 외	레인보우북스	2011
체육	알고 달리자	체육과학연구원	대한미디어	2006
체육	야구 룰 교과서	댄 포모사 외	보누스	2011
체육	존 우든의 부드러운 것보다 강한 것은 없다	존 우든	대한미디어	2001
체육	청소년을 위한 체육	구츠무츠	레인보우북스	2008
체육	체육 시간에 과학 공부하기	전영석 외	웅진주니어	2011
체육	체육 활동으로 배우는 가치	유정애 외	레인보우북스	2009
체육	타격의 과학	테드 윌리엄스	이상미디어	2011
초등교육	과학혁명의 구조	토마스 쿤	까치	2013
초등교육	광장/구운몽	최인훈	문학과지성사	2014
초등교육	더불어 숲	신영복	돌베게	2015
초등교육	목민심서	정약용	풀빛	2005
초등교육	어린왕자	생택쥐베리	열린책들	2015
치의예	100세 치아 매뉴얼	강동호, 황인성	대한나래출판사	2023
치의예	30년차 치과의사 최유성의 생각	최유성	이지출판	2022
치의예	구강감염과 전신건강	안네 마리 린제 페데르센	파라사이언스	2017
치의예	그들만의 치아 관리법	이수진	북스고	2020
치의예	나는 치과위생사로 살기로 했다	허소윤	나비의활주로	2018
치의예	나의 직업은 치과기공사	이푸름	설렘	2023
치의예	뇌 노화를 멈추려면 35세부터 치아관리 습관을 바꿔라	하세가와 요시야	갈매나무	2019

분야	도서명	저자	출판사	출판년도
치의예	다이제스트 치의학 연구윤리	진보형 외	서울대학교출판문화원	2017
치의예	쉽디쉬운 임플란트 이야기	문석준	좋은땅	2023
치의예	아 해보세요	메리 오토	후마니타스	2021
치의예	우리 동네 1등 치과 만들기	이다혜	헤세의서재	2019
치의예	입속 세균에 대한 17가지질문	김혜성	파라사이언스	2022
치의예	치과 사용 설명서	강혁권	라온북	2017
치의예	치과위생사로 살아가는 법	최유리, 박성희	메소드	2023
치의예	치과의사가 말하는 치과의사	안현세 외	부키	2015
치의예	치과의사는 입만 진료하지 않는다	아이다 요시테루	정다와	2016
치의예	치과의사도 모르는 진짜 치과 이야기	김동오	에디터	2019
치의예	치의학의 이 저린 역사	제임스 윈브랜트	지식을만드는지식	2015
치의예	한국 치과의 역사	치과의사학교수협의회와 연구팀	역사공간	2021
컴퓨터	로봇시대, 인간의 일	구본권	어크로스	2020
컴퓨터	마지막 강의	랜디 포시	살림출판사	2008
컴퓨터	스티브 잡스	월터 아이작슨	민음사	2015
컴퓨터	왜 로봇의 도덕인가	웬델 월러치, 콜린 알렌	메디치미디어	2014
컴퓨터공학	10대를 위한 첫 코딩	영 리와이어드 스테이트	반니	2016
컴퓨터공학	2024 IT 메가 트렌드	김재필	한스미디어	2023
컴퓨터공학	4차 산업혁명과 미래사회	안병태, 정화영	길벗캠퍼스	2023
컴퓨터공학	AI 2041	리카이푸, 천치우판	한빛비즈	2023
컴퓨터공학	AI 시대, 엔터테인먼트의 미래	한정훈	페가수스	2023
컴퓨터공학	AI전쟁	하정우, 한상기	한빛비즈	2023
컴퓨터공학	AI는 양심이 없다	김명주	헤이북스	2022
컴퓨터공학	AI는 인문학을 먹고 산다	한지우	미디어숲	2021
컴퓨터공학	CES 2023 빅테크 9	김재필	한스미디어	2023
컴퓨터공학	Do it! 챗GPT & 파이썬으로 AI 직원만들기	이성용	이지스퍼블리싱	2023
컴퓨터공학	IT 좀 아는 사람	닐 메타 외	월북	2021
컴퓨터공학	KAIST 김진형 교수에게 듣는 AI 최강의 수업	김진형	매일경제신문사	2020
컴퓨터공학	개발자가 되고 싶습니다	앨런	길벗	2023

분야	도서명	저자	출판사	출판년도
컴퓨터공학	거의 모든 IT의 역사	정지훈	메디치미디어	2020
컴퓨터공학	구글 엔지니어는 이렇게 일한다	타이터스 윈터스 외	한빛미디어	2022
컴퓨터공학	그림으로배우는AI	미츠무라 나오키	영진닷컴	2023
컴퓨터공학	김대식의 인간 vs 기계	김대식	동아시아	2016
컴퓨터공학	나도 하는 파이썬 데이터 분석	김규석, 김현정	한빛미디어	2023
컴퓨터공학	내 코드가 그렇게 이상한가요?	센바 다이야	인사이트	2023
컴퓨터공학	노코드/로우코드	필 사이먼	한빛미디어	2023
컴퓨터공학	누구나 쉽게 배우는 인공지능 스타트	박동규	인피니티북스	2022
컴퓨터공학	다정한 인공지능을 만나다	장대익	샘터	2023
컴퓨터공학	디지털 시대, 새로운 기회를 여는 최소한의 코딩지식	EBS 코딩 소프트웨어 시대 제작팀 외	가나출판사	2021
컴퓨터공학	디지털 트렌드 2024	김지혜	책들의정원	2023
컴퓨터공학	디지털 포트리스 1	댄 브라운	문학수첩	2010
컴퓨터공학	만들면서 배우는 생성 AI	데이비드 포스터	한빛미디어	2023
컴퓨터공학	만화로 보는 IT 상식사전	윤진	더퀘스트	2023
컴퓨터공학	메타버스 모든 것의 혁명	매튜 볼	다산북스	2023
컴퓨터공학	메타버스 시대의 사물 인터넷	양순옥, 김성석	생능출판사	2023
컴퓨터공학	메타버스 쫌 아는 10대	송해엽 외	풀빛	2022
컴퓨터공학	메타버스에선 무슨 일이 일어날까?	이동은	이지북	2022
컴퓨터공학	메타인지의 힘	구본권	어크로스	2023
컴퓨터공학	모바일 미래보고서 2024	커넥팅랩	비즈니스북스	2023
컴퓨터공학	모빌리티의 미래	서성현	반니	2021
컴퓨터공학	문제해결을 위한 컴퓨팅 사고와 파이썬	김지연	한빛아카데미	2021
컴퓨터공학	미래 세상의 모빌리티	임덕신, 임현준	한빛아카데미	2022
컴퓨터공학	미래를 바꾼 아홉 가지 알고리즘	존 맥코믹	에이콘출판사	2013
컴퓨터공학	미래를 바꿀 IT 과학이야기	이재영	로드북	2014
컴퓨터공학	박태웅의 AI 강의	박태웅	한빛비즈	2023
컴퓨터공학	보이지 않는 위협	김홍선	한빛미디어	2023
컴퓨터공학	비전공자도 이해할 수 있는 AI 지식	박상길	반니	2023
컴퓨터공학	빅데이터 개론	한국소프트웨어기술인협회 빅데이터전략연구소	광문각	2023
컴퓨터공학	사물인터넷 개론	서경환 외	배움터	2023

분야	도서명	저자	출판사	출판년도
컴퓨터공학	사이버네틱스	노버트 위너	ITTA	2023
컴퓨터공학	생각하는 뇌, 생각하는 기계	제프 호킨스 외	멘토르	2010
컴퓨터공학	생각하지 않는 사람들	니콜라스 카	청림출판	2020
컴퓨터공학	세상에서 가장 쉬운 테크놀로지 수업	이와사키 미나코 외	리틀에이	2022
컴퓨터공학	세상을 바꿀 미래기술 12가지	한국현	위키북스	2023
컴퓨터공학	세상을 바꿀 미래기술 25	이데일리 미래기술 특별취재팀	이데일리	2022
컴퓨터공학	소프트웨어 세상을 여는 컴퓨터 과학	김종훈	한빛아카데미	2018
컴퓨터공학	소프트웨어 장인 정신 이야기	로버트 C. 마틴	인사이트	2023
컴퓨터공학	소프트웨어 중심사회의 컴퓨터 개론	강환수 외	인피니티북스	2019
컴퓨터공학	스마트시티 에볼루션	박찬호 외	북바이북	2022
컴퓨터공학	스티븐울프럼의 챗GPT강의	스티븐 울프럼	한빛미디어	2023
컴퓨터공학	시대전환, 소프트웨어와 인공지능	김영근	바른북스	2023
컴퓨터공학	십 대가 알아야 할 인공지능과 4차 산업혁명의 미래	전승민	팜파스	2024
컴퓨터공학	십대를 위한 SW 인문학	두일철, 오세종	영진닷컴	2023
컴퓨터공학	아는 것이 돈이다	이두갑 외	이음	2022
컴퓨터공학	안녕, 인간	해나 프라이	와이즈베리	2019
컴퓨터공학	안드로이드 뜻밖의 역사	쳇 하스	인사이트	2022
컴퓨터공학	알고 있니? 알고리즘	소이언	우리학교	2022
컴퓨터공학	알고리즘, 인생을 계산하다	브라이언 크리스천 외	청림출판	2018
컴퓨터공학	알아두면 쓸모 있는 IT상식	정철환	원앤원북스	2019
컴퓨터공학	앰비언트	김학용	책들의정원	2023
컴퓨터공학	어둠 속의 추적자들	앤디 그린버그	에이콘출판	2023
컴퓨터공학	예고된 변화 챗GPT 학교	송은정	테크빌교육	2023
컴퓨터공학	오늘날 우리는 컴퓨터라 부른다	마틴 데이비스	인사이트	2023
컴퓨터공학	오늘부터 IT를 시작합니다	고코더	한빛미디어	2022
컴퓨터공학	우리에게 IT란 무엇인가	김국현	궁리출판	2013
컴퓨터공학	우리의 미래를 결정할 과학 4.0	박재용	북루덴스	2023
컴퓨터공학	웹3.0 넥스트이코노미	김미경 외	어웨이크북스	2022
컴퓨터공학	웹3.0이 온다	장세형, 이상준	위키북스	2023
컴퓨터공학	웹 개발 새로고침	김승구	제이펍	2023

분야	도서명	저자	출판사	출판년도
컴퓨터공학	육각형 개발자	최범균	한빛미디어	2023
컴퓨터공학	인공지능 유리	피브르티그르 외	탐	2022
컴퓨터공학	인공지능 쫌 아는 10대	오승현	풀빛	2019
컴퓨터공학	인공지능과 4차 산업혁명의 미래	전승민	팜파스	2024
컴퓨터공학	인공지능과 딥러닝	마쓰오 유타카	동아엠앤비	2015
컴퓨터공학	인공지능과 로봇의 윤리	고인석	세창출판사	2022
컴퓨터공학	인공지능의 철학윤리수업	우버들 외	박영스토리	2024
컴퓨터공학	임베디드의 모든 것	구제길 외	위키북스	2014
컴퓨터공학	챗GPT, 이렇게 써먹으면 됩니다	후루카와 쇼이치 외	시그마북스	2023
컴퓨터공학	챗GPT로 대화하는 기술	박해선	한빛미디어	2023
컴퓨터공학	챗GPT에게 묻는 인류의 미래	김대식, 챗GPT	동아시아	2023
컴퓨터공학	처음 읽는 양자컴퓨터 이야기	다케다 슌타로	플루토	2021
컴퓨터공학	청소년을 위한 이것이 인공지능이다	김명락	슬로디미디어	2022
컴퓨터공학	초보자도 프로처럼 만드는 플러터 앱 개발	이정주	한빛미디어	2023
컴퓨터공학	추천 알고리즘의 과학	박규하	로드북	2022
컴퓨터공학	컴퓨터과학이 여는 세계	이광근	인사이트	2017
컴퓨터공학	코딩 없이 배우는 데이터 과학	황보현우 외	성안북스	2023
컴퓨터공학	코딩의 미래	홍전일	로드북	2022
컴퓨터공학	크리에이티브 프로그래머	바우테르 흐루네벨트	한빛미디어	2023
컴퓨터공학	클린 코드의 기술	Christian Mayer	영진닷컴	2023
컴퓨터공학	퓨처라마	변완희	크레파스북	2021
컴퓨터공학	프로그래머, 수학의 시대	이재현, 이정설	로드북	2020
컴퓨터공학	프로그래머로 사는 법	샘 라이트스톤	한빛미디어	2012
컴퓨터공학	프롬프트 엔지니어링 교과서	서승완	애드앤미디어	2023
컴퓨터공학	한눈에 보이는 인공지능 수학 그림책	한선관, 정기민	성안당	2023
패션의류	20세기 패션 아이콘	제르다 북스바움	미술문화	2009
패션의류	MT 의류학	채금석	장서가	2009
패션의류	디지털시대의 의류 신소재	안영무	학문사	2002
패션의류	라이프스타일과 트렌드	이재정 외	예경	2006
패션의류	리서치와 디자인	사이먼 자이브라이트	디자인리서치앤플래닝	2008
패션의류	메이크업스타일북	김지영, 조현아	마음상자	2013

분야	도서명	저자	출판사	출판년도
패션의류	붉은색의 베르사체 회색의 아르마니	최경원	길벗	2007
패션의류	블랙패션의 문화사	존 하비	심산	2008
패션의류	샤넬, 미술관에 가다	김홍기	미술문화	2008
패션의류	서양패션의 역사	제임스 레버	시공아트	2005
패션의류	아르마니 패션 제국	레나타 몰로	문학수첩	2008
패션의류	옷장에서 나온 인문학	이민정	들녘	2014
패션의류	우리 옷 이천 년	류희경 외	미술문화	2008
패션의류	코코 샤넬	카타리나 칠코프스키	솔	2005
패션의류	테크노 텍스타일	사라 E. 브래독 외	예경	2002
패션의류	텍스타일과 패션	제니 유데일	디자인리서치앤플래닝	2008
패션의류	패션: 개념에서 소비자까지	지니 스티븐스 프링스	시그마프레스	2008
한의예	100년 건강수명을 위한 건강관리법	이선동	푸른솔	2020
한의예	교감하는 마음치료 이야기	고영협 외	한국경제신문i	2020
한의예	나는 한의원에서 인생의 모든 것을 배웠다	전대성	매일경제신문사	2022
한의예	내과 한방진료	이와사키 코우 외	청홍	2020
한의예	동양의학 치료 교과서	센토 세이시로	보누스	2023
한의예	동의보감, 과학을 논하다	박석준	바오	2015
한의예	몸, 한의학으로 다시 태어나다	안세영, 조정래	와이겔리	2020
한의예	생긴 대로 병이 온다	조성태 외	라의눈	2020
한의예	염증 해방	정세연	다산라이프	2022
한의예	왜 누구는 오래 살고 누구는 일찍 죽을까	손인철, 백성호	미류책방	2023
한의예	체질을 알고 체질대로 살아라	구환석	지식과감성	2022
한의예	침과 침술	홍도현	일취월장	2022
한의예	하이브리드 의학	오카베 테츠로	청홍	2021
한의예	하이브리드 한의학	김종영	돌베개	2019
한의예	한의대로 가는 길	윤소정	흔들의자	2021
한의예	한의원 밖으로 나간 한의사들	대만드	메디스트림	2022
한의예	한의학의 현대적 해석과 고혈압	이준우	군자출판사	2023
행정	공직자는 나라의 대표선수이다	강영두	행복에너지	2012
행정	세상을 바꾼 놀라운 정책들	조성주 외	유니스토리	2010
행정	한국행정조직론	조석준 외	법문사	2010

분야	도서명	저자	출판사	출판년도
화학	Big Question 118 원소	잭 챌로너	Gbrain	2015
화학	가볍게 읽는 유기화학	사이토 가쓰히로	북스힐	2023
화학	같기도 하고 아니 같기도 하고	로얼드 호프만	까치	2018
화학	개념, 용어, 이론을 쉽게 정리한 기초 화학 사전	다케다 준이치로	그린북	2020
화학	거의 모든 물질의 화학	김병민	현암사	2022
화학	걱정 많은 어른들을 위한 화학 이야기	윤정인	푸른숲	2022
화학	공업화학	정찬문	자유아카데미	2020
화학	곽재식의 먹는 화학 이야기	곽재식	요다	2022
화학	곽재식의 유령 잡는 화학자	곽재식	김영사	2022
화학	나노 화학	장홍제	휴머니스트	2023
화학	머릿속에 쏙쏙! 원소 노트	도쿄대학교사이언스커뮤니케이션동아리 CAST	시그마북스	2020
화학	모든 것에 화학이 있다	케이트 비버도프	문학수첩	2023
화학	미술관에 간 화학자	전창림	랜덤하우스코리아	2007
화학	미술관에 간 화학자: 두 번째 이야기	전창림	어바웃어북	2019
화학	배터리 전쟁	루카스 베드나르스키	위즈덤하우스	2023
화학	배터리의 미래	M. 스탠리 위팅엄 외	이음	2021
화학	부엌의 화학자	라파엘 오몽	더숲	2016
화학	분자 조각가들	백승만	해나무	2023
화학	상품의 화학	존 엠슬리	이치	2008
화학	생활 속의 화학	W. 릭스너 외	전파과학사	2022
화학	섬유지식 기초	안동진	한울	2020
화학	세계사를 바꾼 12가지 신소재	사토 겐타로	북라이프	2019
화학	세계사를 바꾼 화학 이야기	오미야 오사무	사람과나무사이	2022
화학	세상에서 가장 재미있는 화학	크레이그 그리들	궁리	2008
화학	세상을 만드는 분자	시어도어 그레이	다른	2015
화학	세상을 바꾸는 반응	시어도어 그레이	다른	2018
화학	세상을 바꾼 화학	원정현	리베르스쿨	2021
화학	수소혁명: 석유시대의 종말과 세계 경제의 미래	제러미 리프킨	민음사	2020
화학	신소재 이야기	김영근, 안진호	자유아카데미	2021

분야	도서명	저자	출판사	출판년도
화학	아톰 익스프레스	조진호	위즈덤하우스	2018
화학	알기 쉬운 고분자 이야기	박오옥	자유아카데미	2022
화학	에너지가 바꾼 세상	후루타치 고스케	에이지21	2022
화학	엑스맨 주식회사	닥터 스코, 김덕근	들녘	2020
화학	역사가 묻고 화학이 답하다	장홍제	지상의책	2022
화학	역사를 바꾼 17가지 화학이야기	페니 르 쿠터 외	사이언스북스	2007
화학	연금술개론	브라이언 코트노어	좋은글방	2019
화학	영화 속의 바이오테크놀로지	박태현	생각의나무	2008
화학	오늘의 화학	조지 자이던	시공사	2021
화학	올 댓 코스메틱	김동찬	이담북스	2021
화학	우리는 어떻게 화학 물질에 중독되는가	로랑 슈발리에	흐름출판	2017
화학	우아한 분자	장피에르 소바주	에코리브르	2023
화학	원소가 뭐길래	장홍제	다른	2017
화학	원소의 이름	피터 워더스	윌북	2021
화학	이공학을 위한 무기화학 강의	이순원, 권영욱	사이플러스	2021
화학	이런 화학이라면 포기하지 않을 텐데	김소환	보누스	2022
화학	이렇게 재밌는 화학, 왜 몰랐을까?	천웨이쥔	북스힐	2023
화학	이차전지 승자의 조건	정경윤 외	길벗	2023
화학	이토록 재밌는 화학 이야기	사마키 다케오	반니	2022
화학	인간이 만든 물질, 물질이 만든 인간	아이니사 라미레즈	김영사	2022
화학	일상적이지만 절대적인 화학지식 50	헤일리 버치	반니	2016
화학	장난꾸러기 돼지들의 화학피크닉 (화학의 67가지 매혹적인 비밀)	조 슈워츠	바다출판사	2019
화학	재미있는 주기율표	에이드리언 딩글	해나무	2008
화학	재밌어서 밤새 읽는 화학 이야기	사마키 다케오	더숲	2013
화학	재생에너지와의 공존	안희민	크레파스북	2022
화학	주기율표를 읽는 시간	김병민	동아시아	2020
화학	즐거운 화학 콘서트	캐시 코브 외	이지북	2007
화학	처음 읽는 2차전지 이야기	시라이시 다쿠	플루토	2021
화학	처음부터 화학이 이렇게 쉬웠다면	사마키 다케오	한국경제신문	2021
화학	탄소문명	사토 겐타로	까치	2015
화학	탄소중립 수소혁명	이순형	쇼팽의서재	2022

분야	도서명	저자	출판사	출판년도
화학	하루 한 권, 일상 속 화학 물질	사마키 다케오, 잇시키 겐지	드루	2023
화학	향수 A to Z	콜렉티프 네	미술문화	2022
화학	화학 교과서는 살아있다	문상흡 외	동아시아	2012
화학	화학 물질의 습격, 위험한 시대를 사는 법	계명찬	코리아닷컴	2018
화학	화학으로 이루어진 세상	크리스틴 메데페셀헤르만 외	에코리브르	2007
화학	화학의 눈으로 보면 녹색지구가 펼쳐진다	원정현	갈매나무	2023
화학/생명	DNA: 생명의 비밀	제임스 D. 왓슨 외	까치	2003
화학/환경	화학의 눈으로 보면 녹색지구가 펼쳐진다	원정현	갈매나무	2023
환경	$1,000게놈	케빈 데이비스	Mid	2011
환경	100가지 동물로 읽는 세계사	사이먼 반즈	현대지성	2023
환경	10대와 통하는 탈핵이야기	최열 외	철수와영희	2014
환경	10대와 통하는 환경과 생태이야기	최원형	철수와영희	2015
환경	2050 거주불능 지구	데이비드 월러스 웰즈	추수밭	2020
환경	고기로 태어나서	한승태	시대의창	2018
환경	교양 환경과학	G. Tyler Miller, Scott E. Spoolman	북스힐	2013
환경	그리드	그레천 바크	동아시아	2021
환경	그린 쇼크	최승신 외	바른북스	2023
환경	기후 위기 부의 대전환	홍종호	다산북스	2023
환경	기후로 다시 읽는 세계사	이동민	갈매나무	2023
환경	기후변화 시대의 사랑	김기창	민음사	2021
환경	기후변화, 그게 좀 심각합니다	빌 맥과이어	양철북	2023
환경	기후변화와 환경의 미래	이승은, 고문현	21세기북스	2019
환경	기후위기 행동사전	김병권 외	산현재	2023
환경	기후위기와 탄소중립 수업 이야기	한문정	우리학교	2023
환경	기후피해 세대를 넘어 기후기회 세대로	이재형	퍼블리온	2023
환경	꿈의 도시 꾸리찌바	박용남	녹색평론사	2009
환경	나는 풍요로웠고 지구는 달라졌다	호프 자런	김영사	2020
환경	당신의 쓰레기는 재활용되지 않았다	미카엘라 르 뫼르	풀빛	2022
환경	대한민국 탄소중립 2050	KEI 한국환경연구원	크페파스북	2021
환경	더 월	존 란체스터	서울문화사	2020
환경	망원동 에코 하우스	고금숙	이후	2015

분야	도서명	저자	출판사	출판년도
환경	모든 것은 땅으로부터	헬레나 노르베리 등	시공사	2003
환경	목소리를 드릴게요	정세랑	아작	2020
환경	무법의 바다	이언 어비나	아고라	2023
환경	미래를 위한 환경 철학	김완구 외	연암서가	2023
환경	미래의 에너지	에머리 로빈슨 외	생각의나무	2001
환경	바나나	댄 쾨펠	이마고	2010
환경	브레이킹 바운더리스	요한 록스트룀, 오웬 가프니	사이언스북스	2022
환경	빌 게이츠, 기후재앙을 피하는 법	빌 게이츠	김영사	2021
환경	사라져 가는 음식들	댄 살라디노	김영사	2023
환경	생명을 보는 마음	김성호	풀빛	2020
환경	생물들의 마지막 이야기	이마이즈미 타다아키	영진닷컴	2023
환경	생태도시 아바나의 탄생	요시다 타로	들녘	2004
환경	생태민주주의	구도완	한티재	2018
환경	생태적 전환, 슬기로운 지구생활을 위하여	최재천	김영사	2021
환경	생태학 개념어 사전	어니스트 칼렌바크	에코리브르	2009
환경	생태학, 그 열림과 닫힘의 역사	도널드 워스터	아카넷	2002
환경	세계의 도시숲을 걷는다	변우혁 외	이채	2009
환경	숲 생태학 강의	차윤정 외	지성사	2009
환경	스노볼 드라이브	조예은	민음사	2021
환경	식사혁명	남기선	MID	2019
환경	쓰레기에 관한 모든 것	피에로 마틴, 알레산드라 비올라	북스힐	2020
환경	아무도 미워하지 않는 개의 죽음	하재영	창비	2018
환경	역사로 보는 환경	김정규	고려대학교출판부	2009
환경	오늘의 기후	노광준	루아크	2023
환경	오래된 미래	헬레나 노르베리-호지	중앙Books	2007
환경	우리는 플라스틱 없이 살기로 했다	산드라 크라우드바슐	양철북	2016
환경	우리를 구할 가장 작은 움직임, 원헬스	듣똑라	중앙books	2021
환경	우린 일회용이 아니니까	고금숙	슬로비	2019
환경	우주 쓰레기가 온다	최은정	갈매나무	2021
환경	위기의 지구, 물러설 곳 없는 인간	남성현	21세기북스	2020
환경	유러피언드림	제러미 리프킨	민음사	2005

분야	도서명	저자	출판사	출판년도
환경	이러다 지구에 플라스틱만 남겠어	강신호	북센스	2019
환경	인권으로 살펴본 기후 위기 이야기	최우리 외	철수와영희	2023
환경	인류를 식량 위기에서 구할 음식의 모험가들	아만다 리틀	세종서적	2021
환경	작은 것이 아름답다, 새로운 삶의 지도	에른스트 프리드리히 슈마허	너머학교	2016
환경	적을수록 풍요롭다	제이슨 히켈	창비	2021
환경	지구 파괴의 역사	김병민	포르체	2023
환경	지구를 살리는 기발한 물건 10	박경화	한겨레출판	2019
환경	지구를 살리는 업사이클링 환경놀이	Eco-STEAM 연구회	테크빌교육	2022
환경	지구를 쓰다가	최우리	한겨레출판	2023
환경	지구별 생태사상가	황대권 외	작은것이아름답다	2020
환경	지구온난화 이야기	팀 플래너리	지식의 풍경	2007
환경	지구의 마지막 숲을 걷다	벤 롤런스	엘리	2023
환경	지금 시작하는 나의 환경수업	홍세영	테크빌교육	2022
환경	지속가능한 세상에서 도시는 생명체다!	배성호, 주수원	이상북스	2023
환경	참나무라는 우주	더글라스 탈라미	가지	2023
환경	침묵의 봄	레이첼 카슨	에코리브르	2011
환경	코드 그린	토머스 프리드먼	21세기북스	2008
환경	키워드 기후 위기 이야기	이상수	철수와영희	2023
환경	탄소 농업	허북구	중앙생활사	2022
환경	해적판을 타고	윤고은	문학과 지성사	2017
환경	허리케인 도마뱀과 플라스틱 오징어	소어 핸슨	위즈덤하우스	2023
환경	환경사란 무엇인가?	도널드 휴즈	앨피	2022
환경	희망의 자연	제인 구달 외	사이언스북스	2010
회계	쉽게 배워서 바로 써먹는 이야기 회계	정헌석, 정병수	김영사	2015
회계	읽으면 읽을수록 빠져드는 회계책	권재희	길벗	2018
회계	콕콕 정교수 회계입문	정성진	에듀케이션예지	2020
회계	회계 천재가 된 홍 대리 1(회계의 본질)	손봉석	다산북스	2018

CHAPTER
08 탐구사이트

1. 정부출연연구기관

정부출연연구기관은 운영 재원의 일정 부분 이상을 정부 출연금으로 충당하는 연구기관을 의미합니다. 대표적으로는 "정부출연연구기관 등의 설립·운영 및 육성에 관한 법률"을 법적 근거로 하는 경제인문사회연구회 소관 연구기관과 "과학기술 분야 정부출연연구기관 등의 설립·운영 및 육성에 관한 법률"을 법적 근거로 하는 국가과학기술연구회 소관 연구기관이 있습니다. 이외에도 소위 '정출연법' 제정과 개정 시 연구회 소관으로 이전되지 않고 부처 소관으로 남았거나 신설된 기타 정부출연연구기관이 있습니다. 위와 같은 정부출연연구기관은 공신력 있는 기관이므로 탐구활동 자료의 중요한 출처가 됩니다.

경제 · 인문사회연구회	국가과학기술연구회	기타 정부출연연구기관
• 한국개발연구원 - 부설 KDI국제정책대학원 • 국토연구원 • 건축공간연구원 • 과학기술정책연구원 • 대외경제정책연구원 • 산업연구원 • 에너지경제연구원 • 정보통신정책연구원 • 통일연구원 • 한국교육개발원 • 한국교육과정평가원 • 한국교통연구원	• 한국과학기술연구원 - 부설 녹색기술센터 • 한국기초과학지원연구원 • 한국핵융합에너지연구원 • 한국천문연구원 • 한국생명공학연구원 • 한국과학기술정보연구원 • 한국한의학연구원 • 한국생산기술연구원 • 한국전자통신연구원 - 부설 국가보안기술연구소 • 한국건설기술연구원 • 한국철도기술연구원	• 한국과학기술원 • 광주과학기술원 • 대구경북과학기술원 • 울산과학기술원 • 기초과학연구원 - 부설 국가수리과학연구소 • 한국국방연구원 • 국방과학연구소 • 한국원자력안전기술원 • 한국원자력의학원 • 한국학중앙연구원 • 한국해양과학기술원 - 부설 극지연구소

경제 · 인문사회연구회	국가과학기술연구회	기타 정부출연연구기관
• 한국노동연구원 • 한국농촌경제연구원 • 한국법제연구원 • 한국보건사회연구원 - 부설 육아정책연구소 • 한국여성정책연구원 • 한국조세재정연구원 • 한국직업능력연구원 • 한국청소년정책연구원 • 한국해양수산개발원 • 한국행정연구원 • 한국형사 · 법무정책연구원 • 한국환경연구원	• 한국표준과학연구원 • 한국식품연구원 - 부설 세계김치연구소 • 한국지질자원연구원 • 한국기계연구원 • 한국재료연구원 • 한국항공우주연구원 • 한국에너지기술연구원 • 한국전기연구원 • 한국화학연구원 - 부설 안전성평가연구소 • 한국원자력연구원	- 부설 선박해양플랜트연구소 • 고등과학원 • 국방기술품질원 • 국립해양생물자원관 • 한국과학재단 • 국립암센터 • 국립생태원 • 국립낙동강생물자원관 • 국립호남권생물자원관

2. 수학 사이트

1. 대한수학회(내 수학이 빛나는 순간)
   http://www.kms.or.kr/
2. 한국수학교육학회(내 뉴스레터)
   https://www.ksme.org/
3. 한국산업응용수학회(내 KSIAM 뉴스레터)
   http://www.ksiam.org/
4. 한국고등과학원(내 각 카테고리마다 출판물)
   http://www.kias.re.kr/
5. 국가수리과학연구소(내 웹진)
   https://www.nims.re.kr/
6. 한국정보보호학회(내 논문지, 학회지)
   https://www.kiisc.or.kr/
7. 한국학교수학회(내 논문검색)
   http://www.ksms.com/index.ink

8. 전국수학교사모임(내 수학과교육(저널), 자료회원 가입)

http://www.tmath.or.kr/

9. 한국논리학회(내 논리연구 목록)

https://www.logicalkorea.com/

10. 한국과학창의재단

https://www.kosac.re.kr/

11. 알지오매쓰(대수부터 기하까지 모든 수학을 다루는 소프트웨어)

https://www.algeomath.kr/

12. 지오지브라(수학, 과학 시각화도구)

https://www.geogebra.org/

13. EBS MATH(수학 공학도구)

https://www.ebsmath.co.kr/

14. 자바실험실(과학 시뮬레이션)

https://javalab.org/

15. Wolfram Alpha(수학적 개념을 탐구하는 강력한 계산기)

https://www.wolframalpha.com/

16. Desmos(무료 온라인 그래핑 계산기)

https://www.desmos.com/

17. KESS 교육통계서비스

https://kess.kedi.re.kr/

18. KOSIS 국가통계포털

https://kosis.kr/

19. 지표누리

https://www.index.go.kr/

20. DATA 공공데이터포털

https://www.data.go.kr/

3. AI 사이트

1) 아이디어 검색

이름	유료/무료	특징
Perplexcity	무료 시 고급 언어 모델 5회 사용 제한 유료 시 고급 언어 모델사용	자연어 기반으로 정보를 검색하고 출처 정리
Copilot	무료	언어 모델로 출처 정리

* 24년 11월 기준으로 ChatGPT에서도 실시간 정보 검색 및 출처 검색이 가능해짐

2) 언어 모델

이름	유료/무료	특징
ChatGPT	무료 시 일정횟수 후 하위 모델로 전환 유료 시 상위 모델 사용	다양한 활용이 가능, GPTs로 프롬프트 공유 가능
Claude	무료 시 하루 사용제한 유료 시 사용량 증가	자연어 처리에 강점 코드를 미리 보여 주는 기능(아티팩트)
Gemini*	무료 시 하위모델 / 유료 시 상위 모델	Google 서비스에 통합되어 있음
Copilot	무료, 유료 시 오피스 통합, 코딩 통합	일상 사용과 코딩에 특화

* Google AI Studio로 접속 시 상위 모델 사용 가능
* 언어 모델은 대부분 실시간 정보 검색, 이미지 분석 및 이미지 생성(ChatGPT, Copilot), 프로그램 코딩 등 다양한 활용이 가능함

3) 정보 표현

이름	분류	유료/무료	특징
Napkin AI	다이어그램	현재 베타 무료	텍스트를 도식화해서 표현, 다이어그램 편집 가능
Suno AI	노래 생성	하루 10개 생성 무료	텍스트를 노래로 변환
CLOVA Dubbing	음성 (TTS)	무료 시 한 달 프로젝트 사용제한	한국어를 다양하게 조절가능
Midjourney	이미지 생성	유료	고품질 이미지 생성
DALL·E	이미지 생성	유료	ChatGPT 통합
Gamma	프레젠테이션	일정 횟수 무료	프레젠테이션 생성 및 관련 이미지 생성

4. 기타 유용한 사이트

1. RISS(한국교육학술정보원): 대표적 논문검색 사이트
   https://www.riss.kr/index.do
2. DBpia(누리미디어): 유료 논문 검색 사이트로 학생들이 가장 많이 이용
   www.dbpia.co.kr
3. KISS(한국학술정보): 학술논문, 연구논문, 연구자료, 학술지 등 다양한 자료 검색
   https://kiss.kstudy.com/
4. KISTI(한국과학기술정보연구원): 과학기술정보통신부 산하 국가 과학기술 연구회 소관의 연구기관
   www.kisti.re.kr
5. earticle(학술교육원): 학술논문검색사이트 earticle은 국내 학술단체에서 발행하는 학술논문, 연구논문, 연구자료, 학술지, 학술대회논문 등 다양한 자료를 서비스
   www.earticle.net
6. 국회전자도서관: 국내학술지, 학위논문검색, 발간자료, 추천 DB 수록
   www.nanet.go.kr(https://www.nanet.go.kr/)
7. 구글 학술검색: 학술논문, 단행본, 초록 검색 가능
   https://scholar.google.co.kr/
8. 네이버 학술정보: 연구 트렌드 분석, 분야별 출판/인용현황
   https://academic.naver.com/
9. 빅카인즈: 뉴스빅데이터 분석시스템, 뉴스 속 키워드 관계망, 주요 이슈, 정보원, 이슈트렌드 분석 정보 제공
   www.bigkinds.or.kr
10. 법률정보 검색_국가법령정보센터: 헌법, 법률, 명령, 조례, 규칙, 대법원 판례, 법령해석사례 등 다양한 법령 정보
    www.law.go.kr

11. 특허정보 검색 서비스: 국내외 특허, 상표, 디자인 정보 검색 및 선행기술조사분석, 상표조사, 번역 등 특허 서비스 안내

www.kipris.or.kr

12. 통계정보검색_국가통계포털: 코시스, 통계청이 제공하는 원스톱 통계 서비스, 국가승인통계, 국제통계, 북한통계, e-지방지표, 통계시각화콘텐츠, 온라인간행물 등 제공

- 코시스 https://kosis.kr/index/index.do
- 교육통계서비스 https://kess.kedi.re.kr/index
- 지표누리(SDG 지표제공)
  https://www.index.go.kr/unity/potal/sdg/SDGMain.do
- e-나라지표
  https://www.index.go.kr/unity/potal/eNara/main/EnaraMain.do
- DATA https://www.data.go.kr/

13. 의학신문: 보건의료분야 허브사이트

www.bosa.co.kr

14. 민족의학신문: 한의학, 민족문화칼럼, 의학서적, 임상정보 제공

www.mjmedi.com

15. 의협신문: 의사협회 인터넷신문, 학술, 의학, 보건, 보험, 병원 경영 등 제공

www.doctorsnews.co.kr

16. KMOOC: 한국형 온라인강좌

www.kmooc.kr

17. The Science Times: 인터넷 과학신문, 뉴스, 문화소식, 만화, 청소년 기사

https://www.sciencetimes.co.kr/

18. 사이언스온 : 한국 과학기술정보연구원에서 운영하는 과학기술 지식인프라 통합서비스

https://scienceon.kisti.re.kr/

19. 서울특별시교육청융합과학교육원: 학생교육-과학경진대회-입상작 경로로 들어가면 다양한 입상작을 보면서 참고할 수 있음

https://ssei.sen.go.kr/fus/MI000000000000000074/board/BO00000126/ctgynone/list0010v.do

20. 국회도서관 책이야기: 각종 서적관련 서평 모음

https://www.nanet.go.kr/datasearch/commant/selectWeekCommantList.do

21. 슈카월드: 경제 이외에도 다양한 이슈를 알기 쉽게 설명하는 국내 최고 유투버

https://www.youtube.com/@syukaworld

22. 생각의 열쇠: 서울대와 네이버가 손잡고 만든 지식교양강연 영상

https://tv.naver.com/snulectures

23. 지금은 과학: 네이버가 제공하는 과학 관련 뉴스 모음

https://news.naver.com/hotissue/main?sid1=163&cid=1087778

24. Think with Google: 구글이 제공하는 최신 트렌드와 데이터

https://www.thinkwithgoogle.com/intl/ko-kr/

Ⅱ. 활용편

CHAPTER 01

디지털 리터러시(Digital Literacy)의 중요성

(출처: 네이버 지식백과-두산백과 두피디아)

2022 개정 교육과정은 디지털 시대의 변화에 대응하기 위해 디지털 기초 소양을 강화하고, 정보교육을 확대하는 방향으로 설계되었습니다. 이를 통해 학생들이 인공지능(AI), 빅데이터 등 첨단 기술을 이해하고 활용할 수 있는 능력을 기르도록 하고 있습니다. 이는 단순히 기술적 활용을 넘어 비판적 사고와 창의적 문제 해결 능력을 포함한 디지털 리터러시를 함양하는 데 초점을 맞추고 있습니다. 특히 2022 개정 교육과정에서는 이를 기초 소양으로 제시하며 교육 현장에서 강조하고 있습니다.

1. 디지털 리터러시란?

디지털 리터러시(Digital Literacy)는 디지털 환경에서 정보를 탐색, 이해, 평가, 생성, 공유하는 능력을 의미합니다. 이는 단순히 디지털 기기를 다루는 기술적 숙련도를 넘어, 디지털 미디어와 콘텐츠를 비판적으로 접근하고 활용하는 능력을 포함합니다. 유네스코는 디지털 리터러시를 "디지털 기술을 활용하여 정보를 적절히 탐색, 관리, 이해, 통합, 소통, 평가, 창조할 수 있는 역량"으로 정의합니다.

디지털 리터러시는 전통적인 문해력(읽고 쓰는 능력)을 확장한 개념으로, 컴퓨터 리터러시, 정보 리터러시, 미디어 리터러시 등 다양한 하위 영역을 포괄합니다. 이는 디지털 기술과 미디어의 구조와 영향을 이해하고 윤리적 태도로 이를 활용하는 능력을 포함합니다.

2. 디지털 리터러시의 중요성

디지털 리터러시는 현대 사회에서 필수적인 역량으로 다음과 같은 이유로 중요성이 강조되고 있습니다.

1) 정보의 신뢰성 판단: 가짜 뉴스와 같은 잘못된 정보가 확산되는 디지털 환경에서 신뢰할 수 있는 정보를 구별하고 비판적으로 평가하는 능력이 요구됩니다.
2) 디지털 시민권: 온라인에서 적절히 행동하고 의견을 표현하며 공동체에 참여하는 데 필요한 윤리적이고 책임감 있는 태도를 형성합니다.
3) 교육 및 업무 효율성: 학습 자료를 탐색하고 활용하거나 디지털 도구를 통해 업무를 효율적으로 수행하며 협업하는 데 필수적입니다.
4) 디지털 경제와 사회 참여: 디지털 기술을 활용해 창의적이고 생산적으로 참여함으로써 개인과 사회 모두의 발전에 기여할 수 있습니다.

3. 디지털 리터러시의 구성 요소

디지털 리터러시의 구성 요소는 나라와 지역마다 조금씩 차이를 보이고 있지만 대체로 아래처럼 정리할 수 있습니다.

1) 기술 리터러시: 디지털 기기와 소프트웨어를 이해하고 사용하는 능력.
2) 정보 리터러시: 정보를 효과적으로 탐색, 분석, 평가, 활용하는 능력.
3) 미디어 리터러시: 미디어 콘텐츠의 메시지를 분석하고 비판적으로 이해하는 능력.
4) 디지털 의사소통과 문제 해결: 디지털 환경에서 효과적으로 소통하고 문제를 해결하는 능력.
5) 디지털 윤리와 정보 보호: 개인정보를 보호하고 윤리적으로 행동하는 태도

CHAPTER 02

(교육과정 연계) AI와 함께하는 탐구활동

활용 Tool은 다음 6가지의 사이트를 적절하게 활용합니다. 각 Tool마다 장단점은 있으나 여기서는 주로 GPT를 활용해 보겠습니다.

1. ChatGPT: https://chatgpt.com/
2. Copilot: https://www.bing.com/chat?q=Microsoft+Copilot&FORM=hpcodx
3. Gemini: https://gemini.google.com/app?hl=ko
4. Perplecity: https://www.perplexity.ai/
5. 뤼튼: https://wrtn.ai/
6. Claude 3 Sonnet: https://claude.ai/login?returnTo=%2F%3F

프롬프트 작성 Tip

다음은 OpenAI에서 공개한 프롬프트 엔지니어링 가이드를 한국어로 번역한 내용입니다.

이 가이드는 GPT-4o와 같은 대형 언어 모델(일명 GPT 모델)에서 더 나은 결과를 얻기 위한 전략과 전술을 공유합니다. 여기에서 설명하는 방법은 때로는 조합하여 더 큰 효과를 낼 수 있습니다. 자신에게 가장 적합한 방법을 찾기 위해 실험을 권장합니다.

또한, 모델의 잠재력을 보여주는 예시 프롬프트도 탐색할 수 있습니다.

더 나은 결과를 얻기 위한 여섯 가지 전략

1. 명확한 지시 작성하기
   모델은 사용자의 의도를 읽을 수 없습니다. 출력이 너무 길면 짧게 요청하세요. 출력이 너무 단순하면 전문가 수준의 글쓰기를 요청하세요. 형식이 마음에 들지 않으면 원하는 형식을 보여주세요. 사용자가 원하는 것을 모델이 추측할 필요가 적을수록 원하는 결과를 얻을 가능성이 높아집니다.

전술: 질의에 세부 정보를 포함하여 더 관련성 높은 답변을 얻기
모델에게 특정 역할(페르소나)을 맡도록 요청
입력의 명확한 구분을 위해 구분자를 사용
작업을 완료하기 위한 단계를 구체적으로 명시
예시 제공
출력의 길이를 구체적으로 명시

2. 참고 텍스트 제공하기

모델은 특히 난해한 주제나 인용, URL을 요청받을 때 허구의 답변을 자신 있게 만들어낼 수 있습니다. 학생이 시험에서 참고 자료를 활용하면 더 좋은 결과를 내는 것처럼, 참고 텍스트를 제공하면 모델이 오류 없이 답할 가능성이 높아집니다.

전술: 참고 텍스트를 활용하여 답변하도록 모델에게 요청
참고 텍스트를 기반으로 인용과 함께 답변하도록 요청

3. 복잡한 작업을 더 단순한 하위 작업으로 나누기

소프트웨어 엔지니어링에서 복잡한 시스템을 모듈화된 구성 요소로 분해하는 것이 좋은 관행인 것처럼, 언어 모델에 제출하는 작업도 마찬가지입니다. 복잡한 작업은 단순한 작업보다 오류율이 높습니다. 또한 복잡한 작업은 초기 작업의 출력을 후속 작업의 입력으로 사용하는 간단한 작업 흐름으로 재정의될 수 있습니다.

전술: 사용자의 질의에 가장 관련 있는 지시를 식별하기 위해 의도 분류 사용
긴 대화가 필요한 애플리케이션에서는 이전 대화를 요약하거나 필터링
긴 문서를 조각별로 요약한 후 재귀적으로 전체 요약 생성

4. 모델이 "생각할 시간"을 갖게 하기

17×28을 곱하라고 했을 때 즉시 답을 모르더라도 시간을 들이면 답을 구할 수 있습니다. 마찬가지로, 모델도 바로 답을 내리려고 할 때보다 시간을 들여 추론할 때 오류를 덜 범합니다. 답을 내리기 전에 "추론의 흐름"을 요청하면 모델이 더 신뢰할 수 있는 답을 도출하도록 도울 수 있습니다.

전술: 성급히 결론을 내리기 전에 모델이 스스로 해결책을 찾아내도록 요청
모델의 추론 과정을 숨기기 위해 내적 독백이나 일련의 질의를 사용
이전 답변에서 놓친 부분이 있는지 모델에게 확인 요청

5. 외부 도구 활용하기

모델의 약점을 보완하기 위해 다른 도구의 출력을 제공하세요. 예를 들어, 텍스트 검색 시스템(종종 RAG 또는 검색 증강 생성이라고 함)은 관련 문서를 모델에 제공할 수 있습니다. OpenAI의 코드 인터프리터 같은 코드 실행 엔진은 수학 연산이나 코드 실행을 돕습니다. 작업을 언어 모델보다 도구로 더 신뢰성 있게 수행할 수 있다면

이를 활용하세요.
전술: 효율적인 지식 검색을 위해 임베딩 기반 검색 사용
더 정확한 계산을 수행하거나 외부 API를 호출하기 위해 코드 실행 사용
특정 기능에 접근할 수 있도록 모델에 권한 부여

6. 변경 사항을 체계적으로 테스트하기
성능 향상은 이를 측정할 수 있을 때 더 쉽습니다. 경우에 따라 프롬프트의 수정이 몇 가지 개별 예제에서 더 나은 성능을 내지만, 보다 대표적인 예제 세트에서는 전체 성능을 저하시킬 수 있습니다. 따라서 변경이 전반적인 성능을 향상시키는지 확인하려면 포괄적인 테스트 스위트(일명 "eval")를 정의해야 할 수 있습니다.
전술: 모델 출력을 정답(골드 스탠다드)과 비교하여 평가

- 이 자료의 예시는 "생명공학과" 학생의 입장에서 작성하는 것입니다.
- 생명공학 진학을 희망하는 학생이 2022 개정 교육과정 '생물의 유전'이라는 교과목 단원 중 (원핵생물의 유전자 발현 조절) 내용을 학습하던 중 '원핵생물의 유전자 발현 조절에 공학적 기술 활용 방안'에 대한 호기심이 생겨 탐구 보고서를 작성하려고 합니다.
- AI마다 장단점은 있지만, 이 사례에서는 주로 GPT 기준으로 설명하겠습니다.
- 답변 생성 시 생성되다 끊어지면 "계속해서 작성해 줘!"라고 합니다.

1단계: 주제 고민하기

탐구보고서의 주제를 교과 내용과 생명공학적 응용 사례를 연결하여 설정합니다. 지금부터 가장 중요한 것은 데이터 해석과 비판적 해석을 유지하는 것입니다. AI는 여전히 설문 조사 데이터가 편향되거나 왜곡된 결론을 도출할 수 있기 때문입니다. 따라서 자료의 출처가 얼마나 객관적이고 정확한지 다양한 자료에 대해서 비교분석하여야 합니다. '역량기반 교육과정과 연계된 학생 역량 평가 체제 제안(정윤리. 한국교육과정학회. 2024.03. 교육과정연구. 42권 1호. 1-26pages)' 논문에서는 다음과 같이 언급하고 있습니다.

"하나의 문헌만 조사하여 발표할 때보다는 한 주제에 대해 다양한 문헌을 조사하거나, 하나의 주제에 대해 다양한 교과적 요소를 탐색하는 모습을 긍정적으로 평가했다. 또한, 발표 자료를 제작할 때 활용하는 자료의 신뢰도를 어떻게 높였는지, 양질의 정보를 어디에서 찾았는지를 확인했다"

탐구활동에서 주제 선정은 가장 힘들고 시간이 오래 걸리는 단계입니다. 좋은 질문이 좋은 주제를 찾는 핵심입니다. 주제 선정 시 충분한 선행 연구 자료 등이 있는지 확인을 하셔야 합니다. 간혹 충분한 선행 연구 자료를 조사하지 않은 상태에서 탐구활동을 진행하다가 주제를 변경하는 경우가 많이 발생합니다.

이제부터는 실습을 해 보겠습니다. 본인이 원하는 답변이 나올 때까지 계속된 질문의 확장을 통해 답을 얻으시면 됩니다.

1) 롤플레잉(역할 나누기)

① 생성형 AI에게 역할 부여하기

prompt. 지금부터 당신은 (**생명공학과**) 박사로 생명공학 분야에서 (**10년 이상 연구를 한 교수**)입니다.

② 나(물어보는 사람)에 대한 배경 설명

prompt. 나는 한국에서 공부하고 있는 고등학교 3학년으로 고려대학교 "생명공학과" 진학을 희망하고 있습니다.

2) 맥락 제공하기

본격적인 질문을 시작하기 전, **배경과 상황을 설정하여 대화의 맥락을 형성**합니다.

prompt. 생명공학 분야와 관련된 주제로 탐구보고서를 작성하려고 합니다. [ ] 참고하여 고등학생 수준에서 진행할 수 있는 주제 5개만 추천해 주세요.

** □칸에 들어갈 문장

예시1. 교과 단원 제시

- 2022 개정 교육과정 고등학교 "생물의 유전" 과목 "원핵생물의 유전자 발현 조절"

예시2. 주제 관련 키워드가 작성

- #2022개정교육과정 #생물의 유전 #원핵생물의유전자발현조절 #공학기술활용방안 #최근연구동향

GPT prompt

#지금부터 당신은 생명공학과 박사로 생명공학과 분야에서 10년 이상 연구한 교수입니다.
#나는 한국에서 공부하고 있는 고등학교 2학년 학생으로 고려대학교 '생명공학부' 진학을 희망하고 있습니다.
#생명공학 분야야 관련된 주제로 탐구보고서를 작성하려고 합니다. 2022 개정 교육과정 고등학교 "생물의 유전" 과목 중 "원핵생물의 유전자 발현 조절" 연구에 공학기술이 활용되는 탐구주제 5개를 추천해 줘.

GPT answer

고려대학교 생명공학부 진학을 희망하며 "원핵생물의 유전자 발현 조절"과 관련된 탐구 주제를 찾고 있다면, 생명공학 기술이 원핵생물의 유전자 발현 조절 연구에 어떻게 활용되는지 다룰 수 있는 다음과 같은 주제들을 추천합니다:

1. CRISPR-Cas 시스템을 이용한 원핵생물 유전자 발현 조절
   CRISPR-Cas9 또는 dCas9(비활성화된 Cas9)을 활용하여 특정 유전자의 발현을 억제하거나 활성화하는 방법을 연구합니다.
   CRISPR 기반의 RNA 가이드 시스템을 통해 원핵생물 내에서 유전자 발현의 정밀한 조절이 가능하며, 이를 통해 대사 경로를 최적화하거나 단백질 생산성을 향상시킬 수 있습니다.
2. 광유전학(optogenetics)을 활용한 원핵생물 유전자 발현 조절
   빛에 반응하는 단백질(예: LOV, YF1)을 사용하여 원핵생물의 특정 유전자를 빛에

의해 켜거나 끄는 기술을 탐구합니다.

이 기술은 비침습적이고 시간 및 공간적으로 정밀한 조절이 가능하여 바이오센서 개발이나 대사 공학에 응용될 수 있습니다.

3. 합성 생물학 기반의 유전자 회로 설계

원핵생물에서 작동하는 합성 유전자 회로를 설계하고, 이를 통해 특정 환경 자극(예: 화학 물질, pH 변화)에 반응하여 유전자 발현이 조절되는 시스템을 연구합니다.

예를 들어, TetR 또는 LacI와 같은 억제 단백질과 T7 프로모터를 결합하여 정밀한 발현 조절이 가능한 시스템을 설계할 수 있습니다.

4. mRNA 수준에서의 번역 조절 메커니즘 연구

mRNA 구조나 리보솜 결합 부위(RBS)를 변형하여 번역 효율을 조절하는 방법을 탐구합니다.

예를 들어, 특정 aptamer를 사용해 mRNA 구조를 제어하거나 리보솜 접근성을 변경하여 단백질 생산성을 최적화할 수 있습니다.

5. 대사 공학에서의 유전자 발현 최적화

대사 공학에서 필요한 효소의 발현 수준을 조절하기 위해 프로모터 강도를 조정하거나 다중 cistronic 오페론 설계를 연구합니다.

예를 들어, 바이오연료나 의약품 생산에 필요한 대사 경로를 최적화하기 위해 TIGR(Tunable Intergenic Regions) 기술을 활용할 수 있습니다.

탐구 보고서 작성 팁

- 각 주제에 대해 관련된 최신 연구 사례와 기술적 응용 가능성을 조사하세요.
- 실험 설계나 시뮬레이션 방법론(예: 컴퓨터 모델링)을 포함하면 보고서의 깊이가 더 해집니다.
- 생명공학 기술이 실제 산업이나 의학 분야에서 어떻게 활용될 수 있는지 논의하면 응용성을 강조할 수 있습니다.
- 위 주제들은 "원핵생물의 유전자 발현 조절"이라는 고등학교 교육과정 내 개념을 심화시키면서도 생명공학적 응용 가능성을 탐구할 수 있는 흥미로운 방향성을 제공합니다.

2단계: 주제를 구체화하기

관심 있는 주제가 나오지 않았다면 생성형 AI에게 "추천해 줘서 고마워, 그런데 내가 연구하고 싶은 주제가 아니야! 주제 5개 다시 추천해 줘."라고 반복해서 물어봐서 원하는 주제를 찾습니다. 그래도 이상하게 나온다면 **새 질문**을 클릭하여 다시 질문을 시작합니다.

GPT prompt

잘 했어. 넌 역시 생명공학분야의 최고의 전문가야.
#추천해 준 주제 '대사 공학에서의 유전자 발현 최적화'에 관해 좀 더 구체적인 주제를 알려줘.

GPT answer

주제인 **"대사 공학에서의 유전자 발현 최적화"**를 바탕으로, 구체적인 탐구 주제를 다음과 같이 제안합니다:

1. 대사 경로 내 유전자 발현 조절을 통한 대사 플럭스 균형 최적화
   내용: 특정 대사 경로에서 플럭스 병목현상을 해결하기 위해 주요 효소 유전자의 발현 수준을 조정하는 방법 연구.
   예시: 리보솜 결합 부위(RBS) 또는 프로모터의 강도를 조정하여 대사 경로의 효율성을 높이고, 대사산물(예: 바이오연료, 의약품)의 생산성을 향상시키는 실험 설계.
2. 합성 생물학 기반의 조합적 유전자 발현 최적화
   내용: 다양한 프로모터와 종결자(terminator)를 조합하여 대사 경로 내 유전자 발현 수준을 최적화하는 연구.
   예시: GEMbLeR(Gene Expression Modulator by LoxP Recombination) 기술을 활용해 특정 대사산물(예: astaxanthin)의 생산성을 두 배로 증가시키는 방법 연구.
3. 합성 조절 RNA를 활용한 유전자 발현 미세 조정
   내용: 합성 조절 RNA(synthetic regulatory RNA)를 설계하여 특정 유전자의 발현을 정밀하게 억제하거나 활성화하는 연구.
   예시: 대장균에서 합성 RNA를 사용해 타이로신이나 카다베린과 같은 고부가가치 화합물의 생산성을 극대화하는 방법.

4. 대사 공학을 이용한 신규 생합성 경로 설계
   내용: 기존 대사 경로를 변형하거나 확장하여 새로운 물질(예: 바이오플라스틱 전구체, 비타민 등)을 합성하는 연구.
   예시: COMPACTER(combinatorial transcriptional engineering) 기법을 이용해 xylose 또는 cellobiose를 활용한 고효율 생합성 경로 개발.

5. 대사 공학에서의 플라스미드 기반 유전자 발현 최적화
   내용: 플라스미드 복제 기점을 변경하거나 유도 시스템을 도입하여 대사 경로 효소의 발현 수준을 동적으로 조절하는 연구.
   예시: TriO 시스템(orthogonal control of gene expression)을 사용해 butyrate, butanol, hexanoate 등 다양한 화합물의 생산성을 최적화하는 방법.

3단계: 탐구보고서 초안 작성하기

GPT prompt

잘 했어. 역시나 내가 너를 믿을 수밖에 없는 최고의 전문가군.
#**'대사 공학에서의 플라스미드 기반 유전자 발현 최적화 방안'**을 탐구 주제로 소논문 형식으로 탐구보고서를 작성해 줘. 자료출처는 신뢰성 높은 자료를 중심으로 하고 출처는 본문에서 각주로 처리해 줘.

GPT answer

소논문: 대사 공학에서의 플라스미드 기반 유전자 발현 최적화 방안

1. 서론
   대사 공학은 미생물을 활용하여 고부가가치 화합물(예: 바이오연료, 의약품, 화학물질)을 생산하는 데 필수적인 기술로 자리 잡고 있다. 특히, 플라스미드는 유전자 발현 조절 및 대사 경로 최적화에서 중요한 도구로 사용된다. 본 연구는 플라스미드 기반 유전자 발현 최적화 전략을 탐구하여 대사 경로 효율성을 극대화하고, 대사 병목현상을 해결하기 위한 방안을 제안한다.

2. 플라스미드 기반 유전자 발현의 장점과 한계
   플라스미드는 다중 복제와 높은 발현 수준을 가능하게 하며, 대사 공학에서 다음과

같은 이점을 제공한다:
유연성: 다양한 프로모터와 복제 기점을 조합하여 발현 수준을 조정할 수 있음.
모듈성: 플라스미드를 쉽게 설계하고 다른 세포주로 전이 가능.
그러나 한계점도 존재한다:
복제 안정성 부족: 세포 분열 과정에서 플라스미드 손실 가능성.
대사 부담: 높은 복제 수와 단백질 발현으로 인해 숙주 세포의 성장 저하15.

3. 플라스미드 기반 유전자 발현 최적화 전략

3.1. 프로모터 및 RBS 조합을 활용한 발현 수준 조정

플라스미드상의 유전자 발현은 프로모터 강도와 리보솜 결합 부위(RBS)의 조합에 따라 달라진다. 예를 들어, COMPACTER(combinatorial transcriptional engineering) 기법은 다양한 프로모터 변이를 생성하고 이를 고효율적으로 스크리닝하여 최적의 발현 패턴을 도출할 수 있다.

3.2. TriO 시스템을 통한 정교한 유전자 발현 제어

TriO(orthogonal gene expression control) 시스템은 플라스미드 기반으로 각 유전자의 발현 수준을 독립적으로 제어할 수 있도록 설계되었다. 이를 통해 대사 경로 내 병목효소의 발현을 조정하여 생산성을 극대화할 수 있다2. 예를 들어, E. coli를 이용한 역 β-산화 경로(reverse β-oxidation)에서 TriO 시스템은 부티레이트 생산성을 기존 대비 6.3 g/L로 증가시켰다.

3.3. 복제 기점 및 복제 수 조정

플라스미드 복제 기점(origin of replication)의 선택은 복제 수와 안정성에 큰 영향을 미친다. 고복제수 플라스미드는 높은 단백질 발현을 가능하게 하지만, 대사 부담 증가와 같은 부작용이 있다5. 따라서 중복제수 플라스미드를 활용하거나 다중 플라스미드 시스템을 설계하는 것이 효과적일 수 있다.

3.4. 유도형 시스템을 통한 동적 발현 제어

유도형 프로모터(예: T7, GAL1)를 사용하면 외부 신호(예: IPTG, 갈락토오스)에 의해 유전자 발현을 시간적·공간적으로 제어할 수 있다5. 이는 특정 조건에서만 대사 경로가 활성화되도록 하여 숙주 세포의 성장과 생산성을 동시에 유지할 수 있도록 한다.

4. 사례 연구

4.1. Violacein 생합성 경로 최적화

Saccharomyces cerevisiae에서 다효소 경로를 플라스미드 기반으로 최적화한 결과, 프로모터 강도 조절과 회귀 모델링을 통해 violacein 생산성을 크게 향상시킬 수 있었다.

4.2. BGLS 생합성 경로 비교

Benzylglucosinolate(BGLS) 생합성 연구에서는 플라스미드를 통해 높은 단백질 수준을 달성했지만, 유전체 통합 방식이 더 높은 최종 산출량을 보였다1. 이는 플라스미드 기반 접근법이 초기 실험 단계에서는 유리하지만, 안정성과 균일성이 요구되는 산업 응용에서는 한계가 있음을 보여준다.

5. 결론 및 전망

플라스미드는 대사 공학에서 중요한 도구이며, 적절한 설계와 최적화를 통해 대사 경로 효율성을 극대화할 수 있다. 특히, TriO 시스템과 COMPACTER 기법은 정교한 유전자 발현 조절에 있어 강력한 도구로 자리 잡고 있다. 앞으로는 플라스미드 안정성을 높이고 대사 부담을 최소화하는 기술이 개발되어야 하며, 이를 통해 산업적 응용 가능성이 더욱 확대될 것이다.

각주

PMC9680641: Comparison of Genome and Plasmid-Based Engineering of Benzylglucosinolate Production in Saccharomyces cerevisiae.

PubMed ID: 38387675: Metabolic flux optimization of iterative pathways through orthogonal gene expression control.

PubMed ID: 24038353: Expression-level optimization of a multi-enzyme pathway in the absence of a high-throughput assay.

Academic OUP: Introduction and expression of genes for metabolic engineering applications.

ASM Journals: Plasmids for Controlled and Tunable High-Level Expression in E. coli.

Nucleic Acids Research: Customized optimization of metabolic pathways by combinatorial transcriptional engineering.

4단계: 탐구보고서 평가 및 수정

GPT가 생성한 초안을 다음 기준으로 평가합니다:

1. 교과 내용 반영 여부
2. 논리적 흐름
3. 응용 사례 적합성
4. 탐구의 깊이
5. 출력 제한 설정: "각 질문에 대한 답변은 최대 1500자로 제한하시오."

GPT prompt

#내용이 너무 어려운 것 같아. 한국에서 발행한 논문 및 참고문헌, 신문기사, 학술지 등을 참고하여 다시 소논문 형태로 작성해 줘.

GPT answer

주제: 대사 공학에서의 플라스미드 기반 유전자 발현 최적화 방안

1. 서론

대사 공학은 미생물을 활용하여 고부가가치 화합물(예: 바이오연료, 의약품, 화학 물질)을 생산하는 데 중요한 기술로 자리 잡고 있다. 특히, 플라스미드는 유전자 발현을 조절하고 대사 경로를 최적화하는 데 널리 사용되는 도구이다. 플라스미드는 복제 기점, 프로모터, 전사 종결자 등 다양한 요소를 설계하여 유전자 발현 수준을 조정할 수 있는 장점을 지닌다. 본 연구에서는 플라스미드 기반 유전자 발현 최적화 전략과 이를 대사 공학에 적용한 사례를 분석하고, 산업적 응용 가능성을 논의한다.

2. 플라스미드 기반 유전자 발현의 특징

2.1. 플라스미드의 구조와 역할

플라스미드는 세포 내에서 독립적으로 복제될 수 있는 원형 DNA로, 대사 공학에서 다음과 같은 주요 역할을 한다:

유전자 발현 조절: 다양한 프로모터와 복제 기점을 통해 특정 유전자의 발현 수준을 조정.

효소 생산 강화: 목표 대사 경로의 병목 효소를 과발현하여 대사 흐름 개선.

유연성 및 모듈성: 플라스미드는 설계 및 수정이 용이하며, 다양한 숙주 세포에 도입 가능.

2.2. 한계점

플라스미드 기반 시스템은 다음과 같은 한계도 존재한다:

복제 안정성 부족: 세포 분열 과정에서 플라스미드 손실 가능성.

대사 부담: 고복제수 플라스미드는 숙주 세포의 성장과 생존에 부정적인 영향을 미칠 수 있음.

3. 플라스미드 기반 유전자 발현 최적화 전략

3.1. 프로모터와 복제 기점 설계

플라스미드상의 유전자 발현은 주로 프로모터와 복제 기점에 의해 결정된다. 예를 들어, 강력한 T7 프로모터는 높은 단백질 발현을 가능하게 하지만, 숙주 세포에 과도한 대사 부담을 줄 수 있다. 따라서 중간 강도의 프로모터를 사용하는 것이 적합한 경우도 있다29.

3.2. 합성 조절 RNA 활용

합성 조절 RNA(synthetic regulatory RNA)는 특정 mRNA와 결합하여 번역을 억제하거나 촉진하는 방식으로 유전자 발현을 정밀하게 조절한다. 이 기술은 기존 염색체 조작 방식보다 빠르고 간단하며, 여러 유전자를 동시에 조작할 수 있는 장점을 지닌다.

3.3. 다중 플라스미드 시스템

다중 플라스미드를 활용하면 서로 다른 복제 기점과 선택 마커를 가진 플라스미드를 동시에 도입하여 여러 유전자를 독립적으로 발현할 수 있다. 이는 복잡한 대사 경로를 재설계하는 데 효과적이다.

3.4. 배양 조건 최적화

플라스미드 기반 발현 시스템의 효율은 배양 온도, pH, 영양소 농도 등 외부 조건에 따라 달라질 수 있다. 예를 들어, IPTG 농도를 조정하거나 배양 온도를 낮추어 단백질의 수용성 발현을 증가시킬 수 있다.

4. 사례 연구

4.1. 타이로신 및 카다베린 생산 균주 개발

KAIST 이상엽 교수 연구팀은 합성 조절 RNA 기술을 이용해 타이로신과 카다베린 생산성을 각각 21.9 g/L와 12.6 g/L까지 향상시켰다. 이 연구는 플라스미드를 활용하여 특정 효소의 발현 수준을 정밀하게 조정함으로써 기존 대사 공학 기술의 한계를 극복하였다1.

4.2. 자일로스 대사 효율 최적화

Saccharomyces cerevisiae에서 자일로스를 더 잘 대사하도록 설계된 플라스미드를 도입해 특정 효소들의 최적 발현 비율을 찾았다. 이를 통해 자일로스를 활용한 대사산물 생산성을 크게 향상시킬 수 있었다.

5. 결론 및 전망

플라스미드는 대사 공학에서 핵심적인 도구로 자리 잡고 있으며, 적절한 설계와 최적화를 통해 대사 경로 효율성을 극대화할 수 있다. 특히 합성 조절 RNA와 다중 플라스미드 시스템은 정밀한 유전자 발현 조절과 복잡한 대사회로 재설계를 가능하게 한다. 앞으로는 플라스미드 안정성을 높이고 숙주 세포의 대사 부담을 최소화하는 기술 개발이 필요하다. 이러한 발전은 바이오 연료, 의약품, 친환경 소재 등 다양한 산업 분야에서 응용 가능성을 더욱 확대할 것이다.

참고문헌

이상엽 외, "합성 조절 RNA를 이용한 대장균의 대사 공학 연구", KAIST Bio Design.
Jo et al., "E.coli BL21(DE3)에서 IsPETase와 NEXT-IsPETase의 세포질 내 수용성 발현", 한국연구재단.
"합성 조절 sRNA를 이용한 유전자 발현 미세조절", KAIST Bio Design.
"박테리아 기반의 유용 단백질 발현전략 최신동향", 전남대학교 생물학과.

위 소논문은 한국에서 수행된 연구와 신뢰할 만한 자료를 바탕으로 작성되었습니다. 각주를 통해 출처를 명시하였으며, 고등학생 수준에서도 이해할 수 있도록 내용을 간소화하였습니다.

5단계: 보고서 최종 구성

GPT로부터 얻은 데이터를 바탕으로 최종 보고서를 다음 구조로 정리합니다:

Ⅰ. 서론
  1. 연구 동기와 목적
  2. 연구의 중요성
  3. 최근 연구 동향
Ⅱ. 본론
  1. 이론적 배경
  2. 플라시미드 기반 유전자 발현의 특징
  3. 플라스미드 기반 유전자 발현 최적화 전략
  4. 사례 연구
  5. 한계점
Ⅲ. 결론
  1. 연구 결과 요약
  2. 생명공학 분야에서 원핵생물 연구의 의의

GPT prompt

#너무 잘 했어. 정리된 자료를 이제는 아래에 제시된 조건으로 다시 정리해 줘.

===

Ⅰ. 서론

1. 연구 동기와 목적
2. 연구의 중요성
3. 최근 연구 동향

Ⅱ. 본론

1. 이론적 배경
2. 플라시미드 기반 유전자 발현의 특징
3. 플라스미드 기반 유전자 발현 최적화 전략
4. 사례 연구
5. 한계점

Ⅲ. 결론

1. 연구 결과 요약
2. 생명공학 분야에서 원핵생물 연구의 의의

GPT answer

대사 공학에서의 플라스미드 기반 유전자 발현 최적화 방안

Ⅰ. 서론

1. 연구 동기와 목적

대사 공학은 미생물을 이용해 바이오연료, 의약품, 고부가가치 화합물을 생산하는 데 중요한 역할을 한다. 특히 플라스미드는 유전자 발현 조절과 대사 경로 최적화의 핵심 도구로 사용되며, 이를 통해 효율적인 물질 생산이 가능하다. 본 연구는 플라스미드 기반 유전자 발현 최적화 전략을 탐구하여 대사 공학의 효율성을 높이는 방안을 제시하는 것을 목적으로 한다.

2. 연구의 중요성

플라스미드는 설계와 조작이 용이하며, 특정 유전자의 발현 수준을 조정할 수 있는 강력한 도구이다. 이를 통해 대사 경로 내 병목현상을 해결하고, 생산성을 극대화할 수 있다. 플라스미드를 활용한 유전자 발현 최적화는 생명공학 산업에서 경제적이고 실용적인 해결책을 제공한다.

3. 최근 연구 동향

최근 국내외 연구에서는 플라스미드를 활용한 대사 공학 기술이 활발히 이루어지고 있다. 예를 들어, KAIST 이상엽 교수 연구팀은 합성 조절 RNA를 이용해 타이로신과 카다베린 생산성을 크게 향상시켰으며, 플라스미드 설계를 통해 특정 효소 발현을 정밀하게 조절하는 기술을 개발하였다. 또한, 다중 플라스미드 시스템과 복제 기점 조정을 통한 효율적인 대사 경로 설계가 주목받고 있다.

Ⅱ. 본론

1. 이론적 배경

플라스미드는 세포 내에서 독립적으로 복제되는 원형 DNA로, 원핵생물의 유전자 발현 조절에 널리 사용된다. 플라스미드는 복제 기점(origin of replication), 프로모터(promoter), 전사 종결자(terminator) 등 다양한 요소로 구성되어 있으며, 이를 설계하여 특정 유전자의 발현 수준을 조정할 수 있다.

2. 플라스미드 기반 유전자 발현의 특징

1) 장점:

* 유연성: 다양한 프로모터와 복제 기점을 조합하여 목표 유전자의 발현 수준을 조정할 수 있다.

* 모듈성: 플라스미드는 설계와 수정이 용이하며, 다양한 숙주 세포에 도입 가능하다.

* 효율성: 높은 단백질 발현을 통해 대사 경로 내 병목효소를 보완할 수 있다.

2) 한계점:

* 복제 안정성 부족: 세포 분열 과정에서 플라스미드 손실 가능성이 존재한다.

* 대사 부담: 고복제수 플라스미드는 숙주 세포의 성장과 생존에 부정적인 영향을 미칠 수 있다.

3. 플라스미드 기반 유전자 발현 최적화 전략

1) 프로모터 및 복제 기점 설계

강력한 T7 프로모터를 사용하면 높은 단백질 발현이 가능하지만, 숙주 세포에 과도한 대사 부담을 줄 수 있으므로 중간 강도의 프로모터를 사용하는 것이 적합할 수 있다.

2) 합성 조절 RNA 활용

합성 조절 RNA(synthetic regulatory RNA)는 특정 mRNA와 결합하여 번역을 억제하거나 촉진하는 방식으로 유전자 발현을 정밀하게 조절한다.

3) 다중 플라스미드 시스템

서로 다른 복제 기점과 선택 마커를 가진 다중 플라스미드를 도입하여 여러 유전자를 독립적으로 발현함으로써 복잡한 대사 경로를 재설계할 수 있다.

4) 배양 조건 최적화

IPTG 농도나 배양 온도를 조정하여 단백질의 수용성 발현을 증가시키는 방법도 활용된다.

4. 사례 연구

1) 타이로신 및 카다베린 생산 균주 개발

KAIST 이상엽 교수 연구팀은 합성 조절 RNA 기술을 이용해 타이로신(21.9 g/L)과 카다베린(12.6 g/L)의 생산성을 크게 향상시켰다. 이는 특정 효소의 발현 수준을 정밀하게 조정함으로써 기존 대사 공학 기술의 한계를 극복한 사례이다.

2) 자일로스 대사 효율 최적화

Saccharomyces cerevisiae에서 자일로스를 더 잘 대사하도록 설계된 플라스미드를 도입해 특정 효소들의 최적 발현 비율을 찾았다. 이를 통해 자일로스를 활용한 대사산물 생산성을 크게 향상시킬 수 있었다.

5. 한계점

1) 플라스미드 안정성 문제: 세포 분열 과정에서 플라스미드가 손실될 위험이 있으며, 이는 장기적인 산업적 응용에서 문제를 야기할 수 있다.
2) 대사 부담 증가: 고복제수 플라스미드는 숙주 세포에 과도한 에너지 소모를 요구하여 성장 속도를 저하시킬 가능성이 있다.
3) 유전체 통합 방식과 비교 시 낮은 안정성: 일부 연구에서는 플라스미드보다 유전체 통합 방식이 장기적인 안정성과 균일성을 제공한다고 보고되었다.

Ⅲ. 결론

1. 연구 결과 요약

플라스미드는 대사 공학에서 중요한 도구이며, 적절한 설계와 최적화를 통해 효율적인 물질 생산이 가능하다. 본 연구에서는 프로모터 및 복제 기점 설계, 합성 조절 RNA 활용, 다중 플라스미드 시스템 등 다양한 최적화 전략을 제시하였다. 또한, 타이로신 및 카다베린 생산 균주 개발 등의 사례를 통해 플라스미드 기반 접근법의 효과를 확인하였다.

2. 생명공학 분야에서 원핵생물 연구의 의의

플라스미드를 활용한 원핵생물 연구는 바이오 연료, 의약품, 친환경 소재 등 다양한 산업 분야에서 응용 가능성을 가진다. 특히 합성 생물학 및 대사 공학 기술과 결합하여 지속 가능한 바이오산업 발전에 기여할 것으로 기대된다. 앞으로는 플라스미드 안정성과 숙주 세포의 대사 부담 문제를 해결하기 위한 추가적인 기술 개발이 필요하다.

참고문헌
이상엽 외, "합성 조절 RNA를 이용한 대장균의 대사 공학 연구", KAIST Bio Design.
Jo et al., "E.coli BL21(DE3)에서 IsPETase와 NEXT-IsPETase의 세포질 내 수용성 발현", 한국연구재단.
"합성 조절 sRNA를 이용한 유전자 발현 미세조절", KAIST Bio Design.
"박테리아 기반의 유용 단백질 발현전략 최신동향", 전남대학교 생물학과.
위 내용은 고등학생 수준에서도 이해하기 쉽도록 정리되었으며, 한국에서 수행된 신뢰도 높은 연구 자료와 사례를 중심으로 작성되었습니다.

이후에 Claude 3.5 Sonnet를 이용해 다시 한번 수정을 하셔도 됩니다. Claude 3 Sonnet는 Anthropic이 개발한 AI모델로, 기존 AI 기술의 한계를 뛰어넘어 성능과 효율성을 혁신적으로 결합해서 대학원 수준의 추론 능력, 학부 수준의 지식, 고도의 코딩 능력을 갖추고 있으며, 기존 모델 대비 2배 빠른 처리 속도를 자랑합니다.

이 절차를 통해 학생은 교과 내용(원핵생물 유전자 발현 조절)을 심화 학습하고, 이를 생명공학적 관점에서 탐구한 고품질 보고서를 작성할 수 있습니다. 다시 한번 강조하지만 이 모든 과정에서 학생의 적극적인 자기 주도성을 발휘해야 합니다. 자료의 비교 분석, 자료의 신뢰성, 자료의 객관성 검증, 보고서의 논리성 구성 등 학생들의 주도성이 발휘되지 않는 탐구활동은 아무 의미가 없습니다.

6단계: 학교 제출 보고서

이제는 학교 탐구보고서 서류에 맞춰서 수정 및 보완을 하여 제출하면 됩니다.

탐구활동 보고서

학번	2314	성명	김O환	희망전공	생명공학	교사확인	

과목	과목(생물유전) 단원(원핵생물 유전자 발현 조절)		
단원 성취기준	[12유전02-05] 생물의 유전자 발현 조절 및 발생에 대한 연구가 인류 복지에 기여한 사례를 조사하여 협력적으로 소통할 수 있다.		
키워드	#원핵생물 #유전자발현 #대사공학 #플라스미드		
과학과 핵심역량	□자기관리역량	☑지식정보처리역량	□창의적사고역량
	□심리적감성역량	□협력적소통역량	□공동체역량
	☑과학적탐구와문제해결능력		□과학적의사결정능력
참고자료	1. 이상엽 외, "합성 조절 RNA를 이용한 대장균의 대사 공학 연구", KAIST Bio Design. 2. Jo et al., "E.coli BL21(DE3)에서 IsPETase와 NEXT-IsPETase의 세포질 내 수용성 발현", 한국연구재단. 3. "합성 조절 sRNA를 이용한 유전자 발현 미세조절", KAIST Bio Design. 4. "박테리아 기반의 유용 단백질 발현전략 최신동향", 전남대학교 생물학과. 5. (도서) 크리스퍼가 온다. 제니퍼 다우드나		
탐구 주제	대사 공학에서 플라스미드 기반 유전자 발현 최적화 방안		

Ⅰ. 서론

1. 연구 동기와 목적

생명공학에 관심이 많은 저는 생물유전 과목에 나오는 '원핵생물 유전자 발현 조절' 내용을 가장 흥미롭게 공부했습니다. 그러던 중 대사 대사 공학이라는 생소한 용어를 접하게 되었습니다. 대사 공학은 미생물을 이용해 고부가가치 화합물(예: 바이오연료, 의약품, 고부가가치 화합물)을 생산하는 데 중요한 기술로 자리 잡고 있는데, 특히 플라스미드는 유전자 발현 조절과 대사 경로 최적화의 핵심 도구로 사용되며, 이를 통해 효율적인 물질 생산이 가능합니다. 플라스미드는 복제 기점, 프로모터, 전사 종결자 등 다양한 요소를 설계하여 유전자 발현 수준을 조정할 수 있는 장점을 지니고 있기 때문에 플라스미드 기반 유전자 발현 최적화 전략을 탐구하여 대사 공학의 효율성을 높이는 방안을 탐구하고자 합니다.

2. 연구의 중요성

플라스미드는 설계와 조작이 용이하며, 특정 유전자의 발현 수준을 조정할 수 있는 강력한 도구입니다. 이를 통해 대사 경로 내 병목현상을 해결하고, 생산성을 극대화할 수 있습니다. 플라스미드를 활용한 유전자 발현 최적화는 생명공학 산업에서 경제적이고 실용적인 해결책을 제공합니다.

3. 최근 연구 동향

최근 국내외 연구에서는 플라스미드를 활용한 대사 공학 기술이 활발히 이루어지고 있습니다. 예를 들어, KAIST 이상엽 교수 연구팀은 합성 조절 RNA를 이용해 타이로신과 카다베린 생산성을 크게 향상시켰으며, 플라스미드 설계를 통해 특정 효소 발현을 정밀하게 조절하는 기술을 개발하였습니다. 또한, 다중 플라스미드 시스템과 복제 기점 조정을 통한 효율적인 대사 경로 설계가 주목받고 있다는 사실도 알게 되었습니다.[1)2)]

Ⅱ. 본론

1. 이론적 배경

플라스미드는 세포 내에서 독립적으로 복제되는 원형 DNA로, 원핵생물의 유전자 발현 조절에 널리 사용됩니다. 플라스미드는 복제 기점(origin of replication),

1) 이상엽 외, "합성 조절 RNA를 이용한 대장균의 대사 공학 연구", KAIST Bio Design.
2) "합성 조절 sRNA를 이용한 유전자 발현 미세조절", KAIST Bio Design.

프로모터(promoter), 전사 종결자(terminator) 등 다양한 요소로 구성되어 있으며, 이를 설계하여 특정 유전자의 발현 수준을 조정할 수 있습니다.

2. 플라스미드 기반 유전자 발현의 특징

1) 장점:

- 유연성: 다양한 프로모터와 복제 기점을 조합하여 목표 유전자의 발현 수준을 조정할 수 있습니다.[3)]
- 모듈성: 플라스미드는 설계와 수정이 용이하며, 다양한 숙주 세포에 도입 가능합니다.
- 효율성: 높은 단백질 발현을 통해 대사 경로 내 병목효소를 보완할 수 있습니다.

2) 한계점:

- 복제 안정성 부족: 세포 분열 과정에서 플라스미드 손실 가능성이 존재합니다.
- 대사 부담: 고복제수 플라스미드는 숙주 세포의 성장과 생존에 부정적인 영향을 미칠 수 있습니다.

3. 플라스미드 기반 유전자 발현 최적화 전략

1) 프로모터 및 복제 기점 설계

강력한 T7 프로모터를 사용하면 높은 단백질 발현이 가능하지만, 숙주 세포에 과도한 대사 부담을 줄 수 있으므로 중간 강도의 프로모터를 사용하는 것이 적합할 수 있습니다.

3) Jo et al., "E.coli BL21(DE3)에서 IsPETase와 NEXT-IsPETase의 세포질 내 수용성 발현", 한국연구재단.

2) 합성 조절 RNA 활용

합성 조절 RNA(synthetic regulatory RNA)는 특정 mRNA와 결합하여 번역을 억제하거나 촉진하는 방식으로 유전자 발현을 정밀하게 조절합니다.

3) 다중 플라스미드 시스템

서로 다른 복제 기점과 선택 마커를 가진 다중 플라스미드를 도입하여 여러 유전자를 독립적으로 발현함으로써 복잡한 대사 경로를 재설계할 수 있습니다.[4)5)]

4) 배양 조건 최적화

IPTG 농도나 배양 온도를 조정하여 단백질의 수용성 발현을 증가시키는 방법도 활용됩니다.

4. 사례 연구

1) 타이로신 및 카다베린 생산 균주 개발

KAIST 이상엽 교수 연구팀은 합성 조절 RNA 기술을 이용해 타이로신(21.9 g/L)과 카다베린(12.6 g/L)의 생산성을 크게 향상시켰습니다. 이는 특정 효소의 발현 수준을 정밀하게 조정함으로써 기존 대사 공학 기술의 한계를 극복한 사례입니다.

2) 자일로스 대사 효율 최적화

Saccharomyces cerevisiae에서 자일로스를 더 잘 대사하도록 설계된 플라스미드를 도입해 특정 효소들의 최적 발현 비율을 찾았습니다. 이를 통해 자일로스를 활용한 대사산물 생산성을 크게 향상시킬 수 있었습니다.

4) Jo et al., "E.coli BL21(DE3)에서 IsPETase와 NEXT-IsPETase의 세포질 내 수용성 발현", 한국연구재단.
5) "박테리아 기반의 유용 단백질 발현전략 최신동향", 전남대학교 생물학과.

5. 한계점

1) 플라스미드 안정성 문제

세포 분열 과정에서 플라스미드가 손실될 위험이 있으며, 이는 장기적인 산업적 응용에서 문제를 야기할 수 있습니다.

2) 대사 부담 증가

고복제수 플라스미드는 숙주 세포에 과도한 에너지 소모를 요구하여 성장 속도를 저하시킬 가능성이 있습니다.

3) 유전체 통합 방식과 비교 시 낮은 안정성

일부 연구에서는 플라스미드보다 유전체 통합 방식이 장기적인 안정성과 균일성을 제공한다고 보고되었습니다.

Ⅲ. 결론

1. 연구 결과 요약

플라스미드는 대사 공학에서 중요한 도구이며, 적절한 설계와 최적화를 통해 효율적인 물질 생산이 가능합니다.[6][7] 이번 탐구활동을 통해 프로모터 및 복제기점 설계, 합성 조절 RNA 활용, 다중 플라스미드 시스템 등 다양한 최적화 전략을 탐구해 보았습니다. 또한, 타이로신 및 카다베린 생산 균주 개발 등의 사례를 통해 플라스미드 기반 접근법의 효과를 알게 된 계기가 되었습니다.

6) 이상엽 외, "합성 조절 RNA를 이용한 대장균의 대사 공학 연구", KAIST Bio Design.
7) "박테리아 기반의 유용 단백질 발현전략 최신동향", 전남대학교 생물학과.

2. 생명공학 분야에서 원핵생물 연구의 의의

플라스미드를 활용한 원핵생물 연구는 바이오 연료, 의약품, 친환경 소재 등 다양한 산업 분야에서 응용 가능성이 있습니다. 특히 합성 생물학 및 대사 공학 기술과 결합하여 지속 가능한 바이오산업 발전에 기여할 것으로 기대됩니다. 차후 탐구활동에서는 "플라스미드 안정성과 숙주 세포의 대사 부담 문제[8)9)]를 해결하기 위한 추가적인 기술 개발이 무엇일까?"라는 탐구활동을 진행해 보고 싶습니다.

---

8) Jo et al., "E.coli BL21(DE3)에서 IsPETase와 NEXT-IsPETase의 세포질 내 수용성 발현", 한국연구재단.

9) "합성 조절 sRNA를 이용한 유전자 발현 미세조절", KAIST Bio Design.

CHAPTER 03

(교육과정 연계) SDGs Living Lab Project 탐구활동

학번	2314	성명	김O환	희망전공	법학	교사확인	

과목	과목(법과사회)　단원(국가 생활과 법)		
단원 성취기준	[12법사02-03] 형법의 의의와 기능을 죄형 법정주의를 중심으로 이해하고 범죄의 성립 요건과 형벌의 종류, 형사 절차를 탐구한다.		
키워드	#딥페이크범죄 #인공지능 #인공지능윤리		
사회과 핵심역량	☑비판적사고력역량	☐창의적사고력역량	☑정보활용능력
	☐의사소통및협업능력	☑문제해결역량및의사결정력	
창의적 체험활동	☐ 자율활동	☐ 동아리활동	☐ 진로활동
창체 활동내용			
참고자료	1.(신문기사) https://v.daum.net/v/20240904112004507 (딥페이크 합성물·성착취물 SNS 통해 판매한 10대 3명 검거. 뉴시스. 권태완 기자. 2024.9.4.) 2.(논문) '인공지능의 윤리적 쟁점에 관한 탐색적 연구(2022.10. 경기연구원. 배영임. 김유나)' 3.(신문기사) https://v.daum.net/v/20240829094527569 4.(도서) '딥페이크의 얼굴-기술이 만든 얼굴이 우리에게 묻는 것'(2023.5.15. 스리체어스. 이소은, 최순욱) 5.https://www.newsis.com/view/NISX20241024_0002932434		
UN SDGs 17개 주요 목표	☐(G1) 모든 형태의 빈곤 퇴치		
	☐(G2) 기아해소, 식량안보와 지속가능한 농업발전		
	☐(G3) 건강 보장과 모든 연령대 인구의 복지증진		
	☐(G4) 양질의 포괄적인 교육제공과 평생학습 기회제공		
	☐(G5) 양성평등달성과 모든 여성과 여아의 역량강화		
	☐(G6) 물과 위생의 보장 및 지속가능한 에너지 제공		
	☐(G7) 적정가격의 지속가능한 에너지 제공		

	□(G8) 지속가능한 경제성장 및 양질의 일자리와 고용보장	
	□(G9) 사회기반시설 구축, 지속가능한 산업화 증진	
	□(G10) 국가 내, 국가 간의 불평등 해소	
	□(G11) 안전하고 복원력 있는 지속가능한 도시와 인간거주	
	□(G12) 지속가능한 소비와 생산 패턴 보장	
	□(G13) 기후변화에 대한 영향방지와 긴급조치	
	□(G14) 해양, 바다, 해양자원의 지속가능한 보존 노력	
	□(G15) 육지생태계 보존과 삼림보존, 사막화방지, 생물다양성 유지	
	☑(G16) 평화적, 포괄적 사회증진, 모두가 접근가능한 사법제도와 포괄적 행정제도 확립	
	□(G17) 이 목표들의 이행수단 강화와 기업 및 의회, 국가 간의 글로벌 파트너십 활성화	
UN SDGs 169개 세부 목표	• UN SDGs 169개 세부 목표는 아래 사이트 참고 1) UN SDGs 공식 웹사이트 2) UN지원 SDGs 한국협회 3) 지속가능발전포털 지속가능발전포털	
UN SDGs란?	지속가능한 개발 목표 또는 지속가능한 발전 목표(Sustainable Development Goals, SDGs)는 2000년부터 2015년까지 시행된 밀레니엄개발목표(MDGs)를 종료하고 2016년부터 2030년까지 새로 시행되는 유엔과 국제사회의 최대 공동목표다. 인류의 보편적 문제(빈곤, 질병, 교육, 성평등, 난민, 분쟁 등)와 지구 환경문제(기후변화, 에너지, 환경오염, 물, 생물다양성 등), 경제 사회문제(기술, 주거, 노사, 고용, 생산 소비, 사회구조, 법, 대내외 경제)를 2030년까지 17가지 주목표와 169개 세부목표로 해결하고자 이행하는 국제사회 최대 공동목표다.	
UN SDGs 연계 항목	SDGs 항목	(G16) 평화적, 포괄적 사회증진, 모두가 접근가능한 사법제도와 포괄적 행정제도 확립
	세부목표	세부목표 16-12. (보완) “디지털 인권을 보호하고 강화한다.”
	정책과제	② 불법영상물 유포 · 신고 체계 정비
탐구 주제	딥페이크 범죄 발생원인 및 해결방안	

Ⅰ. 서론

1. 탐구 목적(동기)

통합사회 시간에 인권의 확대 과정, 인권 보장을 위한 제도적 장치 등을 배웠습니다. 하지만, 빠르게 발달하는 기술을 통한 범죄와 관련해서 인권이 파괴되는 많은 사례가 발생되고 있습니다. 딥페이크 범죄의 증가와 그로 인한 사회적 문제를 이해하고, 촉법연령의 하향과 딥페이크 범죄와의 관련성을 탐구하고자 합니다.

2. 탐구의 중요성(필요성)

딥페이크 기술의 악용이 청소년 및 사회에 미치는 위험성을 인식하고, 사회적·법적 대응 방안을 모색하여 실질적인 인권보장을 위한 안전한 사회를 구축하는 데 있습니다. 또한, 촉법소년 나이 하향에 대한 논의는 주로 전통적인 청소년 범죄(절도, 폭력 등)를 기준으로 논의되었기 때문에 딥페이크와 같은 디지털 범죄에 대해서는 상대적으로 논의가 부족한 실정입니다. 그러므로 새로운 형태의 범죄에 대해 제도가 얼마나 효과적으로 대응할 수 있는지 평가할 필요가 있습니다.

Ⅱ. 본론

1. 이론적 배경

1) 딥페이크(deepfake) 정의

인공 지능 기술을 활용해 기존 인물의 얼굴이나, 특정 부위를 합성한 영상 편집물(딥페이크는 인공 지능 심층 학습을 뜻하는 딥러닝[deep learning]과 가짜를 뜻하는 페이크[fake]의 합성어)을 의미합니다.

2. 문제 실태와 현황

최근 딥페이크 기술이 빠르게 발전하면서, 이를 악용한 범죄가 증가하고 있습니다. 특히, 청소년들 사이에서 딥페이크 기술을 이용해 불법적인 콘텐츠를 제작하거나 유포하는 사례가 늘어나고 있습니다. 2024년 9월 4일 국내 언론에서는 [딥페이크 합성물·성착취물 SNS 통해 판매한 10대 3명 검거][1]라는 기사에서 "구매한 피의자 중 60%가 10대였고, 그중 20~30%는 촉법소년이었다"라고 보도되었으며, 딥페이크 범죄와 관련하여 촉법소년 범죄에 대한 경각심을 다시 한번 갖게 된 사건이었습니다.

딥페이크 범죄는 현재 연예인, 정치인, 일반인 등 사회 각층의 인물들이 딥페이크 범죄의 피해자가 되고 있으며, 음란물 제작, 허위 정보 유포, 금융 사기 등 다양한 형태로 나타나고 있습니다. 또한 딥페이크 범죄는 특정 국가에 국한되지 않고 전 세계적으로 발생하고 있고, 딥페이크 기술은 날이 갈수록 정교해지고 있는 상황입니다.

3. 문제의 원인

딥페이크 음란물 범죄는 인터넷에 가장 많이 노출되어 있고 ICT에 익숙한 청소년들도 쉽게 만들 수 있는 초보적인 수준이지만, 현행 법률과 제도로는 완벽하게 막을 방법이 미흡합니다. 초기의 딥페이크는 어색하고 부자연스러운 부분이 많았지만, 최근에는 기술의 발전과 함께 딥페이크는 점점 더 정교해지고 있어서 피해가 더욱 더 확산되고 심해지는 경향이 있습니다.

4. 문제의 해결 방안

1) 딥페이크 문제 해결방안

① 법적인 규제 마련: 딥페이크 범죄에 대한 처벌을 강화하고 피해자 보호를

1) https://v.daum.net/v/20240904112004507 (딥페이크 합성물·성착취물 SNS 통해 판매한 10대 3명 검거. 뉴시스. 권태완 기자. 2024.9.4.)

위한 정교한 법적 장치를 마련해야 합니다. 현재 딥페이크 처벌 관련 법률은 '성폭력 범죄 처벌에 관한 특례법 14조의 2'[2] 하나뿐이므로, 국회는 빠른 시일 내에 딥페이크 관련 범죄와 관련하여 법 제정 또는 기존법의 개정을 하여야 한다.

② 딥페이크 탐지 기술 개발: 딥페이크 영상을 정확하게 탐지하고 식별할 수 있는 기술 개발이 필요합니다. 최근 텍스트(문자)뿐만 아니라 이미지 형태의 개인정보도 시스템을 고도화해, 명의도용 · 스팸 · 스미싱 범죄는 물론 딥페이크 범죄 확산에 대응하기 위해 개인정보 탐지에 인공지능(AI)기술을 활용할 예정입니다. 또한 정부는 포털 · 소셜네트워크(SNS)기업과 핫라인을 강화해 불법유통 게시물 삭제에 걸리는 기간을 평균 24.8일에서 18.9일까지 줄여나갈 계획이다.[3]

③ 인공지능 윤리[4] 교육 강화: 인공지능 기술을 개발하고 활용하는 사람들에게 윤리 의식을 함양시키는 교육이 필요합니다. 참고문헌 '인공지능의 윤리적 쟁점에 관한 탐색적 연구(2022.10. 경기연구원. 배영임, 김유나)'[5]에서 전국 1,000명의 시민을 대상으로 인공지능 윤리 인식조사를 실시했는데 대

---

2) 제14조의2(허위영상물 등의 반포 등) ① 반포 등을 할 목적으로 사람의 얼굴 · 신체 또는 음성을 대상으로 한 촬영물 · 영상물 또는 음성물(이하 이 조에서 "영상물 등"이라 한다)을 영상물 등의 대상자의 의사에 반하여 성적 욕망 또는 수치심을 유발할 수 있는 형태로 편집 · 합성 또는 가공(이하 이 조에서 "편집 등"이라 한다)한 자는 5년 이하의 징역 또는 5천만 원 이하의 벌금에 처한다.
② 제1항에 따른 편집물 · 합성물 · 가공물(이하 이 항에서 "편집물 등"이라 한다) 또는 복제물(복제물의 복제물을 포함한다. 이하 이 항에서 같다)을 반포 등을 한 자 또는 제1항의 편집 등을 할 당시에는 영상물 등의 대상자의 의사에 반하지 아니한 경우에도 사후에 그 편집물 등 또는 복제물을 영상물 등의 대상자의 의사에 반하여 반포 등을 한 자는 5년 이하의 징역 또는 5천만 원 이하의 벌금에 처한다.
③ 영리를 목적으로 영상물 등의 대상자의 의사에 반하여 정보통신망을 이용하여 제2항의 죄를 범한 자는 7년 이하의 징역에 처한다.

3) https://www.newsis.com/view/NISX20241024_0002932434

4) 인공지능의 윤리(人工知能 倫理, 영어: ethics of artificial intelligence)는 인공지능(AI) 시스템에 특화된 기술윤리의 한 분야이다.
인공지능윤리는 특정 윤리적 이해관계가 있다고 간주되는 해당 분야의 광범위한 주제를 다루고 있다. 여기에는 알고리즘 편향, 공정성, 자동화된 의사 결정, 설명책임, 개인 정보 보호 및 규제가 포함된다. 의료, 교육, 군대와 같은 일부 응용 분야에는 특히 중요한 윤리적 영향이 있을 수 있다. [https://ko.wikipedia.org/wiki/%EC%9D%B8%EA%B3%B5%EC% A7%80%EB%8A%A5%EC%9C%A4%EB%A6%AC]

5) 인공지능의 윤리적 쟁점에 관한 탐색적 연구(2022.10. 경기연구원. 배영임, 김유나).

다수가 인공지능 윤리 교육의 필요성을 언급하였습니다. 특히, 청소년들을 위한 인공지능 윤리교육이 필수적인데, 다행이도 2022 개정 교육과정 진로 선택과목인 인공지능기초[6]에서는 인공지능의 사회적 영향을 고려하여 인공지능 소프트웨어를 개발하도록 명시하고 있습니다.

④ 국제적인 협력 강화: 딥페이크 범죄는 국제적인 문제이므로, 국가 간 협력을 통해 공동 대응해야 합니다.

⑤ 사회적 인식 개선: 딥페이크 범죄의 심각성을 알리고, 사회 구성원 모두가 문제 해결에 참여할 수 있도록 인식을 개선해야 합니다.

2) 촉법소년 연령 하향

① 2024년 8월 29일 한동훈 국민의힘 대표는 최근 청소년 사회 문제로 떠오른 딥페이크(AI 기반 합성 이미지) 범죄와 관련 "촉법소년 연령 하향 문제도 같이 생각해 봐야 한다"[7]고 말했습니다. 관련 기사에는 딥페이크 범죄 혐의로 입건된 전체 피의자 중 10대가 차지하는 비중은 2024년 1~7월 기준 73.6%를 차지해 관계 기관이 집중 예방 조치에 나섰다는 내용이 언급되어 있습니다.

② '촉법소년'은 형벌을 받을 범법행위를 한 만 10세 이상~14세 미만의 형사 미성년자로, 형법 제9조는 '14세가 되지 아니한 자의 행위는 벌하지 아니한다'고 규정하고 있습니다. 이들은 형사책임능력이 없기 때문에 형법에 저촉되는 행위를 하더라도 형사처벌을 하지 않고, 가정법원이 소년원으로 보내거나 보호관찰[8]을 받게 하는 등 보호처분을 할 수 있습니다.

③ 딥페이크 범죄는 기술에 능숙한 청소년들이 대부분 연관되어 있다는 점에서 딥페이크 범죄에 관해서는 시급하게 촉법소년 연령 하한에 관한 관련 법률개정을 시행하여야 합니다.

---

6) [12인기04-04] 인공지능의 사회적 영향을 고려하여 인공지능 소프트웨어를 개발하고, 평가 결과를 반영하여 성능을 개선한다.

7) https://v.daum.net/v/20240829094527569

8) 범죄인을 교도소 등에 수용하지 않고 사회생활을 영위하게 하면서 일정한 준수사항을 지키도록 이끌어 범죄인을 개선 · 갱생시키기 위한 처분이다.

Ⅲ. 결론

1. 탐구 결과 요약

딥페이크 기술 악용으로 인한 심각한 사회문제 발생되고 있으며, 특히 청소년들의 딥페이크 범죄 가담률이 높아지면서 촉법소년 연령 하향 논의가 재점화되었습니다. 현행 법 체계로는 딥페이크 범죄에 대한 효과적인 대응이 어려운 상황이므로 관련 법규에 대한 제정 및 개정과 함께 딥페이크 탐지 기술 개발, 인공지능 윤리 교육 강화 등 다각적인 해결 방안 모색이 필요합니다. 촉법소년 연령 하향은 딥페이크 범죄의 심각성을 고려할 때 시급한 과제이며, 딥페이크 범죄에 대한 법적 규제 강화와 함께 청소년 대상 교육을 강화해야 합니다.

2. 추후 활동 계획 및 설문 계획

우리 학교 및 인근 학생들을 대상으로 딥페이크 범죄에 관한 피해사례, 인식조사, 해결방안에 관한 설문항목을 만들어 설문조사를 실시할 계획입니다. 또한 설문조사 후 학교 학생들을 대상으로 딥페이크 범죄의 심각성 및 해결방안 포스터를 제작 후 홍보활동을 진행할 예정입니다.

CHAPTER 04

(교육과정 연계) 범교과 학습주제 탐구활동

학번	2314	성명	김O환	희망전공	사회학	교사확인	

과목	과목(통합사회 1) 단원(문화의 다양성)	
단원 성취기준	[10통사1-04-04] 다문화 사회의 현황을 조사하고, 문화적 다양성을 존중하는 태도를 바탕으로 갈등 해결 방안을 모색한다.	
키워드	#범교과학습주제 #다문화교육 #가사도우미정책 #저출산	
사회과 핵심역량	☑비판적사고력역량 □창의적사고력역량 ☑정보활용능력	
	□의사소통및협업능력 ☑문제해결역량및의사결정력	
창의적 체험활동	☑ 자율활동 □ 동아리활동 □ 진로활동	
창체 활동내용	범교과 학습주제(다문화교육)	
참고자료	1. 연합뉴스, "저출산 초비상 한국, 외국인 가사도우미 투입" 2. 잡코리아, "[ISSUE & 논술] 외국인 가사 도우미 도입 논쟁" 3. 경기일보, "[기고] 고령화시대, 저출산 문제 해결 방안" 4. 월간조선, "외국인 가사도우미 도입국의 '현재'와 우리의 '미래'" 5. 연합뉴스, "외국인 가사도우미 도입 효과는…국감서 '실효성 · 인권' 공방" 6. 동아일보, "필리핀 가사도우미 100명 입국"	
범교과 학습주제	□안전교육	☑다문화교육
	□인성교육	□통일교육
	□진로교육	□독도교육
	□민주시민교육	□경제금융교육
	□인권교육	□환경 · 지속가능발전교육
탐구 주제	한국의 저출생 및 고령화 문제 해결을 위한 외국인 가사 도우미 도입	

Ⅰ. 서론

1. 탐구 목적(동기)

한국은 세계 최저 수준의 출산율(2022년 기준 합계출산율 0.78명)과 급격한 고령화로 인해 심각한 인구 구조 문제에 직면하고 있습니다. 이러한 상황에서 정부는 육아와 가사의 부담을 줄여 출산율을 높이고 여성의 경제활동 참여를 촉진하기 위해 고용노동부와 서울시의 '외국인 가사관리사 시범사업'에 참여할 필리핀 가사도우미 100명이 2024년 8월 6일 오전 10시 경에 한국에 입국하였습니다.[1)]

기존에 취업이 허용된 외국국적 동포 이외의 외국인에 대해 고용허가제 방식으로 외국인 가사도우미 정책의 배경과 필요성을 분석하고, 실효성 및 개선 방안을 모색하고자 합니다.

2. 탐구의 중요성(필요성)

저출생과 고령화는 경제적, 사회적 지속 가능성을 위협하는 중대한 문제입니다. 외국인 가사 도우미 제도는 여성의 경력 단절을 줄이고 맞벌이 가정의 육아 부담을 완화할 수 있는 잠재적 해결책으로 주목받고 있습니다. 특히, 싱가포르와 홍콩 같은 사례[2)]를 통해 여성 경제활동 참여율 증가와 출산율 개선 효과를 기대할 수 있습니다. 하지만 외국인 가사 도우미 도입과 관련해서 실효성 및 인권 문제 또한 지적되고 있습니다.[3)] 이번 탐구활동을 통해 외국인 가사 도우미 도입에 관한 다양한 입장을 살펴보고 그 해결방안을 탐구하고자 합니다.

1) 필리핀 가사도우미 100명 입국(동아일보. 2024.08.06.).
https://www.donga.com/news/Society/article/all/20240806/126363794/1
2) https://www.jobkorea.co.kr/GoodJob/Tip/View?News_No=21552
3) 외국인 가사도우미 도입 효과는…국감서 '실효성 · 인권' 공방(연합뉴스. 2023.10.16.).

Ⅱ. 본론

1. 이론적 배경

한국은 출산율 감소와 평균수명 연장으로 인해 생산 가능 인구가 줄어들고 있으며, 이는 노동력 부족과 경제 성장 둔화를 초래하고 있습니다.[4] 외국인 가사 도우미 제도는 가사 노동 시장의 인력 부족 문제를 해결하고, 육아와 가사 부담을 덜어줌으로써 출산율 제고와 여성 경제활동 참여를 촉진하는 것을 목표로 합니다. 싱가포르와 홍콩은 이미 유사한 제도를 통해 긍정적인 성과를 거두었습니다. 외국인 가사 도우미는 24세부터 38세 사이이며 필리핀 정부가 공인한 'Caregiving (돌봄) NC Ⅱ' 자격증 소지자들이고, 고용허가제(E-9) 인력으로 정부가 인증한 '가사근로자법'상 서비스제공기관에 고용됩니다.[5] 영어·한국어 능력 평가와 건강검진, 마약·범죄이력 등 신원 검증 절차를 밟은 후, 고용허가제 공통 2박 3일 기본교육을 시작으로 4주간 총 160시간의 특화교육을 마치면 서비스를 시작할 수 있습니다.

2. 문제 실태와 현황

한국의 출산율은 세계 최저 수준이며, 서울은 더욱 낮은 0.59명을 기록했습니다.[6] 맞벌이 부부가 많지만, 높은 생활비와 육아 비용으로 인해 여성들이 경력을 포기하거나 독박 육아를 맡는 사례가 빈번합니다.[7] 이 문제를 해결하고자 가사도우미 제도를 도입하였지만 문제점 또한 노출되고 있습니다. 가사도우미를 필요로 하는 실질적인 수요자는 저임금 및 한가족 여성들인데, 이들이 과연 가사도우미를 사용할 수 있는 여유가 있을지 의문이다. 또한 언어와 문화적 차이로 인한 의사소통의 어려움이 예상되고, 내국인 가사도우미들의 일자리 감소와 처우 하락으로 이어질 수 있다는 우려도 제기됩니다. 더불어 외국인 노동자의 이탈 가능성

4) [기고] 고령화시대, 저출산 문제 해결 방안(경기일보. 2024.07.08.).
5) 필리핀 가사관리사 100명 입국(뉴시스. 2024.08.06.).
6) "저출산 초비상 한국. 외국인 가사도우미 투입"…외신도 관심(연합뉴스. 2023.09.02.).
7) 외국인 가사 도우미 도입논쟁(잡코리아. 2023.08.23.).

과 서비스 품질 관리의 어려움도 해결해야 할 과제입니다.

3. 문제의 해결방안 및 한계[8)]

이 정책의 도입 취지는 맞벌이 가정의 돌봄 부담을 경감시키고 여성의 경력단절을 예방할 수 있다는 점입니다. 특히 기존 민간 가사도우미에 비해 상대적으로 저렴한 비용으로 서비스를 이용할 수 있어 경제적 부담을 줄일 수 있습니다. 하지만, 이 정책이 성공적으로 안착되기 위해서는 다음과 같은 보완 장치가 마련되어야 합니다.

① 외국인 근로자의 자격 요건과 교육 과정을 체계적으로 마련하여 양질의 서비스를 제공하도록 해야 합니다.

② 임금 수준과 근로 조건을 국제 기준에 맞추어 인권 침해 우려를 최소화해야 합니다.

③ 맞벌이 부부를 위한 세제 혜택 및 보조금을 확대하고, 외국인 도우미 비용 일부를 정부가 부담하도록 해야 합니다.

④ 성평등 문화를 조성하고 가사와 육아를 분담하는 분위기를 확산시켜야 합니다.

⑤ 보육 시설 확충과 질 높은 돌봄 서비스를 제공하여 부모들의 부담을 줄여야 합니다.

Ⅲ. 결론

1. 탐구 결과 요약

외국인 가사 도우미 제도는 저출생 및 고령화 문제 해결을 위한 유효한 대안 중 하나로 평가됩니다. 이 제도는 육아 부담 완화와 여성 경제활동 참여 촉진이

8) 고령화시대, 저출산 문제 해결 방안(경기일보. 2024.07.06.).

라는 두 가지 목표를 달성할 가능성을 보여줍니다. 그러나 성공적인 정착을 위해서는 임금 및 근로 조건 개선, 사회적 합의를 통한 정책 추진이 필요합니다. 아직 도입 초기이니 이번에 입국한 필리핀 가사 도우미의 활동을 잘 모니터링하여 차후에 이 정책의 문제점 또한 개선해야 합니다. 궁극적으로는 가사도우미 문제를 '노동력이 아니라 인간'이라는 문제로 접근하고 우리 국민들은 시민권 개념과 시민성 교육으로 세계 시민 의식을 고양할 필요가 있습니다.

2. 다문화정책에서 가사도우미 연구의 의의

외국인 가사 도우미 제도는 다문화 사회로 나아가는 과정에서 중요한 의미를 갖습니다. 이 제도를 통해 한국은 외국인 노동자를 포용하며, 다문화 사회로서의 역량을 강화할 수 있습니다. 또한, 이는 저출생 문제 해결뿐만 아니라 글로벌 노동 시장과 연계된 지속 가능한 발전 모델을 이해하는 데 도움이 될 것입니다.

CHAPTER 05 (교육과정 연계) 독서 탐구활동

학번	2314	성명	김O환	희망전공	생명공학	교사확인	

과목	과목(생물의 유전) 단원(유전자와 유전물질)		
단원 성취기준	[12유전01-01] 유전 형질이 유전자를 통해 자손에게 유전됨을 이해하고, 상염색체 유전과 성염색체 유전 양상의 차이를 설명할 수 있다.		
키워드	#이기적유전자 #다윈의진화론 #밈(meme) #유전자 #사회적현상		
과학과 핵심역량	□자기관리역량	☑지식정보처리역량	☑창의적사고역량
	□심리적감성역량	□협력적소통역량	□공동체역량
	☑과학적탐구와문제해결능력		□과학적의사결정능력
도서 & 참고문헌	1. [도서] 이기적 유전자(리처드 도킨스) 2. [도서] 밈(수전 블랙모어) 2. 정인화. 2006. 인간은 동물보다 우월한가? 3. 박만준. 2012. 사회생물학적 인간학에 대한 비판적 고찰 4. 시용원. 2022. (북 리뷰) 이기적 유전자 5. 알렉스 캘리니코스, 천경록. 2009. 다윈과 진화론		
탐구 주제	대사 공학에서 플라스미드 기반 유전자 발현 최적화 방안		

Ⅰ. 서론

리처드 도킨스의 『이기적 유전자』는 진화생물학의 패러다임을 전환한 혁신적인 저서로, 유전자를 진화의 중심 단위로 제시하며 생물의 행동과 사회적 현상을 설명합니다. 이 책은 1976년 출간 이후 생물학계와 대중에게 큰 영향을 미쳤습니다. 이 책은 철저한 다윈주의 진화론과 자연선택을 기본 개념으로 독특한 발상과 놀라운 주장을 전개하고 있다. 또한, 진화론에 대한 설명을 담으면서도 생물학적 현상과 더불어 사회문화적 현상에 대해서도 막힘없이 설명하고 있습니다.

Ⅱ. 본론

1. 책의 주요 개념

1) 유전자 중심의 진화

도킨스는 진화의 주체를 개체나 종이 아닌 유전자로 보고, 모든 생명체는 유전자의 생존과 복제를 최적화하기 위해 진화했다고 주장합니다. 그는 생물체가 유전자의 생존 기계로서 행동한다고 설명하며, 이러한 관점에서 생물학적 행동과 사회적 상호작용을 분석합니다.[1)]

2) 이기적 유전자

'이기적'이라는 개념은 유전자가 자신의 복제본을 많이 남기고자 하는 본성을 의미합니다. 이는 종이나 개체의 이득을 위한 것이 아니라, 자신의 생존 가능성을 높이는 방향으로 행동하는 것을 뜻합니다. 도킨스는 이러한 이기적인 행동이 자연선택의 결과로 나타날 수 있다고 설명합니다.[2)]

3) 호혜적 이타주의

도킨스는 유전자가 이타적인 행동을 장려하는 경우도 있다고 설명합니다. 이는 호혜적 이타주의의 개념으로, 유전자들이 자신을 복제하기 위해 다른 개체와 협력하는 경우를 다룹니다.[3)]

---

1) 서울대 추천도서 리뷰(2023.04.12.).
2) https://ko.wikipedia.org/wiki/%EC%9D%B4%EA%B8%B0%EC%A0%81_%EC%9C%A0%EC%A0%84%EC%9E%90
3) 이제는 도킨스와 헤어져야 할 시간-과학 대중화의 현실과 이상(Bio통신원 곽민준).

4) 밈(meme)

밈은 유전자인 진(gene)을 본따서 만든 신조어인데, 그리스어의 mimeme(모방)을 의미하면서도 gene의 라임을 사용하여 리처드 도킨스가 만들었습니다. 그는 생물학적으로 우월한 유전자(gene)가 세대 간에 전파되듯이 문화적으로 우월한 밈(meme)이 사회적으로 전파된다고 했습니다. 학자가 저서 안에서 만든 용어가 인정받기 어려울 수 있는데, 특이하게도 이 용어는 1988년에 옥스포드 사전에 등재되었습니다.

2. 책의 핵심 내용

① 다윈의 진화론은 동식물의 변이가 오랜 시간에 걸쳐 이루어지는데 성공적인 변이가 이루어지는 과정에서 다양한 동식물 종이 생성된다고 설명합니다. 이러한 분석의 단위를 본서의 저자인 리처드 도킨스는 유전자로 하향 조정했습니다. 즉 진화의 단위는 개체나 종이 아니라 유전자라는 것입니다. 오랜 기간 생존하기를 원하는 이기적 유전자의 의도를 달성하기 위해 몸과 마음이 만들어지고 후계자의 생존을 위해 모든 작용, 즉 의사소통, 협력, 가족과의 관계, 출산, 착취 등의 현상이 이루어지는 것을 설득력 있게 설명하고 있습니다.

② 그러나 이 책이 제시하는 내용을 단지 다윈의 진화론의 한 갈래로 보는 것은 이 책의 가치를 간과하는 것입니다. 이 책은 생물학적 개념을 바탕으로 사회적 현상에 대한 설명을 시도했으며 그 과정에서 유전자의 개념을 사용했습니다. 이러한 유전자의 사회적 기능을 가장 극적으로 표현한 것이 바로 밈(meme)의 개념이라 할 수 있습니다.[4)]

4) "유전자는 경쟁 통해 진화 · 유전" 문화적 다양성 분석으로 확장(한겨레신문. 2019.10.19.).

3. 문화유전론-밈(Meme)

유전자는 세포 속에서, 밈은 생각 속에서 전파된다고 저자는 말합니다. 도킨스는 유전자의 영향을 넘어 인간의 문화적 행동을 설명하기 위해 '밈'이라는 개념을 도입했습니다. 밈은 모방을 통해 전파되는 문화 요소로, 음악, 종교, 철학 등 다양한 형태로 존재하며, 인간의 행동에 영향을 미칩니다. 이는 유전자의 물리적 복제와 달리 빠르게 퍼질 수 있는 특징을 가지고 있습니다.[5] 밈은 인간 사회에서 정보와 문화가 어떻게 전파되고 확산되는지를 설명하는 데 중요한 역할을 합니다. 사실 진화는 오랜 시간에 걸친 세대 간 변이의 과정이기 때문에 동세대에 사는 다른 사람에게 생각이 전파되는 현상도 진화라고 볼 수 있는가에 대해 의문이 있을 수 있습니다. 그러므로 굳이 차별적 이름을 붙이자면 유전자는 수직적 전파, 밈은 수평적 전파라고 할 수 있습니다. 정보기술이 발달하면서 문화콘텐츠의 모방과 창작, 확산 주기는 매우 짧아졌습니다. 특히 예전에는 창작에 긴 시간이 걸렸지만 이제는 모방에 의해 매우 신속하게 이루어지게 되었고 이는 SNS를 타고 매우 빠르게 퍼지고 있습니다. 우월한 문화적 유전자를 가진, 즉 대중으로부터 호감을 받을 자격이 있는 단순하고 가벼운 이미지 및 동영상은 위대한 철학자의 지혜나 정치가의 웅변보다 더 강력하게 확산됩니다. 이러한 문화적 콘텐츠에 철학적, 정치적 메시지가 담길 때 그 효과는 전통적 매체를 통한 전파보다 훨씬 강력할 수 있습니다.

4. 논쟁과 영향

『이기적 유전자』는 출간 이후 과학계와 일반 대중에게 큰 반향을 일으켰습니다. 도킨스의 주장은 기존의 진화론 패러다임에 도전하며, 인간과 다른 생명체의 본질에 대한 근원적인 물음을 던졌습니다. 이러한 주장은 많은 논쟁을 불러일으켰지만 동시에 새로운 통찰을 제공하여 과학 교양서의 고전으로 자리 잡았습니다.[6] 특히, 사회생물학 논쟁과 관련하여 인간 행동의 기초를 유전자 수준에서 설

5) (도서) 밈(수전 블랙모어. 바다출판사).
6) 서울대 추천도서 리뷰(2023.04.12.).

명하려는 시도는 많은 학문적 토론을 촉발했습니다.

이것이 바로 리처드 도킨스가 이 책을 통해 던진 중요한 메시지입니다. 이 책은 생물학적 유전의 단위가 기존의 다윈의 진화론에서 설명하는 풀꽃이나 원숭이 등의 개체이기보다는 그보다 훨씬 근원적 단위인 유전자라는 것을 설명하는 것에 많은 부분을 할애했으며, 유전적 요인을 사회문화적으로 해석한 밈에 대해서는 현대의 문화콘텐츠의 모방과 창작, 확산 현상에 초점을 두고 설명하고 있습니다.

Ⅲ. 결론

『이기적 유전자』는 진화론을 이해하는 데 있어 유전자 중심의 시각을 제공하며, 생물학적 행동과 사회적 상호작용을 새로운 관점에서 이해하도록 돕는 중요한 저서입니다. 이는 현대 생물학과 사회과학에 지속적인 영향을 미치고 있습니다.

사회의 발전을 주도하는 것이 과연 문화 전파의 기본 단위인 밈인가에 대해서는 논란의 여지가 존재하지만, 다윈의 진화론을 사회학적으로 해석하는 리처드 도킨스의 이기적 유전자론과 그리고 밈 개념은 정보기술이 우리의 일상생활에 큰 영향을 미치고 있는 오늘날의 현상을 잘 설명해 주고 있습니다. 특히 새로운 문화콘텐츠가 신속하게 모방, 창작, 확산되는 양상을 바라보며 문화적 유전자인 밈의 속성을 이해하고, 더 나아가 활용할 수 있는 방식을 학습하는 것은 현실적으로 매우 중요할 수 있습니다. 한국을 잘 모르는 외국인들이 K-CULTURE를 높게 평가하는 것은, 리처드 도킨스의 관점으로 보면, 그 안에 있는 우월하고 보편적인 문화적 유전자의 가치 때문이라고 할 수 있습니다.

나오며...

이 책은 2022 개정 교육과정을 기반으로 하여 학생들이 깊이 있는 학습을 할 수 있도록 돕기 위해 집필되었습니다.

이 책을 집필하는 과정에서 많은 연구원들과 협력할 수 있었던 것은 큰 행운이었습니다. 각자의 전문성을 바탕으로 한 열정적인 토론과 연구는 이 책의 깊이를 더하는 데 큰 기여를 했습니다. 특히, 복잡한 개념을 쉽게 풀어내기 위해 많은 노력을 기울인 연구원들의 헌신에 깊은 감사를 표합니다. 그들의 노력 덕분에 이 책은 보다 실질적이고 유익한 학습 도구로 완성될 수 있었습니다.

그러나 아쉬움도 남습니다. 급변하는 교육 환경 속에서 모든 최신 정보를 반영하지 못한 점, 그리고 다양한 학습자들의 요구를 완벽히 충족시키지 못한 부분은 앞으로 보완해야 할 과제로 남아 있습니다. 또한, 독자들이 이 책을 통해 얻고자 하는 바가 충분히 전달되었는지에 대한 고민도 여전히 남아 있습니다. 특히, 다양한 학습 환경과 학생들의 수준 차이를 고려하여 보다 세밀한 접근이 필요했음을 느낍니다.

부족한 점은 앞으로 출간 예정인 '2022 개정 교육과정 성취기준 연계 범교과 주제 탐구활동'과 '2022 개정 교육과정 성취기준 연계 SDGs Living Project'에서 보완하도록 하겠습니다.

끝으로, 이 책이 학생들에게 유익한 학습 도구가 되기를 바라며, 독자 여러분의 피드백을 통해 더욱 발전된 교재로 거듭날 수 있기를 기대합니다. 앞으로도 계속해서 교육 현장에 실질적인 도움이 되는 자료를 제공할 수 있도록 노력하겠습니다. 여러분의 지속적인 관심과 성원을 부탁드립니다.

2025년 1월

2022 개정 교육과정 연구회

대표저자 김석환, 최상훈, 정재훈

참고문헌 및 사이트

1. 2022 개정 초・중등학교 및 특수교육 교육과정 확정・발표(교육부 보도자료. 2022.12.22.).
2. 2022 개정 교육과정 시안에 대한 국민의 주요 의견 공개(교육부 보도자료. 2022.09.19.).
3. 2022 개정 교육과정 총론 주요사항 발표(교육부 보도자료. 2022.11.24.).
4. 2022 개정 교육과정 총론 해설(교육부. 2022.12.22.).
5. 2022 개정 교육과정 각론 해설(교육부. 2022.12.22.).
6. OECD Education 2030의 학습나침반(OECD Education 2030 Learning compass).
7. 한국의 SDG 이행보고서 2023(통계청 통계개발원. 2023.03.).
8. UN SDGs 협회(https://asdun.org/).
9. 지속가능발전포털(https://ncsd.go.kr/).
10. 2022 개정 교육과정에 따른 범교과 학습 주제 적용 안내자료-고등학교 편-(교육부. 2024.02.22.).
11. https://openai.com/
12. https://www.perplexity.ai/
13. https://gemini.google.com/app?hl=ko
14. https://copilot.microsoft.com/onboarding
15. 국가교육과정 정보센터(https://ncic.re.kr/org4/inventoryList.cs).
16. 이기적 유전자(리처드 도킨스) 서평(신형덕 교수. 2020.05.01.).

저자 프로필 명단

사진	약력
 대표저자 **김선환**	• 한국진로진학연구원 수석연구원 • 한국교육컨설턴트협의회 대전·세종·충청 본부장 • 메이저맵(Major Map) 선임연구원 • 한국진로진학정보원 정회원 • 서울특별시 다문화 상담위원 • 중앙 U-way 입시컨설턴트 • 진로진학상담사 1급 • 진로진학상담사 2급 3급 양성교수 • 전국 중고등학교 및 지자체 진로진학 전문강사 • 도서: - 결정적 코치 대입실전편 7,8,10.11.12.13 집필팀장(한국교육컨설턴트협의회) - 긍정의 힘(공저. 행복에너지) - 고교학점제 기반 학교생활기록부 관리요령(출간예정)
 대표저자 **피상훈**	• (주)프레디저 진로진학연구소장 • 한국교육컨설턴트협의회 진로진학 지도 강사 • 학관노 고교학점제 대표 강사 • 전국 중고등학교 및 지자체 진로진학 전문강사 • 도서: - 학달자마(학생부 달인 자소서 마스터) 가이드북 및 운영 시스템 - 진진다리(진로와 진학을 잇는 다리' 워크북 - 공부에 대한 공부(상위 0.1%의 공부 비밀) - 나내아모알 (메타인지 기반의 학습 코칭 워크북), - '나는 나비' 진로 탐색 워크북
 대표저자 **정재훈**	현) 고성고등학교 생물(생명과학) 교사, 86년 3월부터~현재까지(39년 1월 근무) 현) 과학기술정보통신부 한국과학창의재단 과학기술분야 진로 컨설턴트 현) 건국대, 숭실대, 경상국립대, 창원대, 경일대, 동서대 입학사정관 교사 협력 자문위원 현) 경상남도, 전국 진학지도 협의회 학생부종합전형 의치약한수팀 전문위원 현) 경상남도 교육청 온라인 진로 상담교사 현) 한국교육컨설턴트협의회 진로진학상담사 1급, 19기 회장 전) 경상남도교육청 대학진학위원단 전) 경상남도 통영교육지원청 고교학점제 교사 대상 특강 위촉강사 전) 경희대, 광운대 입학사정관 교사 협력 자문위원 저서: - 고교학점제 어떻게 활용할 것인가?(정재훈 외 7명, 교육과학사) - 대입 면접의 정석 대입 합격, 면접이 승패를 좌우한다(정재훈 외 7명, 교육과학사) - 배터리 에너지 진로 코칭(정재훈 외 2명, 미디어 숲) - 결정적 코치 11, 12, 13 대입 실전편(한국교육컨설턴트협의회) - 학생부 서류기반 면접(정재훈 외 9명, 프리에듀)

사진	약력
 **고상민**	현) 한국진로진학연구원 연구위원 현) 한국교육컨설턴트협의회 진로진학상담사 1급 현) 한국교육컨설턴트협의회 세종지부장 현) 진로진학상담사 양성강사 현) 중고등학교 진로진학 전문강사 현) 끈기있는 영수학원 대표 저서: 결정적 코치 9 대입 실전편 한국교육컨설턴트협의회 결정적 코치 10 대입 실전편 한국교육컨설턴트협의회
 **권혜경**	현) 특허 프리랜서 현) 선문대 평생교육 명리학 강의 현) 아산시청소년문화의 집 진로진학상담사 현) 아이파스 지문적성상담사 현) 다문화 가족 자녀 진로진학 지원사업 컨설턴트 현) 한국교육컨설턴트협의회 진로진학상담사 1급 현) 천안 주민자치센터 명리 및 학부모입시코칭 강의 전) 삼성종합기술원, 삼성 SDI 전) 선문대학교 차세대디스플레연구소 및 R&D 클러스터사업단 연구원 저서: 결정적 코치 10. 11, 13 대입 실전편 한국교육컨설턴트협의회
 **김근범**	• 한국교육컨설턴트협의회 대전 지부장 • 중앙 U-way 입시컨설턴트 • 서울특별시 다문화가정 입시상담위원 • 매이저맵(MAJOR MAP) 선임 연구원 • 한국진로진학연구원 연구위원 • 진로진학상담사 양성강사(한국교육컨설턴트협의회) • 現 (주)진학사 기획위원 • 現 (주)쎄듀 자문위원 • 중고등학교 진로진학 전문강사 저서: (공저) 결정적코치 9.집필.
 **박진양**	• 중 · 고교 진로진학 전문강사 • 한국진로진학연구원 연구위원 • 진로진학상담사 양성강사(한국교육컨설턴트협의회) • 한국교육컨설턴트협의회 진로진학상담사 1급 • 메이저맵(MAJOR MAP) 선임연구원 • 서울특별시 다문화가정 입시상담위원

사진	약력
 **소민**	• 한국진로진학연구원 연구위원 • 중 · 고등학교 진로진학 전문강사 • 진로진학상담사 양성강사(한국교육컨설턴트협의회) • 한국교육컨설턴트협의회 진로진학상담사 1급 - 중앙에듀 컨설턴트 - 2022 개정 교육과정 연구회 회원 저서: (공저) 결정적코치 14.집필.
 **안진경**	현) 에듀잇 연구소 책임연구원 현) 한국교육컨설턴트협의회 진로진학상담사 1급 현) 한국교육능력진흥원(주) SW · AI전임강사 - NIA한국지능정보사회진흥원, 한국외국어대학교AI교육원, 파주 새로일하기센터, 경기도 고양시청, 서울시 구로구청 등 AI·SW교육전문가 양성과정 강의 - 고려대, 홍익대, 숭실대, 한밭대, 경복대 등 SW프로그래밍 강의 - 한국과학창의재단 청소년 SW 동행프로젝트 컨텐츠 개발 및 교사 · 강사 연수 저서: 한국교육능력진흥원(주) SW교재개발 및 강의영상 촬영
 **오현주**	현) 다독다독 원장 현) 휴넷, 해밀 원격평생교육원 운영교수 현) 서울시 다문화 상담위원 현) 한국진로진학연구원 연구위원 현) 삼성소리샘복지관 진로진학컨설턴트 현) 한국교육컨설턴트협의회 진로진학상담사 1급 전) 서울특별시학생교육원, 용인시청 임기제공무원(교육) 저서: 결정적 코치 10.11.13 대입 실전편 한국교육컨설턴트협의회
 **옥현주**	현) 부산시 영도구 진로진학센터 진로진학 강사 현) T news 객원 기자(환경, 교육 분야) 현) 부산 사하 환경 지킴이 청소년 단체 대표 전) 현 스터디 수학 학원 원장 자격증: 한국교육컨설턴트협의회 진로진학상담사 1급 저서: 결정적 코치 10.11.13 대입 실전편 한국교육컨설턴트협의회

사진	약력
 **이강욱**	현) 국제교육협회 대표 (주)신뢰와성장 대표 홈스쿨링협동조합 대표 우듬지도서관 관장 감성대표, 스파르타서울대교육센터, 당산캠퍼스대표 한국교육컨설턴트협의회 진로진학상담사 1급 행정신문 기자, 편집위원 서울시 치유활동가, 이야기치료사 저서: 학습코칭플래너 뉴입학사정관제탐구 학습코칭론 멘날멘토링 자기주도학습코칭 외 다수
 **이현아**	현) 송도이샘로봇 원장 (사)창의과학교육연구회 이사 AIRE 인공지능 연구회 이사 한국교육컨설턴트협의회 진로진학상담사 1급 한국진로진학연구원 중고등 진로진학 전문강사 저서: 결정적코치 13 집필(공저)
 **이원주**	• 서울특별시 다문화가정 입시상담위원 • 한국교육컨설턴트협의회 진로진학상담사 1급 • 한국진로진학연구원 • 진로진학상담사 양성강사(한국교육컨설턴트협의회) • 現 (주)진학사 기획위원 • 現 (주)쎄듀 자문위원 • 중 · 고등학교 진로진학 전문강사 저서: (공저) 결정적코치 9. 집필. 진로진학상담사 1급

사진	약력
 **전현희**	현) SW·AI 전문강사 현) 에듀잇연구소 소장 현) 생코에듀(주) 선임연구원 및 수석코치 현) 미래역량교육협회 교육이사 현) (사)창의과학교육연구회 교육이사 현) 한국교육컨설턴트협의회 진로진학상담사 1급 전) AIRE(인공지능로봇교육연구회) 대표 전) 한국생산성본부 SW코딩 자격 시험 출제위원 저서: 초등코딩 스크래치 무작정 따라하기(길벗, 2019) 컴퓨터과학 알고리즘 스크래치(생능, 2019) 생각대로 파이썬(잇플, 2020) 초등코딩 인공지능 무작정 따라하기(길벗, 2021) 프로젝트기반 문제해결 실용인공지능 인정교과서(2022, 고누아이)
 **최선아**	현) 청운대학교 교양학부 외래교수 현) 한국폴리텍대학교 인천캠퍼스 교양학부 외래교수 현) (사)한국진로상담협회 이사 현) (사)미래역량교육협회 이사 현) 고려대학교, 덕성여대, 한국기술대, 나사렛대, 서울신학대 학습컨설턴트 전) 강서대학교 학생상담센터 진로 상담사 전) 백석대학교, 백석문화대학교 교수학습개발원 진로 전임강사 및 학습컨설턴트 저서: 결정적코치 13 대입 실전편_한국교육컨설턴트협의회 다중지능 진로직업 보드게임 개발_학지사 방송출연: JTBC 유튜브 '안녕자네2' 1회~4회 출연 현직아이돌 진로상담 (데이식스-영케이, 유나이트-이은상, AB6IX-전웅, 틴탑-캡)
 **정아윤**	전) 잇올 스파르타 수능교과팀 영어과 전) 칠원고등학교 영어교사 자격증: 한국교육컨설턴트협의회 진로진학상담사 1급(21기) 저서: 결정적 코치 13 한국교육컨설턴트협의회 대입면접의 정석(의생명계열, 공학계열, 자연계열) 정재훈 외 9명 교육과학사 대입면접의 정석(교육대, 사범대) 정재훈 외 9명 교육과학사 대입면접의 정석(상경계열, 사회계열, 인문계열) 정재훈 외 9명 교육과학사

사진	약력
 **박범호**	현) 강남 하이퍼학원 본원 국어 강사 현) 분당 청솔학원 국어 강사 전) 대치 명인학원 세종캠퍼스 국어 강사 전) 강남 하이퍼학원 기숙 국어 강사 전) 한국교육개발원 디지털교육 연구실 자격증: 한국교육컨설턴트협의회 진로진학상담사 1급(21기) 저서: 결정적 코치 13 한국교육컨설턴트협의회 대입면접의 정석(의생명계열, 공학계열, 자연계열) 정재훈 외 9명 교육과학사 대입면접의 정석(교육대, 사범대) 정재훈 외 9명 교육과학사 대입면접의 정석(상경계열, 사회계열, 인문계열) 정재훈 외 9명 교육과학사

검토진 프로필 명단

- 조경일(성균관대 이학박사, 카이스트 연구원)
- 김준수(카이스트 기계공학과 박사과정)
- 송재섭(포항공대 신소재공학 박사과정)
- 권윤환(서울대 정치외교학과)
- 전준혁(고려대 기계공학과)
- 권오윤(고려대 국어교육학과)
- 권혁균(고려대 역사교육학과)
- 유지환(연세대 정치외교학과)
- 윤종호(건국대 수의학과)
- 남희연(디지스트 기초학부 컴퓨터전공)
- 선우현(가천대 약학과)
- 장현규(한국에너지공과대학 1기 학생회장)
- 박정현(충남대 의대)

AI와 함께 하는 심화 탐구보고서

2025년 2월 25일 1판 1쇄 발행
2025년 5월 25일 1판 2쇄 발행

저 자: 김선환 피상훈 정재훈 고상민 권혜경 김근범 박진양 소 민 안진경 오현주 옥현주 이강욱 이현아 이원주 전현희 최선아 정아윤 박범호

저자와의 협의하에 인지생략

발행인: 한 정 주
발행처: 교 육 과 학 사

경기도 파주시 광인사길 71
전화 (031)955-6956~8 / 팩스 (031)955-6037
Home-page : www.kyoyookbook.co.kr
E-mail : kyoyookbook@daum.net
등록 : 1970년 5월 18일 제2-73호

낙장 · 파본은 교환해 드립니다.
Printed in Korea.

정가 27,000원
ISBN 978-89-254-2010-3